광고학개론 2판

최영균 윤태웅 성용준 엄남현 공저

이프레스

머/리/말/

초판이 나온 지 5년이 흐른 지금의 광고환경은 격변의 시기를 지나고 있다. 2020년 시작된 코로나 판데믹이 있었고, 2023년 OpenAI의 ChatGPT가 본격적으로 실생활에 사용되기 시작하면서 세상은 온통 AI의 마법 속으로 빨려 들어가는 느낌이다.

광고매체의 홍수 속에서 브랜디드 엔터테인먼트는 광고와 콘텐츠의 경계를 허물면서 브랜드를 알리고 제품수요를 창출시키며 고객의 참여도를 높이는 새로운 수단으로 부상하고 있고, 다른 한편에서, 지속 가능성과 ESG(환경, 사회, 지배구조) 원칙은 기업이 친환경적 관행을 채택하고, 사회적 책임을 우선시하며, 투명한 지배구조를 유지하도록 이끌도록 기업을 재편하고 있다.

이러한 변화를 반영하여 개정 2판에서는 6장(브랜디드 엔터테인먼트)과 13장(그린마케팅과 그린워싱)을 새롭게 추가하여 광고시장의 최근 트렌드를 반영하려 노력하였고 광고기획 및 조사, 크리에이티브, 매체전략 등 광고캠페인 전반에 대한 독자들의 이해를 높이고자 하였다. 또한, 기존에 소개된 사례들의 대부분을 최신사례로 대체하였고 더욱 풍부한 사례 연구와 자료 사진들을 수록하여 내용이 독자에게 더욱 쉽게 전달될 수 있도록 노력하였다.

구체적인 책의 구성은 다음과 같다.

1장에서는 광고의 정의와 유형, 윤리와 광고규제를 포함하여 우리나라의 광고시장에 대해 소개하였다.

2장에서는 인구통계학적 요인, 심리특성적 요인, 행동적 요인 등 다양한 시장세분화와 타게팅 방법, 그리고 포지셔닝 전략에 대해 설명하였다.

3장과 4장에서는 소비자 행동을 다루었는데, 구체적으로 3장에서는 소비자의 의사결정과정 5단계와 소비자 정보처리 과정을 자세히 설명하였고, 4장에서는 소비자의 태도 형성과정과 태도 변화이론들을 체계적으로 소개하였다.

5장에서는 브랜드 자산, 브랜드 아이덴티티, 브랜드 이미지, 브랜드 성격 등 브랜딩 관련 개념들과 전략들을 다루었다.

6장은 이번 개정판에 새롭게 추가한 내용으로 브랜디드 콘텐츠의 다양한 유형들과 전략을 사례와 함께 소개하였다.

7장은 AIDA 모델을 시작으로 다양한 위계적 광고효과 모형에 대해 설명하고 그에 따른 광고목표와 예산 설정 방법들에 대해 논의하였다.

8장과 9장은 광고 크리에이티브에 관한 단원으로 8장에서는 광고 창의성의 개념과 역할, 크리에이티브 전략 수립과 구현방법에 대해 다루었고, 9장은 풍부한 사례와 함께 이성적 소구와 감성적 소구를 중심으로 메시지 유형과 그 효과에 대해 설명하였다.

10장은 노출수, 도달률, 노출빈도 등 미디어믹스를 위한 기본 단위를 소개하였고 매체플랜의 가격효율성과 성과측정 단위, 매체 스케줄링 전략에 대해 설명하였다.

11장은 상호작용성, 현존감, 인게이지먼트 등 뉴미디어의 효과를 이해하는데 중요한 개념과 이론을 소개하고 , 사물인터넷, 증강현실, 네이티브 광고, 온라인 게임, 소셜미디어 인플루언서 등 뉴미디어 광고의 최근 트렌드에 대해 설명하였다.

12장은 광고조사에 필요한 개념과 전반적인 조사과정에 대해 소개하고 양적조사와 질적조사 등 조사유형과 효과측정 방법에 대해 설명하였다.

마지막으로 13장은 개정판에 새롭게 추가한 단원으로 그린 마케팅의 주요 개념과 특징을 살펴보고 거짓이나 과장되게 친환경성을 주장하는 그린워싱과 그에 대한 규제상황에 대해 다루었다.

이 책은 전반에 걸쳐 학술적 이론과 사례를 포함한 광고실무를 결합하여 독자에게 광고에 대해 균형 있는 통찰력을 제공할 수 있도록 기획되었다. 광고 원리를 알고자 하는 학생이든, 최신 트렌드와 전략을 파악하여 캠페인을 기획하는 마케팅 전문가이든, 이 책이 현대 광고의 다양하고 다이내믹한 세계를 탐험하는 여정에서 유익하고 흥미로우며 창의적 광고를 위한 영감을 줄 수 있다면 그 보다 더한 기쁨이 없을 것이다.

끝으로, 이 책의 개정판이 나올 수 있도록 지원을 아끼지 않으신 이프레스 최용구 대표님과 편집부 직원분들께 진심으로 감사의 말씀을 올린다.

2025년 1월

저자일동

차/례/

CHAPTER 02 시장 세분화 전략과 포지셔닝

CHAPTER 03 소비자행동: 소비자 의사결정 과정과 정보처리 과정

CHAPTER 07 광고 목표와 예산 설정

CHAPTER 08 크리에이티브 목표와 크리에이티브 전략 도출

CHAPTER 09 광고 메시지 소구유형

CHAPTER 11 뉴미디어와 광고

CHAPTER 12 광고조사와 효과측정

CHAPTER 13 그린마케팅과 그린워싱

INTRODUCTION TO ADVERTISING

광고란 무엇인가 & 광고윤리

01

CHAPTER 01

▶▶▶ CONTENTS

SUMMARY

디지털 테크놀로지 시대에 맞게 광고를 새롭게 정의해야 한다. 지속적으로 진화하고, 발전하는 광고는 사회와 밀접한 관계를 맺고 있다. 광고가 사회에 기여하는 긍정적 기능과 더불어 사회에 미치는 부정적인 기능도 동시에 알아봄으로써 광고의 사회적 양면성을 이해하는 것이 중요하다.
국내 광고시장이 지속적으로 성장함에 따라 광고윤리 및 규제에 대한 사회적 관심 역시 증가하고 있다. 타율규제 및 자율규제로 나뉘는 광고규제는 소비자보호 차원에서 필요한 사회적 필수장치로 해석된다.

TERMINOLOGY

소비자광고, 비즈니스광고, 제품광고, 서비스광고, 기업광고, 정치광고, 공익광고, 미디어렙, 광고윤리, 광고규제

도입 사례

생성형 AI의 시대, 어떤 마케터를 고용하고 어떤 역량을 키울 것인가?

생성형 AI 혁명으로 인해 마케팅 담당자는 기업의 마케팅 경쟁력을 유지하기 위해 적합한 인재를 선제적으로 고용하고 또 기존 인력 역시 새로운 기술 역량을 개발해야 할 것이다. 한편으론 인공지능 기반 마케팅에 지나치게 의존하면서 도리어 부서의 역량의 떨어지고 산업 전체 생산물의 질적 저하가 우려된다. 마케팅 전문가가 갖춰야 하는 필수 기술과 생성형 AI 시대에 마케터를 채용할 때 기업이 찾아야 할 특성을 정리하면 아래와 같다.

▶ 소비자 데이터 분석 및 해석 능력

데이터는 AI 기반 마케팅 전략을 강화하는 핵심 연료다. 마케터는 대량의 정보에 입각한 결정을 내리기 위해 데이터를 분석하고 해석하는 데 능숙해야 한다. AI가 분석하고 해석한 데이터의 오류 가능성을 고려할 때, 데이터를 다루는 마케터의 판단은 그 어느 때보다 중요하다. 기업은 Google Analytics, 및 Excel과 같은 전통적인 도구에 대한 숙련도를 갖춘 동시에 생성형 인공지능을 적용한 데이터 분석에 대한 기반을 보유한 전문가들을 고용하는 데 우선순위를 둬야 할 것이다.

▶ 마케팅 창의성과 비판적 사고 능력

AI는 콘텐츠를 생성하고 데이터를 분석할 수 있지만 창의성과 비판적 사고는 여전히 인간의 필수 기술이다. 생성형 AI가 인간 카피라이터나 디자이너를 대체하지 못할 것이다. 하지만 생성형 AI를 광고 창작의 영감을 주는 발판으로 활용할 때 창작물의 수준은 크게 높아질 것이 분명하다. 마케터는 AI를 토대로 설득력 있는 브랜드 스토리를 만들고, 고정 관념을 깨고, 마케팅 문제에 대한 혁신적인 솔루션을 고안하는 능력을 개발해야 할 것이다. 마케터를 고용할 때 기업은 지원자의 타고난 창의성뿐 아니라 다양한 AI 원천으로부터 정보를 종합하는 AI 응용력을 갖춘 인재를 찾아야 할 것이다.

▶ AI 연관 기술적 전문성과 AI 리터러시

생성형 AI 기술이 널리 보급됨에 따라 마케팅 담당자는 이러한 도구를 효과적으로 사용하기 위한 역량을 개발해야 한다. 기계 학습, 자연어 처리, Python 또는 R과 같은 코딩 언어에 대한 지식은 기본적인 자산이 될 수 있을 것이다. 기업은 기술적 배경이 있는 마케터를 고용하거나 기존 팀원이 이러한 기술을 습득하고 적어도 해석할 능력을 갖출 수 있도록 AI 리터러시(AI literacy: AI 문해력)를 키울 수 있는 학습 기회를 제공할 수 있어야 할 것이다.

▶ 소비자 인사이트 도출 능력과 공감적 감성지능

소비자의 감정과 동기를 이해하는 것은 소비자와 공감하는 마케팅 캠페인을 만드는 데 결정적이다. 생성형 AI가 더 큰 소비자 개인화를 만들어 낸다고 해도 마케터는 여전히 고객과 공감하고 감성적으로 매력적인 콘텐츠를 만드는 능력을 갖춰야 한다. 기업은 소비자와 공감할 수 있는 감성지능(emotional intelligence)이 높고 소비자 행동 변화의 흐름을 이해하는 능력이 입증된 마케터를 우선적으로 고용해야 할 것이다.

▶ AI 생태계에서 지속적인 성장 마인드셋

빠른 기술 발전 속도로 인해 마케터는 적응력이 뛰어나고 지속적인 학습에 전념해야 한다. 생성형 AI가 계속 진화함에 따라 마케팅 전문가는 업계 및 기술 발전에 관련된 최신 정보를 학습하고 그에 따라 전략을 조정할 준비가 되어 있어야 할 것이다. 기업은 성장 마인드셋(growth mindset)과 새로운 기술을 배우는 데 열정을 갖춘 인력을 찾아야 한다.

범-영역 협업 및 멀티 팀워크

AI 기반 마케팅 환경에서는 마케팅 전문가, 데이터 과학자 및 엔지니어 간의 범-영역 협업이 점점 더 중요해지고 있다. 마케팅 부서는 열린 커뮤니케이션과 지식 공유의 문화를 조성하면서 여러 부서에서 효과적으로 일할 수 있어야 할 것이다. 각자의 전문 영역에 대한 벽을 허물어야 할 것이며, 기업은 성공적인 협업에 대한 검증된 실적과 다양한 협력 환경에서 업무를 수행할 수 있는 능력을 갖춘 인재를 고용해야 할 것이다. 비대면이 일상화된 포스트 코로나 환경에서 재택 및 외부 업무에도 유연하게 적응할 수 있어야 함은 물론이다.

▶ 생성형 AI의 시대, 도전하는 기업만이 시장을 선도할 수 있다

'인간처럼 계산(Computing like Human)'하는 지능을 넘어 '인간처럼 생각(Thinking like Human)'하는 지능을 구현하기 위한 기술의 혁신은 더욱 빨라지고 있다. 생성형 AI의 진화는 마케팅 부서에 도전과 기회를 제공할 것이 분명하다. 개인화, 콘텐츠 생성 및 고객 경험 향상을 위해 AI의 놀라운 능력을 활용함으로써 기업은 성장을 주도하고 경쟁에서 더 앞서 나갈 수 있을 것이다. 기업은 생성형 AI의 잠재력을 활용하고 지속가능한 성장을 주도할 수 있는 미래 지향적인 마케팅 팀을 구축하기 위해 이러한 핵심 역량을 갖춘 인재를 고용하고 육성하는 데 집중해야 할 것이다.

이 새로운 디지털 마케팅 시대로 성공적으로 전환하려면 앞서 언급한 법적 · 윤리적 고려 사항과 함께 마케팅 부서의 변화하는 역할에 신중하게 대응해야 할 것이다. 또 생성형 AI와 관련된 각종 법적 · 윤리적 문제에 대응하기 위해 정부는 관련 정책을 고도화해 산업의 건강한 성장과 동시에 소비자 권익의 보호에 앞장서야 할 것이다.

출처: 유승철 (2023. 04. 04.). 생성형 AI시대의 마케팅, 어디로 가는가. 반론보도닷컴. http://www.banronbodo.com/news/articleView.html?idxno=21521에서 인출.

01 CHAPTER

INTRODUCTION to ADVERTISING

광고란 무엇인가 & 광고윤리

1 광고의 정의

'광고란 무엇인가'에 대한 정의를 내리기 위한 노력들이 다양한 분야에서 이루어졌다. 어떠한 관점에서 보느냐에 따라 광고의 정의는 조금씩 다른 결을 지니고 있기는 하지만, 모두 맞는 정의일 수 있다. 그 이유는 광고는 한 지점에 머물러 있기보다는 지속적으로 변화하는 대상이기 때문일 것이다. 미디어의 급속한 변화 및 성장, 인터넷의 등장, 새로운 기술들로 인한 다양한 종류의 광고들의 등장, 소비자들의 새로운 니즈 등 이러한 요소들이 광고를 발전시키고, 따라서 광고의 정의를 새롭게 쓰도록 요구하고 있다. 광고의 정의를 크게 두 가지 측면에서 바라보면 전체적인 광고의 모습을 담을 수 있다. 광고를 연구하는 학계의 관점에서 바라본 광고, 그리고 소비자와의 접점에서 광고를 직접 제작하고 집행하는 광고업계에서 바라본 광고를 비교해 보는 것도 광고를 이해하는 데 도움이 될 수 있다. 더 나아가 전통적인 관점에서의 광고와 미디어가 급속히 발전을 이룬 오늘날의 광고를 비교해 보는 것도 '광고란 무엇인가'라는 정의를 이해하기 위한 첫걸음이 될 수 있다.

1) 학계의 관점

(1) 마케팅적 관점

미국마케팅학회(American Marketing Association: AMA)는 1937년 설립된 이후 Journal of Marketing, Journal of Marketing Research, Journal of International Marketing 등 전 세계적으로 영향력 있는 연구논문들을 출판함은 물론 마케팅 관련 개념들을 체계적으로 정리해서 알리는 역할을 하고 있다. 미국마케팅학회는 1963년 "광고란 명시된 광고주가 유료로 아이디어와 제품 및 서비스를 비대인적으로 제시하고 촉진하는 일체의 형태이다"라고 정의 내렸다. 이러한 정의는 마케팅 관점에서 광고의 개념을 대표해 왔으며, 네 가지 특징을 가진다. 첫째, 광고는 퍼블리시티(publicity)와 달리 유료의 형태로 노출되며, 광고주는 미디어의 지면, 시간, 또는 온라인 상에 광고 메시지를 노출한다. 둘째, 광고는 소비자들과 직접 대면하는 면대면(face-to-face)으로 이루어지는 대인판매와는 다르게 다수의 소비자 또는 대중을 대상으로 제품이나 서비스를 매체를 통해 비대인적으로 제시한다. 셋째, 광고는 기업의 제품뿐만 아니라 아이디어 및 서비스를 전달하는 역할을 한다. 기업PR광고에서 기업의 철학을 이야기하거나, 보험회사에서 제공하는 서비스를 타깃 소비자에게 전달하는 것도 광고의 영역이다. 넷째, 광고에는 PR이나 선전과는 차별화되는 요소로 '명시적 스폰서(identified sponsor)', 즉 명시된 광고주가 있다는 것이 특징이다. 광고는 특정한 마케팅 목표를 달성하기 위해서 제품 또는 서비스 관련 정보를 전달하는 것이기 때문에 모든 광고물에는 특정한 광고주가 명시된다.

미국마케팅학회가 홈페이지에서 제공하는 광고의 사전적 정의는 다음과 같다(2019년 3월 기준).

> "광고란 기업, 비영리재단, 정부기관 및 개인들이 제품, 서비스, 기관 또는 아이디어를 특정 타깃 시장 또는 청중에게 정보를 제공하기 위해서 매스 미디어를 통해 구입한 시간 또는 지면에 고지 및 설득적 메시지를 제시하는 것이다(The placement of announcements and persuasive messages in time or space purchased in any of the mass media by business firms, nonprofit organizations, government agencies, and individuals who seek to inform and/or persuade members of a particular target market or audience about their products, services, organizations, or ideas)".

미국 마케팅학회의 정의가 기존 정의와 약간 다른 부분은 광고를 하는 주체가 기업뿐만 아니라 비영리기관, 정부기관, 일반 개인들로 확장되었다는 것이다.

(2) 커뮤니케이션 관점

광고를 커뮤니케이션 관점에서 바라보는 학자들은 광고의 '정보'와 '설득'이라는 특징에 초점을 맞춘다. 광고는 판매자와 수요자 사이의 커뮤니케이션을 연결해 주는 매개체로서의 역할을 중시하는 것이 마케팅적 관점에서 바라보는 광고의 정의와 다른 점이다. 학자들은 커뮤니케이션 관점에서 광고의 정의에는 네 가지 특징이 포함되어야 한다고 주장한다. 첫째, 광고는 명시된 기업이나 비영리조직 또는 개인이 다양한 미디어를 통해 특정집단의 수용자에게 정보를 제공하거나 설득하고자 하는 유료의 비대인적 커뮤니케이션으로 정의되기 때문에 '정보(information)'와 '설득(persuasion)'이 중요한 요소로써 포함되어야 한다. 둘째, 광고는 광고주가 주체가 되어 광고 메시지의 내용이나 규격을 통제한다는 특징을 가지고 있으며, 동시에 '광고심의'라는 규제가 존재한다는 것을 의미하는 '통제적 특성'을 지닌다.

셋째, 광고는 'PR(public relations)'이나 '선전(propaganda)'과 달리 명시적인 스폰서(identified sponsor)를 지니고 있다는 특성을 가지고 있다. 광고 메시지를 매스미디어 형식으로 전달함에 있어 광고 주체를 명확히 하는 것이 중요하다. 넷째, 광고는 그 특성상 비대인 커뮤니케이션으로 대중매체의 한 형식으로 메시지를 목표 고객에게 전달한다. 이러한 부분이 광고를 매스 커뮤케니이션(mass communication)의 한 영역으로 여기게 하는 요인이다.

(3) 통합적 관점

광고의 마케팅적 관점과 커뮤니케이션적 관점을 통합하려는 노력은 지속적으로 이루어졌으며, 그 결과로서 "광고란 광고 메시지 속에 어떤 형태로든 명시된 기업이나 비영리조직 또는 개인이 다양한 미디어를 통해 특정 집단의 수용자에게 정보를 제공하거나 설득하고자 하는 유료의 비대인적 커뮤니케이션이다"라고 정의되었다. 이 정의에서 보듯이 기존의 '광고의 정의'에서 광고의 주체는 기업에 한정된다는 고정관념에서 벗어나 광고의 주체가 기업뿐만 아니라 정부기관, 비영리단체, 정당, 대학 및 교회 등으로 확대되었다는 것을 알 수 있다. 따라서 정치광고 및 공익광고(public service announcement: PSA) 등이 광고의 범위로 포함되었다. 더 나아가 미국 광고 전문 주간지인 애드버타이징 에이지(Advertising Age)는 "광고란 판매, 이용, 투표, 승인에 영향을 미치고자 광고주가 자기 비용으로 사람, 제품, 서비스, 운동에 대해 인쇄하거나 쓰거나 말하거나 그려서 제시하는 것이다"라고 정의 내렸다. 이 정의에는 기존 광고에서 중요시했던 특징들인 '유료' 및 '설득'이라는 단어들이 빠져 있다. 광고는 꼭 유료일 필요도, 설득을 목적으로 하지도 않는다는 것을 말해준다.

2) 광고업계의 관점

광고대행사는 광고주에게 더 이상 광고 관련 서비스만 제공하는 회사가 아닌, 토털 마케팅 커뮤니케이션 서비스(total marketing communication service)를 제공하는 회사로 포지셔닝하고 있다. 이러한 관점에서 볼 때, 광고업계의 관점에서 바라보는 광고의 정의는 학계에서 바라보는 광고의 정의보다 훨씬 확장된 개념의 광고로 정의된다. 2016년 미국에서 발간되는 학술지 'Journal of Advertising'에서 저자들은 광고 현업에 있는 전문가들을 인터뷰하고, 그 결과를 바탕으로 광고를 "사람들에게 영향을 주기 위해 브랜드가 주도되어 시작한 커뮤니케이션(brand-initiated communication intent on impacting people)"이라고 새롭게 정의를 내렸다.

3) 전통적인 관점

광고가 어떻게 소비자에게 영향을 미치는지 이해하기 위해서는 우선 광고에 대한 정의를 알아야 한다. 광고의 역할 및 기능을 바라보는 관점에 따라 마케팅적 그리고 커뮤니케이션 중심 광고의 정의를 앞서 살펴보았다. 또한, 두 가지 관점을 통합한 광고의 정의도 살펴보았다. 전통적으로 광고는 마케팅적 기능과 커뮤니케이션 기능을 통해 광고하고자 하는 제품을 알리고 촉진하는 역할을 해오고 있다. 광고의 정의는 과거에 광고 관련 이론 개발 및 설명적 가치를 제공했다. 하지만 ICT(information & communication technology) 기반의 미디어 환경이 급속히 발전하는 상황에서 전통적인 관점으로 광고를 바라보는 것은 너무 과거에만 집착하는 것이다. 더 나아가 '광고'라는 용어가 더 이상 적합하지 않은 상황이 도래하고 있다. '광고'라는 용어 대신 '마케팅 커뮤니케이션(marketing communication)' 또는 '전략적 커뮤니케이션(strategic communication)'이 사용되고 있다.

4) 오늘날의 관점

현재 우리는 인터넷 영향력의 증가와 ICT(information & communication technology) 디바이스의 모바일화에 따른 정보 소비의 개인화 및 실시간화가 가능한 스마트 미디어 환경 안에서 살고 있다. 또한, 광고, PR, SP, 이벤트 등 소비자를 대상으로 한 다양한 기업활동의 영역이 컨버전스되기 시작하였으며, 각 마케팅 영역 간 경계가 모호해져, 캠페인의 목적과 방향에 따라 전방위적인 광고 마케팅이 등장하기 시작했다. 스마트 미디어 환경에서 광고는 지속적으로 진화하고 발전하기 때문에 '광고란 무엇인가'를 정의하는 것이 의미가 없어졌다. 그 이유는 오늘 내린 광고의 정의가 내일 새롭게 쓰여야 할 정도로 미디어 환경이 급속하게 변화하고 있기 때문이다.

표 1-1 광고의 정의

연구자	광고의 정의
John E. Kennedy(1894)	광고란 인쇄된 판매기술이다(리대룡, 1990 재인용).
Advertising Age(1932)	광고는 광고주의 이익을 높이기 위한 아이디어, 서비스, 제품에 관한 정보의 전달이다.
미국마케팅학회 (AMA, 1948)	광고는 명시된 광고주가 행하는 아이디어, 제품, 서비스에 관한 유료 형태의 비대인적으로 제시하고 촉진하는 일체의 형태이다.
Tillman & Kirkpatrick(1972)	광고란 매스컴을 통해 전달하고 원하는 바를 이루기 위해 설득하는 것을 목적으로 하는 유료의 상업적 촉진형태이다.
Wright(1977)	광고란 대중매체를 통한 통제된 명시적 정보 및 설득이다.
Dunn & Barban(1986)	광고란 광고 메시지 속에 어떤 형태로든 명시된 기업이나 비영리조직 또는 개인이 다양한 미디어를 통해 특정 집단의 수용자에게 정보를 제공하거나 설득하고자 하는 유료의 비대인적 커뮤니케이션이다.
Wells & Burnett(1989)	광고란 명시된 광고주가 대중매체를 이용해 청중을 설득하거나 영향력을 행사하려고 하는 유료의 비대인적인 커뮤니케이션의 한 형태이다.
한국광고학회(1994)	광고란 광고주가 청중을 설득하거나 영향력을 미치기 위해 대중매체를 이용하는 유료의 비대면적 의사전달 행위이다.
차배근(1995)	광고란 커뮤니케이션의 한 형태로서 소비자나 고객 또는 일반 대중에게 제품이나 서비스에 대한 정보를 제공해 광고주가 의도하는 방향으로 영향력을 미치기 위한 커뮤니케이션이며, 광고주와 소비자 간의 커뮤니케이션의 행위이다.
Advertising Age(1999)	광고란 판매, 이용, 투표, 승인에 영향을 미치기 위해 광고주의 비용으로 사람, 제품, 서비스, 운동 등에 대해 인쇄하거나 쓰거나 말하거나 그려서 제시하는 것이다.
김봉현·김태용·박현수·신강균(2011)	광고란 명시된 스폰서로부터 대중매체를 통해 수용자를 설득하거나 영향을 줄 목적으로 전달되는 비대인적 커뮤니케이션이다.
김병희·한상필(2012)	광고란 명시적, 비명시적 광고주체가 목표 브랜드에게 브랜드 자산을 구축하기 위해 직간접 매체를 활용해 내용을 전달하는 마케팅 커뮤니케이션이다.
김병희(2013)	광고란 광고주체가 수용자를 설득하는 데 영향을 미치기 위해 매체를 활용해 아이디어와 제품 및 서비스 내용을 전달하는 단계별 커뮤니케이션 활동이다.

출처: 김병희 외 (2017). 100개의 키워드로 읽는 광고와 PR. 한울아카데미.

2 광고의 역할과 기능

광고는 사회의 다양한 분야에서 도움이 되는 정기능과 사회 시스템에 부정적인 역할을 하는 역기능을 동시에 수행하고 있다. 광고의 기능을 커뮤니케이션, 마케팅, 경제적, 사회·문화적, 그리고 매체지원 측면에서 살펴볼 필요가 있다. 광고의 긍정적 그리고 부정적 측면을 동시에 이해함으로써 사회에서 광고의 정확한 위치를 가늠하는 것도 큰 의미가 있다.

1) 마케팅적 측면

그림 1-1 화이브 미니 비교광고

광고는 소비자들에게 기업의 제품 또는 서비스 관련 정보를 제공하여 경쟁사와 차별화하여 제품의 인지도를 향상시키고 제품의 사용을 유도하거나 재사용을 권유한다. 즉, 광고는 소비자들의 제품 또는 서비스에 대한 호의적 태도를 형성하게 하고, 결국 브랜드 충성도(brand loyalty) 제고에 도움이 된다. 제품 간의 품질 차이가 크지 않은 시장 상황에서 소비자들의 브랜드 충성도는 기업의 마케팅 비용 절감은 물론 매출 증대에도 도움이 된다. 하지만 광고는 마케팅적 역기능을 가지고 있으며, 특히 비교광고를 예로 들 수 있다. 동일한 제품군이나 서비스군에 속한 둘 또는 그 이상의 특정한 브랜드명을 자사의 광고 내에 등장시켜서 비교하여 경쟁적 우위를 차지하려는 비교광고는 경쟁기업을 비방하여 결국 불공정경쟁으로 이어질 수 있다. 2001년 9월 1일 이후 실시·적용되고 있는 '비교표시·광고에 관한 심사지침'에 따라 국내에서도 비교광고가 가능하게 되었다. 따라서 국내에서도 현재 많은 광고주들이 경쟁브랜드를 구체적으로 명시한 직접 비교광고를 실시하고 있다.

2) 커뮤니케이션 측면

광고는 제품 또는 서비스에 대한 정보를 제공하고, 소비자를 설득하고, 브랜드를 회상시키고, 강화시키는 커뮤니케이션 기능을 가지고 있다. 특히, 광고의 정보 제공 기능과 설득기능은 광고의 주된 기능으로 여겨진다. 광고는 제품 또는 서비스가 가지고 있는 특징 및 혜택을 소비자에게 전달하여 구매에 도움이 된다. 구매의사를 가지고 있는 소비자들의 구매의욕을 고취시키고, 구매를 주저하는 고객들이 구매를 결정하는 데 중요한 역할을 한다. 특히 광고의 설득적 기능은 충동구매가 이루어지는 상황에서 더 크게 작용한다.

그림 1-2 웅진 코웨이 공기 청정기 인쇄광고

3) 경제적 측면

광고는 소비 수요를 자극해 우리의 경제생활은 물론 경제 성장을 가능케 한다. 또한, 광고는 제품에 대한 수요를 창출함으로써 대량생산을 가능하게 하며, 제품의 생산원가를 낮추어 기업의 성장을 돕는다. 이 외에도 광고는 매스커뮤니케이션(mass communication)을 통해 많은 사람들에게 제품 또는 서비스에 대한 정보를 제공함으로써 유통비용 절감에 도움이 되며, 인적판매를 용이하게 한다. 그러나 광고는 비용이라는 측면에서 결국 제품의 원가와 가격을 상승시키는 요인으로 작용하며, 대기업의 시장점유율을 강화시켜 기업의 시장독점률을 높이는 요인이 되기도 한다. 또한 광고는 대중들의 소비심리를 자극해 충동구매와 낭비를 조장해 잘못된 소비습관을 불러일으킬 수 있다는 비판을 받고 있다.

4) 사회 · 문화적 측면

광고는 대중의 생활수준 향상 및 대중적인 소비문화를 반영하고 형성하며, 새로운 생활양식을 보급시킴으로써 사회를 변화시키는 기능을 한다. 예를 들어 공익광고 캠페인(음주운전 캠페인, 금연 캠페인, 에너지 절약 캠페인, 작은 결혼식 캠페인 등)은 소비자들에게 사회적으로 바람직한 소비와 이를 위한 유용한 정보 등을 제시해 변화를 꾀한다. 광고는 사회의 생활양식과 가치관을 상품과 함께 보여주면서 문화를 반영하기도 하며, 새로운 삶의 양식을 보여주어 문화를 만드는 기능도 한다. 하지만 광고는 허위 및 과대광고를 통해 소비자의 올바른 선택을 방해하거나 소비자 복지를 훼손하기도 하며, 불필요한 소비를 부추겨 자원의 낭비를 가져올 수 있다는 비판을 가지고 있다. 또한, 광고의 외설적 내용은 사회의 품위와 취향을 떨어뜨리고 외래어의 남용은 문화적 정체성을 약화시킨다.

그림 1-3 한국방송광고진흥공사(KOBACO)가 제작한 에너지 절약 캠페인 인쇄광고

5) 매체지원 및 통제적 측면

언론 및 방송매체들에게 있어 광고는 안정적인 재원을 확보할 수 있는 방법으로 매체사들의 건전한 경영을 위한 재정에 도움이 된다. 광고는 매체사들이 대중들에게 저렴한 비용으로 각종 정보나 오락을 제공할 수 있는 중요한 재원의 역할을 수행한다. 이러한 이유 때문에 언론 및 방송매체사들은 광고주들의 부당한 간섭이나 주문에 자유롭지 못하기도 하다. 광고주들은 광고를 매체에 집행하는 대가로 홍보성 기사를 요구하거나, 때로는 부정적 기사를 싣지 못하게 강요하거나 또는 축소하고자 노력하는 경우도 있다. 매체사들이 광고주의 요구에 자유롭지 못하면 객관적이고 비판적인 입장을 견지하기 힘들게 되며, 대중들은 매체사들의 신뢰성에 의문을 가지게 된다. 2008년 삼성은 삼성에 대한 비판적인 기사를 싣는 언론에 광고 집행을 중지해 '광고를 통한 언론 길들이기'라는 비판을 받기도 했다.

3 광고의 종류

광고의 종류는 어떠한 기준으로 구분할 것인가에 따라 다양한 형태로 나누어진다. 광고가 목적으로 하는 청중이 누구인가, 광고를 집행하는 지역적 범위가 어디인가, 어떠한 매체를 통해 광고를 집행할 것인가, 광고를 하려는 목적은 무엇인가, 그리고 미디어의 특성 등에 따라 세부적으로 나누어질 수 있다.

1) 표적 청중에 따른 분류

(1) 소비자광고

일반적으로 소비자들이 대중매체를 통해 접하게 되는 대부분의 광고가 바로 소비자광고에 속한다. 소비자광고는 제품 및 서비스를 구매하려는 최종 소비자들을 타깃으로 메시지를 전달한다.

(2) 비즈니스광고

최종 소비자를 타깃으로 하는 소비자광고와는 다르게 비즈니스광고는 산업재(industrial products)를 구매하거나 구매에 영향을 미치는 개인을 타깃으로 한다. 산업재란 판매를 목적으로 하는 제품을 생산하기 위해 직간접적으로 필요한 재화, 원자재, 부품, 설비, 기구, 소모품 등을 말한다. 브랜드보다는 기술 자체를 더 중요하게 여기던 산업재를 판매하는 회사들은 전통적으로 매스미디어를 통해 브랜드를 알리는 데 적극적이지 않았다. 하지만 더 이상 기술력의 차이가 뚜렷하지 않게 되면서 산업재 기업들도 스토리텔링 형식으로 기술력과 브랜드를 알리는 비즈니스광고에 적극적으로 나서고 있는 추세다. 한 예로, 세계 최대 모바일 칩(chip) 기업인 퀄컴(Qualcomm)은 스냅드래곤(Snapdragon)이라는 모바일 플랫폼 칩을 시장에 내놓으면서 TV광고 캠페인을 통해 소비자들이 기술력을 쉽게 이해할 수 있도록 했다.

그림 1-4 퀄컴의 '스냅드래곤' TV광고 캠페인

2) 지역적 범위에 따른 분류

(1) 국내광고

국내 시장을 대상으로 집행하는 광고를 국내광고(domestic advertising)라고 한다. 국내광고는 다시 전국을 대상으로 하는 전국광고(national advertising)와 특정 지역을 대상으로 하는 지역광고(regional advertising)로 나눌 수 있다.

(2) 국제광고

글로벌 시장을 대상으로 집행하는 광고를 국제광고(international advertising), 글로벌광고(global advertising), 또는 해외광고(oversea advertising)라고 한다. 국제광고란 대개의 경우 어떤 나라에서 만든 제품이나 서비스를 다른 나라에 판매하려고 타국에서 하는 광고를 가리킨다. 국제광고는 국가 간 차이보다 공통점을 고려하여 국가에 상관없이 동일한 광고를 집행하는 표준화 전략(standardization strategy)과 국가 간 문화적 차이를 고려하여 서로 다른 광고를 집행하는 차별화 전략(adaptation strategy)이 있다. 더 나아가, 세계화(globalization)와 지역화(localization)의 합성어인 글로컬라이제이션(glocalization)은 진출하려는 국가와 지역에 맞춰 로컬화하는 전략으로써 글로벌 브랜드로 거듭나려는 기업체들에게 새로운 대안을 제시한다.

3) 사용하는 매체에 따른 분류

광고의 종류는 광고가 집행되는 매체에 따라 크게 전파광고, 인쇄광고, 옥외광고, 교통광고 및 뉴미디어 광고로 구분된다. 전파광고는 TV광고와 라디오광고, 인쇄광고는 신문 및 잡지광고로 구분된다. 옥상간판, 야립(野立)간판, 전주광고, 애드벌룬, 광고탑, 네온사인 등과 같은 광고물을 옥외광고라고 하며, 시내버스 및 지하철 등과 같은 교통수단을 활용한 광고를 교통광고라고 한다. 뉴미디어 광고로는 케이블망을 이용한 케이블TV광고, 인터넷을 이용한 인터넷광고(internet advertising), 모바일기기를 이용한 모바일광고, 그리고 소셜미디어를 이용한 SNS광고 등이 있다. 광고와 기술의 접점이 늘어나고, 고도화된 기술을 활용한 광고들이 미디어 · 플랫폼 · 콘텐츠의 경계를 자유롭게 넘나드는 현재, 어드레서블 TV광고, 디지털 라디오 광고, 메타버스 광고, 가상인플루언서 광고 등을 '신유형광고'라고 일컫는다.

4) 목적에 따른 분류

(1) 제품광고

제품광고는 구체적인 상품, 즉 TV, 핸드폰, 자동차 등과 같은 제품들의 특징, 디자인, 성능, 또는 경쟁사와의 비교 우위 등을 설명해 소비자들로 하여금 브랜드에 대한 인지도 상승 및 구매 욕구를 높이는 데 그 목적이 있다. [그림 1-5] 삼성 노트북 Pen 인쇄광고는 '보이스 노트'라는 제품이 가지고 있는 USP(unique selling proposition)를 "차원이 다른 강의녹음"이라는 카피로 풀어서 잘 설명하고 있다.

그림 1-5 삼성 노트북 Pen 인쇄광고

(2) 서비스광고

서비스광고는 제품광고와는 다르게 구체적인 상품 또는 제품을 광고하기보다 서비스, 즉 금융, 보험, 항공사, 호텔 등 서비스를 중요시하는 업종의 광고를 말한다.

제품광고가 광고하고자 하는 제품의 특징 또는 혜택 등을 설득력 있게 광고메시지로 소비자들에게 전달한다면, 서비스광고는 소비자들의 경험, 즉 감성적인 소구를 통해 소비자들에게 광고메시지를 전달한다. [그림 1-6] 대한항공 '샌프란시스코'편

인쇄광고는 하루 두 번 샌프란시스코로 출발한다는 내용을 "밤낮없이 떠오르는 그곳, 샌프란시스코"라는 헤드라인 카피를 통해 소비자들의 경험적 감성을 자극하고 있다.

그림 1-6 대한항공 '샌프란시스코'편 인쇄광고

(3) 기업광고

기업광고는 기업이미지광고, 또는 기업PR광고로도 불리며, 광고를 통해 기업문화, 기업 구성원의 특징, 최고경영자의 가치관 등 기업과 관련된 바람직한 연상을 불러 일으켜 소비자와 우호적인 관계를 형성하는 데 목적이 있다. 또한, 기업의 사회적 책임, 최고의 품질, 혁신성, 고객지향성, 일류기업 등의 메시지를 이용하여 기업에 대한 호의적인 이미지와 관심을 제고시키고자 하는 목적을 가지고 있다. [그림 1-7] SK 하이닉스의 기업PR인쇄광고는 기업의 제품 혁신성을 '변화'라는 키워드를 통해 전달하고 있다.

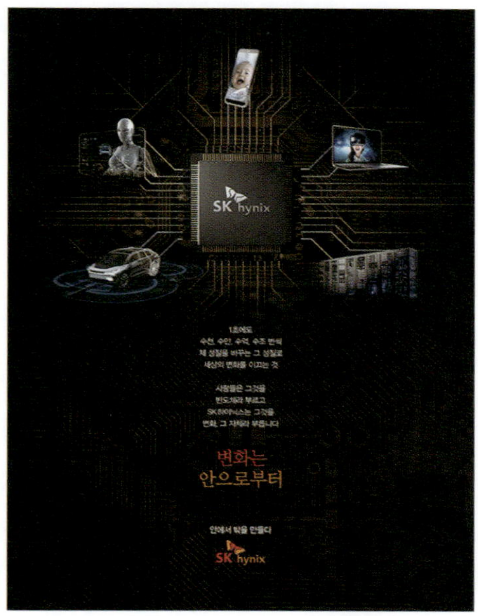

그림 1-7 SK 하이닉스의 기업PR 인쇄광고

(4) 정치광고

정치광고는 선거 캠페인의 주체가 미디어의 시간, 지면 등을 유료로 확보하여 유권자들에게 메시지를 전달하는 커뮤니케이션 방법이라고 정의할 수 있다. 우리나라의 TV 정치광고는 1992년 대통령 선거에서 사상 처음 시작되었다. TV 정치 광고는 군중집회의 바람몰이, 조직선거, 흑색선전과 같은 구시대 정치 문화를 대체하는 신선한 시도로 받아들여지고 있다. 정치광고는 후보자 개인의 긍정적인 면을 부각시키는 이미지 광고와 정치적 그리고 사회적 이슈를 부각시키는 이슈광고로 나뉜다. 연구결과에 따르면, 유권자들은 긍정적인 정치광고보다 네거티브광고에 더 관심을 가지는 경향이 있다.

그림 1-8 문재인 후보 TV광고 3탄 '문재인을 바칩니다'편

(5) 공익광고

공익광고란 상품광고와는 달리 공익성을 바탕으로 사회의 개발이나 친선과 복지를 증진시킬 목적으로 제작된 광고를 말한다. 공공의 이익을 위해 사회 제반의 문제들을 인간존중의 정신에 입각하여 사회의 모든 사람에게 알기 쉽고 설득력 있게 호소하는 것이다.

그림 1-9 보건복지부의 금연 인쇄광고

(6) 정부광고

정부광고는 공익광고와는 다르게 정부가 주체가 되어서 행하는 광고로 중앙행정기관, 지방자치단체, 그리고 정부투자기관 및 일부 특별 법인이 일정한 효과를 위해 아이디어, 정보, 그리고 서비스에 관한 메시지를 매체를 통하여 유료로 전달하는 일체의 광고행위를 말한다.

그림 1-10 대한민국 정부광고

4 국내 광고산업

1) 국내 광고 시장 현황

제일기획이 매년 발간하는 광고연감에 따르면, 2022년 광고 시장은 전년대비 5.4% 성장한 14조 7966억 원으로 집계됐다. 비록 지난 2021년 20.8% 성장 달성이라는 놀라운 결과 이후 1년 만에 10% 미만의 성장률이었지만, 러시아 · 우크라이나 전쟁 장기화와 미 · 중 무역분쟁, 인플레이션 심화 및 경기 침체 우려 등의 국내외 경제적 상황을 고려하면, 5%대의 성장 달성을 두고 광고 시장이 선방했다는 평가다. 이러한 시장의 성장에는 코로나 엔데믹 기대에 따른 소비 심리 회복과 베이징 동계 올림픽 및 카타르 월드컵 등의 미디어 빅 이벤트들의 실적 유입, 그리고 일상의 디지털 전환으로 급성장한 디지털 광고 시장의 안정적인 실적, 그리고 코로나 엔데믹 기대 속 빠르게 회복하고 있는 OOH 광고 시장이 주효한 영향을 미쳤다. 특히 디지털광고는 2021년 31.5%라는 퀀텀 점프에도 불구하고, 전년대비 8% 성장한 8조 1134억 원을 기록하며 전체 시장의 성장을 이끌었다. 전체 시장의 과반 이상을 차지했음에도 불구하고, 10%에 가까운 성장을 보이며 점유율을 1.3% 끌어 올린 저력은 광고 시장 내 디지털 광고의 위상을 재확인하게 한다. 디지털 광고 시장의 이러한 성장에는 검색광고와 노출형 광고의 동반 성장이 있었다.

표 1-4 2020~2022년 매체별 광고 시장 (단위: 억 원, %)

구분	매체		광고비			성장률		구성비	
			2020년	2021년	2022년	2021년	2022년	2021년	2022년
방송	지상파 TV	광고	8,519	10,506	10,567	23.3	0.6	7.5	7.1
		협찬	3,094	3,289	3,337	6.3	1.5	2.3	2.3
		소계	11,613	13,795	13,904	18.8	0.8	9.8	9.4
	라디오	광고	1,422	1,483	1,437	4.3	-3.1	1.1	1.0
		협찬	759	808	821	6.4	1.6	0.6	0.6
		소계	2,181	21,291	2,258	5.0	-1.4	1.6	1.5
	케이블 (종편 포함)	광고	14,633	16,598	15,749	13.4	-5.1	11.8	10.6
		협찬	4,283	5,227	4,960	22.0	-5.1	3.7	3.4
		소계	18,916	21,825	20,709	15.4	-5.1	15.6	14.0
	IPTV		1,029	1,071	932	401	-13.0	0.8	0.6
	위성TV		332	330	306	-0.6	-7.3	0.2	0.2
	DMB		16	13	13	-19.3	2.7	0.0	0.0
	SO		1,173	1,113	1,068	-5.1	-4.0	0.8	0.7
	방송 계		35,260	40,438	39,190	14.7	-3.1	28.8	26.5
인쇄	신문		13,894	14,170	14,652	2.0	3.4	10.1	9.9
	잡지		2,372	2,439	3,022	2.8	23.9	1.7	2.0
	인쇄 계		16,266	16,609	17,674	2.1	6.4	11.8	11.9

디지털	검색형	29,142	36,165	39,494	24.1	9.2	25.8	26.7
	노출형	27,964	38,953	41,640	39.3	6.9	27.8	28.1
	디지털 계	57,106	75,118	81,134	31.5	8.0	53.5	54.8
OOH	옥외	3,378	3,880	4,543	14.9	17.1	2.8	3.1
	극장	601	355	1,147	-41.0	223.1	0.3	0.8
	교통	3,581	3,926	4,278	9.6	9.0	2.8	2.9
	OOH 계	7,560	8,161	9,968	7.9	22.1	5.8	6.7
총계		116,192	140,325	147,966	20.8	5.4	100.0	100.0

출처: 제일기획 (2023). 2023 광고연감.

2) 광고대행사

광고대행사는 광고주를 대신해 직접 광고를 제작하고 매체사의 시간과 지면을 구입해 광고를 집행하는 역할을 수행한다. 오늘날의 광고대행사는 광고 및 매체관련 업무뿐만 아니라 광고주의 홍보를 비롯해 브랜드 컨설팅에 이르기까지 광고주에게 통합마케팅 솔루션을 제공하고 있다. 광고대행사의 형태에 따라 대기업을 모기업으로 하는 인하우스 에이전시와 독립광고대행사로 구분된다. 인하우스 에이전시로는 삼성그룹 계열의 제일기획과 현대자동차그룹 계열의 이노션이 대표적이다.

취급액 순으로 2022년 10대 광고회사인 제일기획, 이노션, HSAD, 대홍기획, 플레이디, 에스엠컬처앤콘텐츠(SM C&C), FSN, 에코마케팅, TBWA Korea, 레오버넷의 총 취급액은 18조 6285억 원으로 2021년 대비(15조 8004억 원) 17.9% 상승했으며, 전체 광고 물량의 81%를 차지했다. 2022년은 코로나로 인한 광고 시장이 완전히 회복되어 그동안 미뤄졌던 광고 집행까지 가세해 큰 성장을 이룬 것으로 보인다. 10대 광고회사 중 에코마케팅과 플레이디는 디지털 광고대행사로 2022년 10대 광고회사 순위에 신규 진입해 두르러진 성과를 보였다. 77개 광고회사 중 종합 광고대행사의 경우 전년대비 15% 내외의 성장을 보였지만, 디지털 광고대행사는 30% 이상의 성장을 보이며 도약이 두드러졌다. 10대 광고대행사의 2022년 해외 취급액은 10조 9074억 원으로 2021년(9조 625억 원) 대비 상승했으며, 제일기획과 이노션은 전체 취급액 중

해외 취급액의 비중이 70% 이상을 차지하여 해외 시장에 더욱 집중하는 것으로 나타났다.

표 1-5 2022년 국내 광고 대행사 순위 (단위: 백만 원)

NO	회사명	2021년 취급액	2022년 취급액	전년대비 성장률	취급액 중 국내 취급액	비중 (%)
1	제일기획	5,932,045	7,277,967	23%	2,144,263	29%
2	이노션	5,228,112	5,991,497	15%	1,093,414	18%
3	HS애드	1,574,359	1,637,849	4%	858,482	52%
4	대홍기획	920,982	977,044	6%	949,492	97%
5	플레이디		567,450		565,999	100%
6	SMC&C	487,273	519,767	7%	519,767	100%
7	에코마케팅	448,922	497,525	11%	438,188	88%
8	FSN		462,156		462,156	100%
9	TBWA KOREA	331,696	404,100	22%	404,100	100%
10	레오버넷	288,852	293,171	1%	285,227	97%

3) 광고주

광고비를 부담하는 주체인 광고주는 다른 용어로 고객, 즉 클라이언트(client)로 불리기도 한다. 2022년 광고비 지출 10대 기업을 살펴보면, '삼성전자', 'LG전자' 등 전자회사와 'KT', 'SK텔레콤' 등 통신회사, 그리고 '현대자동차'와 '기아자동차' 등 자동차 회사가 10위 안에 포함되었다. 그중 '삼성전자'가 4336억 원으로 1위를 유지하였고, 'LG전자' 또한 1820억 원으로 2위를 유지하였다. 2021년 5위였던 'KT'는 1361억 원으로 2022년에는 3위를 차지했으며, 하이트진로는 1155억 원으로 전년도와 마찬가지로 4위를 차지했다. 하지만, 현대자동차는 1151억 원을 기록해 전년도 대비 2단계 하락해서 2022년에는 5위를 차지했다. 2021년에는 순위 밖에 있었던 애플이 1008억 원으로 2022년에는 새롭에 진입하여 7위를 기록했다.

표 1-6 5대 매체 광고비 기업 순위 10대 기업 (단위: 백만 원)

순위	2022년		2021년	
	회사명	광고비	회사명	광고비
1	삼성전자	433,640	삼성전자	468,093
2	LG전자	182,005	LG전자	206,856
3	KT	136,138	현대자동차	134,612
4	하이트진로	115,548	하이트진로	111,473
5	현대자동차	115,132	KT	109,184
6	한국코카콜라	107,982	동국제약	89,162
7	애플	100,865	한국코카콜라	84,162
8	SK텔레콤	96,116	기아자동차	79,232
9	동국제약	93,553	명인제약	76,147
10	기아자동차	78,495	한국피엔지	75,596

출처: 제일기획 (2023). 2023 광고연감.

4) 미디어렙

미디어렙은 미디어(media)와 레프리젠터티브(representative)의 합성어로, 우리말로는 방송광고 판매대행사라고 한다. 미디어렙은 방송사를 대신하여 광고시간이나 지면 등 방송광고를 전문적으로 위탁판매하고 판매대행 수수료를 받는 회사이며, 일부 유럽에서는 판매미디어렙을 미디어판매회사(media sales house)라고 부르기도 한다. 미디어렙의 광고대행체제는 방송사가 일방적으로 광고요금을 올리는 것과 광고를 얻기 위해 광고주에게 압력을 가하거나, 반대로 자본가인 광고주가 광고를 빌미로 방송사에 영향을 끼치는 것을 일부 막아주는 장점이 있다. 국내에서 미디어렙은 '코바코(KOBACO: 한국방송광고진흥공사)'와 같은 공영미디어렙과 SBS의 '미디어 크리에이트(Mediacreate)'와 같은 민영미디어렙으로 나뉜다.

우리나라는 지난 1980년 이후 「방송광고 판매대행 등에 관한 법률」이 제정되기 전까지는 한국방송광고공사(KOBACO, 법 시행 후 한국방송광고진흥공사로 변경됨)가 독점적으로 방송광고 위탁판매 업무를 수행해 왔지만, KOBACO의 독점에 대한 비판과 함께 방송·광고계에 자유경쟁 체제를 접목시키자는 주장이 제기되면서 2012년 2월 9일 「방송광고 판매대행 등에 관한 법률」 수정법안이 국회를 통과하여 민영미디어렙의 출범이 가능하게 되었다.

5 광고윤리 및 규제

1) 광고윤리

광고는 사회와 밀접한 관계를 유지하고 있다. 광고는 사회의 트렌드를 반영하기도 하고, 때로는 광고가 사회의 트렌드를 만들어내고 이끌어 가기도 한다. 그렇기 때문에 광고는 사회에 윤리적인 이슈를 만들어 내고, 사회는 그러한 이슈에 대응하기 위해 관련 규제를 통해 소비자를 보호한다. 오늘날 광고는 법적 책임과 윤리적 책임을 다해야만 한다. 광고윤리란 광고행위에서 지켜야 할 윤리로 광고활동에서 의사결정의 옳고 그름을 판단하는 하나의 기준이다.

광고의 윤리적 문제들을 몇 가지 사례로 살펴보고자 한다.

첫째, 사람의 건강에 해로운 상품들인 술과 담배광고는 청소년 보호 차원에서 규제를 받는다. 광고 자체를 금지하는 것은 표현의 자유에 위배된다는 의견도 있지만, 우리나라를 비롯해 많은 나라들은 일부 매체의 담배광고를 제한하고 있다. 캐나다와 유럽의 경우는 일체의 담배광고를 금지한다. 국내에서 주류광고는 지나친 음주로부터 청소년을 보호하고 국민건강을 증진시키고자 주류광고에 과다한 음주는 건강에 해롭다는 경고문구를 의무 표기하고, 방송 및 인터넷을 통해 주류광고 시간의 일부를 제한하는 등의 내용을 담은 「국민건강증진법」 개정안이 실행되고 있다.

둘째, 광고는 개인성이 결여된 제한된 패턴으로 사람들을 집단화해 제시하는 고정관념화(stereotyping) 경향이 있다. 예를 들어, 광고에서 여성을 주로 어머니, 주부로 묘사하거나 사회적 역할이 가정이라는 울타리로 제한된 이미지로 관념화하기도 하며, TV나 잡지광고에서 여성의 아름다움, 즉 미(beauty)를 고정관념화된 이미지로 전달한다는 비판을 받고 있다. 광고는 또한 이러한 고정관념화를 거부하는 도구로 활용되기도 하는데, 미국에서 도브가 진행 중인 리얼뷰티(real beauty) 캠페인이 좋은 예다. [그림 1-11]은 2004년에 시작된 도브의 리얼뷰티 캠페인으로, 마른 몸매, 매끈하고 흰 살결, 잘 정돈된 이목구비 같은 정형적인 미의 기준에 도전하며 잘못된 미의 고정관념화에 맞서고 있다.

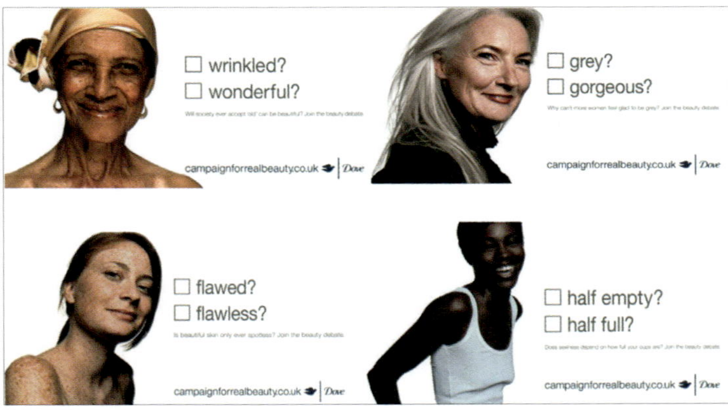

그림 1-11 도브의 리얼뷰티 캠페인

셋째, 어린이를 대상으로 한 광고는 여전히 논란의 대상이다. 그 이유는 어린이들은 광고의 판매의도를 정확이 이해하지 못할뿐더러 설득적 소구에 자신을 방어할 인지적 능력이 크지 않기 때문이다. 즉 어린이들은 설득지식(persuasion knowledge)이 체계화되어 있지 않기 때문에 설득하려는 시도(광고 메시지)에 대응하기에는 미숙하다고 할 수 있다. 요즘 어린이를 대상으로 하는 TV 식품광고가 논란의 중심이 되고 있다. 어린이들의 경우 TV 식품광고를 이해하고 판단하기 어려우며 아이들의 식습관에 큰 영향을 미친다. TV 식품광고는 상업적인 문제뿐만 아니라 어린이 비만이나 성인병과 같은 건강관련 문제와 직결되기 때문에 정부의 규제가 요구된다.

넷째, 성감수성(gender sensitivity)은 광고 표현에서 중요한 기준이 되고 있다. 젠더 감수성이란 성인지 감수성이라고 하며, 일상생활에서 성별 차이로 인한 차별과 불균형을 감지해 내는 민감성을 의미한다. 젠더 감수성은 성별에 기반한 사회적 역할, 기대, 편견에 대한 인식과 인식의 변화를 의미한다. 광고를 통해 젠더 감수성을 전달하는 것은 더욱더 중요해지고 있다. 광고는 성별 역할의 미디어 표현 역할을 하고 있다고 볼 수 있다. 즉, 광고는 대중매체로서 강력한 영향력을 가지며, 성별 역할과 관련된 메시지를 전달한다. 젠더 감수성을 고려하지 않는 광고는 성별 편견을 강화하거나 성별에 기반한 역할, 기대를 고정화하는 경향이 있다. 그러나 젠더 감수성을 가진 광고는 성별 다양성을 인식하고 성별 편견을 깨는 메시지를 전달하여 보다 포용적인 메시지를 전달할 수 있다. 광고는 사회적인 가치와 문화를 반영하는 매체이기 때문에 광고는 더욱더 젠더 다양성 표현에 더욱 힘써야 한다. 젠더 감수성을 가진 광고는 성별 다양성을 존중하고 다양한 성별 표현을 포용하는 메시지를 전달할 수 있으며, 이는 성별에 상관없이 모든 개인이 자유롭게 표현하고 자기를 식별할 수 있는 공간을 제공하는 것을 의미한다. [그림 1-12]는 남양유업 커피브랜드 '루카스나인(Lookas9)' 광고로 여성의 적극적인 사회진출로 인해 성역할이 조금씩 변화하고 있음에도 불구하고 고무장갑을 낀 여성의 모습이나, 할아버지의 뒤에서 커피를 따르는 할머니의 모습은 전형적인 성역할 고정관념을 공고히 하는 광고라는 비판을 받았다.

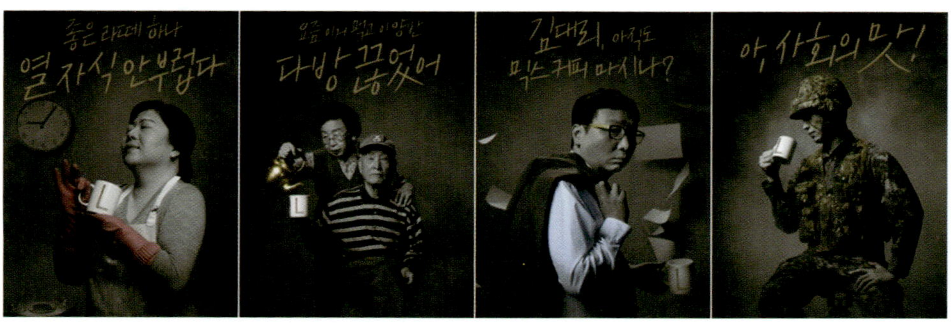

그림 1-12 남양 루카스9 인쇄광고

2) 광고규제 및 법규

(1) 타율규제

부당표시나 허위, 기만, 과장광고 등이 소비자의 이익을 침해하기 때문에 소비자 보호의 관점에서 법의 강제력을 통해 광고의 피해를 제거하려는 규제형태가 타율규제의 범위에 속한다. 세계적인 광고규제 추세는 타율규제가 아닌 자율규제가 우세한 편이지만, 국내의 경우 법률에 의한 타율규제가 주도적인 역할을 수행하고 있다. 우리나라에서 방송광고 심의체계는 2008년 6월 26일을 기점으로 중요한 전환점을 맞이했다. 기존 한국광고자율심의기구에서 하는 TV방송광고 사전심의는 '사전검열'에 해당하여 위헌이라는 판결이 났다. 현행 방송법에 의해 방송광고 심의는 방송사들이 회원사로 있는 한국방송협회에서 방송광고 제반 법규의 준수 여부를 자체적으로 하고 있다. 그 외에, 종합 유선 방송광고는 '한국케이블TV방송협회'에서 사전 자율심의를 하고 있으며, 홈쇼핑채널 방송은 방송법상 '상품 소개 및 판매에 관한 방송 내용물'을 의미하는 '방송프로그램'으로 '한국일반홈쇼핑기업회'에서 자율심의를 하고 있다. 방송법은 사후심의를 규정하고 있으며, 방송통신위원회가 심의를 담당하고 있다.

- **허위광고**: 사실에 해당되지 않는 자료나 정보를 사용하는 광고
- **과장광고**: 광고 상품을 잘 팔리게 하기 위하여 상품이 가지고 있는 기능을 부풀리는 광고
- **기만광고**: 사실을 은폐하거나 축소하는 등의 방법으로 소비자를 현혹하는 광고
- **불공정광고**: 소비자의 경제적 피해 또는 건강이나 안전 등과 관련이 있으며, 소비자가 부당하게 피해를 입거나 공공정책에 위반되는 광고
- **비교광고**: 경쟁사 또는 경쟁 제품을 직 · 간접으로 거론하는 표현을 하는 광고

표 1-7 국내 광고규제 기관 및 광고 관련 법규

기구명	성격	심의형태	심의근거
공정거래위원회	정부기구	사후법적심의	표시광고의 공정화에 의한 법률
방송통신위원회	정부기구	사후법적심의 • 방송광고의 사후심의기구	-
한국소비자원	정부기관	사후 모니터링	광고관계법령
보건복지부	정부기구	사전법적심의 • 체중조절용 식품일 경우 한국식품공업협회에 위탁 • 담배 및 주류는 대한보건협회에서 광고 모니터링함	주류광고는 국민건강증진법 제7조
식품의약청	정부기구	사전법적심의 • 의약품의 경우 제약협회에 의탁 • 건강기능식품의 경우 한국건강기능식품협회에 위탁	특수영양식품 • 식품위생법 및 시행규칙 건강기능식품 • 건강기능식품에 관한 법률 및 시행규칙
한국간행물 윤리위원회	법정기구	사후법적심의: 간행물(잡지, 특수신문 등) 게재광고	표시광고법 자체광고 심의지침 출판 및 인쇄 진흥법에 근거
정보통신 윤리위원회	법정기구	사후법적심의: 전기통신회선을 통하여 유통되는 광고	전기통신사업법 자체 심의규정 심의세칙
영상물등급위원회	법정기구	사전법적심의: 광고심의를 독립적으로 실시하지 않음	음란비디오물 및 게임물에 관한 법률

출처: 공정거래위원회 (2005). 클린애드네트워크 구축방안.

(2) 자율규제

자율규제는 법에 의한 타율규제를 최소한으로 줄이고, 광고에 대한 비판을 자체적으로 해결하려는 광고업계와 대중매체의 자발적인 규제 노력으로 볼 수 있다. 자율규제는 그 주체인 광고주, 광고대행사, 광고매체사 등이 자율적으로 광고를 사전 또는 사후심의하여 스스로 공정하고 올바른 광고를 만들도록 규제하는 형태이다. 자율규제는 오도광고나 소비자들의 구매욕구를 자극하는 무분별한 광고, 비방적인 내용을 통해 다른 경쟁사 제품의 품질이나 내용을 침해하는 광고 등으로부터 소비자를 보호하려는 목적과 경쟁사에 의한 부당한 광고행위로부터 광고주 자신을 효과적으로 보호하려는 목적을 동시에 가지고 있다.

표 1-8 국내 광고 자율심의단체

기구명	성격	심의형태	심의근거
한국광고 자율심의기구	중앙자율 심의기구	사전법적심의: 방송광고 사후법적심의: 인쇄광고	방송광고심의에 관한 규정
한국신문윤리위원회	매체별 심의기구	사후자율심의: 신문광고	신문광고 윤리강령
한국제약협회	업종별 심의기구	사전법적심의: 의약품광고	의약품광고 심의규정
한국식품공업협회	업종별 심의기구	사전법적심의: 체중조절용 조제 식품 광고	식품위생법 및 시행규칙
한국건강기능식품협회	업종별 심의기구	사전법적심의: 건강기능 식품광고	건강기능식품에 관한 법률 제16조(기능성표기광고의 심의)
대한화장품협회	업종별 심의기구	사전자율심의: 화장품광고	-
생명보험협회	업종별 심의기구	사전자율심의: 변액보험상품 (실적배당형상품) 광고	생명보험 광고 선전에 관한 규정 및 운영세칙
한국YMCA전국연합	시민단체	광고 모니터링: 공정거래위원회 제소	별도의 문서 없이 관련 법률을 근거로 심의함
한국소비자연맹	시민단체	광고 모니터링: 공정거래위원회 제소	방송위원회, 광고심의기준 및 관련법규 적용함
광고소비자시민연대	시민단체	광고 모니터링: 모니터링 결과를 매달 광고정보지에 게재함	별도의 문서 없이 관련 법률을 근거로 심의함
여성민우회	시민단체	광고 모니터링: 공정거래위원회에 처리 요청	별도의 문서 없이 관련 법률을 근거로 심의함
녹색소비자연대	시민단체	광고 모니터링	별도의 문서 없이 관련 법률을 근거로 심의함

출처: 공정거래위원회 (2005). 클린애드네트워크 구축방안.

3) 외국의 광고규제 및 법규

(1) 미국

미국 내 상업광고의 규제는 크게 정부규제와 자율규제로 나눌 수 있다. 1914년에 설립된 연방거래위원회(Federal Trade Commission: FTC)는 상업활동을 규제하는 미국 최초의 정부기관으로 출범했다. FTC법규에 따른 규제의 대상은 세 가지로 요약된다. 첫째, 행위 또는 관행이 상업(commerce)에 관한 것이거나 상업에 영향을 미치는 것이어야 하고, 둘째, 행위나 관행이 불공정(unfair)한 경쟁방법에 의한 것이거나, 또는 행위나 관행 자체가 불공정하거나 기만적(deceptive)인 것, 셋째, 심판절차를 통하는 것은 공공의 이익에 관계된 것이어야 한다는 점 등이다. 이에 따른 FTC의 상업광고 규제 유형은, ① 기만적 허위광고(deceptive or false advertising), ② 불공정광고(unfair advertising), ③ 미실증광고(insubstantial advertising), ④ 유인 및 교환광고(bait or switch advertising), ⑤ 비교광고(comparison advertising) 등이다. 이러한 정부규제도 있지만, 많은 광고규제가 자율기관을 통해 이루어지고 있는 것은 미국 광고계의 특징이라 할 수 있다. 이와 관련, 자율규제 옹호론자는 정부의 광고규제가 건전한 광고활동을 억제하는 불필요한 요소이며, 광고업계 스스로 자율적으로 공정한 광고활동을 할 수 있도록 해야 한다고 주장한다. 반면에 비관론자들은 진정한 자율규제는 정부규제의 위협 없이는 불가능하다고 주장한다.

표 1-9 미국 광고규제 기관

기관	기능
연방거래위원회 (Federal Trade Commission: FTC)	기업의 경쟁행위(광고 포함)를 규제
식품 · 의약품국 (Food & Drug Administration: FDA)	보건부 소속으로 처방약과 가판약(두통약 같이 의사 처방전이 필요 없는 약의 광고와 포장, 패키지 등을 규제
연방통신위원회 (Federal Communication Commission: FCC)	1934년 통신법에 의해 설립, 방송 · 전화 등을 관장함으로써 방송광고 규제 권한을 가지며, 모든 광고에 스폰서를 밝히도록 하고 음란한 내용 등의 광고를 규제
주류 · 담배 · 총기국 (Bureau of Alcohol, Tobacco and Firearms)	재무부 소속으로 술광고를 규제하며, 술의 경고문 부착 등도 관장
미 우정국 (U.S. Postal Service)	DM광고와 우편을 통한 방법으로 상품을 전달하는 모든 광고를 규제

표 1-10 미국 광고 자율심의단체

기관	기능
미국 거래개선협의회 (Council of Better Business Bureau: CBBB)	소비자가 광고에 대해 불만을 제기하면 해당 지역의 협의회가 광고주와 접촉하여 해결하도록 조치
국가광고국 (National Advertising Division: NAD)	미국 거래개선협의회 산하 광고자율심의기구로써 광고에 대한 불평이 접수되면 우선 해결
국가광고심의국 (National Advertising Review Board: NARB)	광고관련 국가 광고국이 제기한 이슈에 대한 문제를 검토(광고주, 대행사, 시민대표 등 50명으로 구성, 심사 시 5명이 할당)
국가광고심의협의회 (National Advertising Review Council: NARC)	광고 전문인들이 기만적이라고 판단한 전국적 광고를 철회하도록 협상
어린이광고심의국 (Children's Advertising Review Unit: CARU)	12세 이하 어린이를 대상으로 한 광고를 모니터링

(2) 일본

일본공정거래위원회(Japan Fair Trade Commission: JFTC)와 각 관청에서 사후규제를 원칙으로 한다. 일본 광고자율심의기구(Japan Advertising Review Organization: JARO)는 광고계의 사후 자율심의기구로 운영된다. 광고주, 광고회사, 매체사 공동참여로 만들어졌으며, 정부, 소비자, 광고업계 공동의 커뮤니케이션 창구역할을 수행한다.

(3) 영국

영국은 광고표준기구(Advertising Standard Authority: ASA)라는 민간 광고자율심의기구를 운영하고 있으며, 이 기구는 광고주, 광고회사, 방송사 등 광고관련 업계가 중심이 되어 기준제정 및 심의 등의 업무를 관장한다. 광고표준기구는 이사회, 심의회, 광고기준제정위원회를 두고 있으며, 영국통신성(Office of Communications: OF-com)과 광고규제 관련 업무협정을 맺고 있다.

생각해 볼 문제

01. 본 장에 기술된 다양한 '광고의 정의'들 외에, 여러분이 생각하는 광고의 정의를 적어 보시오.

02. '광고의 정의'에 영향을 미치는 요인들은 무엇이 있을지 생각해 보시오.

03. 광고의 마케팅적 측면과 커뮤니케이션 측면의 기능을 설명하시오.

04. 광고의 경제적 측면과 사회 · 문화적 측면의 기능을 설명하시오.

05. 광고가 표적청중에 따라 어떻게 분류되는지 기술하시오.

06. 국제광고에서 사용되는 두 가지 전략방안에 대해 논의하시오.

07. 광고가 목적에 따라 어떻게 분류되는지 기술하시오.

08. 광고가 사회적으로 문제가 된 사례가 있는지 설명하시오.

09. 광고의 자율규제와 타율규제 중에서 어떠한 규제가 중요하지 설명하시오.

10. 국내 광고규제 기관 및 광고 관련 법규에 대해서 기술하시오.

참고문헌

1. 공정거래위원회 (2005). 클린애드네트워크 구축방안.
2. 광고계동향 2017년 3, 4월호.
3. 김병희 (2013). 광고의 새로운 정의와 범위. 한경사.
4. 김병희 외 (2017). 100개의 키워드로 읽는 광고와 PR. 한울아카데미.
5. 안광호 외 (2010). 광고관리: 이론과 실제가 만나다. 학현사.
6. 제일기획 (2023). 2023 광고연감.
7. HS Adzine (2018.05.15). 2018 광고미디어 트렌드 - 하이브리드 미디어 시대로의 변화. https://www.ad.co.kr/journal/column/show.do?ukey=518295에서 인출
8. Kumar, V., & Gupta, S. (2016). Conceptualizing the Evolution and Future of Advertising. *Journal of Advertising*, *45*(3), 302-317.
9. Schultz, D. (2016). The Future of Advertising or Whatever We're Going to Call It. *Journal of Advertising*, *45*(3), 276-285.

시장 세분화 전략과 포지셔닝

02

CHAPTER 02

▶▶▶ CONTENTS

SUMMARY

시장 세분화 전략은 소비자들의 다양한 욕구를 만족시킴으로써 매출 증대는 물론 브랜드에 대한 충성도를 높일 수 있는 중요한 마케팅 전략이다. 기업은 시장 세분화를 통해 새로운 마케팅 기회를 발견할 수 있을 뿐만 아니라 마케팅활동에서 경쟁적 우위를 차지할 수 있으며, 더 나아가 소비자들의 정확한 욕구를 충족시킬 수 있다. 기업들 간의 경쟁이 치열해지면서 포지셔닝, 즉 소비자들의 마음속에 경쟁사와 차별화되는 이미지를 디자인하는 포지셔닝이라는 개념이 점차 중요하게 되었다. 본 장에서는 시장 세분화의 의의, 장점, 요건 및다양한 시장 세분화 요인들뿐만 아니라 포지셔닝 전략과 포지셔닝 접근 방법에 대해서도 살펴본다.

TERMINOLOGY

시장 세분화, 인구통계학적 요인 세분화, 심리묘사적 요인 세분화, 세대별 요인 세분화, 지리학적 요인 세분화, 지리인구통계학적 요인 세분화, 행동적 요인 세분화, 포지셔닝, 리포지셔닝, 디포지셔닝, 포지셔닝맵

도입 사례

2024년 마케팅 트렌드 10가지

세계적인 마케팅 인사이트 및 분석 기업 칸타가 〈마케팅 트렌드2024〉 보고서를 발표했다. 이이 연구는 칸타의 태도와 행동 데이터를 결합하여 마케터가 내년 성장 전략을 세밀하게 조정하는 데 도움을 준다. 칸타가 제시하는 10가지 트렌드는 다음과 같다.

1. 인공지능이 방법을 찾아낼 것이다: 마케터의 약 67%가 인공지능 세대의 가능성에 대해 긍정적으로 생각하고 있다. 업계에서는 이미 콘텐츠 개발 과정에서 AI 세대 활용 사례를 모색하고 있으며, 내년과 그 이후에는 이러한 결과물의 효과를 이해하는 것이 더욱 중요해질 것이다.

2. 문화가 우선이다: 소비자들은 브랜드에 대한 요구사항에 대해 점점 더 목소리를 높이고 있다. 전 세계적으로 소비자의 80%는 자신에게 중요한 대의를 지지하는 기업에서 구매하기 위해 '노력'한다고 답했다. 앞으로는 브랜드가 더 넓은 문화와 조화를 이룰 수 있도록 대립적 위험을 관리하는 프로세스를 마케팅 계획에 포함시켜야 한다.

3. 메시지 통제와 취소 문화의 만남: 2024년에는 단기적인 논란에도 불구하고 글로벌 이슈에 대해 브랜드 DNA에 부합하는 방식으로 목소리를 내고 자신의 입장을 고수하는 브랜드가 소비자의 마음을 사로잡을 것이다.

4. 더욱 치열해질 주목도와 감성을 위한 싸움: 미디어와 크리에이티브 효과에서 주목도의 중요성은 이미 잘 알려져 있지만, 마케터의 62%는 여전히 조회 시간과 같은 직관적인 행동 지표를 선호한다. AI 기반 주목도 예측의 사용은 이미 증가하고 있으며, 2024년에는 마케터들이 디지털 광고에 대한 주목도를 대규모로 측정할 수 있도록 하는 데 더 큰 역할을 할 것으로 예상된다.

5. 총체적인 성공 측정으로 전환: 2021년에는 26%에 불과했던 기업의 42%가 현재 KPI에 지속가능성 지표를 통합하고 있는 것으로 나타났다. 이러한 추세는 수익, 지구, 사람의 균형을 타협이 아닌 비즈니스 전략으로 삼는 방향으로의 전환을 의미한다.

6. 지속 가능한 성장을 위해서는 근본적인 혁신이 필요하다: 혁신적이라고 인식되는 브랜드는 그렇지 않은 브랜드보다 3배 더 많이 성장한다. 그러나 코로나 이후에는 혁신의 수준이 매우 낮다. 혁신, 특히 근본적인 혁신은 2024년에 성장을 위한 최선의 길을 찾고자 하는 모든 브랜드에게 중요할 것이다.

7. 챌린저 브랜드의 약진 일용소비재/CPG 업계에서는 기존의 콘셉트, 아이디어, 소비자 니즈, 상황에 도전하는 챌린저 브랜드가 불균형적인 성장을 주도하고 있다. 전 세계 쇼핑객 2명중 1명은 가능한 한 소규모 브랜드를 선호하기 때문에 이러한 브랜드는 계속해서 성공할 것이다. 대형 브랜드는 이에 발맞춰 민첩성, 시장 출시 속도, 소비자 중심성, 데이터 기반 의사결정을 위해 노력해야 한다.

8. 프리미엄화의 힘: 인플레이션으로 인해 소비자들의 주머니 사정이 어려워지고 PB 브랜드제품의 점유율이 높아지면서, 브랜드들은 시장 점유율을 유지하기 위해 가격 프로모션, 슈링크플레이션 및 할인에 눈을 돌리고 있다. 칸타의 데이터는 프리미엄화가 성공을 위한 길이다. 2023년 칸타 브랜드Z 순위에서 52%의 브랜드가 전략적 가격 책정 모델에서 최고 등급을 받았으며, 이는 2020년의 42%에서 증가한 수치이다. 2024년에는 마케터들이 가격과 가치를 일치시키기 위해 가격 관리에 더욱 집중할

것이다.

9. 검색창 너머의 삶: 검색은 AI와 대규모 언어 모델의 등장으로 혼란스러운 시기를 겪고 있다. 이는 온라인 검색 엔진이 브랜드 영향력 측면에서 2018년 11위에서 이제 다섯 번째로 강한 터치포인트라는 사실에 반영된다. 이제 브랜드는 소비자가 있는 곳에 표시되도록 디지털전략과 콘텐츠를 검토해야 할 때이다.

10. 리테일 업계의 광고 비즈니스 진출: 소비자 행동이 변화함에 따라 리테일 미디어는 이제고객 참여를 유도하는 필수 채널이 되었다. 칸타의 데이터에 따르면 미국과 캐나다의 리테일 미디어 전문가 중 56%가 향후 리테일 미디어에 더 많은 투자를 할 것이라고 답했다. 2024년을 내다볼 때, 구매자와 판매자는 채널 성과를 입증하고 더 나은 광고 경험을 창출하기 위해 미디어에 구애받지 않는 독립적인 측정이 필요하다. 칸타의 미디어 부문 글로벌 사고 리더인 곤카 부바니(Gonca Bubani)는 "지속적인 학습과 데이터 기반 의사결정 문화는 마케터들이 우리가 살고 있는 기술적, 문화적 변화를 헤쳐 나가는 데 필수적이다. 생성형 AI는 과대광고가 아니라 이미 우리 업계에 큰 영향을 미치고 있는 혁신적인 기술이다. 그러나 인간의 독창성이 없는 기술은 무의미하며, 이는 의미 있는 데이터와 전문 지식의 교차점에서 비롯되는 뉘앙스이다. 마케팅 트렌드 2024는 마케터가 선두를 유지하는 데 필요한 도구와 지식을 실용적인 가이드로 정리한 것이다."라고 말했다.

출처: 최영호 (2023. 12. 02.). 2024년 마케팅 트렌드 10가지. 매드타임즈. http://www.madtimes.org/news/articleView.html?idxno=19271에서 인출.

CHAPTER 02 시장 세분화 전략과 포지셔닝

1 시장 세분화

1) 시장 세분화의 의의

웬델 스미스(Wendell R. Smith)가 1950년대 중반 주장한 시장 세분화(Market Segmentation)라는 개념은 마케팅을 연구하는 학계뿐만 아니라 마케팅 실무를 담당하는 실무자들에게도 현재까지 중요한 개념으로 여겨지고 있다. 시장 세분화란 동일한 특성이나 동일한 욕구를 지닌 소비자를 그룹화하여 이질적인 소비자 집단인 시장을 비슷한 특성을 지닌 시장으로 나누는 과정으로 정의내릴 수 있다. 시장 세분화의 전형적인 사례로 포드 자동차(Ford Motors)의 T1 모델과 지엠(GM: General Motors)을 들 수 있다. 자동차 시장 초창기 T1 모델을 시장에 선보인 포드 자동차는 19년 동안 지속적으로 오직 유일한 검정색 T모델 하나만을 가지고 1500만대 이상을 판매하는 전무후무한 판매 성과를 이루어냈다. 재미있는 것은 1910년부터 1927년까지 포드 자동차는 T모델만 생산했는데, 1913년부터는 자동차 색상을 검정색으로 통일해서 생산했다.

이러한 포드 자동차의 전략은 소비자들의 다양한 색상, 다양한 스타일에 대한 욕구를 만족시키지 못하면서 결국 자동차 업계 1위의 자리를 지엠에게 넘겨주는 실패의 요인이 되었다. 지엠은 포드 자동차와 달리 소비자들의 욕구를 파악해 고객들의 취향에 맞는 다양한 자동차 모델들을 매년 새롭게 선보이면서 자동차 업계 1위의 자리를 달성함은 물론 그 자리를 공고히 지켜냈다. 포드 자동차는 컨베이어벨트 시스템을 통해 자동차 대량생산의 기술을 개발해 생산 부문에서 놀라운 성과를 이루어냈지만, 소비자 만족이라는 고객의 다양한 욕구를 충족시키지 못해 결국 업계 1위 자리를 지엠에게 넘겨주고 말았다.

오늘날 우리는 디지털 세상에서 살고 있다. 데이터베이스 마케팅(database marketing)을 통해 소비자들에 대한 축적된 정보를 바탕으로 개인 맞춤형 광고 메시지를 전달해 최적화된 광고를 집행하고 있다. 다시 말해, 집단으로 세분화된 마케팅은 디지털의 도움으로 개인 세분화(individual segementation) 마케팅으로 진화되었다. 한 예로, 구글의 개인 맞춤형 광고는 개인의 웹상에서의 성향과 활동을 개인 히스토리화하였다가 개개인에게 맞는 제품을 컴퓨터가 추천하는 단계로 발전되었다. 이러한 개인 세분화는 인공지능(Artificial Intelligence: AI)의 도움으로 축적된 개인들의 데이터를 기반으로 더욱 세분화된 개인 맞춤식 광고가 가능하게 되었다. 결국, 테크놀로지의 지속적인 발달이 시장 세분화를 개인 세분화로의 진화로 이끌었다.

2) 시장 세분화의 장점

기업은 시장을 세분화함으로써 다음과 같은 네 가지 이점을 누릴 수 있다. 첫째, 기업은 시장 세분화를 통해 새로운 마케팅 기회를 발견할 수 있다. 시장 세분화를 통하여 기업은 소비자의 욕구나 구매동기를 정확히 파악할 수 있기 때문에 시장기회를 보다 손쉽게 찾아낼 수 있다. 한 예로, 화장품 브랜드 미샤는 가격을 세분화 기준으로 중저가 화장품 론칭을 통해 수입품과 고가의 국내 화장품이 주도하던 국내 화장품 시장에 파란을 일으켰다.

둘째, 기업은 세분화를 통해 소비자들의 정확한 욕구를 충족시킬 수 있으며, 이러한 활동을 통해 소비자들의 브랜드 충성도를 높일 수 있다. 소비자들의 다양한 욕구에 맞는 마케팅 믹스를 개발함으로써 소비자들의 욕구를 더 정확하게 충족시킬 수 있다. 이렇게 소비자의 욕구를 정확하게 충족시킴으로써 소비자들의 자사 제품에 대한 브랜드 충성도를 높일 수 있으며, 이는 자연스레 매출 증대로 이어질 수 있다.

셋째, 세분화를 통해 기업은 마케팅 활동에 있어 경쟁적 우위를 차지할 수 있다. 자사가 경쟁회사에 비해 갖고 있는 강점을 최대로 활용할 수 있는 세분 시장에 마케팅 노력을 집중하기 때문에 그 세분 시장 내에서 경쟁기업에 비해 상대적인 우위를 누릴 수 있다.

넷째, 시장 세분화는 기업으로 하여금 적합한 마케팅 프로그램을 개발하고, 변화하는 시장수요에 능동적으로 대처할 수 있도록 도움을 준다. 서로 다른 소비자들이 섞여 있는 전체 시장수요를 탐색하는 것에 비해 적은 수의 비슷한 소비자들로 구성된 세분 시장에 대한 수요변화는 보다 쉽게 파악될 수 있다. 기업은 자사 제품에 대한 시장 전략을 수립해 적절히 조정하며, 특정 세분 시장에 맞는 마케팅 프로그램과 소요예산을 수립하고 집행할 수 있다.

3) 효과적인 시장 세분화의 요건

시장 세분화는 무조건적으로 이루어지는 마케팅 과정이 아닌 시장 세분화의 여러 조건들을 충족시킬 수 있다고 판단될 때 이루어지는 과정이다. 효과적인 시장 세분화를 위해서는 다음과 같은 네 가지 요건들을 필수적으로 고려해야 한다.

첫째, 세분 시장의 특성들이 측정 가능(measurability)해야 한다. 세분 시장의 규모, 세분 시장에 속한 소비자들의 구매력과 같은 세분 시장의 특성들이 측정 가능해야 하며, 측정할 수 있어야 관리가 이루어질 수 있다. 인구통계학적 요인 및 지리학적 요인을 통한 시장 세분화는 객관적인 수치들을 통해 측정 가능한 반면, 심리학적 요인 또는 행동적 요인을 통한 시장 세분화는 객관적인 측정이 어려운 특성을 가지고 있다.

둘째, 세분된 시장은 충분히 규모가 커서(substantial size) 이익이 보장되어야 한다. 시장 세분화의 목적은 다양한 고객의 욕구를 만족시켜 기업의 수익을 증가하는 데 있다. 하지만 만약 세분된 시장이 너무 작아서 수익성을 확보할 수 없다면 시장 세분화의 의미를 상실하게 된다. 예를 들어, 미국의 경우 소비자들의 성적 취향 요인을 바탕으로 '게이 타깃 시장'이라는 세분화된 시장이 존재한다. 미국에서 게이들은 상당한 수입과 함께 미국 경제에서 차지하는 비중이 점차 증가되는 추세다. 따라서, 미국에서는 게이 타깃 시장은 기업들에게 성장하기 위한 중요한 시장으로 자리잡아 가고 있다. 하지만, 우리나라의 경우 게이 소비자들이 조금씩 목소리를 내고 있지만, 그들을 세분화하여 시장이 형성될 만큼 시장의 규모가 크지 않기 때문에 시장 세분화의 필요성은 크지 않다.

셋째, 세분 시장은 기업의 입장에서 유통경로나 매체를 통해 접근이 용이(accessibility)해야 한다. 즉, 세분 시장은 기업의 마케팅 활동으로 접근이 가능해야 한다. 또한, 세분 시장은 기업이 가지고 있는 기술 및 자본을 통해 접근이 가능해야 한다. 즉, 매력적인 세분 시장이라고 하더라도 기업이 세분 시장을 공략할 기술, 자본, 또는 마케팅력이 없다면 시장으로서의 가치는 의미를 잃게 된다.

넷째, 세분 시장 내의 소비자들의 동질성(homogeneity)은 높고, 세분 시장 간의 이질성(heterogeneity) 역시 높아야 한다. 소비자들의 동질성이 높을수록 또한 세분시장 간의 이질성이 높을수록 이 세분 시장을 목표로 한 마케팅 활동들은 보다 효과적일 수 있다. 예를 들어, 세대를 요인으로 한 시장 세분화의 경우 20대들을 타깃으로 한 광고 메시지는 20대 소비자들 내의 동질성과 다른 세대들과의 이질성을 충분히 고려한 전략으로 만들어질 것이다. 소비자들은 광고 메시지가 본인들을 타깃으로 하고 있다고 느낄 때보다 친숙하게 반응하는 경향이 있다.

② 시장 세분화 전략

광고 캠페인을 기획하기에 앞서 왜 광고인들은 소비자를 세분화할까? 그 이유는 시장과 소비자에 대한 정확한 이해를 바탕으로 광고하고자 하는 제품을 정확하게 포지셔닝할 수 있기 때문이다. 따라서 세분화 전략과 포지셔닝은 하나의 연속성을 가진 개념으로 보는 것이 맞다. 일반적으로 광고 목표 소비자를 세분화하는 방법은 인구통계학적 세분화, 심리묘사적 세분화, 세대별 세분화, 지리학적 세분화, 지리인구통계학적 세분화, 편익 또는 혜택 세분화, 제품 사용량 세분화, 라이프 스타일 세분화 등으로 구분할 수 있다. 하지만 이러한 기본적인 세분화 외에도 최근에는 소비자들의 소셜미디어 사용 형태에 따른 세분화, 그리고 소비자들의 스마트폰 사용 형태에 따른 세분화 등 보다 다양한 형태로 소비자를 세분화하여, 소비자들을 좀 더 이해하고자 하는 노력들이 지속되고 있다.

1) 인구통계학적 요인

세분화의 가장 기본적인 요인으로는 인구통계학적 요인, 즉 인구의 특징들을 주요한 요인으로 소비자들을 세분화한다. 인구통계학적 요인들로는 성별, 나이, 학력, 소득 및 인종 등이 있다. 성적 취향(sexual orientation) 역시 인구통계학적 요인의 하나로 간주될 수 있다. 기업들은 이러한 개인들의 인구통계학적인 욕구, 즉 니즈를 만족시키기 위한 제품과 서비스를 생산한다.

(1) 성별(gender)

남성과 여성은 상이한 제품을 구입하며, 상이한 특징을 가진 유사제품을 구입하기도 하며, 서로 다른 이유로 제품을 구입하기도 하고, 다양한 미디어를 통한 다양한 소구에 의해 영향을 받아 똑같은 제품을 구입하기도 한다. 최근 조사자료에 따르면, 여성이 세계 연간 소비 지출의 66%를 차지하고 있다. 여성들은 전통적으로 남성들의 제품 범주로 여겨졌던 제품에도 영향력을 미치거나 직접적인 구매를 하고 있는 것으로 나타났다.

그림 2-1 남성전용 화장품 우르오스 인쇄광고

(2) 나이(age)

마케팅에서 특정한 나이, 즉 어린이들, 청소년, 중년, 또는 노년의 소비자들을 타깃으로 광고 활동을 펼친다. 나이는 종종 인구통계학적인 다른 요소인 성별, 소득, 학력 등과 소비자 세분화 요인으로 함께 사용되기도 한다. 우리나라뿐만 아니라 미국에서도 어린이 타깃 그룹은 매력적인 소비자 그룹으로 여겨진다. 그 이유는 어린이들이 미국에서 연간 3백억 달러(한화 약 32조 원)를 소비하고, 5천억 달러(한화 약 532조 원)의 제품 소비에 영향을 미치기 때문이다. 사회의 노령화 현상이 나타나기 시작한 이후, 전 세계적으로 시니어를 타깃으로 한 비즈니스가 지속적인 성장세를 보이고 있다. 우리나라에서도 은퇴 후에도 적극적인 소비 활동에 나서는 60대 이상 액티브 시니어가 최근 유통업계에서 큰 손으로 취급받고 있다. 한국보건산업진흥원에서 발표한 〈고령친화산업 제조·서비스업 실태조사 및 분석 보고서〉에 따르면 시니어 비지니스 전체 시장 규모는 2021년 기준으로 약 72조 원에 달한다. 통계청의 조사에 따르면 2021년 기준으로 한국의 65세 이상 고령인구는 전체 인구의 16.5%인 8,537,000명이다. 한국은 이미 고령사회에 진입한 상태이며 2025년에는 국민 5명 중 1명이 노인인 초고령화 시대에 진입할 것으로 예상된다. 과거의 고령인구와 달리 요즘의 고령인구는 활동적이고 능동적이며 경제력을 갖추고 급변하는 IT환경에도 훌륭하게 적응하고 있다. 기업들은 이러한 시니어들을 대상으로 예방 의료, 여가 활동, 문화 활동 등 시니어의 삶의 질을 향상시킬 다양한 제품과 서비스를 준비하고 있다.

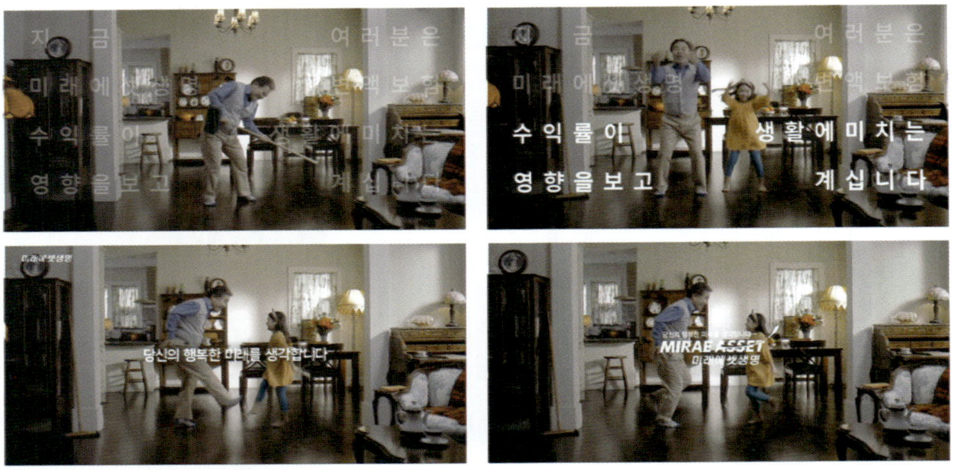

그림 2-2 시니어를 타깃으로 한 미래에셋생명 극장광고

(3) **학력**(education)

학력 수준은 개인의 소비 행태를 포함하여 생활의 많은 다양한 부분에 영향을 미친다. 예를 들어, 골프와 관련된 제품을 타깃으로 마케팅 활동을 전개할 때는 주로 대학 이상의 학력을 가진 소비자들을 주요 타깃으로 설정할 것이다. 더 나아가 다른 인구통계학적인 요인들은 성별 및 소득을 연계해 보다 세부적인 타깃 설정이 이루어진다. 골프를 즐기는 소비자 그룹을 대학 이상의 학력을 가진, 일정한 소득 이상을 올리는 남성으로 설정할 수 있다.

그림 2-3 배우 이상윤을 모델로 한 BTR 골프 클럽 인쇄광고

(4) 소득(income)

개인 또는 가계 소득은 소비자를 구분하는 중요한 요소로 특히 새로운 제품이나 서비스를 출시할 때 타깃 마켓을 결정하는 요소로 사용된다. 우리나라에서는 직장인의 소득 수준에 따라 10단계로 나누어 소득계층 10분위로 분류한다. 소득수준에 따라 상위계층, 중위계층, 그리고 하위계층으로 3단계로 분류한다. 즉, 10단계 중에서 1에서 3단계 사이가 하위계층, 4에서 7단계가 중위계층, 그리고 8에서 10단계가 상위계층에 속한다. 국내 급여생활자는 대략 2천만 명이며(2022년 연말정산 신고 인원 2,053만 명), 국세청의 연말정산 자료를 집계결과 1인당 평균 급여는 4,213만 원으로 나타났다.

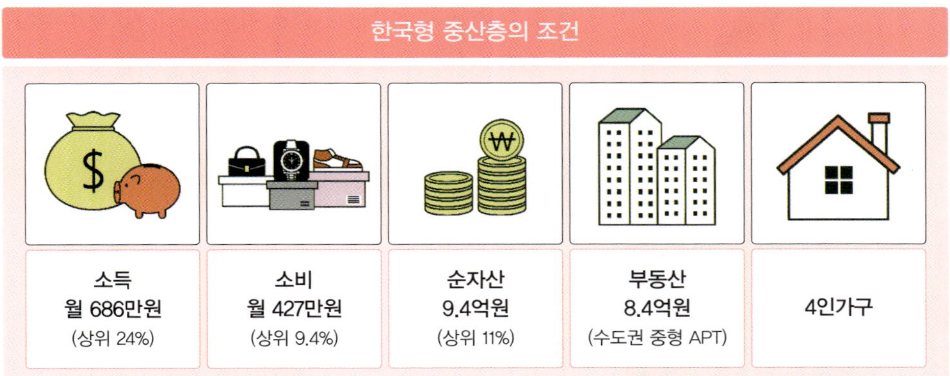

* 수도권 중형 APT: 전용면적 62.8m² 이상~95.90m² 미만, 평균매매가 8.2억(2022년6월, KB부동산통계)

그림 2-4 NH투자증권이 발표한 한국형 중산층의 조건

출처: NH투자증권 100세시대연구소.

(5) 인종(ethnic groups)

인종에 의한 분류는 아직 우리나라에서는 낯선 분류 요인으로 보여질 수 있다. 동질그룹(homogeneous group)으로 이루어진 우리나라와는 달리 미국 및 유럽에서는 다양한 인종들이 모여 한데 어우러져 사회를 이루고 있다. 특히, 다양한 이민자들로 구성된 미국에서는 '인종'이라는 인구통계학적 요인은 매우 중요하다. 미국에서 인종

그림 2-5 미국 리테일 업체인 '타깃'의 히스패닉 소비자를 위한 인쇄광고

그림 2-6 미국 보험회사 Allstate 기업의 게이 타깃 인쇄광고

구성은 백인(63.7%), 히스패닉(16.3%), 흑인(12.6%), 아시아계(4.8%), 기타(2.6%)로 이루어져 있다. 미국에서 히스패닉 마케팅의 성장은 히스패닉 인구의 지속적인 증가와 맞물려 있다.

(6) 성적 취향(sexual orientation)

게이 및 레즈비언에 대한 사회적 인식이 바뀌고 있다. LGBT는 성소수자 중 레즈비언(Lesbian), 게이(Gay), 양성애자(Bisexual), 트랜스젠더(Transgender)를 합쳐서 일컫는 말이다. 국내에서는 아직 LGBT 소비자에 대한 관심이 전무하지만, 미국과 같이 동성애자들 간의 결혼이 합법화된 나라에서는 게이들을 타깃으로 한 마케팅이 활발하다. 게이 소비자들은 그들을 타깃으로 한 브랜드에 보다 충성심이 강한 것으로 나타나며, 일반적으로 교육 수준 및 가처분 소득(disposable income)이 높은 것으로 알려졌다. 주류, 패션, 여행 및 은행 관련 업종의 광고들이 주로 집행되고 있다. 최근 미국 아마존닷컴은 게이 소비자를 타깃으로 킨들(전자책) TV광고를 공중파에 내보내 화제를 낳기도 했다.

2) 심리묘사적 요인

인구통계학적인 요인들을 찾아내는 것은 비교적 수월하다. 그러나 인구통계학적 요인들은 소비자들이 왜 특별한 제품 또는 구체적인 브랜드를 구입하는지, 또는 어떠한 설득적 소구가 소비자들의 마음을 움직이는지에 대한 설명을 할 수 없다는 한계를 갖고 있다. 소비자들의 인구통계학적인 요인들과 더불어 마케팅 활동을 돕기 위해 심리묘사적 요인들이 개발되었다. 소비자의 행위(activities), 관심(interests), 의견(opinions) 등은 그 사람의 라이프스타일을 엿볼 수 있는 중요한 측정 요소들로서 향후 마케팅 전개를 위한 중요한 척도가 된다. AIO 분석이란 소비자들의 행위(activities), 관심(interests) 및 의견(opinions)을 의미하는 변수들을 측정하는 기법으로, 각 변수들의 첫 글자를 따서 AIO 분석이라고 한다.

심리묘사적 요인의 대표적인 분석 방법으로 VALS 2(Values and Lifestyles 2)가 있다. VALS2는 소비자 그룹을 8개 그룹으로 나누어 설명한다. 이러한 소비자 세분화는 마케터들이 보다 효과적인 커뮤니케이션 전략을 수립하도록 도울 수 있다. 예를 들어, 확신형(believers)에 속하는 소비자들을 설득하기 위해서는 보수적 그리고 전통적 가치를 중점으로 한 메시지 전략이 효과적일 수 있다.

① **실현형(actualizers)**: 성공했고 세련되고 활동적인 사람들로 세련되고 우아한 고급품을 구매하는 틈새시장의 타깃이 된다. 최고로 풍부한 재정적, 인적, 지적 자원을 가지고 있다.

② **자족형(thinkers)**: 기본적인 것들에 가치를 둔 원숙하고 현명한 사람들로 만족스러운 품질과 기능 그리고 가치를 가진 상품을 구매하며 상대적으로 풍부한 재정적, 인적, 지적 자원을 가지고 있다.

③ **성취 추구형(achievers)**: 신분에 가치를 둔, 성공적이며 직업 안에서 성취를 지향하는 사람들로 자신의 성공을 보여줄 수 있는 유명상품을 선호한다. 상대적으로 풍부한 재정적, 인적, 지적 자원을 가지고 있다.

④ **체험형(experiencers)**: 활동에 가치를 둔 젊고 생동감 있고 열정적인 사람들로 의류, 패스트푸드, 그리고 문화상품에 지출비율이 높다. 상대적으로 풍부한 재정적, 인적자원을 가지고 있다.

⑤ **확신형(believers)**: 기본적인 것들에 가치를 둔 보수적이며 전통적인 가치관을 가진 사람들이며 친숙하고 이미 알려진 브랜드를 선호한다. 상대적으로 부족한

자원을 가지고 있다.

⑥ **노력형(strivers)**: 신분에 가치를 둔, 변하기 쉽고 불안정하며 재정적으로 풍부하지 못한 사람들이며 부유한 사람들이 구매하는 상품과 유사한 스타일리시한 상품을 주로 구매한다. 상대적으로 부족한 자원을 가지고 있다.

⑦ **실행형(makers)**: 활동에 가치를 둔, 실용적, 전통적이며 자신에 만족하고 가족 중심의 사람이며 실용적이고 기능적인 상품만 선호하지만, 상대적으로 부족한 자원을 가지고 있다.

⑧ **분투형(survivors)**: 늙고 은퇴한 수동적이며 재정적으로 풍족하지 못한 사람들로 선호 브랜드에 충성심 있는 조심스런 소비자로서 최소의 재정적 자원을 가지고 있다.

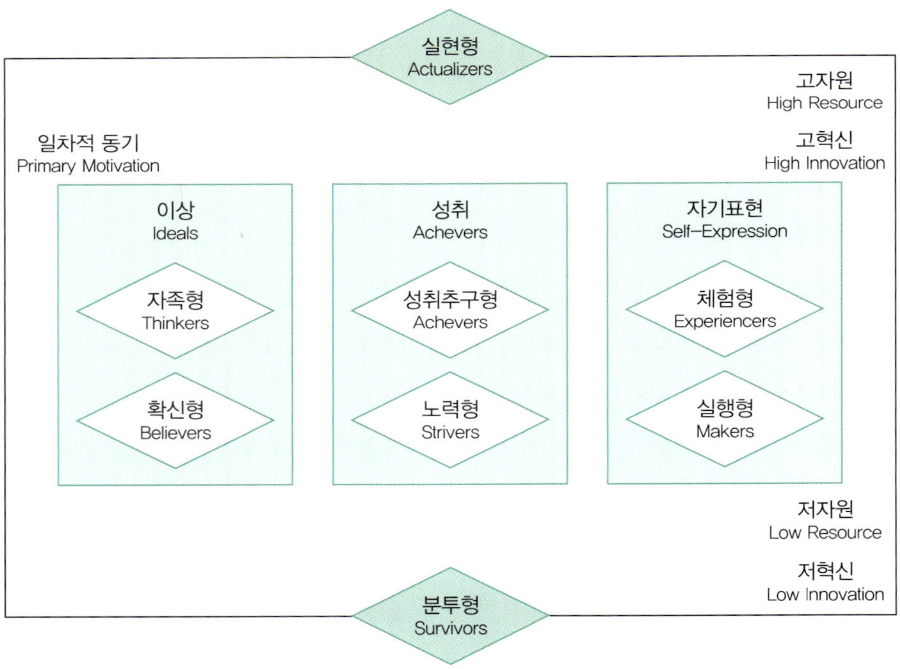

그림 2-7 VALS 2 소비자 가치집단 유형 및 위계구조

VALS2는 소비자들의 라이프 스타일을 자원의 많고 적음에 따라, 그리고 동기부여의 종류가 원칙지향, 지위지향, 행동지향인지에 따라 8개로 분류했다.

3) 세대별 요인

세대별 타깃 마케팅은 심리묘사적 요인들을 필요로 하지는 않지만, 같은 나이 또래의 사람들 사이의 심리적 유대관계를 만들어 내는 공통적인 경험과 사건들을 바탕으로 하는 풍부하고 질적인 심리묘사적 정보들을 적절히 사용한다. 세대별 세분화는 많은 소비자들이 후기 청소년기와 초기 성인기 동안에 매우 중요한 사건들을 겪는다는 사실을 드러낸다. 이러한 사건들은 공유된 경험을 바탕으로 사회적 가치, 태도 및 선호도에 영향을 미치게 된다. 예를 들어, 국내 케이블TV tvN에서 인기리에 방영된 '응답하라' 시리즈는 각 세대들만이 가지고 있는 독특한 감성과 경험들을 바탕으로 제작되었다. 부산을 배경으로 1990년대 팬덤 문화를 소재로 한 응답하라 1997(2012)을 시작으로 서울 신촌의 하숙집을 배경으로 한 응답하라 1994(2013), 쌍문동 골목길에 다섯 가족을 배경으로 한 응답하라 1988(2015)까지 시청자들의 많은 사랑을 받았다.

그림 2-8 tvN의 응답하라 시리즈

(1) 신세대들의 명칭 변화

① 베이비붐세대: 각 나라의 사정에 따라 그 연령대가 다르며, 미국의 경우 제2차 세계대전 이후인 1946년부터 1965년 사이에 출생한 세대를 지칭한다. 제2차 세계대전 기간 동안 떨어져 있던 부부들이 전쟁이 끝나자 다시 만나고, 미뤄졌던 결혼이 한꺼번에 이루어지면서 생겨난 세대로 '베이비부머'라고도 한다. 가족 중심적인 사고관을 가지고 있다.

② X세대: 1965년에서 1976년 사이에 출생한 이들을 지칭하는 말이다. 물질적인 풍요 속에 자기 중심적인 가치관을 형성하고 일부는 TV보다 한 단계 진보된 컴퓨터에 심취하기 시작했다.

③ Y세대: 베이비붐세대가 낳은 자녀들을 가리키는 말로서 밀레니얼세대라고도 불리고 나이로 따지면 13~18세 정도 되는 세대로 '1318'이라고도 한다. 유행에 민감하고 소비 일변도의 집단이라 기업의 마케팅 전략 차원에서 탄생했다고 볼 수 있다. Y세대는 다른 나라 문화나 다른 인종에 대한 거부감도 적고, 지적 수준이 높고, 반항 및 도전정신을 가지고 있다. 개인, 개방, 감성주의가 이들의 특징으로 모방심리, 호기심이 많고, 튀는 패션에 쇼핑을 즐기고 소비력이 왕성하다.

④ Z세대: 밀레니얼세대의 다음 세대를 의미하며, 정확한 세대를 가르는 기준은 없으나, 인구통계학자들은 일반적으로 1990년대 중반에서 2000년대 초반에 출생한 세대부터, 2000년대 후반, 2010년대 초반까지 출생한 세대를 Z세대로 분류한다. Z세대의 가장 큰 특징은 어려서부터 인터넷을 자연스럽게 접한 세대로서 IT 기술에 익숙함을 느끼고, 사교 생활에 있어서 SNS를 자유롭게 사용한다.

⑤ Alpha 세대: 알파세대는 Z세대의 다음 세대를 의미한다. 보통 스마트폰이 대중화된 이후에 태어난 2010년부터 2024년까지 태어난 세대를 알파세대로 분류하며, 역대 세대 중 최초로 세대 구성원 전원이 21세기에 출생한 세대이다. 미국의 인류통계학자들은 알파세대의 시작을 2010년생으로 보며 알파세대의 끝은 2020년대 중반에 출생할 2024년생까지 포함시킨다. 알파 세대의 특징은 태어난 순간부터 '디지털화'된, 특히 스마트폰이 파생한 모바일 문화의 영향을 직

접적으로 받고 성장하며 영아기부터 스마트폰을 사용하는 세대이다. 2010년대 초반부터 스마트폰이 대중화되며 기존의 디지털 시장과 아날로그 매체는 도태되었는데, 이들은 스마트폰의 대중화 이후에 출생했기에 스마트폰 이전 문화에 대한 경험이 전혀 없고 특히 아날로그 매체와의 어떠한 연결점도 존재하지 않는다. 따라서 이들은 태어난 순간부터 스마트폰으로 대표되는 디지털 매체와 모바일 문화의 영향만을 받으며 기성세대와의 확연한 차이점을 보인다.

4) 지리학적 요인

마케팅 소구는 특정한 지역 소비자에 맞춰질 수 있다. 특히 소매업의 경우 마케팅 커뮤니케이션을 한 특정 지역에 맞춰 펼치기도 한다. 지리학적 요인 세분화 전략은 기업들이 타깃 지역에 마케팅 활동을 펼치는 데 도움을 주지만, 그 지역 모든 사람들을 타깃으로 하기 때문에 제품 및 서비스에 관심이 없을 수도 있는 소비자들에게 마케팅 메시지를 전달한다는 단점을 가진다.

5) 지리인구통계학적 요인

지리인구통계학적 요인 세분화는 소비자들의 인구통계학적 요인과 지리학적 요인들을 함께 이용해 잠재고객들을 찾아낸다. 지리인구통계학적 요인 세분화는 DM (Direct Mail) 캠페인 및 샘플링 프로모션을 집행하는 기업들에게 도움이 된다.

PRIZM(Potential Rating Index by Zip Market)은 지리인구통계학적인 요인들을 가지고 미국을 66개의 다양한 마켓으로 나누었다. PRIZM의 기본 설계는 미국에서의 우편번호는 상대적으로 유사한 사람들이 이웃하여 살고 있다는 것을 가정한다. PRIZM은 특정 지역의 소비자들이 무엇을 좋아하는지, 무엇을 싫어하는지, 무엇을 주로 구입하는지에 대한 정보를 제공해 더욱 복잡해지고 다양해지는 소비자들을 이해하는 툴로서 사용된다.

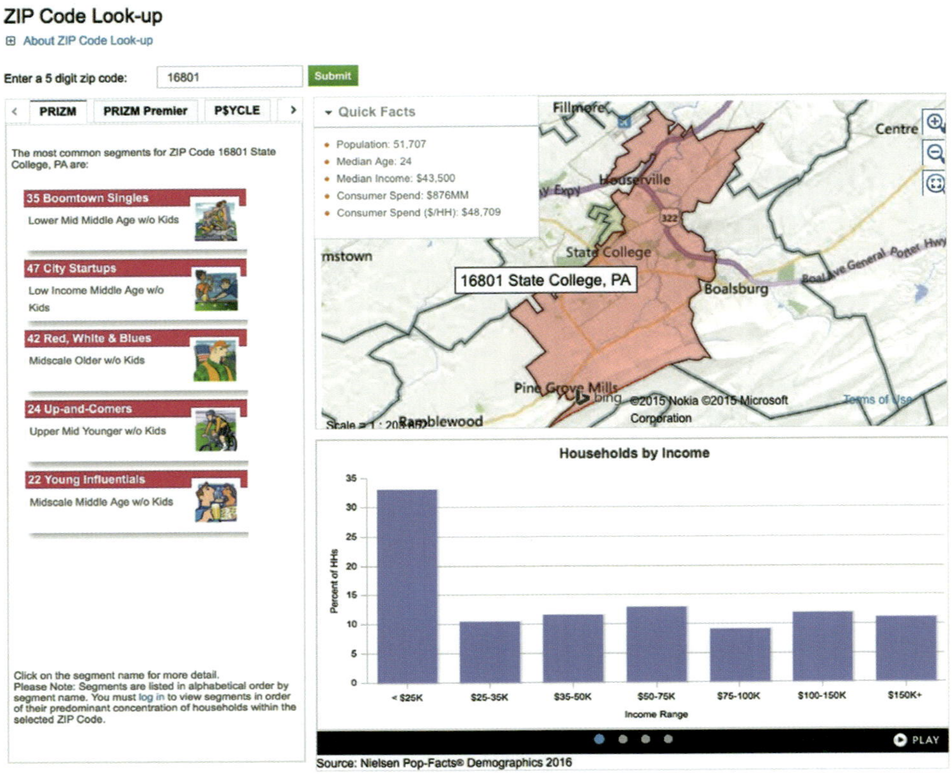

그림 2-9 우편번호를 통한 PRIZM 세분화의 예, 펜실베니아주 스테이트 칼리지 도시

6) 행동적 요인

(1) 편익 또는 혜택

편익 요인 세분화는 소비자들의 특성보다는 그들이 제품에서부터 얻는 편익에 초점을 맞춘다. 소비자를 세분화하기 위해서 인구통계학적 요인과 심리묘사적 요인들은 편익 요인들과 함께 통합되어 사용되기도 한다. 그 이후, 마케팅 전문가들은 각각의 세부 소비자들을 분석하기 위해 노력한다. 편익 요인 세분화 전략은 피트니스 산업에서 잘 나타난다. 피트니스 산업은 위에 설명한 편익 요인들로 세분화하면 세 분류로 나누어진다. 첫 번째 그룹은 '승자(winners)' 그룹으로, 이 그룹에 속한 사람들은

신체적으로 건강해지기 위해서 무엇이라도 할 수 있는 사람들이다. '승자' 그룹에 속한 사람들은 보다 젊고, 신분 상승에 관심이 많고, 출세 지향적인 특징을 가지고 있다. 두 번째 그룹은 '다이어터(dieters)' 그룹의 사람들로 이들은 체중을 조절해서 외모를 더 좋게 만들려고 하는 사람들이다. 이 그룹에 속하는 사람들은 대체로 35세 이상의 여성들이며, 그들은 보다 체계적인 식단관리 및 전문적인 체력 훈련가(physical trainer: PT)의 도움을 받는 데 지출을 망설이지 않는다. 마지막으로 세 번째 그룹은 '자아 향상가(Self-Improvers)' 그룹으로 이들은 단순히 더 좋은 기분을 느끼기 위해서 운동을 하는 사람들이다.

그림 2-10 CJ뉴트라의 팻다운 음료수 인쇄광고

사람들이 운동하는 이유를 이해하는 것은 그들에게 적합한 마케팅 메시지를 전달할 수 있는 방법을 찾아내는 첫 단추가 될 수 있다.

(2) 제품 사용량

소비자들의 제품 사용 또는 구매를 기준으로 세분화하는 것을 제품 사용량 세분화라고 하며, 기업 최상의 소비자, 평균 사용자, 소량 사용자 등으로 나누어 설명한다. 최상의 소비자들에게는 최고 수준의 서비스를 제공하는 반면, 나머지 두 그룹에게는 판매를 극대화하는 것이 마케팅의 목표가 될 수 있다. 마케팅 부서에서는 내부 데이터베이스 자료를 통해 다량 소비자(heavy users)를 찾아낼 수 있다.

바코드 스캐너(bar-code scanners), 판매시점 시스템(point-of-sale systems), 신용카드 및 현금카드 자료, 내부 거래 자료 등은 마케터들에게 방대한 소비자 정보를 제공한다. 10~30%의 소비자들이 전체 판매의 70~90%를 차지한다는 것은 널리 알려진 사실이다.

이러한 현상은 파레토의 법칙(Pareto's Law)으로 설명된다. '80 대 20 법칙' 또는 '2 대 8 법칙'이라고도 하며, 전체 결과의 80%가 전체 원인의 20%에서 일어나는 현상을 가리킨다. 예를 들어, 20%의 고객이 백화점 전체 매출의 80%에 해당하는 만큼 쇼핑하는 현상을 설명한다. 기업의 마케팅 관점에서 보면, 수익성이 낮은 80%의 소비자보다는 수익을 가져다줄 수 있는 상위 20%의 고객에게 마케팅 전략을 펼치는 것이 중요하다. 그러나 이 이론은 웹2.0시대를 맞아 퇴장하고 지금은 틈새상품이 시장을 주도하는 '롱테일 경제'가 자리 잡고 있다.

'롱테일 경제'란 무엇인가

몇 개의 히트 상품이 엄청난 위력을 발휘했던 시장의 법칙이 바뀌고 꼬리에 있던 틈새상품들의 힘이 점점 거세지고 있다. 소비자들이 인터넷 검색을 통해 스스로 원하는 물건에 접근하기 쉬워지면서 틈새상품이 중요해지는 새로운 경제 패러다임, 롱테일(Long Tail) 법칙이 등장한 것이다. 롱테일이라는 용어는 미국의 넷플릭스, 아마존 등의 특정 비즈니스 모델을 설명하기 위해서 IT 잡지의 편집장인 크리스 앤더슨이 처음 사용하면서 명명되었다. '롱테일'은 판매곡선에서 불룩 솟아오른 머리 부분에 이어 길게 늘어지는 꼬리 부분을 가리킨다. 그는 "인터넷 비즈니스에 성공한 기업들 상당수가 20%의 머리 부분이 아니라 80%의 꼬리에 기반하여 성공했다"고 주장한다. 오프라인 서점은 한정된 매장에 책을 진열해야 하기 때문에 상위 20% 위주로 책을 전시하게 된다. 하지만 온라인에서는 이런 비용이 적기 때문에 오프라인에서 빛을 못 보던 책들이 오히려 유통될 수 있는 기회를 갖게 된다. '웹2.0'이란 키워드가 인터넷의 화두가 되면서 앞으로 꼬리의 역할은 계속 증대될 것이다.

출처: 매일경제 용어사전.

(3) 기타 세분화 요인들

① 소셜미디어 인게이지먼트 정도에 따른 세분화

SNS 전문 컨설팅 기업 얼티미터(Altemeter Group)의 창업자이자 애널리스트인 샬린 리(Charlene Li)는 SNS 사용자들의 인게이지먼트 정도를 기준으로 사용자들을 다음과 같이 5단계로 세분화하였다.

- 관찰자(watchers): 이 단계에 속한 사람들은 주로 컨텐츠를 소비하며, 블로그를 읽고, 비디오를 시청하거나 파드캐스트(podcast)를 청취하는 경향이 있다.
- 공유자(sharers): 이 단계에 속한 사람들은 SNS에 정보 업데이트(status update)를 하거나 또는 사진, 비디오, 또는 신문기사 등을 올리거나 다시 전달하는 일을 주로 한다.
- 논평자(commenters): 이 단계에 속한 사람들은 다른 사람들의 콘텐츠에 답글을 달며, 블로그, 비디오 및 뉴스 기사에 코멘트를 남기며, 옐프(Yelp) 등에 리뷰를 올린다.
- 생산자(producers): 이 단계에 속한 사람들은 자신의 콘텐츠, 즉 블로그, 사진, 비디오 등을 직접 제작해서 SNS에 올린다.
- 관리자(curators): 이 단계에 속한 사람들은 온라인 커뮤니티에 속하기도 하며, 페이스북 팬 페이지를 운영 또는 토론 게시판을 운영하기도 한다.

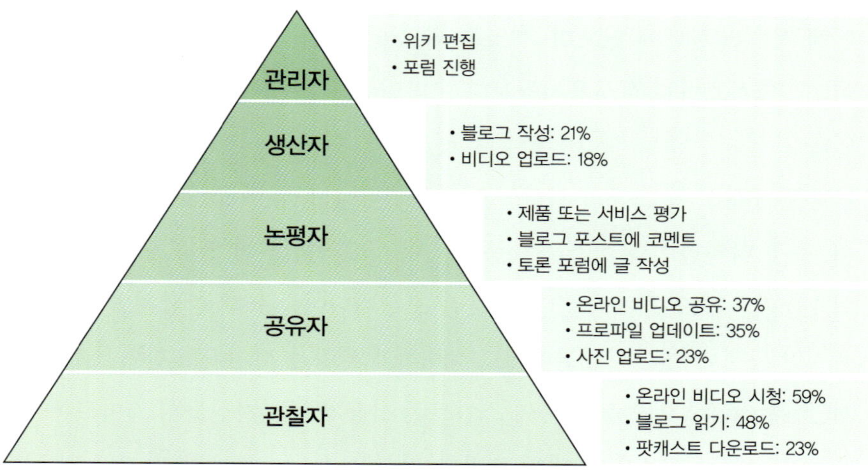

그림 2-11 소비자의 소셜미디어 인게이지먼트 5가지 분류

출처: Universal McCann Social Media Tracker Wave 3.

② 스마트폰 사용 형태에 따른 소비자 세분화

- 영재(prodigies): 스마트폰 사용자의 5%를 차지하는 영재들은 지속적으로 온라

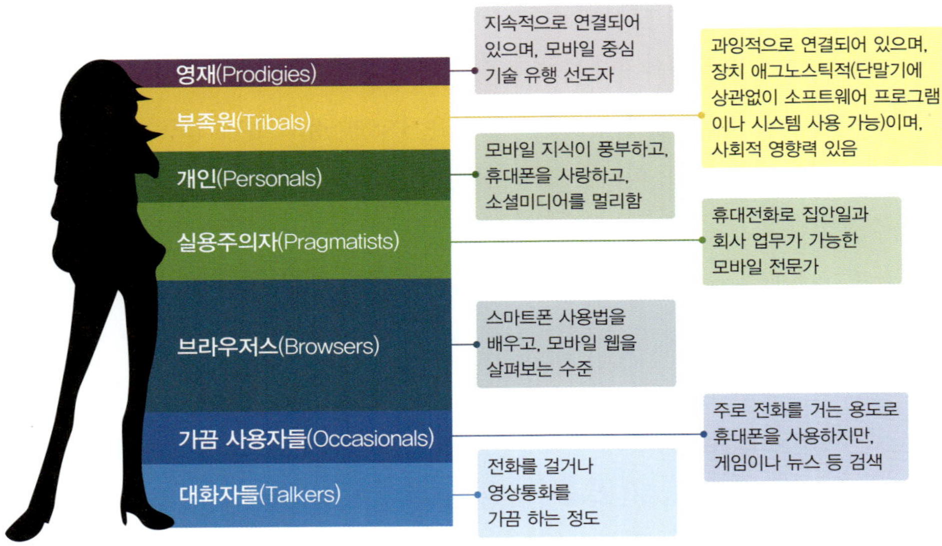

그림 2-12 스마트 사용형태에 따른 7가지 소비자 세분화

출처: Experian.com

인에 접속된 상태에 있으며, 새로운 테크놀로지를 처음으로 받아들이는 사람들이다. 평균 스마트폰 사용자들보다 모바일 광고 수용도가 10배 높은 것으로 보인다.

- 부족원(tribals): 이 그룹의 사람들은 과잉 연결된(hyper-connected) 경우에 속하며, 종종 다양한 디바이스들을 통해서 동시에 연결되어 있다. 스마트폰 사용자의 13%가 부족원들에 속한다. 이들은 소셜미디어를 통해 상당히 영향을 받기도 하지만 동시에 다른 사람들에게도 강력하게 영향을 끼치기도 한다.
- 개인(personals): 개인들 그룹의 스마트폰 사용자들은 자신들의 스마트폰을 사랑하는 사람들로 모바일에 대한 해박한 지식(mobile-savvy)을 가지고 있으며, 평균 스마트폰 사용자들보다 모바일 광고 수용도가 2.3배 높은 것으로 나타난다.
- 실용주의자(pragmatists): 실용주의자들은 스마트폰 전체 사용자들 중의 18%를 차지하며, 그들은 모바일 전문가들로서 업무와 개인적인 용도 사이에서의 균형을 맞추며 스마트폰을 사용한다. 이 그룹의 사람들은 모바일 광고에 열려 있는 편이지만, 광고를 보는 데 대한 대가를 기대한다.

- 브라우저스(browsers): 스마트폰 사용자의 25%가 속한 그룹이 바로 브라우저스이며, 이들은 본인들이 소유하고 있는 스마트폰을 가지고 무엇을 할 수 있는가에 대해 여전히 배우고 있는 사람들이다. 브라우저스는 앱을 통해서 보다는 모바일 브라우저를 통해서 온라인 콘텐츠를 소비하는 것에 편안함을 느낀다.
- 가끔 사용자(occasionals): 전체 스마트폰 사용자의 11%가 이 그룹에 속한다. 이들은 스마트폰을 주로 통화를 하거나 또는 게임을 한다거나 날씨를 체크하는 용도로 사용하기 때문에 스마트폰의 다양한 부가기능을 사용하지 않는다.
- 대화자(talkers): 스마트폰 사용자의 13%가 이 그룹에 속한다. 대체로 유선 및 비디오 화상 전화를 이용하며 스마트폰 사용시간이 길지 않다.

3 포지셔닝 전략과 리포지셔닝 전략

1) 포지셔닝 전략의 정의 및 의의

마케팅에서 포지션(position)이란 제품이 소비자들에 의해 지각되는 모습을 가리킨다. 그와 다르게 포지셔닝(positioning)이란 소비자들의 마음속에 자사 제품의 바람직한 위치를 형성하기 위하여 제품 효익을 개발하고 커뮤니케이션하는 활동전반을 의미한다. 포지셔닝이란 마케팅의 바이블이라 일컬어지는 도서 『마케팅 불변의 법칙(The 22 Immutable Laws of Marketing)』, 『포지셔닝(Positioning: The Battle for Your Mind)』의 저자인 앨 리스(Al Ries)와 잭 트라우스(Jack Trout)가 소개한 개념이다. 소비자의 마음 또는 인식에서 경쟁브랜드에 비교해 특정 브랜드가 차지하고 있는 위치를 강화하거나 변화시키는 커뮤니케이션 전략이라고 요약할 수 있다. 한마디로, 포지셔닝은 타깃 소비자들의 마음속에 경쟁사와의 차별적인 이미지를 디자인하는 작업이라고 할 수 있다.

예를 들어, 자동차 회사인 볼보는 오랫동안 안전성(safety)이라는 차별적 특징을 소비자에게 지속적으로 인식시켜왔으며, 이러한 노력은 소비자들에 '볼보는 안전한 자동차'라는 강한 이미지를 심어 주었다. 경쟁브랜드와 차별적으로 인식되는 브랜드를 가지고 있는 기업일수록 당연히 시장에서 유리한 위치를 차지하게 된다.

세계적인 브랜드 조사 회사인 인터브랜드(Interbrand)가 발표한 2017년 글로벌 브랜드들 중 1위를 차지한 애플은 경쟁사와의 차별화 전략으로 성공을 거두었다. 애플의 기업 슬로건 'Think Different'는 컴퓨터 시장에서 PC와의 차별점을 강조하고 있으며, 특히 TV광고에서 애플은 자사 컴퓨터는 젊고 날씬하고 유쾌한 젊은 사람에 비유한 반면, 경쟁사인 PC를 조금 촌스러우면서 뚱뚱한 아저씨의 이미지로 묘사했다. 애플은 미국뿐만 아니라 전 세계적으로 젊은 세대에게 큰 인기를 얻고 있다.

2) 포지셔닝 접근 방법들

그림 2-13 대웅제약의 알파 우루사 인쇄광고

효과적인 포지셔닝은 7개의 다양한 방법으로 이끌어낼 수 있다. 기업들은 두 개 또는 세 개의 포지셔닝을 동시에 사용하기도 하지만 그러한 접근 방법은 오히려 소비자들에게 혼란을 가져올 수 있다. 따라서 한 가지 포지셔닝 접근 방법을 지속적으로 사용하는 것이 가장 바람직하다.

① 제품 속성(product attributes)

다른 제품들과 차별화될 수 있는 제품의 특성 또는 특징을 제품 속성이라고 할 수 있다. 예를 들어, [그림 2-13] 대웅제약의 알파 우루사 인쇄광고는 기존 남성 타깃에서 벗어나 여성을 타깃으로 한 제품으로, 주성분인 UDCA가 간에 쌓인 독성물질 및 노폐물을 밖으로 배출하고, 간세포를 보호하고 항산화 기능이 있다는 것을 광고를 통해 알리고 있다.

② 경쟁사(competitors)

경쟁사를 이용해 포지셔닝을 할 때는 자사 제품과 경쟁사의 제품을 비교하는 방법을 주로 쓰게 된다. 대표적인 예로 미국의 렌터카 기업인 '에이비스(Avis)'는 렌터카 1위 기업인 '허츠(Hertz)'와 자사를 비교하는 광고를 수년간 집행했다. 인쇄광고에서 에이비스는 스스로 업계 2위라는 것을 받아들이고 더 열심히 노력하겠다는 메시지를 담아냈다. 국내에서도 LG패션의 브랜드 '헤지스(HAZZYS)'가 경쟁사인 '빈폴(BEAN POLE)'과 '폴로(POLO)'와의 비교를 통해 포지셔닝을 전략을 펼치고 있다. 인쇄광고에서 '굿바이, 폴'이라는 단순하지만 위트 있는 헤드라인을 통해 소비자들에게 강한 여운을 남긴다.

그림 2-14 LG패션 헤지스의 경쟁사 비교 인쇄광고

③ 사용 또는 적용(usage or application)

제품을 사용하는 데 기억할 만한 무언가를 끄집어내어 포지셔닝하기 위해서는 제품의 사용 또는 적용하는 측면을 강조해야 한다. 예를 들어, '암 앤 해머(Arm & Hammer)'라는 미국의 베이킹 소다 브랜드는 소비자들이 자사의 제품을 빵을 구울 때뿐만 아니라 냉장고 냄새를 없애는 탈취제로도 사용한다고 용도를 강조하기도 한다. 암 앤 해머의 베이킹 소다 인쇄광고에서도 베이킹 소다를 가지고 스크레치 없이 가정용품을 청소할 수 있다는 메시지를 강조하고 있다.

그림 2-15 암앤해머(Arm & Hammer)의 베이킹 소다 인쇄광고

④ 가격-품질 관계(price-quality relationships)

고가의 제품 또는 저가의 제품을 판매하는 기업들은 가격-품질 관계 접근 방법으로 포지셔닝 전략을 사용하기도 한다. 예를 들어, 고가의 제품을 판매하는 기업은 제품의 품질에 중점을 맞추는 반면, 저가의 제품 또는 서비스를 제공하는 기업은 가격을 보다 중요시한다. 미국의 대표적 소매유통업체인 '월마트(Walmart)'는 기업 슬로건 'Save Money, Live Better'라는 슬로건을 통해서 낮은 가격을 소구하는 대신 가격의 중요성과 동시에 고객의 삶의 질을 향상시킬 수 있다는 기업 철학을 전달하고 있다.

⑤ 제품 사용자(product user)

제품을 포지셔닝하는 또 다른 방법은 '누가 그 제품을 쓸 것인가'에 대한 고민에서부터 시작한다. 과거 애플 컴퓨터가 처음 시장에 나왔을 때 애플 컴퓨터는 '교육용 컴퓨터'라고 포지셔닝되었으며, 그 결과 빠르게 시장 점유율을 높이는 결과를 낳았다. 하지만 이러한 포지셔닝은 일반 소비자들이 애플 컴퓨터를 사용하도록 설득하는 데 걸림돌이 되었다. 애플 컴퓨터는 'Mac vs. PC' 캠페인을 통해 젊은 소비자들에게 큰 인기를 끌었으며, 시장 점유율을 지속적으로 끌어 올리는 계기를 마련했다.

⑥ 제품 계층(product class)

포지셔닝은 제품 계층에서 만들어질 수 있다. 세계적인 에너지 드링크인 레드불(Red Bull)은 오스트리아의 한 사업가가 태국에서 오래전부터 제조되어 판매 중이던 '끄라띵 댕'이라는 에너지 드링크에서 영감을 받아 설립한 에너지 드링크 기업이며, 브랜드 이름이기도 하다. 레드 불은 미국 시장을 공략하면서 경쟁 제품들인 탄산음료 시장, 기타 에너지 드링크 음료 시장과의 차별화를 통해 성공한 브랜드로 평가받는다.

⑦ 문화적 상징(cultural symbol)

제품을 문화적 상징으로서 포지셔닝하는 것은 결코 쉬운 일은 아니다. 필립 모리스의 '말보로' 브랜드는 제품을 문화적 상징으로 만든 대표적인 사례로 손꼽힌다. 1954년 미국 광고대행사 '레오 버넷(Leo Burnett)'이 '말보로'에 강력한 남성상을 세뇌시키기 위해 광고모델뿐만 아니라 담뱃갑에도 카우보이를 삽입해서 엄청난 마케팅 효과를 보았다. 후에 카우보이는 '말보로맨'이라고 일컬어지며 세계에 영향을 미친 인물로 기록되기도 했다. 말보로맨 상징은 50여년 동안 미국 광고를 주름잡으며 잠재적 흡연자들과 실제 흡연자들에게 강한 인상을 남겼다. 아이러니하게도 '말보로맨'이 흡연으로 인해 폐암으로 사망하는 사건이 발생하면서 사회적 이슈로 떠오르기도 했다.

⑧ 포지셔닝의 다른 요소(other elements of positioning)

기업들이 제품 또는 서비스를 포지셔닝하기 위한 접근 방법은 위에 언급한 7가지 방법 외에도 소비자들의 마음속에 기업의 차별적 특징을 간단 명료하게 심어주기 위한 새로운 방법들을 만들어낼 수 있다. 예를 들어, 빙그레의 '바나나 우유'는 2017년 '마이스트로우' 캠페인을 통해 바나나 우유의 맛을 소구하기보다는 바나나우유를 마시는 새로운 방법을 소개했다. 마이스트로우 상품은 온라인에서 입소문을 타고 급속히 인기를 얻기 시작했다. 특히 영상 광고는 게시 1달 만에 2000만 건의 조회수를 돌파했으며, 온라인을 통해 판매했던 3종(링거 스트로우, 러브 스트로우, 자이언트 스트로우)의 빨대는 판매 개시 1주일 만에 3만 개의 제품이 전량 판매됐다. 참고로, 빙그레 '마이 스트로우' 캠페인은 '2017 대한민국 광고대상' 2개 부문에서 대상을 수상하기도 했다.

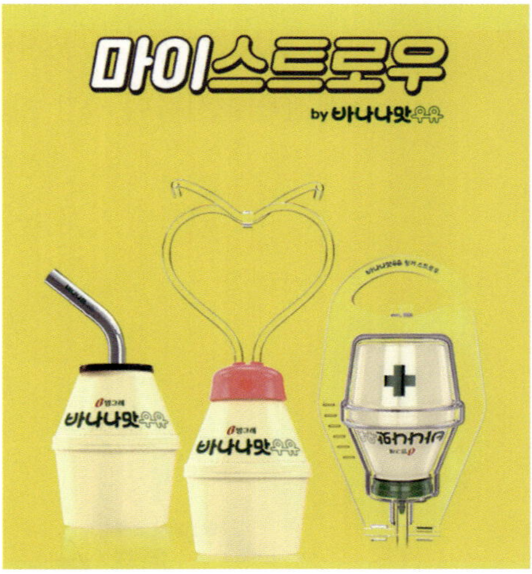

그림 2-16 빙그레 '마이스트로우' 캠페인에 사용된 빨대들

3) 포지셔닝 맵

(1) 포지셔닝 맵의 정의 및 의의

포지셔닝 맵(positioning map)이란 제품에 대한 고객의 지각을 2차원이나 3차원 그래프로 표시한 것으로, 소비자의 머리속에 인식되어 있는 자사제품과 경쟁제품의 포지션을 나타낸다. 포지셔닝 맵은 소비자의 인지를 기준으로 만들어지기 때문에 '인지도 맵'(perceptual map)이라고 부르기도 한다. 포지셔닝 맵은 기업의 마케팅 및 커뮤니케이션 활동에서 다양하게 활용할 수 있다. 첫째, 어떤 경쟁제품이 자사상품과 경쟁관계에 있는지를 파악할 수 있게 해준다. 둘째, 포지셔닝 맵상에서 소비자들이 원하는 이상적 제품들의 위치를 조사하여 소비자들이 바라는 제품 특성이나 욕구를 파악할 수 있다. 셋째, 포시셔닝 맵상에서 기존 제품들의 상대적 위치와 소비자들의 이상점을 조사하여 시장 기회를 발견함으로써 경쟁적 마케팅 전략을 수립할 수 있

그림 2-17 국내 캔커피의 브랜드의 시장 포지셔닝 맵

다. [그림 2-17]은 국내 캔커피 브랜드들이 소비자들에게 어떻게 포지셔닝되어 있는지를 보여주는 포지셔닝 맵이다. 포지셔닝 맵에서 나타난 각 캔커피 브랜드의 이미지와 광고 캠페인들을 비교해 보면 마케팅 커뮤니케이션 활동들이 얼마만큼 소비자들의 마음속을 파고드는 역할을 하고, 포지셔닝 기능을 하고 있는지 알 수 있다. [그림 2-18]의 배우 원빈이 모델인 T.O.P 커피 인쇄광고는 정적이면서 클래식한 분위기를 연출하고 있다.

그림 2-18 배우 원빈을 모델로 한 T.O.P. 캔커피 인쇄광고

(2) 포지셔닝 맵 작성

포지셔닝 맵을 작성하기 위해서는 주로 두 가지 방법이 사용된다. 첫째, 제품을 구매하는 소비자들을 대상으로 어떤 기준으로 그 제품을 선택하게 되었는지 조사를 통해 기준들을 파악하고, 그 기준들을 근거로 2차원 공간에 좌표를 표시한다.

포지셔닝 맵을 작성할 때 가장 중요한 점은 지표를 선정하는 것이다. 포지셔닝 맵의 지표는 제품에 대해서 소비자들이 구매의사 결정을 할 때 가장 중요하게 생각하는 것으로 선정해야 한다. 소비자들이 고가제품을 선호하는지 저가제품을 선호하는지, 보수적인지 혁신적인지, 강한 맛을 선호하는지 부드러운 맛을 선호하는지 등 소비자들이 해당 제품에 대해 가질 수 있는 구매결정 요소를 정확하게 파악하여 지표로 삼고 포지셔닝 맵을 작성해야 한다. 소비자들이 중요치 않게 생각하는 지표를 선정하게 되면 결국 마케팅 전략은 다른 방향으로 흐르게 된다. 소비자들이 중요하게 생각하는 속성도 경제적 변화, 사회문화적 변화 등 외부적인 요인으로 영향을 받고 시장상황에 따라 변할 수 있으므로 신중하게 선택해야 한다. 둘째, 다차원 척도법(Multidimensional Scaling: MDS)은 포지셔닝 맵을 기존 2차원에서 3차원 이상의 도표에서 표시할 수 있다. 연구자가 미리 정한 기준에 의해 대상을 파악하는 것이 아니고 대상들의 유사성 정도 의해 서로의 위치를 파악하고 사후에 판단근거가 되었던 기준을 찾아내는 것이다.

4) 리포지셔닝 전략

리포지셔닝(Re-Positioning)이란 소비자의 욕구 및 경쟁환경 변화에 따라 기존제품이 가지고 있던 포지션을 분석하여 새롭게 조정하는 활동을 일컫는다. 포지셔닝은 기업이 목표로 하고 있는 타깃층에게 가장 가깝게 접근하기 위한 노력으로서, 초기에 설정한 포지셔닝은 시간이 지남에 따라 부적합해질 수 있으므로 철저한 분석을 통해 새로운 포지션을 개발하는 전략을 수행해야 한다. 판매 침체로 기존 제품의 매출액이 감소되었거나 소비자의 취향이나 욕구가 변화된 경우, 시장에서의 위치 등 경쟁상황의 변화로 전략의 수정이 필요한 경우에는 목표시장, 제품의 범위, 브랜드 등에 대하여 리포지셔닝이 이루어져야 한다. 그러나 기존제품이나 브랜드에 대한 이미지가 너무 강한 경우에는 그 이미지를 변화시키기가 쉽지 않고, 소비자의 인식을 변화시키기 위해서는 많은 마케팅 비용이 추가되어야 하므로 신제품의 포지셔닝 전략에 비해 어려움이 따른다.

'국민 피로 회복제'라는 애칭까지 얻은 동아제약의 박카스도 리포지셔닝에 성공한 사례다. 기존에 박카스의 '피로회복 음료'라는 포지셔닝은 젊은 층을 흡수하기에는 어려움이 있었다. 박카스는 새로운 광고 캠페인을 통해 '패기와 도전의 음료'라는 것을 소구하는 데 성공하여 자양강장제 제품군에서 확고한 선도자의 자리를 굳히고 있다.

그림 2-19 젊은 층을 타깃으로 한 박카스의 2017 TV 광고

앞서 설명했듯이, 리포지셔닝이 필요한 경우는 주로 소비자의 구매태도가 바뀌었거나, 기술혁신으로 현재의 제품을 능가한 신제품이 나오게 되었거나, 또는 기업이 의도한대로 소비자가 제품을 인식하지 않을 때다. 하지만 '기본으로 돌아가는 리포지셔닝' 전략을 추구하는 기업도 있다. 제록스는 처음에 복사기 회사로만 포지셔닝했지만, 그 후 컴퓨터 업계로 진출했다가 엄청난 손해를 입고 난 후 기본으로 돌아와 스스로를 '문서회사'로 포지셔닝하고 있다.

5) 디포지셔닝 전략

포지셔닝과 다르게 디포지셔닝(De-Positioning)은 자사의 상품과 차별화시키기 위해서 타사 상품의 아이덴티티를 바꾸는 전략으로 주로 후발주자들이 사용하는 전략이다. 온라인 쇼핑몰 11번가는 옥션을 '믿지 못할 쇼핑몰'로 묶어 11번가의 위치를 부각시켰으며, '바나나는 원래 하얗다'라는 광고 슬로건을 내세운 매일우유의 바나나 우유는 색소를 넣지 않았다는 차별화 전략을 통해 경쟁사인 빙그레 '바나나 우유'를 공격하였다.

그림 2-20 모델 유병재를 내세운 매일우유의 '바나나는 원래 하얗다' 캠페인

생각해 볼 문제

01. 시장 세분화의 장점에 대해 논의하시오.

02. 효과적인 시장 세분화의 요건에 대해서 설명하시오.

03. 시장 세분화 전략의 종류에 대해서 서술하시오.

04. 심리묘사적 요인 세분화 전략이 무엇인지 설명하시오.

05. 행동적 요인 세분화 전략이 무엇인지 설명하시오.

06. 포지셔닝 및 리포지셔닝의 정의가 무엇인지 기술하시오.

07. 포지셔닝 접근방법들에 대해 논의하시오.

08. 본인이 시청한 TV 광고들 중에서 '경쟁사'를 이용한 포지셔닝 전략을 사용한 것이 있었는지 설명하시오.

09. 포지셔닝 맵(positioning map)의 장점에 대해 설명하시오.

10. 디포지셔닝이란 무엇이고, 어떠한 예들이 있는지 서술하시오.

참고문헌

1. 매일경제 용어사전
2. 안광호 외 (2010). 광고관리: 이론과 실제가 만나다. 서울: 학현사.
3. 제일기획 매거진 (2018.10.04). [마케팅 레시피] 홈루덴스족을 위한 마케팅. http://www.koreacf.or.kr/journal/column/show.do?ukey=526574에서 인출.
4. DMC 미디어 (2016). 2016년 한국인의 5가지 디지털 라이프 스타일 유형.
5. Experian.com
6. Universal McCann Social Media Tracker Wave 3.

소비자행동: 소비자 의사결정 과정과 정보처리 과정

03

CHAPTER

03

▶▶▶ CONTENTS

SUMMARY

소비자행동은 제품이나 서비스의 구매과정뿐 아니라 사용과 처분을 포괄하는 소비자의 전반적인 의사결정과 관련행동을 다룬다. 소비자는 제품이나 서비스와 관련된 의사결정 과정에서 문제인식을 시작으로, 정보탐색, 대안평가, 구매, 그리고 구매 후 평가로 이어지는 일련의 경험을 하게 된다. 또한 기업의 마케팅 담당자는 기업의 마케팅 활동에 소비자가 어떻게 반응하고 주어진 정보를 처리하는지를 알 필요가 있는데 특히 소비자의 정보처리 동기, 능력 그리고 정보처리 기회에 따른 차이점에 대한 이해가 필요하다. 본 장에서는 소비자 의사결정과정과 소비자 정보처리에 대해서 알아보도록 하겠다.

TERMINOLOGY

의사결정과정, 문제인식, 정보탐색, 대안평가, 구매, 구매 후 평가, 소비자 정보처리

도입 사례

"주머니 속 아이폰에서 갑자기 연기가"… 아이폰 화재 잇달아

한 고등학생이 소지한 아이폰에서 흰 연기가 뿜어져 나오는 사고가 발생한 데 이어 중학생이 소지하고 있던 아이폰에서도 비슷한 화재가 발생했다.

4일 연합뉴스 취재에 따르면 지난 10월 25일 오전 8시 40분께 경기 의정부시 민락동의 한중학교에서 A(13)군이 소지하고 있던 아이폰13 미니 모델에서 연기가 나기 시작했다.

A군은 소지하고 있던 휴대전화를 복도 바닥에 놓았고 연기는 3분가량 지속된 뒤 꺼졌다. 인명피해는 없었다.

A군의 어머니는 연합뉴스와 통화에서 "아이가 복도에서 가만히 들고 있었던 핸드폰이 갑자기 뜨거워지면서 연기가 났다"며 "뜨거워서 내려놓는 상황에 아이가 많이 놀랐다"고 당시 상황을 전했다.

이어 "10월 9일에 핸드폰을 개통했고 3주도 안 됐는데 이런 사고가 터졌다"며 "애플 측에 새로운 휴대전화로 교체 받았지만, 여전히 불안하다"고 덧붙였다.

지난달 30일 오전 10시께 충남 천안의 한 고등학교 2학년 교실에서도 B(17)군이 소지하고 있던 아이폰13이 갑자기 부풀어 오르면서 연기가 나기 시작했다. 연기는 2분가량 지속된 뒤 꺼졌고 화재로 번지진 않았다. 학교 측은 교실 창문을 열어 환기하고 학생들을 대피시켰다. 인명피해는 없었다.

B군은 연합뉴스와 통화에서 "주머니에 들어 있던 휴대전화가 갑자기 발열이 심해지더니 부풀어 올라서 꺼냈는데 벌어진 아이폰 틈 사이로 연기가 났다"면서 "생각보다 연기가 많이 나고 냄새도 좋지 않았다"고 당시 상황을 전했다.

B군의 친구가 이를 촬영해 다음 날 사회관계망서비스(SNS)에 올렸고, 3일이 지난 현재 동영상 조회수는 1천만을 넘길 정도로 국내외로 화제가 됐다. 누리꾼들은 '리튬 배터리가 전소될 때 나오는 연기를 대량으로 흡입하면 사람이 죽을 수도 있다', '처음에 드라이아이스인 줄 알았는데 액정이 노랗게 되는 것 보고 소름', '광고 연출인 줄' 등 믿을 수 없다는 반응을 보였다.

B군에 따르면 애플코리아 측은 B군에게 동일한 기종의 새 제품으로 교환해 주기로 했다.

출처: 연합뉴스 (2023.12.04).

CHAPTER 03

소비자행동: 소비자 의사 결정 과정과 정보처리 과정

1 소비자 의사결정 과정

1) 문제인식

소비자의 의사결정 과정(decision making process)은 소비자가 문제를 인지할 때 비로소 시작된다. 소비자가 인식하는 문제는 소비자가 바라는 이상적 상황(ideal state)과 현재의 상황(actual state)에서 차이(gap)가 발생할 때 생기게 된다. 이러한 차이는 정신적으로 불편함 또는 불안감을 동반하는 경향이 있다. 그 결과로써 소비자들은 불편함이나 불안감을 해소하기 위한 행동을 취하게 된다. 소비자가 경험하게 되는 불편함이나 불안감은 소비자가 경험하게 되는 문제에 따라 그 정도가 달라지는데 문제 인식의 강도가 커질수록 문제를 해결하려고 노력하게 된다. 그러나 인식된 문제가 크지 않을 때는 문제해결의 노력을 하지 않고 소멸하는 경향이 있다.

예를 들어, LG의 공기청정기 브랜드인 LG 퓨리케어의 광고는 코로나 시기에 코로나 바이러스에 대한 불안감을 LG 퓨리케어가 가진 바이러스 제거 기능을 통해 해소할 수 있음을 강조하였다. LG 퓨리케어의 광고는 소비자의 현재 상황이 이상적 상황이 아님을 인식하게 하여 소비자가 LG 퓨리케어 광고를 통해 문제를 인식하고 LG 퓨리케어 제품구매를 통해 문제를 해결하도록 설득하는 메시지이다.

그림 3-1 LG 퓨리케어 광고

2) 정보탐색과 대안 평가

소비자가 문제를 인식했다는 것은 소비 행위에서 어떤 필요를 느꼈다는 것을 의미한다. 그러나 소비자가 당면한 문제를 해결하는 방법이 하나의 방법만으로 해결할 수 있는 것이 아니라 여러 개의 대안이 있게 마련이다. 예를 들어, 운동 후 갈증이 나는 상황(현재 상황)과 이상적인 상황(예: 갈증 해소)의 차이를 줄이는 방법은 여러 가지가 있는데 문제 인식 후에 소비자는 문제해결을 위해서 일련의 정보탐색과 대안 평가의 과정을 거친다. 소비자의 정보탐색과 대안 평가의 과정에 광고주들은 다양한 방법으로 영향을 미치고자 노력하고 있다.

소비자가 문제를 인식하고 문제해결의 필요를 느낄 때 소비자들은 의사결정을 위한 정보를 소비자의 기억을 통한 내적 정보탐색과 인터넷 탐색이나 매장 방문과 같은 외적 정보탐색을 통해서 문제해결을 위한 정보를 얻을 수 있다. 소비자의 첫 번째 정보탐색 방법은 소비자의 기억 속에서 비슷한 문제를 해결하는 데 사용했던 개인적 경험이나 기존지식을 사용하는 것이다. 소비자가 많은 기존지식과 경험을 기억 속에 가지고 있을 때는 단순히 기억 속의 내적 정보탐색을 통해서 문제해결을 도와줄 제품이나 브랜드를 기억해 낼 수 있다. 예를 들어, 집에서 사용하던 세제가 거의 다 떨어졌을 때 소비자는 기존에 사용하는 세제와 과거에 사용했던 세제 그리고 광고를 통해서 기억 속에 저장된 몇몇 브랜드를 머릿속에 떠올릴 수가 있을 것이다. 이렇게 내적 정보탐색을 통해서 머릿속에 떠오른 브랜드를 환기 상표군(evoked set)이라고 한다. 그리고 환기 상표군은 고려 상표군(consideration set)과 밀접하게 관련되어 있다. 고려 상표군은 문제해결을 위해서 구매를 고려하는 상표군을 말한다.

운동 후에 갈증을 해소하기를 원하는 소비자가 내적 정보탐색을 통해서 기억 속에 저장되어 있는 갈증 해소 음료인 게토레이, 포카리스웨트, 삼다수, 파워에이드 등을 차례로 떠올렸다고 생각해 보자. 이 중에서 게토레이가 가장 먼저 내적 정보탐색을 통해서 소비자의 머릿속에 떠올랐다면 이것을 최초 상기(top of mind) 브랜드라고 한다. 특정 문제 인식(problem recognition)이나 필요 인식(need recognition)에서 소비자가 내적 정보탐색을 할 때 광고주의 브랜드가 가장 먼저 떠오르게 돕는 것이 광고의 여러 가지 기능 중 하나이다. 이렇게 소비자의 내적 정보탐색을 통해서 떠오른 환기 상표군 중에서 소비자는 고려 상표군을 정하고 그중 하나의 브랜드를 최종적으로 결정할 수 있다. 소비자가 기존의 경험과 지식이 풍부할 때는 외부적으로 정보를 굳이 찾지 않고 내적 정보탐색의 결과를 바탕으로 구매를 결정하게 된다. 따라서 이런 경우는 소비자들의 기억 속에 특정 브랜드가 존재하지 않아서 환기 상표군에 포함되지 않을 때는 특정 브랜드가 소비자에게 선택될 가능성은 희박하다고 볼 수 있다. 물론 갈증 해소를 생각하고 있는 소비자의 환기 상표군과 구매 고려 상표군에 포함되지 않은 경우에도 구매시점 광고(point of purchase displays)를 통해서 광고주가 소비자의 구매에 영향을 미칠 수 있기도 하지만 소비자의 환기 상표군, 특히 고려 상표군에 포함되는 것이 무엇보다도 중요하다고 볼 수 있다.

그러나 특정 문제해결을 위한 소비자의 내적 정보탐색이 충분한 정보를 제공하지 않아서 소비자가 문제해결을 위한 브랜드를 결정하기에 불충분한 경우가 흔히 존재한다. 예를 들어, 한 대학 신입생의 경우 가정에서 고등학교 때까지 데스크톱 컴퓨터를 사용했다고 가정해 보자. 대학 생활은 고등학교 생활과 달리 과제 제출과 그룹

프로젝트가 많이 있는데 이러한 경우에 휴대하고 다니면서 학교에서 과제물을 작성하고 발표 자료를 만들어야 하는 경우가 많을 수 있다. 따라서 자연스럽게 현재 상황(데스크톱 컴퓨터만 있는 상황)과 이상적 상황(휴대성을 가진 컴퓨터가 있는 상황) 간에 차이가 발생하게 된다. 이러한 예상되는 문제를 인식했을 경우 노트북 컴퓨터 구매를 통해서 현재 상황과 이상적 상황의 차이를 없애줌으로써 문제를 해결할 수 있을 것이다.

우선 노트북 컴퓨터가 필요하다는 문제를 인식한 후에 내적 정보탐색을 통해서 어떤 브랜드를 구매할지에 대한 정보를 소비자의 저장된 기억에서 환기함으로써 찾으려고 할 것이다. 그러나 노트북 컴퓨터에 관한 관심이 고등학교 때까지 크지 않았던 학생의 경우에 기억 속에 저장된 몇몇 브랜드에 대한 정보를 바탕으로 구매하고자 하는 브랜드를 선택하기는 쉽지 않을 것이다. 따라서 내적 정보탐색을 넘어서 외적 정보탐색(external information search)이 필요하게 된다.

외적 정보탐색은 소비자의 기억이 아닌 외부에서 정보를 탐색하는 것으로 노트북 컴퓨터를 예로 들면 컴퓨터 전시매장을 방문하거나, 친구나 가족들로부터 노트북 컴퓨터 관련 경험을 알아보거나, 노트북 컴퓨터 관련 잡지나 인터넷 정보를 통해서 정보를 찾는 것 등을 들 수 있다. 더 나아가서, 소비자가 노트북 컴퓨터에 관해 관심이 많은 상황에서는 노트북 관련 광고에 주의를 기울여서 정보를 처리할 가능성이 커진다. 또한 온라인 동호회에 가입해서 정보를 얻을 수도 있다.

내적 정보탐색과 외적 정보탐색을 통해서 소비자들은 문제해결에 적합한 대안 브랜드들을 평가하는데 이러한 대안 평가는 고려 대상군(consideration set)과 평가 기준(evaluative criteria)에 의해서 구조화된다. 고려 대상군(consideration set)은 특정 제품군의 브랜드 중에서 소비자들이 구매를 고려하는 주요 브랜드들을 말한다. 대부분의 제품군은 무수히 많은 브랜드가 있어서 소비자들은 정보탐색과 평가에 있어서 몇몇 브랜드에 초점을 두게 된다. 예를 들어, 노트북 컴퓨터 제품군에서 소비자들은 윈도우 운영체계를 가지고 있는 브랜드들만을 고려할 수 있다. 또한 윈도우 운영체계를 가지고 있는 노트북 중에서 특정 가격대 이하의 제품을 고려할 수 있다. 광고의 여러 주요한 기능 중 하나는 소비자들이 광고주의 브랜드를 쉽게 인지하게 만들어서 고려 대상군에 포함될 기회를 얻도록 하는 것이다.

소비자의 정보탐색과 고려 대상군에 대한 평가가 진행되면서 소비자는 고려 대상군에 있는 브랜드들에 대해서 특성이나 제품 속성, 이미지 등에 근거해서 평가하게 된다. 제품의 특성이나 속성 그리고 이미지 중에서 소비자가 중요하게 여기는 것들이 평가 기준으로 사용된다. 제품의 평가 기준은 제품군에 따라서, 개인에 따라서, 또는 구매 상황에 따라서 달라진다.

소비자들이 제품을 평가할 때 사용하는 평가 기준에 대해서 체계적인 이해를 하는 것이 매우 중요하다. 또한 소비자들이 광고주의 브랜드를 다른 대안 브랜드들과 어떻게 비교 평가하는지를 아는 것도 매우 중요하다. 소비자의 평가 기준을 이해하는 것은 광고 캠페인을 하는 데 중요한 기준을 제공한다.

그림 3-2 LG 그램, 애플 에어, 삼성 갤럭시 북 광고

3) 구매

문제인식과 정보탐색 그리고 대안 평가의 과정을 거치고 나면 구매가 일어난다. 소비자는 일련의 의사결정 과정을 거치고 나서 구매 결정을 하게 되지만 구매가 소비자 의사결정의 최종단계는 아니다. 어떤 제품군이든지 소비자는 미래에 같은 제품군에서 기존에 사용했던 브랜드이건 다른 대체 브랜드이건 제품을 재구매하게 된다. 따라서 광고주에게 있어서 구매 후의 의사결정 과정도 지속해서 관심을 가질 필요가 있다.

4) 구매 후 평가

마케터와 광고주의 최종목표가 단순히 제품 판매에 국한되어서는 안 된다. 궁극적으로 마케터와 광고주는 소비자가 구매 후에 만족을 느끼고 충성 고객이 되도록 노력해야 한다. 한 연구에 의하면 기업의 제품 판매에 있어서 전체매출의 65%가 기존 제품을 구매한 후 구매에 대해서 만족한 소비자에게서 온다고 밝히고 있다. 그리고 91%의 불만족한 소비자는 다시는 해당 브랜드를 재구매하지 않겠다고 밝히고 있다. 따라서 소비자의 제품 사용에 대한 평가는 재구매 상황에서 어떤 브랜드가 소비자의 구매 고려 대상 군으로 다시 선택될지를 결정하는 중요한 요소이다.

소비자 만족은 구매 후 긍정적인 제품의 사용 경험에서 비롯된다. 소비자는 구매의 경험이 (불)만족인지를 평가하기 위해서 의식적으로 구매 전에 브랜드가 가져다 줄 결과(예: 성능)에 대한 기대(expectation)와 구매 후 경험한 실제 결과의 차이를 비교할 수 있다. 평가의 결과가 긍정적이면 소비자는 만족감을 느낄 것이고 그렇지 않으면 불 만족감을 느끼게 될 것이다.

소비자 만족은 기업의 지속적인 성장을 위해서 매우 중요한 요소로 받아들여지고 있다. 왜냐하면 구매에 만족한 소비자는 ① 더 높은 가격을 지불할 용의가 있고, ② 향후에 만족한 브랜드를 재구매할 가능성이 높으며, ③ 브랜드 충성도(brand loyalty)가 형성되는데 도움을 주며, ④ 브랜드 애착(brand attachment)의 형성에 긍정적인 역할을 하며. 더 나아가서 ⑤ 긍정적인 입소문(positive word of mouth)을 통해 새로운 소비자를 끌어들이는 데 도움을 줄 수 있다.

(1) 생각에 근거한 만족과 불만족

소비자의 생각에 근거한 만족과 불만족은 첫째, 소비자가 제품을 구매할 때 기대했던 생각이 제품구매 후 일치했는지 또는 일치하지 않았는지에 의해서 판단될 수 있다. 기대 불일치(expectation disconfirmation)는 우리가 기대한 것과 제품의 실제 결과에서 차이가 나타나기 때문에 생기게 되는데, 기대의 불일치는 긍정적(기대한 것보다 실제 결과가 좋은 경우)인 경우와 부정적(기대한 것에 실제 제품의 성능이 미치지 못하는 경우)인 경우로 나눌 수 있다. 여기서 소비자의 기대는 소비자가 제품이나 서비스에 대해서 기대하는 성능과 같이 추상적일 수도 있고 제품이나 서비스가 가지고 있는 속성들에 대한 기대처럼 구체적일 수도 있다. 예를 들어, 예전에 일본의 SONY에서 나온 DVD 플레이어의 경우 파나소닉의 제품과는 달리 SONY는 제조국이 일본이 아닌 필리핀이었던 제품이 있었는데 소비자는 제품구매 전 브랜드의 원산지(country of origin)에 대한 기대와 실제 원산지의 차이에 의해서 불만족이 발생할 수 있다.

제품의 성능에 대한 평가에 있어서 소비자가 기대하는 제품의 성능은 객관적일 수도 있고 주관적일 수도 있다. 예를 들어, 자동차를 구매하기 전에 대안 브랜드들을 평가하는 여러 기준 중에 연비가 중요한 요소로 작용했다고 가정해 보자. 특정 브랜드를 구매하고 나서 소비자는 실제 연비를 확인해 볼 수 있는데 그때 제조사가 제시한 연비와 실제 운행 연비에서 나타난 차이로 인해서 긍정적(부정적) 불일치를 경험할 수 있다. 이렇게 구체적으로 수치화할 수 있는 제품의 성능은 객관적이라고 할 수 있다. 그러나 제품을 구매하고 나서 주위의 반응으로 인해서 발생하는 소비자의 기분 같은 것은 상당히 주관적인 평가라고 할 수 있다. 원인이 객관적이든 아니면 주관적이든 소비자가 경험하는 불일치가 긍정적일 경우 소비자는 만족감을 경험하게 된다. 그 반대의 경우는 부정적 불일치를 경험하게 되고 소비자는 불만족을 경험하게 된다.

기대 불일치(expectation disconfirmation) 개념에 따르면, 기대 이상의 브랜드 성능은 소비자에게 만족감을 준다. 또한 소비자에게 일반적인 제품군의 품질보증 기간보다 더 오랫동안 제품을 보증할 때 소비자에게 긍정적인 기대를 유발하고 소비자 만족을 이끌 수 있다. 예를 들어, 과거 현대자동차의 미국법인은 현대자동차의 품질보증 기간을 10년으로 늘리면서 소비자가 현대자동차에 기대한 이상의 서비스를 제공함으로 인해서 현대자동차에 대한 긍정적 기대 불일치를 형성하게 했고 또한 현대자동차에 대한 신뢰에서도 긍정적인 영향을 미쳤다.

(2) 생각에 근거한 만족과 불만족

귀인이론(attribution theory)은 소비자 개인이 어떤 행위나 결과(일반적으로 부정적인 결과)에 대한 원인에 대해서 어떻게 해석하고 생각하는지를 다루는 이론이다. 마케팅 상황에서 소비자는 구매한 제품이 소비자의 필요나 욕구를 충족시키지 못할 때 크게 3가지 관점에서 원인을 찾으려고 노력한다.

① 안정성(stability): 결과의 원인이 일시적인가 아니면 영구적인가?
② 원인의 중심지(causal locus): 결과의 원인이 소비자에게서 비롯되었는가 아니면 소비자 외부(예: 마케터, 기업)에서 비롯되었는가?
③ 통제성(causal controllability): 결과의 원인이 통제(control) 가능한 것인가 아니면 통제 밖의 것인가? 다시 말해서, 안 좋은 결과가 원인 제공자의 노력으로 발생하지 않을 수 있는 것이었는가?

위의 세 가지 관점에 근거해서 소비자가 겪을 수 있는 (불)만족에 대한 경험의 예를 들어보도록 하자. 첫째, 안정성(stability)에 근거한 예를 들어보도록 하자. 소비자는 제품 구입 후 경험한 좋지 않은 결과가 일시적인가 아니면 영구적인가에 따라서 불만족의 정도는 달라진다. 예를 들어, 소비자가 TV 광고를 통해서 알게 된 새로운 음료수를 구매했다고 가정해 보자. 음료를 마신 후에 소비자가 맛이 없다고 느꼈다면 이것은 일시적이라기보다는 음료 자체가 소비자의 입맛에 맞지 않기 때문에 소비자가 맛이 없다고 느꼈을 가능성이 크다. 이러한 경우는 제품 자체가 영구적으로 불만족의 원인을 제공하고 있어서 소비자는 그 제품을 재구매하지 않을 가능성이 크다. [그림 3-3]의 배스킨라빈스의 민트초코는 호불호가 분명한 제품인데 민트초코를 좋아하지 않는 사람은 배스킨라빈스의 민트초코를 다음에 또 먹는다고 좋아하기는 어려울 수 있다.

둘째, 원인의 중심지(causal locus)를 예로 들어보자. 소비자가 처음으로 DSLR 카메라를 구매했다고 가정해 보자. DSLR 카메라에 익숙하지 않은 소비자는 조작의 어려움으로 구매 초기에 제품구매에 대해서 불만을 느낄 수 있다. 만약 이러한 불편의 원인을 소비자 자신("내가 초보자이기 때문에 서툴러서 그럴거야")에게 돌리는 경우와 제품 그 자체("이 카메라는 특히나 불필요하게 조작을 불편하게 만들었어")에 원인을 돌리는 경우는 불만족의 정도에 있어서 다른 영향을 미칠 것이다.

셋째, 통제성(causal controllability)의 관점에 근거한 예를 들어보자. 2007년도에 태안에서 삼성중공업의 예인선이 인양하던 크레인과 외국계 기업의 유조선이 충돌해서 많은 양의 기름이 유출된 사건이 있었다. 그리고 대한항공의 땅콩회항사건에 관한 얘기는 오랜 시간이 지났음에도 많은 사람은 그 사건을 기억하고 있다. 이 사건들의 법정 공방은 제쳐두더라도 소비자들이 해당 기업과 관련된 사건의 통제성을 미리 방지할 수 있었던 것인가 아니면 천재지변으로 보느냐에 따라서 해당 기업에 대해서 가지는 생각은 크게 차이가 날것이다.

이처럼 귀인이론(attribution theory)은 특정 사건이나 불만족을 경험한 개인이나 소비자가 결과의 원인을 유추하는 과정을 설명하는 이론인데 소비자가 특정 사건을 일시적인 단순한 사건으로 보느냐 아니면 영구적인 사건으로 보느냐, 또한 문제의 원인이 소비자 자신의 잘못으로 기인한 것이냐 아니면 제조사의 문제이냐, 그리고 좋지 않은 결과가 통제할 수 있었던 것이냐 그렇지 않으냐에 따라서 소비자들이 경험하는 불만족의 정도와 불만족의 대상이 되었던 브랜드의 재구매에 영향을 다르게 미칠 수 있음을 설명해 주고 있다.

그림 3-3 배스킨라빈스 민트초코 광고

그림 3-4 캐논 광고

(3) 소비자 만족/불만족에 있어서 광고의 역할

광고는 소비자 만족에 있어서 중요한 역할을 할 수 있는데 첫째로, 기업은 광고를 통해서 잠재 소비자가 특정 브랜드의 성능이나 효과에 대해 어떤 기대(expectation)를 할 수 있는지를 표현할 수 있다. 소비자는 광고를 통해서 제품 성능에 대한 기대를 형성할 수 있는데 만약 기대를 너무 높게 형성되게 하는 광고는 자칫 소비자에게 제품을 구매하게 하는 데는 긍정적 영향을 미칠 수 있지만 재구매에 있어서는 부정적 영향을 미칠 것이다. 왜냐하면 앞서 언급된 기대 불일치 모델에서 다루어졌듯이 소비자는 제품구매 전에 형성한 기대와 구매 후 경험한 제품의 성능이나 효과를 비교하게 되는데 이때 기대치가 너무 높은 경우는 소비자로 하여금 훌륭한 제품임에도 불구하고 기대치에 미치지 못하여 브랜드에 대한 불만족을 초래할 수 있다. 그림은 아이폰 14의 액션모드를 강조한 광고로 소비자로 하여금 아이폰 14를 구매하면 동영상을 촬영했을 때 흔들림 없는 영상을 제작할 수 있다는 기대치를 형성하게 한다.

그림 3-5 아이폰 14의 액션모드를 강조한 광고

둘째로, 제품을 구매한 소비자에게 광고를 통해서 그들의 결정이 옳은 결정이었음을 심어줄 수 있다. 대부분의 소비자는 비싼 제품이나 관여도가 매우 높은 제품을 구매했을 때 그들의 선택이 옳았는지에 대한 불안감(구매 후 부조화)을 경험하게 되는데 이때 광고는 기본적인 역할(구매를 자극하는 것)을 넘어서 소비자가 구매 후 갖게 되는 불안감을 줄여 주는 긍정적인 역할을 할 수가 있다. 예를 들어, 대다수 소비자가 해당 브랜드를 사용하고 나서 만족한다는 정보의 광고를 제공함으로써 그들의 선택이 틀리지 않았다는 확신이 들게 할 수 있다. 특히 소비자가 구매 후 부조화를 경험하면 이러한 불안감을 줄이기 위해서 소비자가 의도적으로 노력을 기울이는 경향이 있다. 소비자들은 그들이 선택한 브랜드의 장점을 더 긍정적으로 바라보고 경쟁브랜드의 장점을 깎아내림으로써 구매 후 부조화를 감소시키는 경향이 있다. 또한 소비자들은 그들이 선택한 브랜드에 대한 긍정적인 정보를 적극적으로 탐색하는 경향이 있는데 해당 브랜드는 소비자에게 해당 브랜드의 긍정적인 측면에 대한 정보를 지속적으로 제공함으로써 구매 후 부조화를 감소시키는 노력을 할 필요가 있다. [그림 3-6]은 7년 연속 세계 판매 1위라는 메시지를 전달하여 삼성전자 TV를 구매한 소비자가 옳은 결정을 했다는 메시지를 던지는 광고이다.

그림 3-6 7년 연속 세계 판매 1위를 강조한 삼성 스마트 TV 광고

(4) 구매 후 부조화

구매 후 부조화(post-purchase dissonance)란 소비자가 어려운 결정 후에 갖게 되는 후회나 불안감을 얘기하는데 소비자가 내린 결정이 옳았는지에 대한 불안의 심리를 반영하는 개념이다. 종종 몇 개의 대안 브랜드를 놓고 소비자는 특정 제품군에서 하나의 브랜드를 구매하게 되는데 최종 구매에는 선택되지 않았지만, 선택한 브랜드가 가지지 못한 매력(장점)이 있는 대안 브랜드를 선택하지 않은 것을 아쉬워하는 경험을 종종 하게 된다. 예를 들어, 중국집에서 자장면과 짬뽕 중에서 짬뽕을 선택했다고 가정해 보자. 짬뽕을 먹으면서 선택하지 않은 "자장면을 선택할 걸" 하는 생각을 누구나 한 번쯤은 해보았을 것이다. 이렇든 경제적인 부담이나 잘못된 선택의 위험이 적은 중국집 음식에 대해서도 우리는 종종 구매 후 부조화를 경험한다.

그림 3-7 농심 광고

구매 후 부조화는 특히 제품구매를 위해서 소비자가 대안 브랜드들을 평가할 때 하나의 브랜드가 아니라 몇 개의 브랜드가 매력적인 특성이 있을 때, 그리고 제품구매 결정이 중요할 때 많이 일어난다. 예를 들어, 현대사회에서 스마트폰은 이제 대중화되었지만, 애플의 아이폰과 삼성의 갤럭시 중에서 한 브랜드를 선택한 소비자는 선택하지 않은 브랜드의 장점이 좋게 보여 구매 후 부조화가 나타날 가능성이 있다. 그 이유는 다른 제품군에서와 마찬가지로 아이폰과 갤럭시는 한 브랜드가 다른 브랜드에 비해서 절대적으로 뛰어나기보다는 서로 조금 다른 측면에서 매력적인 부분이 다르기 때문이다. 더 나아가서 스마트폰의 구매는 일반 소비자에게 중요할 수 있는데 중국집의 자장면과 짬뽕의 경우(단기간의 소비)와는 달리 대부분의 소비자는 스마트폰을 구매하고 나서 2년 이상의 약정기간 동안 스마트폰을 사용할 가능성이 크기 때문이다. 따라서 구매가 옳다고 생각되지 않고 구매 후 후회의 감정이 생기게 된다면 상당히 오랫동안 잘못된 선택으로 인해서 마음의 불편을 경험해야 할 수 있다. 이러한 이유로 소비자의 구매 후 부조화 가능성이 저관여 제품군보다는 고관여 제품군에서 높다고 볼 수 있다.

구매 후 부조화가 제품구매 후 생기게 될 것이 예상될 때 광고주는 브랜드에 대한 자세한 정보를 제공함으로써 소비자를 안심시키는 데 도움을 줄 수 있다. 구매 후 부조화를 해결하는 방안으로 기업들은 이메일이나 문자서비스를 통해서 기업의 브랜드를 구매해 준 것에 대해서 감사를 표하기도 한다. 이러한 기업의 노력은 소비자의 제품구매에 대한 만족을 높여주고 구매 후 부조화를 낮추는 기능을 한다.

또한 기업의 노력뿐 아니라 소비자는 자발적으로 구매 후 부조화를 줄이려고 노력하는데 소비자들은 그들이 구매한 브랜드에 대한 정보를 외부적 정보탐색을 통해서 얻는 노력을 한다. 구매전의 정보탐색이 여러 대안 브랜드를 평가해서 하나의 브랜드를 선택하는 데 영향을 미치는 노력이라고 한다면 구매 후의 정보탐색은 이미 선택된 브랜드에 대해서 소비자의 선택이 옳았음을 지지하는 정보를 찾기 위한 역할을 하게 된다. 따라서 객관적인 정보탐색의 노력이라기보다는 편향되고(biased), 선택적인(selective) 정보탐색을 통해서 제품구매 후 생겨난 불안감을 해소하기 위한 노력이라고 볼 수 있다. 따라서 구매 후 상황은 광고주와 마케터에게 아주 중요한 기회를 제공하는데 해당 기업의 브랜드를 구매한 소비자들은 자신이 구매한 브랜드에 대해서 많은 관심이 있어서 기업은 제품에 대한 정보와 사용에 대한 팁을 제공함으로써 소비자가 경험할 수 있는 구매 후 부조화를 줄이고 브랜드에 대한 만족을 끌어낼 수 있으며 더 나아가서 브랜드의 재구매에도 긍정적인 영향을 미칠 수 있다.

5) 소비자 의사결정의 관여도

앞서 언급된 의사결정과정은 소비자가 문제인식부터 구매 후 평가에 이르기까지 신중하게 의사결정하는 과정을 보여주었다. 그러나 소비자들이 항상 신중하고 체계적으로 구매에 대한 의사결정 과정을 거치는 것은 아니다. 때때로 소비자들은 충동적이고, 비합리적으로 의사결정을 하게 된다. 정보탐색을 위해 소비자가 투입하는 노력과 시간은 제품군에 따라서, 상황에 따라서, 그리고 소비자 개인의 특성 차이 때문에 많은 차이를 나타낸다. 우리는 노트북 컴퓨터와 껌을 사는 데 있어서 비슷한 노력과 시간을 들이지 않을 것이다. 또한 제품구매 후에 갖게 될 구매 후 부조화에서도 노트북 컴퓨터와 껌은 상당한 차이를 보일 것이다. 그렇다면 왜 소비자들은 그들이 구매하는 제품에 대한 의사결정과정에서 노력과 시간에서 차이를 보이는 것인가?

관여도는 개인적 관련성(relevance) 또는 개인적 중요성(importance)으로 주로 정의되고 있다. 또한 소비자가 특정 제품군에 대해서 가지는 흥미(interest)를 포함하는 개념이다. 관여도는 제품 관여도(product involvement), 상황적 관여도(situational involvement), 지속적 관여도(enduring involvement), 감지된 관여도(felt involvement), 구매 관여도(purchase involvement)등 다양한 관점에서 학문적으로 다루어져 왔다. 소비자의 의사결정과 관련해서 많은 요소가 소비자들의 관여도에 영향을 미치는 것으로 밝혀져 왔다. 소비자들은 다양한 제품군에 개인적 관련성과 중요성 그리고 흥미를 둘 수 있다. 예를 들어, 스키 동호회에서 열심히 활동하는 소비자의 경우는 다른 일반 소비자와 비교하면 스키와 관련된 제품이나 정보에 상대적으로 중요성과 관련성을 두게 될 것이다. 이러한 경우의 소비자를 스키 관련 제품군에 대한 관여도가 높은 소비자라고 얘기할 수 있다. 또한 스키 동호회에 소속된 소비자는 스키에 관해서 어느 정도 지속해서 스키에 대한 흥미가 있는데 이러한 경우 소비자는 스키에 관해서 지속적 관여도가 높다고 얘기할 수 있다.

그러나 소비자가 특정 제품군에 대해서 지속적인 관심이나 흥미를 가지고 있지 않아도 특정 상황에서 개인적인 관련성과 중요성을 느낄 수 있는데 예를 들어, 마트에서 특정 배터리 브랜드에 대해서 2+1 이벤트를 한다고 할 때 소비자는 평소보다 이벤트를 하는 브랜드에 대해서 흥미를 느낄 수 있다. 그러나 제품을 구매함과 동시에 배터리 브랜드에 관한 관심이 줄어들게 된다. 이러한 경우를 지속적 관여도와 비교해서 짧은 시간 동안(특정 상황)만 소비자의 관심과 중요성을 가진다고 해서 상황적 관여도라고 한다.

제품 관여도는 제품 간에 소비자들이 느끼는 중요성의 정도가 달라서 사용되는 개념으로 일반적으로 형광등보다는 노트북 컴퓨터에 대한 중요성이 더 크기 때문에 노트북 컴퓨터의 제품 관여도가 형광등보다 높다고 얘기할 수 있다.

소비자가 제품구매를 고려할 때 잘못된 선택으로 인해서 오랜 시간 동안 불편한 느낌을 지속해서 갖게 될 것을 예상할 경우 구매 결정에 있어서 신중하게 되고 구매의 중요성이 증가하게 된다. 예를 들어, 일반적으로 값비싼 제품을 사는 경우가 값이 싼 제품을 사는 경우보다는 소비자의 구매 관여도가 올라가기 때문에 제품구매에 있어서 신중한 의사결정을 하게 된다. 우리가 마트에 가서 몇 개의 물건을 구매한 후에 가판대에 진열된 처음 보는 껌을 구매했다고 가정해 보자. 만약에 구매한 껌을 씹어보았는데 맛이 너무 없어서 잘못 샀다고 구매 후 후회가 일어나더라도 우리는 크게 개의치 않을 것이다. 그러나 휴대폰을 구매하고 개통했는데 구매한 브랜드의 어떤 점이 아주 싫다고 가정해 보자. 이럴 때 휴대폰을 반품할 수 없이 계속해서 사용해야 한다고 할 때 사용하는 기간 내내 불편한 감정을 가져야 할 것이다. 그래서 구매를 결정할 때 있어서 제품구매로 인한 불편한 감정이 지속될 위험부담이 클수록 우리 소비자들은 의사결정에 있어서 신중히 처리하게 된다.

따라서 관여도를 정리해 보면 관여도란 개념은 제품군에 따라서 관여도의 정도가 달라질 수도 있고 같은 제품군이라도 개인에 따라서 관여도의 정도가 달라질 수 있다. 또한 동일한 개인이라도 상황에 따라서 똑같은 제품군에 대해서 관여도가 높기도 하고 낮을 수도 있다.

6) 소비자 의사결정의 유형

(1) 확장된 문제해결

소비자가 특정 제품군에 대한 경험이나 지식이 부족하고 브랜드의 잘못된 선택으로 인한 구매 후 부조화가 클 것으로 예상될 때는 소비자들이 의사결정과정에서 확장된 문제해결 방법을 사용할 가능성이 크다. 확장된 문제해결의 방법을 사용하는 경우, 제품선택에 있어서 소비자의 관여도가 높은 경우로 볼 수 있는데 이러한 경우의 소비자는 신중하고 체계적으로 의사결정을 하게 된다. 확장된 문제해결은 우선 특정 문제를 인식한 후에 신중하게 내적 정보탐색과 외적 정보탐색의 과정을 거치고 고려 상표군을 바탕으로 대안 브랜드에 대한 평가의 과정을 거치게 된다. 신중한 대안 평가 과정을 거치고 나서 구매 행위가 일어나고 구매 후 평가 과정 또한 신중하게 처리하게 된다.

확장된 문제해결의 예로는 소비자가 큰 비용을 지불해야 하는 경우와 큰 비용을 지불하는 경우가 아니라도 특정 브랜드의 선택으로 인해서 선택하지 않은 브랜드를 구매하지 않은 것을 후회할 가능성이 큰 경우가 이에 해당한다. 스마트폰을 구매한다거나 DSLR 카메라를 구매하는 것과 같이 가격이 비싸고 복잡한 기능을 가진 제품일수록 확장된 문제해결의 방법을 사용할 가능성이 크다. 왜냐하면 소비자가 단순히 기억 속의 정보를 바탕으로 대안을 평가하기에는 너무나도 다양한 많은 브랜드가 존재하고 제품군이 복잡한 기능을 가지고 있어서 이성적으로 대안 브랜드를 평가하기 위해서는 외부적 정보탐색을 수반하게 된다. 또한 상대적으로 가격이 비싸지는 않더라도 소비자에게 중요한 사람을 위한 선물을 구매하는 것은 중요성이 크다고 볼 수 있다. 이러한 특정 상황에서도 소비자는 확장된 문제해결의 방법을 사용해서 의사결정과정을 거칠 가능성이 크다. 여기서 주의해야 할 점은 확장된 문제해결과 아래에 언급될 제한된 문제해결은 상대적인 개념으로 소비자가 아파트를 구매하는 것과 전화기를 구매하는 것 그리고 화장지를 구매하는 것은 상대적으로 아파트를 구매하는 것이 가장 확장된 형태의 문제해결 방식을 취하고 화장지를 구매하는 것은 상대적으로 제한된 문제해결 방식을 취할 가능성이 크다. 그리고 중간에 자리한 전화기 구매의 경우는 아파트 구매에 비해서 제한된 문제해결이지만 화장지 구매에 비하면 확장된 문제해결로 이해할 수 있다.

(2) 제한된 문제해결

확장된 문제해결은 특정 제품군에서 브랜드를 선택하는 것이 소비자에게 중요한 반면 제한된 문제해결의 경우는 소비자가 제품군에 대한 관여도가 상대적으로 낮은 상황일 때 주로 일어나는 문제해결 방법이다. 제한된 문제해결의 경우는 소비자가 신중하게 내적 정보탐색과 외적 정보탐색을 통해서 몇 가지 고려 대상을 선택하고 대안 브랜드를 심도 있게 비교 평가한 후 구매로 이어지는 것이 아니라 적은 양의 정보탐색을 바탕으로 구매 결정이 일어나는 경우를 말한다. 예를 들어, 집에서 사용하는 형광등에 문제가 있을 때 소비자는 형광등 제품군의 여러 많은 브랜드를 비교하고 평가하는 과정을 거치기보다는 단순히 마트를 방문해서 광고를 통해서나 경험을 통해서 자주 접했던 브랜드를 선택할 가능성이 크다. 이러한 제한적 문제해결의 경우는 소비자들이 특히 특정 제품군 내의 브랜드 간에 기능의 차이가 크지 않다고 느낄 때 빈번하게 발생한다.

(3) 습관 또는 다양성 추구

습관적 또는 다양성 추구에 바탕을 둔 의사결정 과정은 특히 소비자 관여도가 낮은 제품군이나 구매빈도가 높은 제품군에서 흔히 나타난다. 예를 들어, 가정에서 사용하는 세제가 다 떨어졌다고 할 때 기존에 사용하던 세제가 소비자의 필요를 충족시켜 왔다면 외적 정보탐색을 통해서 다른 대안 브랜드와 비교를 통한 문제해결의 방법을 사용하기보다는 기존에 사용하던 제품을 반복해서 구매할 가능성이 크다. 이것은 세제라는 제품군 자체가 소비자 관심을 많이 끄는 제품군이 아니고 또한 소비자 인식에서 브랜드 간에 기능상 큰 차이가 없다고 느낄수록 습관적 구매를 할 가능성이 크다. 특정 제품군에서의 습관적 의사결정은 소비자들이 일상생활 속에서 행하는 수많은 의사결정을 단순화시킴으로써 중요한 의사결정에 필요한 시간과 노력을 아낄 수 있게 도와준다.

그림 3-8 옥시크린, 프로쉬, 롯데리아 광고

습관적 의사결정이 기대되는 제품군에서 습관적 의사결정 대신에 다양성 추구가 관찰되는 경우가 종종 있다. 습관적 의사결정은 특정 제품군 내에서 하나의 브랜드를 계속해서 구매하는 경우를 얘기한다. 그러나 이러한 습관적 의사결정이 오히려 구매행위에 있어서 지루함을 느끼게 할 수 있다. 특히 제품군 내의 여러 브랜드 간에 인지된 차이가 어느 정도 있을 때 다양한 브랜드를 사용하고자 하는 다양성 추구 동기가 생길 가능성이 크다. 다양성 추구란 소비자들이 특정 제품군 내에서 여러 브랜드를 일정한 규칙을 적용해서 의사결정을 하기보다는 임의적인 방식으로 다양한 브랜드를 구매하는 것을 말한다. 그러나 다양성 추구에 근거한 의사결정이 아무 브랜드나 구매하는 것은 아니다. 다양성 추구에 근거한 의사결정은 소비자가 몇 개의 브랜드를 대상으로 선택하는 것을 말한다. 따라서 다양성 추구란 소비자가 마음속으로 정한 몇 개의 브랜드를 대상으로 구매 상황에서 선택하는 브랜드를 바꾸는 것을 말한다. 예를 들어, 특정 소비자가 운동 후에 게토레이를 계속해서 구매한다면 이것은 습관적 의사결정에 바탕을 둔 구매라고 볼 수 있지만 특정 소비자가 게토레이, 포카리스웨트, 파워에이드를 번갈아 가면서 구매한다면 다양성 추구에 바탕을 둔 의사결정이라고 볼 수 있다.

다양성 추구는 제품 사용이 감각적 경험인 맛, 냄새 등을 동반하고 빈번히 일어나는 구매 제품군에서 자주 발생한다. 탄산음료, 과자류, 패스트푸드와 같은 제품군에서 다양성 추구 현상이 종종 일어나는데 그 이유는 제품군 내의 여러 브랜드 간에 다양성이 존재하기 때문이다. 따라서 다양성 추구에 취약한 제품군의 마케터들은 새로운 제품을 지속적으로 시장에 내놓아야만 소비자의 다양성 추구의 욕구를 만족하게 할 수 있을 것이다.

(4) 브랜드 충성에 근거한 의사결정

소비자가 기존에 경험이 많고 관여도가 높을 때 브랜드 충성도(brand loyalty)가 구매 결정에 있어서 중요한 역할을 한다. 브랜드 충성은 소비자가 특정 필요 또는 문제해결을 위해서 하나의 브랜드를 지속적으로 구매하는 것을 얘기한다. 표면적으로 브랜드 충성은 습관적 의사결정과 비슷해 보일 수 있다. 그러나 습관에 근거한 구매 행위와 브랜드 충성에 근거한 구매 행위는 구별될 필요가 있다. 브랜드 충성은 특정 브랜드에 대해서 매우 호의적인 브랜드 태도와 더불어서 특정 브랜드에 대한 애착에 근거한다. 따라서 브랜드 충성도가 높은 소비자가 매장에서 원하는 브랜드가 없을 때는 구매 행위가 일어나지 않고 다른 매장에 방문해서라도 충성도가 높은 해당 브랜드를 구매하는 것을 얘기한다. 반면에 습관적 의사결정에 근거한 구매 결정은 계속해서 구매해 오던 브랜드가 매장에 없을 때 다른 대안 브랜드를 선택할 가능성이 높다. 그 이유는 브랜드 충성도가 낮고 습관에 근거해서 구매하는 브랜드에 대해서는 소비자의 브랜드 애착이 낮아서 기존 브랜드를 대체할 상품이 매장에 존재한다면 새로운 브랜드를 구매할 수 있기 때문이다. 따라서 브랜드 충성도가 높은 소비자를 대상으로 경쟁브랜드에서 광고나 판매촉진을 하더라도 소비자들이 경쟁브랜드를 구매할 가능성이 작지만, 습관에 근거한 구매결정인 경우 경쟁브랜드는 판매촉진(1+1 또는 2+1)이나 구매시점광고를 통해서 브랜드 전환을 유도할 가능성이 상대적으로 높다.

2 소비자 정보처리 과정

1950년대 이후로 여러 광고 연구자는 소비자들이 광고에 어떻게 반응하는지를 기술하고 예측하고 영향을 미치는지를 설명하기 위해서 여러 이론을 만들고 발전시켜 왔다. 최초의 광고효과 모형인 AIDA[attention(주의), interest(흥미), desire(욕구), action(행동)]를 시작으로 효과의 위계 모형(hierarchy of effects models), 저관여 학습이론(low involvement learning theory), 다속성 태도 모형(multiattribute attitude model), 인지 반응 이론(cognitive response model), 정교화 가능성 모델(elaboration likelihood model), 간편적-체계적 모델 (heuristic-systematic model) 등이 소비자의 광고 반응과 정보처리 그리고 태도 형성과 태도 변화를 설명하는 이론 또는 모델로 사용되어 왔다. 본 장에서는 각각의 이론들을 구체적으로 다루기보다는 기존의 연구를 토대로 소비자 정보처리에 있어서 영향을 미치는 선행요소(antecedents), 소비자 정보처리(information processing), 소비자 정보처리의 결과(consequences), 그리고 소비자 정보처리에 영향을 미치는 관련 개념들을 다루어 보고자 한다.

기존의 소비자 정보처리 연구를 정리해서 맥인니스(MacInnis)와 자워스키(Jaworski)는 소비자 정보처리를 광고의 관점에서 정리했는데 맥인니스와 자워스키가 제안한 소비자 정보처리 과정이 [그림 3-9]에 나타나 있다.

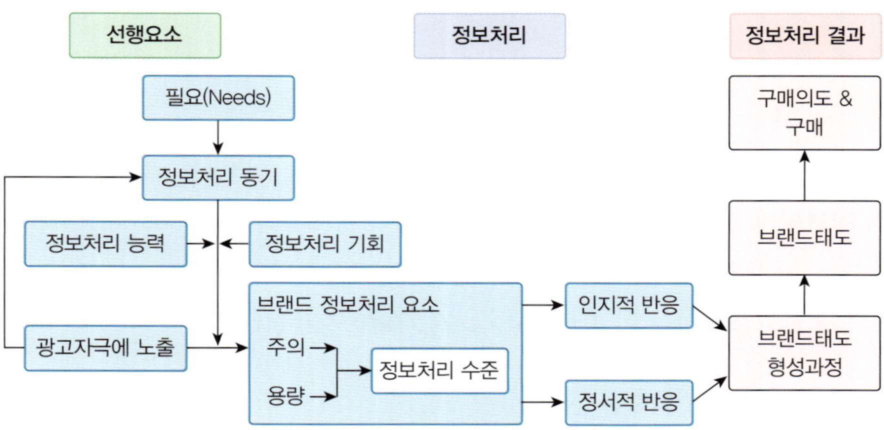

그림 3-9 소비자 광고 정보처리 과정

출처: MacInnis & Jaworski (1989).

소비자 정보처리의 출발점을 이 모델에서는 소비자의 필요(needs)로 제시하고 있다. 이러한 소비자의 필요는 다시 세분화되어 소비자의 실용적 필요와 (가치)표현적 필요로 나눌 수 있다. 소비자 필요는 소비자의 의사결정과정에서 다루었던 문제 인식과 같은 맥락으로 이해될 수 있다.

그리고 소비자가 광고에 노출이 되었을 때 광고의 자극이 소비자의 정보처리 동기(motivation to process)와 결합하여 노출된 정보에 주의를 기울이는 정도에 영향을 미친다. 다시 말해서 소비자의 제품이나 브랜드에 대한 실용적 또는 표현적(상징적)필요와 광고에 대한 노출(exposure)은 소비자가 광고 정보를 깊게 처리할지 아니면 그냥 무시하고 다른 곳에 주의를 기울일지를 결정하는 출발점이다. 소비자가 특정 자극에 대해서 주의(attention)를 기울이는 정도는 우선 소비자의 정보처리 동기에 의해서 영향을 받는다. 그러나 그림에서 보이듯이 소비자가 특정 광고 정보를 알고 싶은 동기가 크더라도 소비자가 주어진 정보를 처리할 만한 능력(예: 지식수준)이 되지 않거나 정보처리 상황에서 잡음이나 다른 방해 요소(예: 광고 메시지 전달이 너무 빠른 경우)가 존재하여 정보처리의 기회(opportunity)가 줄어드는 경우 광고 정보에 주의를 기울이는 데 있어서 제약받게 된다.

요약하자면, 특정 광고 정보에 소비자가 노출이 된 상황에서 광고 메시지가 소비자에게 영향을 미치기 위해서는 소비자의 필요(needs)뿐만 아니라 소비자의 정보처리 동기(motivation), 정보처리 능력(ability), 그리고 정보처리 기회(opportunity)가 소비자의 정보처리와 어떻게 관계되어 있는지를 알 필요가 있다.

아래에서는 소비자 광고 정보처리(information processing)에 대해서 구체적으로 다루어 보도록 하겠다. 광고에 있어서 소비자 정보처리를 다룰 때 주요하게 고려해야 할 요소로 우선 소비자의 필요(needs)가 있다. 편의를 위해서 필요(needs)와 바람(wants)을 필요로 단순화하여 표현하고자 한다. 그리고 소비자의 필요와 더불어 소비자 정보처리에 영향을 미치는 요소로 소비자의 정보처리 동기(motivation), 소비자의 정보처리 능력(ability), 그리고 소비자의 정보처리 기회(opportunity)를 들 수 있다. 이 네 가지 요소를 소비자 정보처리에서 선행요소라 한다.

1) 소비자 광고 정보처리의 선행요소

(1) 소비자 필요(needs)

소비자 필요는 "필수적이거나 원하는 어떤 것이 부족하거나 없는 것에 대한 요구"로 정의할 수 있다. 소비자의 필요는 크게 실용적(utilitarian) 필요와 표현적(expressive) 필요로 나눌 수 있다.

① 실용적 필요(utilitarian needs)

소비자의 실용적 필요는 "소비자가 어떤 특정상황에서 갖게 되는 문제를 해결하거나 회피하기 위한 제품에 대한 요구"로 이해될 수 있다. 예를 들어, Tide의 얼룩 제거제 광고는 소비자가 와이셔츠에 묻어있는 얼룩으로 인해서 면접에서 좋지 않은 인상을 줄 수 있다는 내용과 부정적인 결과를 Tide의 얼룩 제거제를 이용해서 피할 수 있다는 것을 보여주는 광고로 소비자의 '실용적 필요'를 자극하는 광고라고 할 수 있다. 이 광고에서 알 수 있듯이 광고 자극은 특정 소비자(예: 구직자)에게는 정보를 처리하고 싶은 동기를 부여하지만, 광고 상황과 무관한 소비자들의 경우는 실용적 필요를 상대적으로 덜 느끼게 되어서 정보처리 동기가 높게 형성되지 않을 가능성이 높다. 그리고 그림의 삼성전자 갤럭시 Z플립 광고는 스마트폰의 각도를 소비자의 기호에 따라 제각각 정할 수 있다는 실용적 필요를 자극하는 광고이다.

그림 3-10 Tide의 얼룩제거제 광고(위)와 갤럭시 Z플립 광고(아래)

② 표현적 필요(expressive needs)

표현적 필요는 "소비자의 사회적, 쾌락적 또는 미적 유용성을 제공하는 제품에 대한 요구"로 이해될 수 있다. 예를 들어, 특정 소비자들은 자신의 실제 자아 이미지(actual self-image)를 표현하고자 하는 욕구가 강할 수 있고 또 다른 소비자들은 실제 자아 이미지보다는 이상적 자아 이미지(ideal self-image)와 일치하는 브랜드에 대한 욕구가 강할 수 있다. 비슷한 맥락에서, 제품이나 브랜드에 상징적 의미를 부여하는 것은 소비자의 표현적 필요에 근거한 예라고 할 수 있다. 예를 들어, 특정 소비자가 애플 컴퓨터의 노트북 컴퓨터인 맥북에어를 기존의 무거운 컴퓨터를 대체하기 위한 필

그림 3-11 애플 맥북 광고(위), 코카콜라 "I feel coke" 광고와 칠성사이다 광고(아래)

요 때문에 관심을 가진다면 이것은 실용적 필요에 의한 관심으로 얘기될 수 있다. 그러나 기존의 실용적 문제점을 해결하기 위한 것이 아니라 단지 애플컴퓨터를 사용하면 다른 사람들이 자신을 창의적으로 바라봐 줄 것 같다는 생각이 작용해서 관심을 가지게 된다면 이것은 표현적 필요에 의한 관심으로 이해할 수 있다. 그리고 탄산음료의 양대산맥인 코카콜라와 칠성사이다의 광고 중에서 1989년 공개된 코카콜라의 "I feel coke"의 한국판과 일본판 광고는 젊은 직장인의 에너지를 느끼게 해주는 청량함을 강조한 표현적 필요를 강조한 메시지라면 무색소, 무카페인을 강조한 칠성사이다의 비교광고는 실용적 필요를 강조한 메시지라고 할 수 있다. 따라서 같은 제품군 내에서도 소비자의 어떤 필요를 강조하는지에 따라서 타겟별 정보처리 동기에 상이한 영향을 미친다.

2) 정보처리 동기, 기회 그리고 정보처리 능력

소비자의 정보처리 수준(level)은 소비자의 정보처리 동기(motivation), 정보처리 능력(ability), 그리고 정보처리의 기회(opportunity)에 의해서 영향을 받는다. 소비자 정보처리 모형에서 보이듯이 광고 자극이 소비자에게 영향을 미치는 정도는 소비자의 필요(실용적 또는 표현적)와 더불어서 광고 메시지에 노출이 되었을 때의 소비자 정보처리 동기, 기회 그리고 정보처리 능력에 의해서 결정된다.

소비자 정보처리 동기(motivation)는 소비자가 노출된 광고의 브랜드 관련 메시지를 처리하기 위한 준비 또는 욕구로 정의될 수 있다. 비슷한 맥락에서 몇몇 연구자들은 소비자 정보처리 동기를 설득커뮤니케이션 상황(예: 광고) 에서의 흥미나 욕구로 정의하기도 한다. 따라서 소비자 정보처리 동기가 높은 경우는 소비자가 특정 광고에 노출이 되었을 때 광고 속의 브랜드 정보를 알기 위해서 자발적으로 정보처리를 위한 인지적 자원을 할당하는 것을 얘기한다.

정보처리 기회(opportunity)는 소비자가 광고 노출 상황에서 의도하지 않은 방해나 제한된 광고의 노출시간이 광고의 브랜드 정보에 주의를 기울일 수 있는 상황을 제한하는 정도를 얘기한다. 따라서 소비자의 정보처리 기회가 높다는 것은 광고 노출 상황에서 소비자가 브랜드 정보를 처리하는 데 필요한 주의를 방해하는 것이 적거나 없는 것을 얘기한다.

정보처리 능력(ability)은 소비자가 광고의 브랜드 정보를 이해하는 데 필요한 지식을 얘기한다. 따라서 소비자의 기억 속에 브랜드와 관련된 지식이 있고 소비자가 광고 정보처리를 하는 동안에 소비자의 장기기억 속에서 정보를 찾아서 사용할 수 있음을 얘기한다. 그러므로 정보처리 능력이 높다는 것은 소비자가 광고 속의 브랜드 정보를 이해하기 위한 사전지식이 존재하는 것뿐만 아니라 광고 정보를 처리하는 동안 관련 지식을 기억 속에서 쉽게 끄집어낼 수 있다는 것을 의미한다.

요약하자면, 소비자 정보처리의 선행요소인 동기, 기회, 그리고 정보처리 능력에 따라서 소비자가 광고 메시지에 기울이는 주의는 달라진다.

3) 주의

주의(attention)는 특정한 대상에 초점을 맞추는 과정을 얘기하는 것으로 소비자가 어디에 주의를 기울이는지(direction of focus)와 얼마나 주의를 기울이는지(duration of focus)를 내포하고 있다. 소비자의 인지적 자원(cognitive resources)으로서의 주의(attention)는 용량이 제한되어 있으므로 소비자가 광고에 노출이 되었을 때 광고 자극에 주의를 기울이는 정도는 소비자 개인에 따라서, 광고 자극에 따라서, 광고에 노출된 상황에 따라서 다르다. 그리고 광고에 노출이 되고 주의를 어느 정도 기울인다고 하더라도 소비자들은 광고 자극뿐 아니라 몽상, 대화 또는 다른 외부 자극에 주의를 할당하게 된다. 우리가 TV를 시청할 때 우연히 노출된 광고에 주의를 기울이는 것을 상상해 보라. 소비자 대부분은 TV 광고에 100% 주의를 기울이지 않을 것이다. 광고 외에도 소비자의 주의를 요구하는 것들이 있는데 광고는 이러한 다른 요구들과 경쟁해서 소비자의 주의를 끌어야 한다. 특히 소비자가 의도적으로 특정 브랜드 정보에 노출이 되는 상황(예를 들어, 특정 브랜드를 구매하려는 상황에서 정보탐색)과 달리 광고는 소비자가 의도하지 않은 정보에 우연히 노출이 일어나는 상황이기 때문에 똑같은 브랜드 관련 정보라 할지라도 의도적 노출에 따른 정보탐색 과정과 일반적으로 우연적 노출 상황인 광고와는 소비자가 정보처리를 하고자 하는 동기에서 차이가 날 수밖에 없다.

그렇다면 언제 우연히 노출된 광고 메시지에 소비자는 주의를 더 기울이고 또는 덜 기울이게 될까? 앞서 다루어졌던 소비자의 필요와 소비자의 정보처리 동기가 높은 수준일 때 소비자는 광고 메시지에 주의를 기울일 가능성이 증가할 것이다. 예를 들어, 평소에 필요나 관심이 없던 제품군의 광고에는 주의를 기울이지 않고 TV를 같이 시청하던 가족과 대화하면서 광고 외의 자극에 주의를 기울이다가도 소비자가 실용적 또는 상징적으로 필요하다고 생각해 온 제품군의 광고에 노출이 되었을 때는 가족과의 대화를 잠시 중단하고 광고에 집중하는 우리를 종종 발견하곤 할 것이다. 이것은 소비자가 특정 제품군에 대한 필요로 인해서 생겨난 흥미와 관심이 소비자의 정보처리 동기를 높게 만든 결과로 해석할 수 있다.

그러나 똑같은 제품군이나 브랜드라 하더라도 상황에 따라서 소비자는 특정 광고 메시지에 주의를 기울이는 정도가 다를 수 있다. 예를 들어, 저녁 식사 전에는 햄버거 광고가 소비자의 주의를 끌다가도 저녁을 먹고 난 지 얼마 되지 않은 후에는 햄버거 광고가 눈에 들어오지 않게 되는 것은 소비자가 특정 메시지에 주의를 기울이는 정도가 상황에 따라서도 달라짐을 보여주는 예라고 하겠다.

(1) 선택적 주의(selective attention)

여러 자극 중에서 특정 자극에 초점을 맞추는 것을 말한다. 예를 들어, 여러분들이 학교에 갈 때 노출되었던 수많은 광고 정보를 상상해 보라. 학교에 오는 동안 지하철을 타기 위해서 오고 가는 동안에 또는 버스를 타는 동안에 의식적/무의식적으로 노출된 수많은 광고 중에서 여러분이 주의를 기울인 광고는 극히 제한적일 것이다. 이러한 선택적 주의는 소비자의 필요나 욕구 또는 브랜드에 관한 관심에 따라서 영향을 받는데 우리 인간이 사용할 수 있는 주의의 제한된 용량 때문에 한꺼번에 여러 자극에 주의를 기울이지 못하기 때문에 발생하기도 한다. 따라서 우리의 주의를 요구하는 여러 광고 자극 중에서 우선순위가 높은 자극에만 주의를 기울이게 된다. 이것은 광고주가 소비자의 매체 이용 행태를 잘 파악하여 적절한 매체를 이용하여 목표 소비자에게 브랜드에 대한 정보를 노출(exposure)시켰다고 하더라도 소비자의 주의를 끄는 것이 제한적인 것을 미루어 짐작할 수 있다.

요약하자면 소비자의 선택적 주의는 소비자가 의식적으로 소비자의 필요(실용적 또는 표현적)와 관련된 대상에 주의를 기울이는 것을 말한다. 소비자의 실용적 필요가 강할 경우 소비자는 제품의 속성과 관련된 정보에 주의를 기울일 가능성이 크다. 그러나 소비자의 표현적 필요가 중요하게 대두될 때는 브랜드가 가져다줄 수 있는 상징적이거나 경험적 가치와 관련된 정보에 주의를 기울이게 된다.

'주의'의 개념을 요약해 볼 때, 소비자의 광고 메시지에 대한 정보처리 동기가 높을수록 소비자는 광고 외적인 자극보다는 광고 메시지 자극에 주의를 기울일 가능성이 커진다. 구체적으로, 소비자의 정보처리 동기가 실용적 필요에 의한 것일 경우는 광고의 내용 중 브랜드가 소비자의 문제를 어떻게 해결할 수 있는지를 보여주는 요소에 소비자의 주의가 집중되는 경향이 강하다. 반면에 소비자의 정보처리 동기가 표현적 필요로 야기된 경우는 브랜드가 소비자의 문제를 어떻게 해결할지에 대한 정보보다는 브랜드의 상징적 또는 경험적 가치를 제시하는 정보에 소비자의 주의가 집중하는 경향이 있다.

4) 소비자 정보처리 용량

광고 메시지에 소비자가 주의를 기울이는 정도가 증가하면 소비자는 주의를 기울이는 정보에 많은 인지적 자원, 예를 들어 작업 기억(working memory), 을 할당하게 된다. 이것은 컴퓨터의 메모리와 비슷한데 우리가 사용하는 컴퓨터의 메모리는 교실의 칠판처럼 제한된 공간에 우리가 처리하고자 하는 정보를 적고 지우기를 반복하는 곳이다. 따라서 많은 양의 작업 기억 공간이 특정 광고 정보처리에 할당이 되면 다른 정보를 처리할 수 있는 작업 기억의 공간은 줄어들게 된다.

한정된 자원으로서의 정보처리 용량은 소비자가 광고 자극에 주의를 기울이게 됨으로써 다른 부수적인 상황이나 자극에 주의를 기울일 수 있는 용량을 줄어들게 만든다.

5) 소비자 정보처리 수준

소비자가 주의를 기울이는 정도(extent of attention)와 정보처리 용량(processing capacity)이 소비자가 광고 정보를 깊게 처리하는 것을 결정한다. 소비자의 정보처리 동기가 낮은 경우는 소비자의 주의가 대체로 광고 메시지가 아닌 곳에 초점을 두게 된다. 따라서 광고 메시지에 제시된 브랜드 정보에 대한 분석의 수준은 매우 낮게 된다. 예를 들어, TV 시청중에 누군가와 얘기하고 있다고 상상해 보자. 소비자의 주의가 대화에 집중되고 있을 때는 TV 광고에서 어떤 브랜드의 광고가 나오고 있는지조차 알 수 없을 경우가 많다. 설사 부분적인 주의가 광고 메시지에 할당되고 있다고 하더라도 소비자가 광고 메시지의 브랜드 관련 정보를 제대로 이해하기는 어려운 부분이 존재한다.

광고에 있어서 소비자의 브랜드 정보처리는 소비자가 광고에 노출이 된 후에 광고 자극과 외부 환경에 주의를 할당하는 과정, 그리고 광고의 브랜드 정보를 이해하는 것과 새롭게 처리된 정보를 소비자의 기존 생각이나 지식과 비교하고 저장하는 것을 포함하고 있다. 소비자 광고 정보처리는 소비자가 정보를 처리하는 방향(direction)과 정보처리의 깊이(depth)를 모두 포함하는 표현이다.

여기서 브랜드 관련 정보는 광고 메시지를 전달하기 위해서 사용되는 광고 속의 모든 실행적 요소를 얘기하는 것으로 상품명, 브랜드 속성, 혜택, 사용 상황, 사용자와 같은 브랜드와 관련된 정보를 말하며 언어적 표현뿐만 아니라 비언어적 표현을 모두 포함한다.

소비자의 광고 정보처리의 수준은 몇 개의 수준으로 나누어서 얘기할 수 있다. 마이어스레비(Meyers-Levy)와 말라비야(Malaviya)에 따르면 소비자의 광고 정보처리의 수준(깊이)은 광고 메시지 정보처리에 사용하는 인지적 자원(cognitive resources)의 양에 따라서 크게 세 가지 수준으로 이해될 수 있다. 우선 소비자가 정보처리를 하는 데 있어서 마이어스레비와 말라비야는 소비자의 주의(attention)와 정보처리 용량(capacity)을 인지적 자원(cognitive resources)으로 다루고 있다.

그리고 광고 메시지에 노출된 소비자의 인지적 자원은 소비자의 정보처리 동기(motivation), 소비자의 정보처리 능력(ability) 그리고 소비자의 정보처리 기회(opportunity)에 의해서 영향을 받는다. 소비자가 광고 메시지에 노출이 될 때 그들이 주어진 광고 메시지를 처리하고자 하는 정보처리 동기가 강하고 광고 메시지의 내용을 이해할 능력이 충분하며 광고 정보를 처리하는 동안 외부적 방해가 없다면 소비자는 많은 양의 인지적 자원을 사용해서 주어진 광고 정보를 이해하려고 할 것이다. 반면에 정보처리 동기, 정보처리 능력, 또는 정보처리 기회가 제한적인 상황일 때 소비자가 광고 메시지에 사용하는 인지적 자원은 감소하게 된다. 그 결과로써 주어진 광고 메시지의 세부적이고 섬세한 정보처리를 바탕으로 한 광고 메시지에 대한 이해가 아니라 피상적인 정보처리로 인한 부분적인 이해에 머무를 가능성이 크다.

구체적으로, 마이어스레비와 말라비야는 광고에 노출된 소비자가 광고 메시지에 할당하는 인지적/정신적 자원(cognitive/mental resources)의 크기에 따라서 소비자 정보처리를 체계적 정보처리(systematic processing), 간편적 정보처리(heuristic processing), 그리고 경험적 정보처리(experiential processing)의 세가지로 분류하고 있다. 소비자가 광고 메시지 정보를 처리할 때 광고 메시지에 대해서 정확한 평가를 하고 싶은 동기가 커지면 커질수록 소비자의 정보처리는 체계적 정보처리를 따를 가능성이 높다. 아래에서는 세 개의 다른 수준의 정보처리에 대해서 구체적으로 다루어 보도록 하겠다.

(1) 체계적 정보처리

체계적 정보처리(systematic information processing)는 소비자가 광고 메시지의 내용에 많은 주의를 기울이고 정보를 처리할 동기, 정보처리 능력과 정보처리 기회가 충분한 상태로 광고 메시지의 내용을 꼼꼼히 처리하고 광고 메시지의 주장을 이성적으로 평가하는 과정을 얘기한다.

체계적 정보처리를 통해서 브랜드 정보를 이해한 소비자의 경우는 브랜드 속성에 대한 신념이나 브랜드에 대한 전반적인 평가가 어느 정도 지속성을 가지고 소비자의 기억 속에 저장될 가능성이 높다. 왜냐하면 체계적 정보처리의 경우 소비자는 충분한 정보처리 동기와 정보처리 능력을 바탕으로 광고 메시지를 처리하면서 소비자의 기존 기억과 연결해서 주어진 정보를 이해하는 과정을 거치게 된다. 이러한 시연과정(rehearsal)을 통해서 새로운 정보는 기존 기억과 연결고리가 형성된다. 따라서 광고 메시지를 처리하는 동안 인지적 노력을 많이 기울이면서 새로운 브랜드 정보는 기존의 브랜드 관련 정보나 제품군에 대한 소비자의 기존지식에 저장될 가능성이 증가하게 된다.

(2) 간편적 정보처리

반면에, 간편적 정보처리(heuristic information processing)가 사용된 경우, 소비자는 광고 메시지의 모든 내용에 꼼꼼히 주의를 기울이는 것이 아니라 쉽게 정보처리가 가능한 광고의 요소(예를 들어 광고 모델이나 브랜드의 원산지 등과 같은 부수적인 정보)를 바탕으로 비교적 노력을 많이 들이지 않고 광고 메시지를 처리하고 브랜드에 대한 신념이나 태도(평가)도 단순한 평가 규칙(simple judgment rule)을 적용해서 형성하는 과정을 거친다. 체계적 정보처리처럼 주어진 광고 메시지를 충분히 검토하고 이해한 다음 브랜드에 대한 평가를 하는 것이 아니라 단순하고 눈에 쉽게 띄는 정보를 바탕으로 브랜드에 대한 태도를 형성하기 때문에 간편적 정보처리를 바탕으로 형성된 브랜드에 대한 신념이나 태도는 지속성과 평가에 대한 확신에서 체계적 정보처리보다는 떨어지게 된다. 간편적 정보처리는 대체로 정보처리의 선행요소인 동기, 능력, 또는 정보처리 기회가 부족할 때 발생한다. 그렇기 때문에 주어진 정보에 충분한 주의를 기울여서 정보를 처리하지 않고 체계적 정보처리에 비해서 피상적인 수준의 정보처리라고 할 수 있다.

(3) 경험적 정보처리

경험적 정보처리(experiential information processing)가 사용된 경우, 체계적 정보처리나 간편적 정보처리처럼 광고 메시지에 근거해서 브랜드에 대한 신념이나 태도를 추론하는 것이 아니라 단순히 광고를 통해서 경험하게 되는 친숙함의 느낌처럼 이성적 추론 과정을 거치지 않고 행해지는 정보처리 과정을 말한다. 체계적 정보처리나 간편적 정보처리의 경우 브랜드에 대한 태도(평가)는 광고 메시지의 정보에 대한 소비자의 인지적 추론에 바탕을 둔다. 예를 들어, 소비자가 체계적 정보처리를 통해서 광고 정보를 처리할 때는 주어진 광고 속의 브랜드에 대한 정보(예: 속성, 혜택)에 대한 설명에 대해 소비자가 기존의 기억 속에 있는 지식과 비교해서 광고 속 브랜드의 정보에 대한 비교 평가 과정을 거치게 된다. 그리고 간편적 정보처리의 경우에도 주어진 광고 속의 브랜드에 대한 각각의 속성정보에 대한 꼼꼼한 분석은 아니더라도 쉽게 처리할 수 있고 특정 대상을 평가하는 데 종종 사용되는 정보(예: 브랜드의 원산지나 광고 모델에 대한 소비자의 기존 생각)를 바탕으로 주어진 브랜드를 평가하는 과정을 거친다.

그러나 경험적 정보처리는 이성적 정보처리라기보다는 단순노출효과(mere exposure effect)처럼 소비자가 특별히 특정 브랜드의 광고 메시지에 대한 이해가 없이도 또는 소비자가 광고 메시지에 노출이 되었는지조차 기억하지 못하더라도 여러 번 특정 브랜드의 광고에 노출이 되었다는 그 이유가 친숙함을 유발하고 이러한 친숙함이 브랜드에 대해서 긍정적인 평가를 하게 만드는 것을 예로 들 수 있다.

위의 세 가지 정보처리 방법의 가장 큰 차이점은 무엇보다도 소비자가 광고 메시지를 처리하고 난 후 갖게 되는 브랜드 속성에 대한 신념과 태도에 있어서 얼마나 확신하느냐의 차이라고 볼 수 있다. 대체로 체계적 정보처리의 결과가 가장 높은 확신을 갖게 하고, 그다음이 간편적 정보처리의 결과로 형성된 브랜드에 대한 신념과 태도이고 경험적 정보처리로 인한 정보처리의 경우는 가장 낮은 수준의 확신을 가져올 것이다.

또한 정보처리 수준(depth)은 광고효과에 영향을 미치는데, 정보처리를 깊게 할수록 소비자는 브랜드명이나 브랜드의 특성과 같은 주요 브랜드 정보에 대한 기억을 쉽게 할 수 있다. 또한 높은 수준의 정보처리는 소비자가 브랜드에 대해서 갖게 되는 브랜드 태도에도 지속적이고, 안정적이며 예측할 수 있게 만드는 경향이 있다. 이러한 브랜드 태도는 또한 소비자의 구매 의도와도 밀접한 관련이 있다. 다시 말해서, 정보처리를 깊게 한다는 것은 소비자가 브랜드에 대한 기억을 쉽게 할 수 있게 하며 광고 메시지의 내용을 이해하는 데 긍정적인 결과를 보인다. 또한 광고 정보처리를 통해서 소비자는 브랜드의 특성에 대한 정보의 이해를 바탕으로 브랜드에 대한 태도를 형성하고 이러한 태도가 구매 상황에 왔을 때 영향을 미치게 된다. 깊은 정보처리를 바탕으로 형성된 브랜드 태도는 지속성이 높은 편인데 이러한 지속성은 구매 의도에도 일관성을 가진다고 할 수 있다.

따라서 광고주는 소비자에게 자사의 브랜드를 광고할 때 소비자들이 광고주의 브랜드에 노출이 되고 노출된 광고 메시지에 주의를 기울여서 광고주가 의도한 대로 브랜드 정보를 이해하고 기억하기를 바란다. 그러므로 소비자의 정보처리 수준을 어떻게 높일 수 있을지 예측하는 것은 광고주가 효과적으로 소비자와 커뮤니케이션 하는데 도움이 된다고 하겠다.

6) 광고를 통한 소비자의 정보처리 동기, 정보처리 기회 향상

소비자의 정보처리에 영향을 미치는 주요변인으로 소비자의 정보처리 동기(motivation), 소비자의 정보처리 기회(opportunity)와 정보처리 능력(ability) 그리고 소비자 정보처리에 대해서 앞에서 다루었다. 아래에는 어떻게 소비자의 정보처리 동기와 기회를 광고 노출 상황에서 증가시킬 수 있는지를 알아보도록 하겠다.

(1) 소비자 정보처리 동기의 향상

소비자의 정보처리 동기가 낮을 때는 소비자의 주의가 광고가 아닌 다른 자극이나 환경에 할당되거나 광고 자극에 대해서 무관심할 가능성이 크다. 따라서 광고 메시지에 관심이 없는 소비자의 주의를 끄는 방법이 필요하고 소비자의 주의를 끈 후 그 결과로써 소비자들이 광고 속의 브랜드 정보를 깊게 처리하기를 기대하게 된다.

① 내재된 쾌락적 욕구를 자극

소비자들은 기본적으로 기분을 좋게 만드는 자극에 주의를 기울이는 경향이 있다. 예를 들어, 어린아이(baby), 미인(beauty), 동물(beast)은 소비자의 주의를 끄는 데 도움을 준다고 알려져 있다. 이것을 광고 실무자들 사이에는 3B라고 표현하기도 한다. 요약하면 소비자들은 본능적으로 내재되어 있는 쾌락적 욕구에 호소하는 광고에 주목하는 경향이 있다.

그림 3-12 아이의 등장으로 소비자의 주의를 끄는 경동 나비엔 콘덴싱 광고

그림 3-13 아기곰과 엄마곰의 등장으로 소비자의 주의를 끄는 Zarbeil 감기 시럽 광고

② 참신한 또는 신기한 자극(novel stimuli)

소비자가 과거에 어떠한 자극에 한 번도 노출이 된 적이 없을 때 그러한 자극을 참신하다 또는 신기하다고 정의할 수 있을 것이다. 예를 들어, 논란의 대상이 되기도 했던 의류 브랜드 베네통의 광고는 기존에 소비자들이 생각하지 않았던 상황을 보여줌으로써 많은 잠재 소비자의 시선을 끌었다고 할 수 있다. 참신하거나 신기한 자극은

소비자가 광고에 주의를 기울이는 데 도움을 주고 소비자가 광고를 회상(recall)하는 데도 도움을 주는 것으로 알려져 있다. 하리보의 젤리 광고는 어른들이 귀여운 아이 목소리로 대화하는 것을 보여주어 예상하지 않은 목소리로 소비자의 주의를 끄는 광고이다.

그림 3-14 하리보 골드베렌 젤리 광고

③ 복잡한 자극

광고의 실행 요소들이 매우 빠르게 진행되고 복잡한 광고의 경우에 소비자의 시선을 끄는 경향이 있다. 예를 들어, 현대캐피탈 광고의 하나인 "수"는 짧은 시간에 매우 빠르게 광고영상을 전달하면서 소비자의 시선을 끈다. 광고 실행 요소가 백남준의 비디오아트처럼 복잡하고 빠르게 변할수록 그리고 색깔이 대조적일 때 소비자가 광고에 주의를 기울이고자 하는 정보처리 동기는 증가한다. 그러나 이러한 복잡한 자극의 경우는 소비자의 정보처리 기회를 방해하는 경향도 있어서 광고주가 소비자의 정보처리 동기와 정보처리 기회 중에서 무엇을 중요시하느냐에 따라서 접근을 달리 해야 할 것이다.

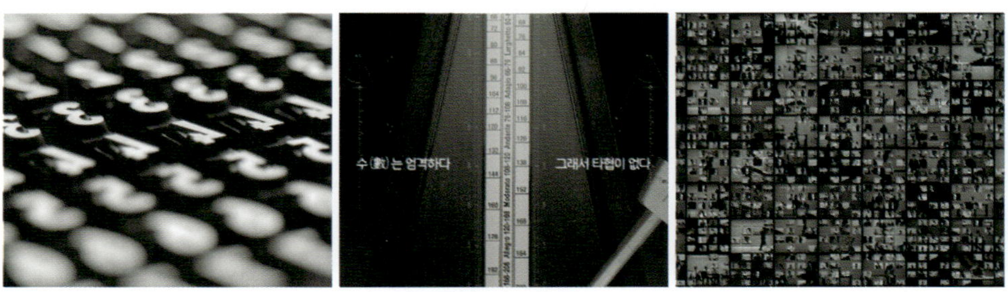

그림 3-15 현대캐피탈 광고

소비자의 정보처리 동기를 증가시킬 수 있는 다른 방법들로는 우선 광고된 제품 또는 브랜드가 소비자 자신(self)과 관련성이 있다는 사고를 자극함으로써 정보처리 동기를 향상시킬 수 있다. 그리고 제품에 대한 호기심을 자극하여 소비자가 광고에 주의를 기울이고 정보처리를 하고자 하는 동기를 증가시킬 수도 있다.

④ 브랜드와 소비자 자아와의 관련성을 향상

광고를 통해서 소비자에게 주어진 정보가 소비자와 관련성이 있다고 인식될 때 소비자는 광고에 자발적인 주의를 기울인다. 또한 소비자들은 관련성을 느끼는 정보를 더 깊게 처리한다고 한다. 예를 들어, 광고 모델이 소비자와 비슷할 때 소비자는 광고에 주의를 기울이고 정보를 더 깊게 처리하는 경향이 있다. 결론적으로, 광고의 실행적 요소가 브랜드와 소비자의 관련성을 보여줄 때 소비자는 주어진 광고에 주의를 기울이고 정보를 더 깊게 처리하는 경향이 있다. 그림은 박카스맛 젤리 광고로 표적 소비자인 학생 모델을 사용해서 표적 소비자와 박카스 맛 젤리를 관련지어 보여줌으로써 중고등학생 소비자들이 주의를 기울이도록 자극하는 광고이다.

그림 3-16 동아제약 박카스맛 젤리 광고

⑤ 브랜드에 대한 호기심을 자극

광고 메시지가 소비자의 호기심을 자극할 경우 소비자는 광고 메시지에 흥미를 느낄 가능성이 커지게 된다. 그 결과로써 소비자는 광고 메시지 정보를 깊이 처리할 가능성이 커진다. 몇몇 연구에서 소비자들은 약간의 놀라움을 동반한 광고에 노출이 된 경우에 주의를 더 기울이고 기존의 지식과 일치하지 않는 광고에 더 주의를 기울이는 것으로 나타났다. 브랜드에 관해서 호기심을 불러일으키는 자극을 사용하면 소비자의 정보처리 동기는 증가할 것이다.

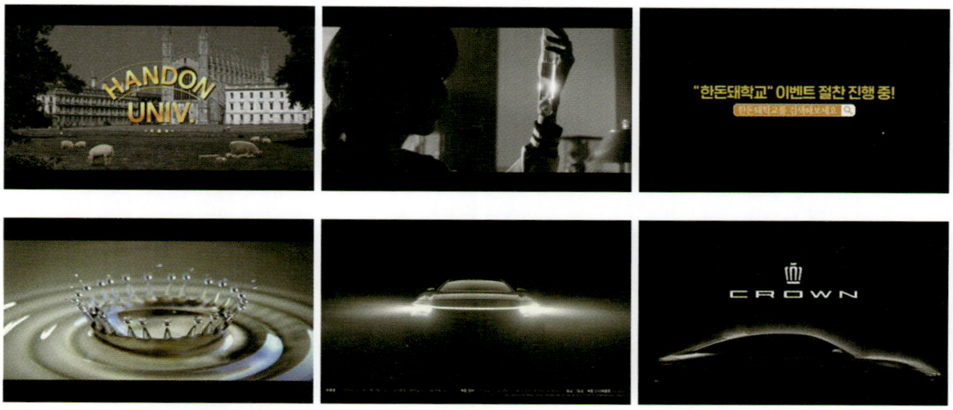

그림 3-17 한돈의 티저광고(위)와 토요타 크라운 티저광고(아래)

(2) 소비자 정보처리 기회의 향상

정보처리 기회가 낮다는 것은 정보처리 수준에 제한받아서 광고 정보가 소비자의 정보처리 과정에 오랜 시간 머무를 수 없어서 높은 수준의 정보처리를 할 수 없거나 무언가의 외부 자극을 통해서 소비자의 주의가 산만해져서 정보처리 수준이 방해받는 것을 얘기한다.

소비자 정보처리 기회가 낮은 상황에서는 우선 ① 광고 내에서 소비자들이 광고 정보를 부호화(encoding)하는 기회를 향상시킬 수 있도록 제작하는 것과 ② 광고 정보처리에 필요한 시간을 줄이는 것을 통해서 정보처리 기회를 높게 만들 수 있다. 우선 소비자들이 정보를 부호화(encoding)하는 것을 돕는 방법으로는 광고 내에 브랜드 정보를 반복해서 보여주는 경우가 있다.

① 브랜드 정보의 반복

반복은 정보처리의 기회를 증가시키는데 첫째, 반복적인 정보는 브랜드 정보를 부호화하기 위한 기회를 더 많이 제공하고 소비자들이 관련 없는 정보에 의해서 방해받는 것을 줄이는 효과가 있다. 둘째, 반복적인 정보처리는 브랜드 정보가 소비자의 단기기억 속에 오래 남아있게 만들고 시연을 통해서 장기기억에 저장되고 기억에서 정보를 찾는 것을 쉽게 한다. 더 나아가서 반복적으로 제시되는 광고 정보의 경우 소비자가 주어진 정보를 이해하는 것을 도와주고 광고 메시지의 회상에 긍정적인 영향을 미친다.

매체 기획에서 중요한 개념 중 하나가 빈도(frequency)인데 이것은 표적 소비자가 보통 몇 번의 빈도로 광고 메시지에 노출이 되는지에 대한 개념이다. 어떤 광고든지 여러 번의 반복을 통해서 소비자의 기억 속에 브랜드의 정보가 저장되는데 반복의 정도가 증가하면 소비자가 광고 메시지를 처리하기 위한 기회가 많아지기 때문에 정보처리를 쉽게 하는 역할을 하고 광고 메시지를 이해하는 데 도움을 준다. 하나의 광고 안에 브랜드에 대한 중복적인 정보가 표현되거나 광고가 여러 번 반복하여 소비자에게 노출이 되면 소비자가 특정 브랜드에 대한 정보를 처리할 기회가 증가하게 된다. 그림은 모모랜드 주이가 "복숭아 톡톡톡 트로피카나"를 반복해서 외치면서 춤을 추는 광고로 트로피카나 복숭아 맛에 대한 브랜드 인지도로 높이는 광고이다.

그림 3-18 트로피카나 광고

② 광고 메시지 처리 속도의 고려

광고에 있어서 브랜드 관련 정보처리의 기회는 소비자가 광고 메시지를 처리할 수 있는 속도로 제시되었을 때 크게 향상될 수 있다. 앞서 언급한 현대캐피탈의 '수' 광고는 소비자의 주의를 끄는 실행적 요소를 가지고 있다. 그러나 숫자나 은행에 대한 지식이 없는 소비자의 경우는 현대캐피탈의 광고 내용을 이해하기에는 광고의 제시 속도가 매우 빠르다고 볼 수 있다. 따라서 광고가 목표 소비자에게 제시될 때 목표 소비자가 제시된 정보를 처리할 충분한 기회가 제공되는지도 고려할 필요가 있다. 왜냐하면 소비자의 정보처리 동기가 아무리 증가하고 광고 메시지에 주의를 기울이고 싶다고 하더라도 주어진 광고를 처리하는 데 필요한 충분한 시간이 주어지지 않을 때 소비자는 체계적 정보처리를 통하지 않고 간편적 정보처리나 경험적 정보처리를 통해서 광고 메시지를 이해하게 된다.

그리고 영상매체의 경우는 소비자들이 정보에 노출이 된 후에 정보처리 속도를 조절할 수 없지만 인쇄매체의 경우는 소비자가 원하는 속도로 주어진 정보를 처리할 수 있는 장점이 있다. 이것은 광고 메시지가 사용되는 매체의 특성을 파악해야 함을 보여준다.

언어적 요소를 사용해서 브랜드에 대한 정보를 표현하는 방식에 비해서 시각적 요소를 사용해서 정보를 제시할 때 요구되는 정보처리 시간이 적은 것으로 알려져 있다. 따라서 소비자의 정보처리 기회가 많지 않다고 느껴지는 상황에서는 언어적 표현보다는 비언어적 표현인 사진이나 그림 또는 영상을 사용하는 것이 효과적이라고 할 수 있다.

마무리 사례

안성기 38년 · 이나영 23년 … 광고모델과 커피만큼 '진한 인연' 맺는 이유

커피업체, '장수모델'과 의리 지키는 이유

'이나영=모카골드' 의인화 효과 공략

큰 논란 · 기복 없어… 소비자 신뢰감 ↑

▶ 배우 안성기 38년, 이나영 23년, 원빈 15년

오랜 시간 인기를 누리고 있는 커피믹스 곁에는 장수 모델이 있다. 수십 년 넘게 한 제품만을 광고해 이제는 해당 제품하면 모델부터 떠오를 정도다. 주요 소비층으로 떠오른 '잘파 세대(Z세대+알파세대)'를 잡기 위해 식품업계가 걸그룹 뉴진스, 아이브 등 20대 스타들을 앞세우지만, 동서식품 관계자는 11일 모델을 바꿀 계획은 없다고 잘라 말했다. 모델 변경 없이도 국내 믹스커피 시장 점유율 90% 이상을 차지하며 수년간 1위 자리를 지키고 있기 때문. 동서식품은 믹스커피의 안정적인 수요를 기반으로 매년 1조 5,000억 원 규모의 매출을 유지하고 있다. 하지만 회사가 기존 모델과의 의리를 지키는 이유는 사실 따로 있다.

동서식품 역대 광고모델 변천사

연도	제품	광고모델
1974	맥스웰하우스	김진규
1983	맥스웰하우스, 맥심	안성기(약 38년)
1991	맥심	홍요섭
1998	맥심	한석규, 황수정
	모카골드	송윤아
2000	맥심, 모카골드	이나영(약 23년)
2001	맥심	고소영, 이정재
2008	맥심	조인성, 한효주
	티오피(T.O.P)	원빈(약 15년)
2010	맥심	정우성, 임수정
2011	카누	공유(약 12년)
2012	화이트골드	김연아(약 11년)

믹스 커피 모델은 도시적이면서 고급스러운 이미지와 함께 따뜻함과 친숙한 느낌도 줘야 한다는 게 업계의 공통된 의견이다. 한 관계자는 "지적인 분위기에 휴식, 사색 이미지와 연결돼야 한다"며 "또 남녀노소 누구나 즐기는 대중 식품이다 보니 전 세대를 아우를 수 있어야 한다"고 말했다.

1973년 동서식품은 첫 번째 연예인 모델로 영화배우 김진규를 앞세워 지적이고 고급스러운 이미지를 만들었다. 이어 1983년 안성기와 1990년대 후반 심은하, 한석규 등 톱스타 배우를 앞세워 이 분위기를 계속 이어갔다.

2000년대 들어서는 2001년 고소영 · 이정재, 2005년 장동건 · 수애, 2008년 조인성 · 한효주, 2010년 정우성 · 임수정 등 톱스타 남녀 배우를 동시에 내세워 최고급 제품이라는 브랜드 이미지를 각인시켰다. 회사 관계자는 "남녀 모델을 함께 세우면서 아름다운 사랑과 감미로운 커피의 향이라는 브랜드 이미지를 만들었다"고 말했다. 이후 동서식품이 제품 가짓수를 늘리면서 ① '맥심' 안성기, ② '모카골드' 이나영, ③ '카누' 공유, ④ '화이트골드' 김연아, ⑤ '티오피(TOP · RTD커피)' 원빈 등 주요 제품을 대표하는 장수 모델이 자리 잡게 됐다.

오래된 인연은 계약 관계를 넘어서 진한 우정으로 이어졌다. 안성기는 38년 모델 활동을 하면서 도움이 필요할 때마다 홍보대사 자격으로 동서식품 공식 행사에 참여했다. 배우 공유는 2012년 '동서커피 클래식' 음악회를 진행하려고 영화 촬영 직후 수염 분장도 지우지 못한 채 달려왔다.

남양유업은 2011년부터 7년 동안 커피믹스 '프렌치카페'를 광고한 배우 김태희가 가장 오래 함께 한 모델이다. 지난해부터는 배우 정경호가 맡았다. 롯데네슬레코리아는 2014년 배우 정우성 · 수지를 앞세웠지만 현재는 모델을 적극 활용하고 있지 않다.

커피업체가 모델을 잘 바꾸지 않는 이유는 의인화 효과를 기대할 수 있어서다. '이나영 하면 모카골드'가 떠오르게 하면서 유명인을 통해 브랜드에 대한 신뢰감을 형성한다는 것이다. 광고업계 한 관계자는 "모델로 제품을 자동으로 떠올리게 하면 효율적으로 브랜드 인지도를 높일수 있다"며 "'연아커피', '인간맥심' 등 여러 재미있는 별명이 생기면서 효과가 극대화된다"고 전했다.

더불어 커피믹스는 유행에 민감하지 않고 매출에도 기복이 없다 보니 한 모델로 밀고 가기 쉽다는 설명이다. 1020세대가 주로 사는 음료 등은 짧은 시간에 눈길을 끌어야 해서 아이돌 가수를 적극 활용하지만 사무실 등에서 고정 소비층이 확보되는 커피믹스는 그럴 필요가 없다는 것이다.

특히 대부분 장수모델은 큰 논란 없이 대중에게 오래도록 호감을 유지하고 있다. 광고업계 관계자는 "기복 없이 안정적으로 활동하기 때문에 모델의 성장이 브랜드에 좋은 영향을 준다"며 "한 모델과 오랜 기간 협업한다는 사실만으로 대중의 호감도를 높이기도 한다"고 말했다.

출처: 한국일보 (2023. 04. 16.).

생각해 볼 문제

01. 소비자의 정보탐색과 대안평가과정에 대해 실용재를 하나 선택하여 기술해 보시오.

02. 의사결정과정에서 내적정보탐색이 중요한 제품군과 외적정보탐색이 중요한 제품군에 대해서 논하시오.

03. 소비자 (불)만족에서 기대불일치(expectation disconfirmation)에 대한 내용을 다루었는데 소비자가 경험한 기대불일치를 긍정적 불일치와 부정적 불일치로 나누어서 설명하고 기대불일치가 소비자 의사결정에 어떠한 영향을 미치는지를 논하시오.

04. 구매 후 부조화를 경험한 것을 떠올려 보라. 여러분이 겪었던 구매 후 부조화를 어떻게 줄이는지 설명해 보시오.

05. 소비자가 구매 후 부조화를 줄이는 노력 대신 기업이 소비자가 겪게 될 구매 후 부조화를 미리 고민해서 제공하는 제품이나 서비스의 예를 들어 설명해 보시오.

06. 소비자의 제품에 대한 기대는 추상적 일수도 있고 제품이나 서비스가 가지고 있는 속성들에 대한 기대처럼 구체적 일수도 있다. 그렇다면 스마트폰에 대해서 가질 수 있는 추상적 기대와 구체적 기대는 무엇이 있을 수 있는가?

07. 구매 후 부조화가 왜 저관여 제품군보다 고관여 제품군에서 더 많이 발생하는지를 설명해 보시오.

08. 왜 소비자들은 그들이 구매하는 제품에 대한 의사결정과정에서 노력과 시간에서 차이를 보이는 것인가?

09. 소비자 의사결정에 영향을 미치는 요소 중 하나로 관여도가 있다. 지속적 관여도와 상황적 관여도는 어떻게 다른지 예를 들어 설명해 보시오.

10. 소비자의 표현적 필요에서 실제 자아이미지와 이상적 자아이미지에 대한 내용이 있다. 실제 자아이미지가 잘 어울리는 광고와 이상적 자아이미지가 잘 어울리는 광고는 어떤 것이 있는가?

11. 왜 광고에서 소비자의 주의를 끄는 것이 중요하고 광고에서 주의를 끄는 것과 우리의 일상에서 누군가의 주의를 끄는 것이 어떻게 다른지를 설명해 보시오.

참고문헌

1. 연합뉴스 (2023.12.04). "주머니 속 아이폰에서 갑자기 연기가" … 아이폰 화재 잇달아. https://www.yna.co.kr/view/AKR20231204034651063에서 인출.
2. 이학식, 안광호, 하영원 (2013). 소비자행동(5판). 경기: 법문사.
3. 한국일보 (2023.04.16). 안성기 38년 · 이나영 23년…광고모델과 커피만큼 '진한 인연' 맺는 이유. https://www.hankookilbo.com/News/Read/A2023041116210005552?did=NA에서 인출.
4. Hoyer, W. D. & MacInnis, D. J. (2008). Consumer Behavior, 5th ed., Mason, Ohio: South-Western Cengage Learning.
5. MacInnis, D. J., & Jaworski, B. J. (1989). "Information Processing from Advertisements: Toward an Integrative Framework," *Journal of Marketing*, *53*(October), 1-23.
6. MacInnis, D. J., Moorman, C., & Jaworski, B. J. (1991). "Enhancing and Measuring Consumers' Motivation, Opportunity, and Ability to Process Brand Information from Ads," *Journal of Marketing*, *55*(October), 32-53.
7. Meyers-Levy, J., & Malaviya, P. (1999). "Consumers' Processing of Persuasive Advertisements: An Integrative Framework of Persuasion Theories," *Journal of Marketing*, *63*(Special Issue), 45-60.
8. O'Guinn, T. C., Allen, C. T., & Semenik, R. J. (2009). *Advertising and Integrated Brand Promotion*, 5th ed., Mason, Ohio: South-Western Cengage Learning.
9. Vakratsas, D. & Ambler, T. (1999). How Advertising Works: What Do We Really Know?, *Journal of Marketing*, *63*(January), 26-43.

소비자행동:
소비자 태도와 설득

04

CHAPTER

04

▶▶▶ CONTENTS

SUMMARY

소비자들에게 브랜드를 홍보하고 그들의 선택을 받는 일은 매우 어려운 일이다. 브랜드와 광고의 홍수 속에서 소비자들의 호의적인 태도를 이끌어내고 그 들의 태도를 변화시키기 위해서는 소비자 행동과 설득을 설명하는 다양한 이론들에 대한 이해가 필요하다. 본 장에서는 태도의 개념과 기능에 대해 살펴보고 소비자의 태도 변화를 설명하는 심리학 이론들을 바탕으로 소비자 설득에 영향을 미치는 주요 요인에 대해서 살펴본다.

TERMINOLOGY

태도, 태도 변화, 인지균형이론, 균형이론, 인지부조화이론, 자기지각이론, 정교화 가능성 모델

도입 사례

비디오 대여점 하다가 '몰아보기'로 6조 자산가 된 이 남자

▶ "우리의 경쟁 상대는 인간의 수면 시간이다."

리드 헤이스팅스 넷플릭스 회장은 지난 2019년 11월 미국 맨해튼에서 열린 뉴욕타임스 딜북 콘퍼런스 연사에서 이 같은 말을 남겼다. 그는 "미치도록 보고 싶으면 밤을 새워서라도 영화를 본다"며 "구독자 수는 중요한 기준이 아니다. 소비자들이 얼마의 시간을 쏟는 지가 스트리밍 전쟁의 승자를 결정한다"고 강조했다. 현대인들에게 온라인 동영상 서비스(OTT)는 이제 생활 필수 아이템이다. 넷플릭스 창업자 헤이스팅스가 한 이 말은 잠자는 시간을 제외하곤 휴대폰을 놓지 않는 현대인의 삶에서 경쟁해야 할 부분을 정확히 짚어냈다.

헤이스팅스는 온라인 시대가 가지고 올 변화를 정확히 파악했을 뿐만 아니라, 전통적인 콘텐츠 소비의 흐름마저 바꿔 버렸다. 넷플릭스가 만들어낸 '몰아보기'와 '고객 추천 시스템'이 대표적이다. 소비자가 무엇을 원하는지, 어디에서 불편을 느끼는지 탐구하며 끊임없이 변화하는 넷플릭스라는 기업은 헤이스팅스라는 한 사람의 재치와 통찰력의 결정체라고 봐도 과언이 아니다.

▶ "비디오 연체료 내기 싫은데"

글로벌 최대 OTT 넷플릭스는 별 것 아닌 '불편함'에서 시작됐다. 비디오를 제 때에 반납하지 못해 40달러의 연체료를 내게 된 헤이스팅스는 연체료 없는 대여 서비스라는 사업 아이템을 착안하게 됐다. 마침 첫 직장 동료 마크 랜돌프와 우편을 이용해 영화를 볼 수 있는 사업을 구상하고 있었던 헤이스팅스는 소비자들이 '방문해 빌려야 하는' 서비스 통념을 뒤엎고 '집으로 발송'이라는 신개념을 내놓았다. 1997년 8월 캘리포니아주 스코츠밸리에서 5달러 월정액의 회원제 서비스가 넷플릭스의 시초다. 1998년 인터넷을 뜻하는 '넷'과 영화 주문을 뜻하는 '플릭스'를 합쳐 탄생한 넷플릭스닷컴은 비디오테이프 대신 DVD로 갈아탔고, 미국인들은 우편 서비스에 열광했다.

▶ 드라마를 한번에 몰아본다고?... 콘텐츠 업계 대변혁

회원 기반과 콘텐츠 목록을 확장한 넷플릭스는 2007년 인터넷으로 동영상을 시청할 수 있는 스트리밍 서비스를 새로 내놓았는데, 이것이 OTT 사업의 태동이었다. 2011년 두 번째 혁신을 꾀했다. 콘텐츠 유통자에 국한되지 않고 콘텐츠 생산자를 자처한 시도다. 당시 업계에선 전무후무한 사례였다. 이리하여 탄생한 것이 2013년 넷플릭스 최초의 오리지널 드라마 '하우스 오브 카드'다. 해당 드라마가 나온 이후 콘텐츠 업계엔 핵폭탄급 변화를 불러일으키며 넷플릭스라는 브랜드도 각인됐다. 그동안 다음 회차를 마음 졸이며 기다려야 했던 소비자들에게 한번에 '몰아보기'라는 신개념이 제대로 먹히면서다.

넷플릭스의 몰아보기 시도는 시청자의 콘텐츠 소비 방식은 물론이고, 미디어 회사의 콘텐츠 배포 방식도 완전히 바꿔 놨다. 너무 앞서간 거 아니냐는 비웃음을 뒤로하고 넷플릭스는 2017년 가입자 1억 명을 확보하며 폭발적으로 성장했다. 코로나19 사태로 비대면 산업이 대세가 된 2020년 말에는 가입자 2억 명을 돌파했다.

넷플릭스 자체 제작 드라마와 영화들은 승승장구 했다. 미국 뿐만 아니라 스트리밍 서비스를 시작한 해외에서도 그 나라 문화에 맞는 드라마를 자체 제작하기 시작했다. 한국의 경우 2019년에 첫 넷플릭스 드라마로 '킹덤'이 나왔고, 이어 2021년 '오징어 게임'이 세계적으로 히트했다.

▶ 프로 불편러, 프로 욕망러 대환영

사용자가 무엇을 욕망하고 무엇을 불편해하는지를 놓고 헤이스팅스의 고민은 끊임없이 이어졌다. 사용자들이 영화를 선택하는 데 어려움을 겪고 있다는 것을 발견한 넷플릭스는 '시네메치'라는 영화 추천 엔진을 개발한다. 시네매치 엔진은 사용자의 시청기록 평가, 검색 기록 등을 수집하고 분석해 맞춤형 콘텐츠를 제공한다.

여기에서도 헤이스팅스의 창의적인 마케팅 전략이 빛을 발한다. 2007년 초 넷플릭스는 뉴욕타임스에 '넷플릭스의 시네매치 정확도를 10% 이상 개선하는 팀을 모집한다'는 광고를 게재한다. 상금은 100만달러. 2009년 우승자가 결정될 때까지 186개국 4만 개 팀이 참가하며 이 자체로 홍행몰이에 성공했다. 상금보다 공모전 자체에 흥미를 느끼고 도전했다는 유명인 중에는 딥러닝의 아버지로 불리는 제프리 힌턴 캐나다 토론토대 교수도 있다. 사람들의 관심을 끌어 올리는 마케팅으로 기술 문제까지 해결한 영리한 한 수였다.

(중략)

▶ 넷플릭스 기업 문화는? … 인재에 대한 높은 요구, 통제는 최소화

퓨어 소프트웨어에서의 실패를 경험삼아 헤이스팅스는 넷플릭스에서 '인재 밀도', '솔직한 문화', '통제 최소화' 등 3가지를 기업 문화로 확립했다.

넷플릭스는 근무 시간 제한이 없다. 직원들은 자유자재로 휴가를 쓴다. 업무에 필요한 기기를 구매한 후 청구하면 되고, 상부 허가 없이 새로운 업무나 아이디어를 추진할 수 있다. 하지만 역량에서는 최고 수준을 요구한다. 업계 최고의 직원을 채용하고 손 꼽힐 정도의 대우를 제공하는 반면, '보통 수준'으로 역량이 떨어지면 정리해고 한다. '회사에서 오래 일했다', '열심히 노력했다' 등은 넷플릭스와 리드 헤이스팅스의 관심사가 아니다. 성과가 나오지 않는다면 회사를 떠나야 한다.

이는 자유와 책임을 중시하는 헤이스팅스의 기업 철학이 고스란히 반영된 결과다. 직원들에게 높은 수준의 복지와 자유로운 의사결정권을 부여한 만큼 이에 걸맞는 성과와 책임도 질 수 있어야 한다는 게 헤이스팅스의 경영 철학이다.

출처: 헤럴드경제 (2024. 06. 04.). https://news.heraldcorp.com/view.php?ud=20240603050723

04 CHAPTER 소비자행동: 소비자 태도와 설득

1 태도의 개념

태도는 끊임없이 변화한다. 도입 사례에서도 알 수 있듯이 사람들을 설득하여 태도를 변화시키고 행동을 이끌어내는 일은 매우 어려운 일이다. 인터넷과 소셜미디어 세상에서 오프라인 매장인 타깃은 소비자들을 매장에 방문하게 하고 매장 내에서의 다양한 설득 커뮤니케이션을 통해 소비자들의 태도를 변화시키고 구매를 일으킴으로써 오프라인 소매업체들에게 새로운 패러다임을 제시하고 있다.

사람들의 일상에서 태도는 여러 가지 의미로 해석된다(예를 들어, 주 52시간 근무제에 대한 태도, 삼성전자에 대한 태도, 또는 강의에 불성실하게 임하는 태도). 태도(attitude)란 "어떤 사물이나 사건에 대해 일관성 있게 긍정적 또는 부정적인 평가를 하는 학습된 선유경향(predisposition)"이라고 정의될 수 있다. 우리의 태도는 우리에게 무엇을 해야 할 것인지('A 브랜드를 구입하지 말아라', 'B 브랜드를 고려해라')를 정해 준다. 소비자들은 직간접적으로 얻어지는 모든 긍정적 또는 부정적 정보를 통해 어느 특정 제품이나 브랜드에 대한 태도를 형성하고, 이렇게 형성된 태도는 다양한 소비 의사결정 과정에 영향을 미친다. 다시 말해, 태도는 특정 제품이나 서비스, 그리고 기업이나 브랜드에 대한 소비자 평가를 요약한 것으로, 마케터들에게는 중요한 정보로 이용될 뿐만 아니라 소비자들의 미래 행동을 예측하는 데 하나의 바로미터로 여겨진다.

태도의 개념을 좀 더 구체적으로 정의하면 다음과 같다. 첫째, 태도가 형성되기 위해서는 특정 대상이 있어야 한다. 이것을 태도 대상(attitude object)이라고 하며, 태도의 대상은 매우 포괄적이며 다양하다. 예를 들어, 특정 제품이 될 수도 있으며, 이슈, 브랜드, 광고 또는 브랜드를 홍보하는 유명인일 수도 있다. 또한 명품을 구매하는 행동에 대한 태도, 친환경 제품구매에 대한 태도, 재활용 행동에 대한 태도 등 소비자들의 행동에 대한 태도를 가질 수도 있다. 둘째, 개인의 태도는 직접 관찰될 수 없으며 관찰 가능한 행동이나 질문(설문문항)으로부터 추론되어야 한다. 행동주의 심리학에서 동물이나 인간의 행동을 자극(stimuli)과 반응(response) 관계로 설명하는 것과 마찬가지로 개인이 자극이나 대상에 대해 특정 반응을 보이거나 행동을 수행하면 그것을 통해 그 사람의 태도를 추론할 수 있는 것이다. 셋째, 태도는 비교적 일관성 있는 반응 경향이기 때문에 여러 상황에서 일관성을 보이며, 이러한 일관성은 행동예측을 가능하게 한다. 예를 들어, 소비자가 커피 브랜드 중에서 특히 스타벅스에 대해서 긍정적인 태도를 갖고 있다면 스타벅스를 지속적으로 구매할 가능성이 크다. 넷째, 태도는 고정된 것이 아니라 개인의 직간접적 경험 등에 의해 형성되거나 변화될 수 있으므로 마케터들은 다양한 설득 커뮤니케이션을 통해 소비자의 태도와 행동을 변화시키는 데 많은 노력을 기울이고 있다.

2 태도의 기능

만약 [그림 4-1]의 애플 워치에 대해 두 명의 소비자가 갖는 태도가 비슷할 정도로 긍정적이라고 하더라도 그 이유는 매우 다를 수 있다. 평소 심장질환을 갖고 있는 소비자 A는 애플 워치의 심전도 측정을 비롯한 다양한 건강 보조 기능 때문에 긍정적인 태도를 갖고 있다. 반면에 평소 주위 친구들로부터 얼리 어답터라는 소리를 듣는 소비자 B는 애플 워치를 사용함으로써 자신이 보다 트렌디하며 친구들 사이에서 앞서간다는 이미지를 보여줄 수 있기 때문에 애플 워치를 좋아한다. 이처럼 같은 브랜드 같은 제품에 대해 비슷한 정도의 긍정적인 태도를 갖는다 하더라도 태도의 기능이 다르다는 것을 이해해야만 소비자를 설득하고 태도의 변화를 이끌어낼 수 있다.

그림 4-1 애플 워치

심리학자 다니엘 카츠(Daniel Katz)는 태도를 이해하고 개인들의 태도를 변화시키기 위해서는 태도의 여러 가지 기능에 대해서 이해해야 한다고 주장하였다(functional theory of attitudes). 태도가 갖는 기능은 실용적(utilitarian) 기능, 가치표현적(value-expressive) 기능, 자기방어적(ego-defensive) 기능, 지식적(knowledge) 기능의 네 가지로 분류할 수 있다.

1) 실용적 기능

실용적 기능(utilitarian function)은 사람들이 보상(reward)은 극대화하고 처벌(punishment)은 최소화한다는 원리에 기본을 두고 있다. 사람들은 어떤 대상이 제공하는 즐거움 또는 고통에 근거하여 태도를 형성한다. 예를 들어 제품이 제공하는 편익(benefit) 또는 만족도가 소비자가 지불한 비용(cost)보다 크다면 제품에 대해 긍정적인 태도를 형성할 것이며, 이러한 태도는 선택에 영향을 미치는 실용적 기능을 수행하게 된다.

2) 가치표현적 기능

태도는 소비자가 중요시하는 가치(value) 또는 자아(self-concept)를 표현하는 기능을 한다. 환경보호를 중요시하는 소비자는 친환경 제품을 사용하고 플라스틱 제품을 구매하지 말 것을 주장함으로써 자신의 가치를 표현한다. 세단보다는 SUV를 선호하는 것은 소비자가 터프하고 남성적인 본인의 자아를 표현하려고 한다는 것을 알 수 있다. 더 나아가 브랜드는 그 브랜드를 선호하고 이용하는 사람이 어떤 사람인지(성격, 관심사, 취미, 직업 등)를 말해줄 수 있는 기능을 하기 때문에 브랜드에 대한 태도와 선호는 소비자의 가치와 자아를 표현하는 매우 중요한 기능을 한다. 특히 태도의 가치표현적 기능(value-expressive function)은 소비자의 라이프 스타일과 매우 밀접한 관계가 있으며 소비자들의 액티비티, 관심사, 사회 전반적인 의식 등을 포함하는 특정 사회적 자아를 표현하는 데 중요한 역할을 한다.

3) 자기방어적 기능

자기방어적 기능(ego-defensive function)은 태도가 외부 또는 내부로부터 경험하는 다양한 위협과 불안감으로부터 우리 자신을 보호하는 기능을 한다는 것이다. 예를 들어, 소비자는 자신이 부족한 부분이나 약점을 감추기 위해 그러한 것들을 보완할 수 있는 제품을 소비하려고 한다. 본인이 남자답지 못하다고 생각하는 남성들은 오히려 강인함을 보여주기 위해 터프하고 거칠며 남성적인 이미지를 갖고 있는 브랜드를 선호하고 사용하려고 할 수 있다. 마찬가지로 자신이 지적이지 못하다고 여기는 소비자들일수록 자신의 약점이 드러나는 제품의 소비를 회피하고 반대로 고급스럽고 지적인 느낌을 줄 수 있는 제품이나 서비스(만년필, 학위)에 더 관심을 갖고 그런 브랜드를 선호한다.

그림 4-2 몽블랑의 만년필 광고

4) 지식적 기능

태도의 지식적 기능(knowledge function)은 소비자들이 복잡하고 애매한 상황에 놓여 있을 때 이를 이해하고 지각하는 데 하나의 기준을 제공한다는 것이다. 개인이 어떤 대상에 대해 갖는 태도는 그 대상뿐만 아니라 그 대상과 관련된 다른 대상을 지각하는 데도 하나의 준거를 제공한다. 예를 들어 어떤 제품군을 고려할 때 너무 많은 브랜드 대안들이 존재한다면 소비자들은 개인이 갖고 있는 브랜드에 대한 태도를 통해 대안을 평가하고 결정하게 된다. 또한 평소 긍정적인 태도를 갖고 있는 브랜드가 다른 제품군에서 새로운 제품을 출시한다면(brand extension, 브랜드 확장) 그 소비자는 당연히 브랜드 확장을 통해 출시된 새로운 제품에 대해서 호의적으로 평가를 하게 될 것이다. [그림 4-3]에서 알 수 있듯이 커피 브랜드로 시작한 스타벅스는 다양한 제품군으로 브랜드를 확장하고 있다. 커피 브랜드로서의 스타벅스에 대한 소비자들의 긍정적인 태도가 다른 제품군에서도 나타나길 기대하기 때문이다.

그림 4-3 스타벅스의 브랜드 확장

3 태도 형성 및 변화 이론

우리는 수많은 대상에 대해 수많은 태도를 가지고 있다. 어떤 태도는 일정기간 지속적으로 유지되기도 하지만, 어떤 대상에 대해서는 어제 다르고 오늘 다른 태도를 보이기도 한다. 이러한 변화는 부정적에서 긍정적 또는 긍정적에서 부정적으로 변화될 뿐 아니라, 기존의 태도가 강화되거나 전에 없던 아주 새로운 태도가 형성되는 것을 모두 포함할 수 있다. 예를 들어, A브랜드에 대한 소비자의 호의적 태도가 광고라는 커뮤니케이션을 통해서 부정적으로 변화되거나 아니면 훨씬 더 호의적으로 강화되기도 한다. 이러한 태도 형성 및 변화 과정은 다양한 방법과 이유로 인해 이뤄지기 때문에 태도는 오랫동안 심리학자들의 주요 연구주제로 다루어졌다. 심리학에서는 오랫동안 인간의 태도 형성 및 변화와 관련된 많은 연구를 진행하여 다양한 이론들을 발전시켜 왔다. 소비자의 태도 형성과 변화는 인지적(cog- nitive), 정서적(affec- tive), 그리고 행동적(behavioral) 요소를 통해서 이루어질 수 있으며 심리학에서 발전된 태도 이론과 개념들은 소비자들의 태도 변화를 이해하는 데 매우 유용하게 적용된다. 이하에서는 태도 형성과 변화에 관한 심리학 분야의 이론들을 소개하며 각 이론들이 소비자행동과 광고 커뮤니케이션의 맥락에서 어떻게 적용되는지 사례들을 소개한다.

1) 인지일관성 원리(cognitive consistency principle)

인간은 일관성을 추구하려고 노력한다. 인간은 자신들의 생각, 감정, 행동들을 조화롭게 일치시키고 균형상태를 유지함으로써 심리적으로 편안한 느낌을 가지고 싶어한다. 만약 그러한 조화와 균형상태가 깨지게 되면 심리적 불안을 느끼게 되며 그것을 다시 새로운 균형상태로 돌려 놓기 위해서 노력한다. 이러한 인지적인 균형 또는 불균형상태에 대해서 심리학자들은 다양한 연구를 진행하여 이론들을 정립하였다. 대표적으로 하이더(Heider)의 균형이론, 오스굿과 타넨바움(Osgood & Tannen-baum)의 일치성이론, 파이닝어(Festinger)의 인지부조화이론, 벰(Bem)의 자기지각이론 등을 꼽을 수 있다. 이 이론들의 기본 가정은 균형과 일관성이기 때문에 이 이론들을 인지일관성이론(인지균형이론)이라고 부른다.

(1) 하이더의 균형이론(balance theory)

균형이론은 1946년에 하이더(Heider)에 의해서 처음 발표되었다. 균형이론에 따르면 인간은 태도를 형성할 수 있는 대상(다른 사람, 물건, 아이디어, 이슈)들 간의 관계를 지각할 때 균형이나 일관성을 유지함으로써 심리적으로 편안함을 느끼려고 한다. 불균형상태에서는 긴장이 발생하며 균형을 회복하기 위해 기존의 태도를 변화시킨다는 것이다. 이러한 개인의 태도 변화 과정을 설명하기 위해서 하이더는 태도와 관련된 세 요소들 간의 삼각관계(triad)를 이용하였다. 이 삼각관계는 어떤 사람이나 이슈, 또는 제품에 대하여 지각하는 개인(person)을 P라고 하고, P의 지각 대상(attitude object)이 되는 어떤 사람 또는 사물을 O, 그리고 P의 또 다른 지각대 상인 사람이나 사물 X로 구성되어 있다. 세 요소들은 서로 간에 긍정적 관계(+) 혹은 부정적 관계(-)를 가질 수 있으며 [그림 4-4]에 나타난 바와 같이 총 여덟 가지의 상황으로 균형 혹은 불균형을 이루게 된다.

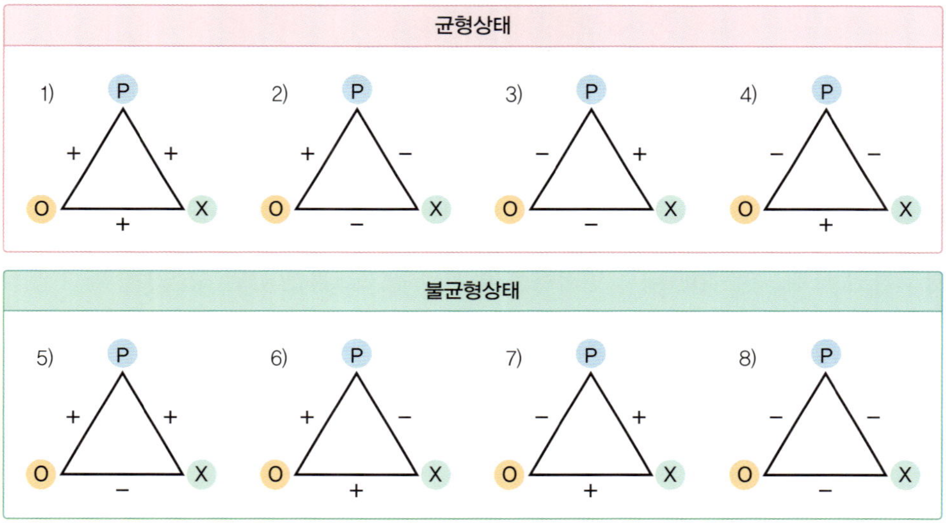

그림 4-4 하이더의 균형이론

+ 부호에는 +1, - 부호에는 -1을 할당하여 세 개의 값들을 곱해서 나온 결과가 +1이면 균형상태이고 -1이면 불균형상태이다. 따라서 위의 네 개의 관계는 곱셈 결과가 +1이므로 균형상태이고 아래 네 개의 관계는 불균형상태이다.

예를 들어, 중학생(P)이 손흥민 선수(O)의 광팬이며 우상으로 여기고 있다고 가정하자. 그는 평소에 나이키(Nike)를 좋아했고 아디다스(adidas)에 대해서는 별로 좋은 태도를 갖고 있지 않았다. 그러던 어느 날 손흥민이 출연한 아디다스의 광고를 보고 심리적 불균형을 경험하게 되었다([그림 4-4]의 6번 상태). 이러한 인지상의 불균형을 해소하고 균형상태로 변화하면서 이 중학생의 아디다스에 대한 태도가 긍정적(+)으로 바뀌게 되며 결국은 중학생(P)-손흥민(O)-아디다스(X)의 삼각관계에 균형을 찾게 되는 것이다.

그림 4-5 손흥민을 광고모델로 한 아디다스 광고

균형이론을 적용하여 연예인이나 유명인을 광고모델로 등장시켜 특정 브랜드를 광고하면 브랜드의 대한 태도 변화를 유발시켜 광고효과를 높일 수 있다. 특히 앞의 중학생의 경우에서 볼 수 있듯이 소비자들이 브랜드에 대한 태도가 부정적이고, 유명인에 대한 태도가 긍정적이라면 균형상태를 유지하기 위해서 브랜드에 호의적인 방향으로 태도 변화를 이끌어낼 수 있다.

또한 균형이론을 이용하여 코브랜딩(co-branding)의 설득효과를 규명할 수도 있다. 2020년 발렌시아가는 헬로키티와 함께 콜라보레이션 컬렉션을 출시했다([그림 4-6]). 평소 헬로키티를 너무 좋아했던 소비자는 발렌시아가 브랜드에 대해서 호의적이지 않았던 감정을 가졌더라도 인지균형을 위해 두 브랜드의 콜라보레이션 상품에 대해서 긍정적인 태도를 가질 수 있으며 더 나아가서는 콜라보레이션이 끝난 후에도 발렌시아가 브랜드를 긍정적으로 평가하고 구매할 가능성이 높아진다. 이와 반대로 발렌시아가의 충성고객이 평소에 자신이 좋아하지 않던 헬로키티와 콜라보레이션을 하는 발렌시아가에 실망하여 기존에 발렌

그림 4-6 헬로키티와 발렌시아가의 코브랜딩

시아가에 대해 갖고 있던 호의적인 태도를 부정적으로 변화시킴으로써 균형상태를 유지하려고 할 수도 있다. 다시 말해, 코브랜딩의 파트너 브랜드를 결정할 때는 충분히 자사 브랜드의 타깃 소비자들이 받아들이고 반감을 일으키지 않을 수 있는 파트너를 선택하는 것이 매우 중요하다.

(2) 오스굿과 타넨바움의 일치성이론(congruity theory)

오스굿과 타넨바움(Osgood & Tannenbaum, 1955)의 일치성이론은 하이더의 균형이론을 기본 가정으로 한계점을 보완하여 태도변화의 방향(direction)뿐만 아니라 강도(magnitude)를 고려한 이론이다. 균형이론의 한계는 태도 변화의 강도를 제시 하지 못하였기 때문에 실제로 태도 변화를 예측하기 어렵다는 것이었다. 일치성이 론은 +에서 −로의 변화 또는 −에서 +로의 변화와 함께 변화의 강도가 균형상태로 회복하는 과정에서 큰 영향력을 보여줄 것이라고 설명한다. 다시 말해 조금 좋아하는 것과 아주 좋아하는 것, 약간 싫어하는 것과 매우 싫어하는 것을 구분하는 것이다. 예를 들어, 발렌시아가의 고객이 헬로키티에 대해서 약한 부정적인 태도를 갖고 있는 반면, 발렌시아가의 제품을 너무나도 좋아하는 충성고객이라면, 헬로키티에 대한 부정적 태도보다 발렌시아가에 대한 긍정적 태도가 더 크게 작용하여 일치성이 이루어질 수 있다. 그와 반대로 발렌시아가에 대한 태도가 약간의 긍정적이며 헬로키티에 대해서는 매우 부정적이라면 발렌시아가에 대한 태도가 오히려 부정적 방향으로 움직여서 일치성을 회복하게 될 것이다.

(3) 인지부조화이론(theory of cognitive dissonance)

인간은 일관성을 추구하고 개인이 갖고 있는 인지요소들 간의 조화적(consonant)인 관계를 유지하려는 강한 동기를 가지고 있다. 페스팅거(Festinger, 1957)의 인지부조화이론에 의하면 사람들은 자신의 행동, 태도, 신념들과 같은 인지요소들(cognitive elements) 간에 불일치(dissonance)가 있음을 인식할 때 불편한 심리적 불안감을 경험한다. 그것을 해소시켜 조화상태를 이루려고 하는데 그 방법의 하나로서 자신이 갖고 있는 행동, 태도 또는 신념의 변화를 통해 일관성을 회복하는 것이다. 소비자들이 인지부조화를 경험하는 상황은 여러 가지가 있을 수 있으며 크게 다음의 세 가지 상황으로 요약될 수 있다.

① 의사결정 이후

현대 소비자는 수 많은 대안 중에 의사결정을 한다. 소비자가 특정 제품 또는 브랜드를 구입한 후 자신이 선택하지 않은 대안이 더 매력적이라고 느껴질 때 두 인지의 불일치가 인지부조화를 일으킬 수 있다. 특히 비용이 많이 들거나 자주 사지 않는 제품이나 서비스와 관련된 중요한 의사결정은 그로 인해 초래되는 손실이 크기 때문에 인지부조화도 크게 나타날 수 있다. 예를 들어, 대학생이 최근에 LG 노트북을 구입했는데 일주일 후에 삼성에서 최신 버전의 노트북을 출시하였고 디자인과 가격 면에서 훨씬 매력적인 것을 알게 되었다고 가정하자. 이 대학생은 본인이 LG를 구입했다라는 인지와 삼성이 디자인과 가격 면에서 우월한 대안이라는 인지가 충돌하여 인지부조화를 경험하게 된다. 이러한 인지부조화를 의사결정 후 부조화(post-decision dissonance)라고 한다.

이럴 경우 부조화를 감소시키기 위해서 다음과 같은 세 가지의 방법을 사용할 수 있다. 첫째, 새로 구입한 LG 노트북을 반환하거나 중고시장에 본인이 구입한 가격에 팔고 삼성의 노트북을 구입한다. 하지만 이 방법은 손실 혹은 비용이 크고 일주일간 사용한 제품을 반환하는 건 어렵기 때문에 현실적으로 어려운 방안이다. 둘째, 본인이 선택한 LG 노트북이 더 잘한 선택이었다고 생각함으로써 부조화를 감소시킬 수 있는 방법이 있다. 의도적으로 LG 노트북의 장점을 찾고 삼성 노트북의 단점과 관련된 정보를 추가로 탐색하고 이에 반하는 정보는 회피함으로써 부조화를 없애려는 노력을 할 수 있다. 마지막으로, 소비자가 노트북 의사결정에서 고려하지 않았던 새로운 속성을 포함시켜 선택한 대안이 거절한 대안에 비해 우월하다고 생각함으로써 부조화를 감소시킬 수 있다. 예를 들어, 디자인과 가격 면에서는 삼성이 우월하지만 LG가 훨씬 가벼운 것을 의도적으로 생각함으로써 새로운 속성의 중요도를 높이는 것이다.

② 태도 불일치

소비자가 의사결정 과정에서 보상이나 처벌로 인해 자신의 태도와 상반되거나 원하던 것과 다른 결정을 했을 때 인지부조화가 발생한다. 예를 들어, 평소 삼성 브랜드를 좋아해서 삼성 노트북을 사기로 하고 매장에 들렀다가 별로 좋아하지 않고 대안이 아니었던 LG 노트북이 세일을 하고 있어서 구매 결정을 했다면 이 소비자는 인지부조화를 경험하게 될 것이다. 특히 보상(세일)의 폭이 작을수록 소비자가 경험하는 인지부조화는 더욱 크다고 할 수 있다. 이럴 경우 소비자는 선택한 대안(LG)에 대한 태도를 긍정적으로 변화시킴으로써 부조화를 감소시킬 수 있다. 또한 자신의 의사결정 과정에서 보상으로 작용했던 세일을 더 크게 지각함으로써 심리적인 불편함을 해소할 수 있다.

③ 불일치 정보

소비자가 의사결정 후 본인의 행동과 배치되는 정보를 접하게 되면 인지부조화가 발생한다. 예를 들어, LG 노트북을 구입하였는데 주위 사람들로부터 LG 노트북이 배터리 문제가 있다는 정보를 듣게 되면 두 인지 간의 부조화를 경험하게 된다. 이럴 경우 소비자는 새로운 정보를 피하려고 하거나 불일치 정보를 왜곡시킴으로써 부조화를 감소시킬 수 있다. 'LG 노트북이 배터리 문제가 없다' 혹은 '몇몇 불량품의 문제일 것이다'라는 식으로 본인의 결정을 정당화함으로써 부조화를 줄이는 노력을 할 수 있다.

[그림 4-7]의 맥도날드 광고는 소비자들의 인지부조화를 줄여주기 위해서 진행한 광고캠페인이다. 일반적으로 맥도날드에 대해 소비자들은 '건강에 좋지 않다' 또는 '비만을 유발시킨다'라는 인식을 갖고 있기 때문에 맥도날드를 먹을 때 인지 부조화가 발생하게 된다. 이러한 소비자들의 인지부조화를 줄여주기 위해서는 광고를 통해 맥도날드의 로고를 Medium사이즈를 나타내는 곳에 배치하면서 맥도날드를 먹어도 비만이나 건강에 문제가 없다는 것을 보여주고 있다.

그림 4-7 소비자의 인지부조화를 줄여주기 위한 맥도날드 광고

(4) 자기지각이론(self-perception theory)

우리는 다른 사람들의 행동을 통해 그들의 태도를 추론한다. 마찬가지로, 자신의 행동을 통해서 태도를 알 수 있다. 벰(Bem)의 자기지각이론에 의하면 인간은 자신의 행동을 통해 태도를 추론하며, 행동이 변하면 태도가 변한 것으로 생각한다. 예를 들어, 소비자가 반복적으로 특정 브랜드나 제품을 구입하면 그 소비자는 해당 브랜드나 제품에 대해 긍정적인 태도를 갖고 있다고 추론할 수 있다. 옷장에 걸려 있는 셔츠의 칼라가 온통 파란색 계열이라는 것을 보는 순간 자신이 계속해서 파란색의 셔츠를 구입하였으며, 결론적으로는 본인이 다른 색보다는 파란색을 좋아한다는 것을 알게 되는 것이다.

자기지각이론은 마케팅에서 흔히 사용되는 FITD(foot-in-the-door, 문간에 발들여놓기 기법) 전략의 효용을 설명할 수 있다. FITD는 처음에는 수용하기 쉬운 작은 요구를 먼저 하고, 그 다음에 더 큰 요구를 함으로써 거절하지 못하게 하는 방법이 다. 먼저 사소한 부탁(예: 만 원만 빌려줘)을 통해 사람들로 하여금 거절을 못하게 하 고 그 다음에 정말 원하는 중요한 부탁(예: 십만 원만 빌려줘)을 좀 더 쉽게 승낙하도 록 하는 방법이다. 이 기법은 개인에게 작은 요구를 하여 그가 이를 수용하면 자신의 행동으로부터 자신이 그러한 행동을 지지하는 태도를 갖는 것으로 추론하도록 하고, 다음에 같은 종류의 더 큰 요구를 하여 먼저 추론한 태도로 인해 그 요구를 수용하도록 하는 기법이다. 예를 들어, 기본 가격은 매우 낮게 책정한 뒤 광고를 통해 소비자들을 매장으로 유인한 뒤 다양한 옵션을 걸고 가격을 올려서 소비자들이 결국 구매를 하게 만드는 마케팅 방법이 전형적인 FITD이다.

4 설득 커뮤니케이션을 통한 소비자 태도 변화

마케터들은 끊임없이 다양한 방법과 설득 메시지를 통해 소비자들의 태도를 형성하고 변화시키려 한다. 최종 목적은 자신들의 브랜드를 고객이 구매하는 것이다. 설득(persuasion)은 한 사람의 태도나 신념이 다른 사람과의 의사소통에 의해 영향을 받을 때 일어난다.

다음은 설득과 태도 변화에 영향을 미치는 여섯 가지 심리학적 원리이다.

- 상호성(reciprocity): 주고받는 원리이다. 무엇을 받게 되면 그에 상응하는 무언가를 주게 되어 있다. 제품의 샘플을 받으면 사용해 보게 되고 사용해 본 후에는 태도가 형성되거나 변화될 수 있다.
- 희소성(scarcity): 쉽게 얻을 수 없는 물건은 더 매력적이다. 소비자들이 명품에 열광하는 이유는 명품의 주요 특징 중 하나인 희소성 때문이다. 소비자들은 남들이 다 소유하거나 사용하는 흔한 브랜드보다는 비싸거나 사고 싶어도 살 수 없는 브랜드를 좋아하기 마련이며, 브랜드들이 앞다투어 한정판(limitededition)을 출시하는 이유도 여기에 있다.
- 권위(authority): 우리는 권위가 없는 사람보다 권위가 있는 사람들의 말을 더 신뢰한다. 같은 내용이라도 권위 있는 일간지에 실렸을 때와 인터넷 가십을 통해 접했을 때 사람들이 느끼는 매체의 신뢰도와 그로 인한 태도 변화의 차이는 매우 다를 것이다. 물건도 마찬가지다. 유명 백화점에 전시된 제품과 길거리 노점상에서 파는 물건은 같은 물건이라도 소비자들이 보이는 태도가 상이할 수 밖에 없다.
- 일관성(consistency): 다양한 인지균형이론에서 논의한 바와 같이 사람들은 일관된 것을 추구하며 그러한 사람, 제품, 조직, 기업 등에 호의적인 태도를 보인다. 사람들은 새로 접하는 정보나 제품에 대한 태도가 이전에 갖고 있던 신념 또는 태도와 일관되는가를 진단하고 평가하는 경향이 있다. 이것은 일관성이라는 것

이 정확성의 대략적인 지표가 되기 때문이다.

- 좋아함(liking): 사람들은 그들이 좋아하거나 존경하는 사람들에게 동의하기 마련이다. 매력적인 사람, 잘 생긴 사람이 더 설득적이라는 연구결과에서 말해주듯이 우리가 좋아하는 사람에게 더 호의적인 태도를 보인다. 인기가 많고 매력적인 유명인을 이용하는 광고가 많은 것도 이러한 이유이다.
- 합의(consensus): 사람들은 어떤 행동이나 결정을 하기 전에 타인이 어떻게 했는지를 고려한다. 소비자들이 자신들이 중요하게 생각하는 준거집단이 보여 주는 태도나 의사결정에 영향을 받는 것이 그 대표적인 예이다.

다음은 소비자가 설득 커뮤니케이션을 통해 태도를 변화시키는 데 영향을 미치는 요인들에 대해서 알아보기로 하자.

1) 정보원(source)

같은 정보와 내용을 커뮤니케이션하더라도 그 전달자가 누구냐에 따라서 설득의 효과에는 큰 차이가 난다. 마케팅, 광고, 커뮤니케이션 연구자들은 수십년 동안 설득에 미치는 정보원의 파워에 대해서 연구를 해왔다. 그들의 공통적인 연구 결과로 설득효과에 큰 차이를 만드는 커뮤니케이션 정보원의 특성은 공신력(cred-ibility)과 매력성(attractiveness)이었다. 그럼 메시지 정보원의 공신력과 매력도를 어떠한 기준에 의해서 정해야 하는 것일까? 물론 두 특성을 모두 갖고 있는 정보원을 택하는 방법도 있겠지만 기본적으로 소비자들이 필요(needs)로 하는 부분과 정보원이 제공해 줄 수 있는 보상(rewards)이 합의될 때 설득효과는 더 커질 수 있다. 정보원이 커뮤니케이션하는 제품 또는 서비스의 종류에 따라서도 설득효과는 다르게 나타날 수 있다.

(1) 정보원의 공신력(source credibility)

정보원의 공신력이란 커뮤니케이터의 전문성, 객관성, 또는 신뢰성을 갖고 있음을 의미한다. 일반적으로 소비자들은 정보원이 특정 분야(제품, 서비스, 이슈)에 그들이 필요로 하고 신뢰할 수 있는 정보를 제공해 준다는 믿음이 있을 때 정보원이 공신력이 있다고 지각한다. 따라서 공신력이 높은 정보원은 소비자가 잘 모르거나 정보가 부족하고 친숙하지 않은 분야에 이용되었을 때 더 효과적이다. 예를 들어 [그림 4-8]의 안과 광고에는 네 명의 전문가(의사)들이 커뮤니케이션의 주요 정보원으로 보여짐으로써 소비자들이 정보원의 공신력을 높게 지각하고 해당 병원에 대해서 더 신뢰할 수 있도록 하였다. [그림 4-9]의 뉴발란스 광고에서는 피겨스케이팅의 세계 최고 전문가인 김연아 선수를 정보원으로 이용함으로써 이 분야의 전문가가 사용하는 '브랜드=뉴발란스'라는 연결고리를 만들고 있다. 물론 이 경우에는 김연아가 정보원으로서의 매력성까지 갖추고 있기 때문에 소비자 설득에 시너지 효과를 가져올 수 있다.

그림 4-8 정보원(의사)의 공신력을 이용한 병원 광고

그림 4-9 정보원(김연아)의 공신력을 이용한 뉴발란스 광고

(2) 정보원의 매력(source attractiveness)

미디어로 보여지는 수많은 연예인들을 통해 알 수 있듯이 우리 주위에는 잘생기고 예쁜 사람들로 넘쳐난다. 하지만 단순히 외모가 아름답거나 매력적이라고 해서 그들이 말하는 것이 더 설득적일 수는 없다. 정보원의 매력은 커뮤니케이션의 대상이 되는 소비자가 커뮤니케이터에 부여하는 사회적인 가치라고 말할 수 있다. 이 가치는 신체적인 매력도뿐만 아니라 성격, 사회적인 위치, 또는 유사성 등을 포함한다. 패션, 화장품 등과 같이 소비자들이 사회적 상황에서 자신들을 표현하기 위해 사용되는 제품들은 신체적인 매력도가 높은 정보원의 커뮤니케이션이 더 효과적일 수 있다. 대부분의 화장품 광고에서 외모가 아름다운 연예인들이 주요 정보원으로 이용되는 이유가 여기에 있다. 이와는 반대로 외모적인 매력도와 유명인이라는 지명도를 이용하지 않고 타깃 소비자들과 비슷한 일반인들을 정보원으로 이용함으로써 설득효과를 더 높일 수도 있다. [그림 4-11]은 네이처리퍼블릭이 일반인 브랜드 모델을 선발한 예이다. 이러한 방법은 단순히 외모가 뛰어나다고 해서 매력적인 정보원이 아닐 수도 있으며 정보원과 소비자 사이의 심리적 거리를 줄여줌으로써 광고효과를 높일 수 있다는 점을 이용한 것이다.

그림 4-10 외모를 정보원의 매력도로 이용한 헤라 광고

그림 4-11 네이처리퍼블릭 일반인 '뷰티 콘텐츠 모델' 선발

커뮤니케이션에서 유명인을 정보원으로 이용할 때 효과적인 설득과 태도 변화를 이끌어낼 수 있지만 때로는 부정적인 결과를 초래하기도 한다. 예를 들어 유명인이 부정적인 사건(예: 음주운전, 마약, 스캔들)이나 비윤리적인 이슈에 관여되면 브랜드에 치명타를 줄 수 있다. 또한 소비자들이 해당 정보원과 브랜드의 관계를 기업이나 브랜드의 의도대로 생각하지 않을 때이다. 이렇게 마케터가 컨트롤할 수 없는 정보원 이용의 부정적인 결과를 방지하기 위해서 때론 만화캐릭터나 마스코트와 같은 spokes-characters를 광고에 이용하기도 한다. [그림 4-12]는 진로 두꺼비라는 캐릭터를 브랜드 커뮤니케이션의 정보원으로 이용하는 '진로이즈백' 광고이다. 브랜드의 인화라는 개념을 이용하여 사람은 아니지만 사람처럼 브랜드를 의인화하고 정보원으로 활용함으로써 브랜드의 친숙도를 높이고 소비자와 브랜드의 관계에도 긍정적인 효과를 가져올 수 있다.

그림 4-12 진로의 spokes-character인 진로 두꺼비가 등장하는 광고

2) 소구 유형(message appeals)

설득 커뮤니케이션에는 어떻게 소구할 것인가, 다시 말해 소구방법도 설득효과에 영향을 미치는 중요한 요소이다. 어떤 소구는 소비자들에게 감동을 주기도 하며, 겁을 주기도 하고, 웃게 만들기도 하며, 울게 만들기도 한다. 소구 유형은 크게 이성적 소구방법(rational appeals)과 감성적 소구방법(emotional appeals)으로 나눌 수 있다.

(1) 이성적 소구

이성적 소구(rational appeals)란 브랜드의 속성 및 차별적 경쟁우위, 가격, 소비자 혜택 등을 중심으로 합리적인 이유를 설명하거나 객관적인 근거를 제시하면서 브랜드에 대한 지식과 정보를 제공하는 소구방법이다. 정보제공형 광고, 속성광고, 사실(factual)광고, 사고(thinking)광고, 합리적 소구광고라고도 한다. 이성적 소구는 소비자에게 제품의 객관적이고 기능적인 일차적 속성을 강조하는 정보를 제공한다. 또한 실증적이며 논리적인 자료들을 메시지를 통해 제시함으로써 수용자들로 하여금 설득 메시지를 쉽게 받아들이게 하는 방법이다. 특히 관여도가 높은 제품과 구매 시 큰 위험이 따르는 가격이 비싸거나 사용하기 어려운 제품, 그리고 내구재나 신제품 등에 많이 이용되는 소구방법이다. 가격소구형 광고, 비교광고, 증언형 광고도 이성적 소구에 해당된다. [그림 4-13]의 우루사는 대표적인 의약품 브랜드로서 소비자들의 건강과 관련된 제품이기 때문에 관여도가 높은 제품이며 제품 정보가 중요하다. 우루사는 이성적 소구방법을 이용하여 약의 주요 성분이 간에 미치는 영향을 자세히 설명하고 있다. [그림 4-14]는 국내에서는 허용되지 않는 비교광고의 예이다. 미국 버라이즌 와이어리스(Verizon Wireless)는 자사 서비스가 다른 경쟁브랜드 서비스에 비해 커버리지가 훨씬 넓다는 것을 비주얼 이미지를 통해서 보여주고 있다.

그림 4-13 우루사의 이성적 소구광고

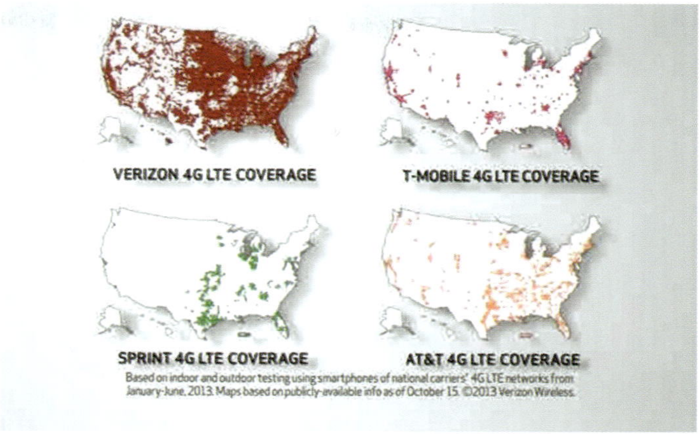

그림 4-14 버라이즌 와이어리스의 비교광고

(2) 감성적 소구

감성적 소구(emotional appeals)란 브랜드에 대한 긍정적인 느낌이나 호의적인 태도, 이미지 향상을 목적으로 하는 소구방법이다. 성, 유머, 공포, 사랑, 향수 등과 같이 인간의 기본적인 필요(need)와 동기(motive)에 소구하는 방법으로, 브랜드의 속성보다는 브랜드가 추구하는 가치에 중심을 둔다. 따라서 제품의 물리적 속성 등을 통해 차별화하기 어렵고 여행, 패션 같은 경험재의 경우 감성적 소구가 효과적이다. 정서(emotional)광고, 느낌(feeling)광고, 감정전이형(transformational) 광고로 지칭되기도 하며, 유머소구, 공포소구, 성적소구 등이 감성적 소구에 해당 된다.

① 유머소구(humorous appeals)

유머소구는 수용자의 웃음과 즐거움을 이끌어내고 그로 인한 긍정적인 정서를 광고 메시지와 브랜드에도 전이시키고자 하는 소구방법이다. 유머는 일반적으로 소비자들의 주의를 집중시킬 수 있으며 메시지를 거부감 없이 받아들일 수 있게 만드는 데 효과적이다. 하지만 유머소구에서 주의할 점은 웃기기만 한 광고는 오히려 브랜드에게 독이 될 수 있다는 점이다. 웃기기만 하고 광고가

그림 4-15 OK캐쉬백의 엄지윤을 이용한 유머소구

전하려는 주요 메시지를 전달하지 못하여 설득에 실패한다면 그냥 웃긴 광고가 되고 말 것이다. 또한 너무 의도적으로 수용자를 웃기려고 하기보다는 광고에 노출되고 생각할 수록 웃음을 짓게 하는 광고가 더 효과적이다.

② 공포소구(fear appeals)

공포소구는 소비자가 특정한 행동을 하지 않았을 때 또는 현재 행위를 지속할 경우 나타날 수 있는 부정적인 결과를 보여줌으로써 커뮤니케이터의 설득을 받아들이도록 하는 소구방법이다. 담배를 계속 피워 폐암에 걸린 사람을 보여주는 금연광고, 음주운전으로 인한 사망과 같이 부정적인 사례를 통해 수용자에게 위기감이나 불안감을 조성하여 소비자의 태도와 행동 변화를 이끌어낼 수 있다. 하지만 공포소구에서는 공포의 적정수준을 유지하는 것이 중요하다. 공포의 강도가 너무 높을 경우에는 오히려 역효과를 낼 수 있다는 연구결과가 있다. 이를 통해 알 수 있듯이 수용자들은 일정수준을 넘어서는 공포소구를 접하게 되면 메시지를 거부 하거나 외면할 수 있다. 예를 들어, 금연광고에서 암환자의 끔찍한 이미지를 본 소비자는 오히려 해당 광고를 외면하고 그 광고주에 대해 부정적인 태도를 보일 수도 있다. 따라서 오히려 설득효과보다는 본인들의 행동(흡연)을 정당화하는 방법으로 부조화를 해소하려고 할 것이다.

그림 4-16 공포소구를 이용한 보건복지부의 금연 광고

③ 성적소구(sex appeals)

대표적인 감성적 소구 중 하나인 성적소구는 성적 자극으로부터 소비자의 반응을 유도하여 설득효과를 높이려는 방법이다. 성적소구는 성(sex)에 대한 관심을 제품이나 브랜드에 연관시키는 방법으로 에로티시즘에 감정적 기초를 두고 있다. 성적소구

방법은 소비자들에게 주의를 유발시키고 회상 또는 재인에 효과적이며 감성적 반응을 일으켜 설득효과에 긍정적인 영향을 주는 것으로 알려져 있다. 주로 시각적인 자극이나 이미지를 통해 전달되며 패션, 향수, 자동차, 술 등의 제품군에서 자주 사용되고 있는 소구방법이다. 브랜드와의 아무 연관성 없이 무분별하게 성적소구를 이용하는 것은 오히려 부정적인 결과를 초래할 수 있다.

그림 4-17 성적소구를 이용한 디올의 쟈도르 도 퍼퓸 광고

(3) 관여도

소비자들은 하루에도 셀 수 없을 만큼 많은 설득 메시지에 노출되지만 그들이 주의를 기울이고 기억하는 메시지는 극히 일부이다. 어떤 제품을 구매할 때는 많은 시간과 노력을 기울이지만, 다른 어떤 제품을 고려할 때는 큰 노력을 기울이지 않고 선택하기도 한다. 이러한 차이를 가져오는 이유는 관여도 때문이다. 관여도(involvement)는 '주어진 상황에서 특정 대상에 대한 개인의 중요성 지각 정도(perceived personal importance) 혹은 관심도(interest)' 또는 '주어진 상황에서 특정 대상에 대한 개인의 관련성 지각 정도(perceived personal relevance)'라고 정의될 수 있다. 관여도는 개인적 요인, 제품 요인, 그리고 상황적 요인에 의해 결정되며 연속적이며 상대적인 개념이지만 편의상 고관여(high involvement)와 저관여(low in- volvement)로 구분된다.

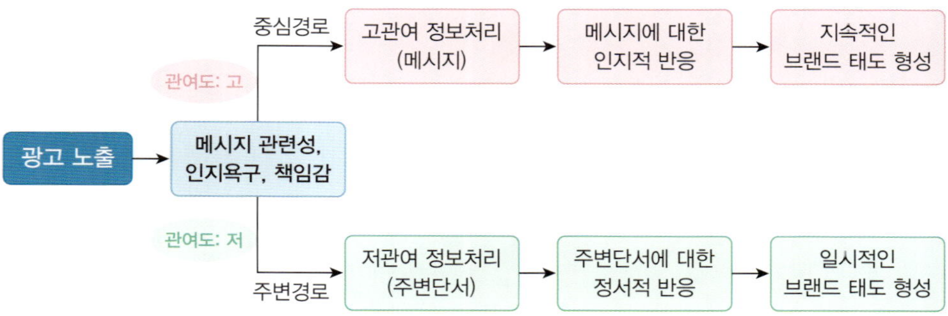

그림 4-18 정교화 가능성 모델(elaboration likelihood model)

페티와 카시오포(Petty & Cacioppo, 1986)의 정교화 가능성 모델(elaboration likelihood model: ELM)에 의하면 소비자들의 관여도가 설득메시지의 효과를 조절한다고 한다. 정교화 가능성 모델은 설득 메시지가 중심경로(central route)와 주변경로(peripheral route) 두 가지 경로로 나누어져 처리되며, 동기(motivation)와 능력(ability)에 의해 경로가 결정된다고 주장한다.

설득 메시지가 소비자에게 관련이 높고 중요하다고 판단할 경우(고관여)에는 중심경로를 이용한 메시지 처리를 하게 된다. 이때 제시된 메시지를 인지적으로 처리하고자 하는 동기부여와 능력이 필요하다. 즉 고관여 상황의 소비자는 메시지가 제공하는 제품의 중심 속성 정보의 영향을 받게 된다. 따라서 관여도가 높은 소비자에게는 중심단서를 이용하여 중심경로를 통해 설득하는 것이 더 효과적이다. 이와 반대로, 소비자들이 저관여 상황일 때는 메시지를 주변경로를 통해 처리한다. 주변경로를 이용한 메시지는 제품의 중심 속성 정보보다는 메시지 정보원의 신뢰도, 정보원의 매력도, 메시지 전달방식(느낌, 분위기) 등 메시지의 주변적 요소나 맥락에 관련되어 있는 정보에 더 영향을 받게 된다. 따라서 관여도가 낮은 소비자에게든 메시지의 주변 단서를 이용하여 주변경로를 통해 설득하는 것이 소비자의 태도 형성과 변화에 효과적이다. 예를 들어 [그림 4-19]의 맥심 모카골드 인스턴트 커피와 같은 저관여 제품은 제품의 중요 속성에 대한 긴 메시지보다는 아이유(정보원)의 매력도나 신뢰도가 더 설득적일 수 있다.

그림 4-19 맥심 모카골드 심플라떼 광고

마무리 사례

"임영웅 만나더니 훨훨 나네" … 날개 돋힌듯 팔리는 '국민생수' 비결은

"삼다수가 임영웅님을 광고 모델로 발탁해서 삼다수가 더 좋아졌어요."
"임영웅님이 삼다수 광고 모델이라서 생수는 삼다수만 마셔요."

우리나라 생수 시장에서 1위를 달리는 '제주삼다수'. 삼다수 온라인 구입 링크나 홍보 영상 페이지(URL)에는 이 같은 글이 남겨 있다. 삼다수를 개발 · 생산하는 제주특별자치도개발공사가 삼다수 모델로 가수 임영웅을 발탁하고 올해 3월 임영웅이 출연한 광고 티저 영상을 공개하면서 삼다수가 임영웅 팬들과 생수 · 정수기 등 관련 업계에 화제로 떠올랐다.

제주특별자치도개발공사 이달 17일 유튜브에 공개한 삼다수 광고 영상 '수질관리 편'은 공개 일주일도 안 돼서 누적 조회 수 100만을 돌파한 후 108만(24일 기준)을 넘어설 만큼 반응이 뜨겁다. 삼다수는 1998년 출시된 후 소비자에게 꾸준히 사랑받아왔다. 제주특별자치도개발공사에 의하면 지난해 기준 우리나라 생수 시장에서 삼다수는 40%의 점유율로 1위를 차지하고 있다.

▶ 제주도, 지역 발전 위해 생수 개발 사업 추진

삼다수는 어떻게 개발됐을까. 삼다수의 개발 역사는 1994년으로 거슬러 올라간다. 1990년대 초까지만 해도 우리나라에서 생수를 판매하는 것은 불법이었다. 1994년 대법원이 우리나라에서 생수 시판을 금지하는 것은 위헌이라고 판결했고, 이듬해 '먹는물관리법'이 제정되면서 우리나라에 생수 시장이 형성되기 시작했다.

제주도는 생수 사업을 추진하기 위해 1994년 제주특별자치도개발공사를 설립하고 삼다수 개발 사업에 뛰어들었다. 이후 환경 영향 평가, 공장 준공 등을 한 후 1998년 3월 삼다수를 세상에 내놓았다. 삼다수에 의하면 삼다수의 지난해 누적 판매량은 95만6440t, 올해 1분기 판매량은 20만9502t에 달한다. 제주삼다수의 지난해 매출액은 약 3612억 원이다.

일각에서는 삼다수의 많은 생산량 때문에 제주도의 지하수가 사라지는 게 아니냐며 우려한다. 삼다수 관계자는 "제주도의 전체 지하수 함양량은 연간 17억5800만t인데, 이 중 삼다수의 취수 허가량은 연간 165만6000t 규모로, 전체 함양량의 0.09% 정도만 취수하고 있다"며 "2년마다 제주특별법에 따라 지하수 영향평가를 실시해 지하수 취수량을 엄격히 조절하며 관리하고 있다"고 설명했다.

▶ "임영웅은 따뜻하고 반듯" … 제주삼다수 브랜드 이미지와 부합

삼다수는 브랜드 홍보 모델을 가수 아이유에서 임영웅으로 올해 전격 교체하면서 크게 화제가 됐다. 임영웅은 공연만 개최하면 티켓 판매 매진 행진이 이어질 만큼 인기가 많기 때문이다.

삼다수는 임영웅을 광고 모델로 발탁한 이유에 대해 "임영웅은 음악성이 뛰어난 데다 인성도 좋다고 알려져 있으며, 따뜻하고 반듯한 이미지까지 갖춰 대중에게 큰 사랑을 받고 있다"며 "임영웅의 바르고 선한 이미지와 상대방에게 신뢰를 주는 모습이 '믿고 마시는 물' 제주삼다수의 브랜드 이미지와 잘 부합돼 임영웅을 모델로 선정했다"고 말했다.

삼다수는 타 브랜드와 협업 제품도 출시하면서 브랜드 강화에도 적극 나서고 있다. 백경훈 제주특별자치도개발공사 사장은 "협업 문의가 많아서 타 브랜드와 협업을 또 추진할 수 있다"며 "삼다수는 우리나라 생수 시장에서 1위라는 위상에 만족하지 않고 고객 만족 경영을 바탕으로 앞으로도 더욱 공격적으로 시장점유율을 확대할 것"이라고 밝혔다.

출처: 매일경제 (2024. 05. 24.). https://www.mk.co.kr/news/economy/11023925

생각해 볼 문제

01. 브랜드 확장으로 성공한 국내 브랜드에 대해서 찾아보자.

02. 코브랜딩(브랜드 콜라보레이션)의 사례를 찾아보고 균형이론을 이용하여 설명해 보시오.

03. 제품구매 후 인지부조화를 경험한 예를 이야기해 보시오.

04. 고관여제품과 저관여제품을 하나씩 선정하여 정교화 가능성 모델을 이용한 광고를 찾아보시오.

05. 국내 유명인 중 좋은 광고모델(정보원)의 예를 들고 이유를 설명해 보시오.

참고문헌

1. 머니투데이 (2018.08.23). '소매업의 종말'도 이겨낸 '타깃 효과'. http://news.mt.co.kr/mtview.php?no=2018082311201043713에서 인출.
2. 조선비즈 (2018.12.15.). 이영애부터 아이유 · 아이린까지 '참이슬' 광고모델, 공통점은? http://biz.chosun.com/site/data/html_dir/2018/12/14/2018121402636.html에서 인출.
3. Bem, D. J. (1967). Self-perception: An alternative interpretation of cognitive dissonance phenomena. *Psychological Review*, *74*(3), 183-200.
4. Festinger, L. (1957). *A Theory of Cognitive Dissonance*. Stanford, California: Stanford University Press.
5. Heider, F. (1946). Attitudes and Cognitive Organization. *Journal of Psychology*, *21*, 136-141.
6. Osgood, C. E. & Tannenbaum, P. H. (1955). The Principle of Congruity in the Prediction of Attitude Change. *Psychoogical Review*, *62*, 42-55.
7. Petty, R. E., & Cacioppo, J. T. (1986). The elaboration likelihood model of persuasion. In *Communication and persuasion* (pp. 1-24). Springer, New York: NY.

INTRODUCTION to ADVERTISING

브랜드 커뮤니케이션

05

CHAPTER

05

▶▶▶ CONTENTS

SUMMARY

광고의 주요 목표는 브랜드를 알리고 판매고와 수익을 증대시키는 것이다. 브랜드 없이는 광고도 없고 마케팅도 없다. 현대인들은 매일 수많은 브랜드와 설득 메시지에 노출되지만 우리 기억 속에 남아 있는 브랜드들은 소수에 불과하다. 그 어느 때보다 브랜딩의 필요성과 가치가 중요하게 인식되고 있는 현대 마케팅 상황에서 기업들은 다양한 브랜드 전략을 통해 브랜드 차별화와 브랜드 가치를 높이는 일에 집중하고 있다. 본 장에서는 브랜드의 의미와 브랜드 자산, 브랜드 아이덴티티를 알아보고 브랜드 아이덴티티를 구성하는 요소들에 대해서 논의해 보기로 한다.

TERMINOLOGY

브랜드, 브랜드 자산, 브랜드 아이덴티티, 브랜드 성격, 소비자-브랜드 관계, 코브랜딩

도입 사례

글로벌 럭셔리 브랜드... 정상 궤도 오른 제네시스

"차근차근 내실을 쌓아 세계 고급차 시장에서 입지를 견고히 하겠다."

정의선 현대자동차그룹 회장(당시 부회장)이 2015년 11월 프리미엄 브랜드 '제네시스'(GENESIS)를 론칭하면서 한 말이다. 1967년 창립 이후 40년 넘게 '현대'라는 단일 브랜드로 대중차 이미지를 구축해 온 현대차는 메르세데스-벤츠 · BMW 등 쟁쟁한 경쟁자가 즐비한 고급차 시장에 첫발을 내디뎠다.

내년이면 제네시스 브랜드 독립 10주년이다. 국산 최초 프리미엄 브랜드로 힘찬 출발을 알린 제네시스는 정 회장의 말처럼 글로벌 시장 안착에 성공했을까.

▶ 현대차의 새로운 출발

제네시스는 2015년 브랜드 독립 출범 이전에도 존재했다. 현대차가 제네시스 브랜드 독립을 갑작스럽게 준비한 것이 아니라는 얘기다. 회사는 2004년 1세대 제네시스 모델 개발에 착수하며 독립 작업도 병행했다. 당시 목표는 2008년 론칭과 함께 브랜드 독립을 선언하는 것이었다. 이를 위해 4년간 5000억 원 이상을 투입했다. 2006년에는 국내뿐 아니라 북미에서도 태스크포스팀(TFT)을 운영하며 시장조사를 했다.

제네시스 글로벌 누적 판매 현황 (단위: 대)

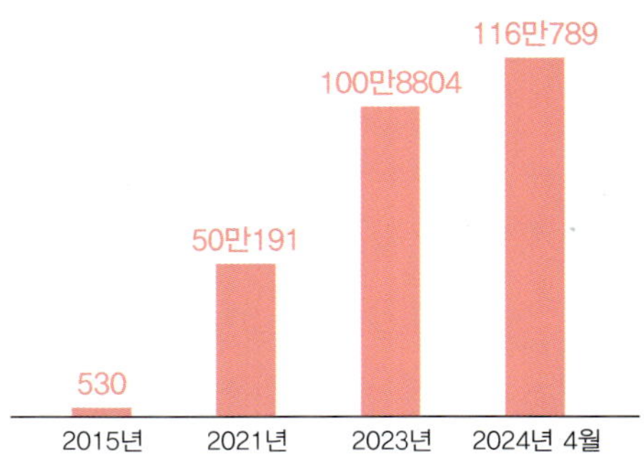

제네시스 브랜드 독립 시기가 당초 계획보다 미뤄진 것은 글로벌 금융위기가 맞물렸기 때문이다. 이 여파로 전 세계 고급차 시장이 급격히 위축됐다. 최초 계획보다 많이 늦어졌다. 2008년 1세대, 2013년 2세대 모델을 거쳐 2015년 12월 독립 브랜드 제네시스의 첫 번째 모델인 EQ900이 세상에 나왔다. 1세대 모델 출시 이후 약 7년 만이다. 현대차그룹 내부에서도 제네시스에 대한 기대감이 컸다. 당시 정몽구 현대차그룹 명예회장이 직접 출시 행사에 나선 것만 봐도 알 수 있다.

판매 실적으로 보면 '성공적'이다. 독립 출범한 제네시스는 2016년 글로벌 시장에서 총 6만5586대를 판매했다. 2019년까지 연평균 8만 대 내외의 실적을 기록했다.

2020년은 제네시스가 한 단계 더 도약한 해로 평가된다. 브랜드의 얼굴인 로고를 2D 형태로 변경했다. 제네시스 측은 새로운 로고 적용 이유에 대해 "새로운 로고의 목적은 두 가지로 하나는 기능성 강화, 두 번째는 디지털 · 전동화 등 미래 트렌드 대비"라고 설명했다.

제네시스의 첫 번째 스포츠유틸리티차량(SUV)인 GV80도 같은 해 출시됐다. 당시 반응은 폭발적이었다. 그해 제네시스는 GV80의 성공에 힘입어 12만8365대의 연간 판매 실적을 거뒀다. 처음으로 글로벌 연간 판매 10만 대를 돌파한 것이다. 이는 제네시스가 럭셔리카(고급차) 시장에 성공적으로 안착했음을 보여주는 대표적인 지표다.

제네시스의 성장은 이후에도 계속됐다. 2021년 글로벌 연간 판매 20만 대를 돌파하며 국내 고급차 브랜드의 위상을 높였다. 지난해에는 브랜드 독립 출범 7년 10개월 만에 글로벌 누적 판매 대수 100만 대를 돌파했다. 현대차 자료에 따르면 제네시스는 2015년 브랜드 독립 론칭 후 지난 4월까지 글로벌 시장에서 누적 기준 116만789대를 판매했다.

▶ 디자인 경영 · 공간 마케팅 '차별화'

업계는 제네시스의 성공 비결 중 하나로 '디자인'을 꼽는다. 제네시스는 '레드 닷 어워드' · 'IF 디자인 어워드' · '굿 디자인 어워드' 등 유력 디자인 시상식에서 수상 실적을 쌓아왔다.

현대차에 따르면 제네시스는 2015년 브랜드 독립 출범 당시부터 차별화된 고객 가치를 정립하기 위한 핵심 요소를 '디자인'이라고 판단했다. 디자인이 브랜드를 이끄는 가장 큰 힘이라고 본 것이다.

제네시스는 브랜드 독립 초기부터 오래 보아도 질리지 않는 영속성 있는 디자인을 추구했다. 브랜드 디자인 철학인 '역동적 우아함'(athletic elegance)으로 대변된다. 이는 ▲ 완벽한 비례 ▲ 환원주의적 디자인 ▲ 디테일에 대한 집착 등 3가지로 구체화한다.

제네시스 관계자는 "'환원주의적 디자인'과 '완벽한 비례'는 서로 연결되는 요소"라면서 "애초에 비례가 완벽하다면, 별도의 디자인 요소를 추가할 필요가 없어지고, 자연스럽게 절제된 디자인으로 연결되기 때문"이라고 설명했다. 이어 "'디테일에 대한 집착'은 아무도 신경 쓰지 않는 세세한 부분까지 고려한다. 이를 통해 진정성과 세심함을 느낄 수 있도록 설계한다는 원칙"이라고 덧붙였다.

제네시스의 디자인 중심 전략은 적극적인 인재 영입에서도 엿볼 수 있다. 제네시스는 벤틀리 수석 디자이너 루크 동커볼케와 벤틀리 외관 디자인 총괄 이상엽, 벤츠 · 벤틀리 외관 디자이너 윤일헌 등 프리미엄 브랜드 출신 디자이너를 적극 영입했다.

제네시스 관계자는 "기존에 없던 신생 브랜드의 디자인 아이덴티티(정체성)를 최초로 구축하고, 세상에 없던 제네시스만의 디자인을 새롭게 창조할 수 있다는 것은 그 자체로도 도전적이고 혁신적인 기회"라며 "대표 디자이너들을 비롯해 제네시스를 만들어가는 모든 사람은, 한국에 뿌리를 둔 새로운 럭셔리 브랜드라는 제네시스의 뜻깊은 여정에 함께 하고 있다는 자부심이 있다"고 말했다.

공간 마케팅도 제네시스가 시장 안착에 성공할 수 있었던 요소 중 하나로 꼽힌다. 제네시스는 브랜드 철학 및 정체성을 알리기 위해 전 세계 70여 곳에 제네시스 스튜디오 · 라운지 · 하우스 등 다양한 체험 공간을 구축했다. 제네시스 하우스 뉴욕 · 제네시스 스튜디오 상하이 · 스튜디오 하남 등이 대표적이다. 연간 수십만 명이 이곳에서 제네시스 브랜드를 경험한다.

제네시스에 따르면 2022년 기준 하남 등 국내 거점에 연간 73만 명이 다녀갔다. 제네시스 하우스 뉴욕을 찾는 방문객은 월평균 5,000명 이상이다.

출처: 이코노미스트 (2024. 05. 26.). https://economist.co.kr/article/view/ecn202405200047

05 CHAPTER

브랜드 커뮤니케이션

1 브랜드의 의미

현대인들은 브랜드의 홍수 속에 살고 있다. 급격한 기술의 발전으로 유사한 기능이나 성능을 지닌 제품들은 넘쳐 나고, 결국 그러한 경쟁은 더 많은 브랜드의 탄생과 소멸로 이어진다. 현대 소비자들은 더 이상 제품이나 서비스를 구입하는 것이 아니다. 소비자들은 수많은 브랜드 중에 특정 브랜드를 구입하고, 사용하고, 소유하며, 더 나아가 그 브랜드와 하나가 되고 있다. 브랜드는 다른 기업의 제품 또는 서비스와 구별하는 기능뿐 아니라, 제품의 질, 성격, 그리고 특징을 신속하고 효과적으로 소비자에게 전달하고 신뢰를 줌으로써 기업의 이윤에 중요한 영향을 끼치는 역할을 하는 현대 기업경영과 마케팅의 핵심 요소로 자리 잡고 있다. 기존 의 제품 중심의 패러다임도 브랜드 중심의 패러다임으로 변화하고 있다.

단어의 어원적 기원에 대한 기록에 따르면, '브랜드'는 고대 노르웨이의 '불에 태우다'를 의미하는 'brandr'라는 단어에서 유래되었다. 브랜드의 사전적 의미 중 하나인 '동물의 주인을 나타내는 낙인, 낙인을 찍다'에서도 알 수 있듯이, '브랜드'라는 단어의 사용은 약 기원전 2000년경부터 목장과 농장 주인들이 특정 가축떼에 대한 소유권을 나타내기 위해 자신만의 표식으로 가축에 낙인을 찍던 것에서 그 사용을 찾아볼 수 있다. 자신의 것에 낙인을 찍는 관행(branding)은 가축에서 점차 발전하여 상품에도 사용하게 되었다. 중국, 인도, 그리스, 로마, 그리고 메소포타미아 지역의 도공(陶工)들은 본인의 작품임을 새기는 동시에 구매자가 알 수 있도록 제작자의 이름뿐만 아니라 재료 정보 및 제품 생산 지역까지 식별 가능하도록 도자기에 낙인을 찍어 판매하였다. 이러한 브랜드의 형태는 고대 이집트의 석수(石手)들에게서도 찾아볼 수 있다. 고대 이집트의 석수들은 피라미드나 파라오의 지휘 아래 진행되던 건축 프로젝트에서 지급을 받는 수단으로써 자신이 일한 돌에 자신만의 심벌을 새겼다고 한다. 이렇듯 브랜드의 어원적 의미와 함께 신원 표식의 일환으로 이루어진 브랜딩의 다양한 사례는 이외에도 그리스, 이스라엘, 터키, 시리아, 그리고 중세 후기의 독일 등 전 세계적으로 많이 찾아볼 수 있다.

주로 '나의 것'을 나타내기 위한 수단으로 낙인과 함께 사용되었던 용어 brand가 현재의 모습으로 사용되기 시작한 것은 산업의 발전과 밀접한 연관이 있다. 18세기 중반부터 시작된 산업혁명으로 대량생산이 가능해지면서, 상표 없는 로컬 제품들과의 구분을 위해 생산 공장들은 운송 상자에 본인들을 식별할 수 있는 심벌, 즉 로고를 새겨넣기 시작했다. 이후 급격하게 늘어나는 공장들과 상품들 사이에서의 차별화를 통해 소비자에게 더 쉽게 각인되기 위한 노력으로, 기업들은 특정 로고의 사용과 함께 자신의 상품을 브랜드화하기(branding) 시작하였다. 단순 제품 생산과 판매를 넘어 브랜드적 가치 창출에 대한 중요도가 높아질 뿐만 아니라, 사회 · 문화 · 경제적으로 많은 변화를 거쳐 오면서 마케팅과 광고에 대한 개념과 전략에 대한 관심 또한 크게 높아지고 있었다. 이러한 맥락에서, 그 의미와 사용이 조금씩 변화하고 발전된 '브랜드'라는 용어는 1950년에 데이비드 오길비(David Ogilvy)가 '브랜드 이미지'라는 개념을 광고계에 처음으로 소개하며 조금 더 구체적으로 인식되기 시작하였고, 하나의 학문 분야로 자리매김하게 된다.

시장이나 마케팅에서 브랜드의 정의와 기능은 무엇일까? 미국의 마케팅학회

(American Marketing Association: AMA)는 브랜드를 "판매자가 자신의 상품이나 서비 스를 다른 경쟁자와 구별해서 표시하기 위해서 사용하는 명칭, 용어, 상징, 디자인 혹은 그의 결합체"라고 정의하고 있다. 광고계에서 세계 최고의 카피라이터, 크리에이터로 잘 알려진 데이비드 오길비는 "브랜드는 복잡한 상징이다. 그것은 한 제품의 속성, 이름, 포장, 가격, 역사 그리고 광고 방식을 포괄하는 무형의 집합체"라고 브랜드를 정의하였다. 브랜드가 여전히 차별화, 소유권, 표식과 같은 기능도 있지만, 현대 사회에서 브랜드는 이미 구체적이고 물리적인 제품 그 이상의 의미를 지니고 있다. 소비자들은 이제 브랜드의 상징적 의미(symbolic meaning)를 소비하는 시대가 되었다. 기술의 발달로 인해 기업 또는 제조사에 따른 제품의 기능적 차이는 점점 없어지고 있으며, 소비자들은 기능적 소비를 넘어선 기호적 소비 또는 의미적 소비를 추구하고 있다. 특정 브랜드를 구입하고 사용하는 것이 그 소비자의 사회적인 위치뿐만 아니라 라이프 스타일, 관심사, 심리상태, 그리고 성격까지 말해주는 시대가 된 것이다. [그림 5-1]의 루이비통(Louis Vuitton) 브랜드에서 알 수 있듯이 소비자들이 명품에 열광하며, 매장에 들어가기 위해 긴 줄을 마다하지 않고, 훨씬 비싼 프리미엄 가격을 지불하면서 특정 브랜드를 소비하는 이유는 브랜드의 기능적인 베네핏(functional benefit)보다는 그 브랜드와 연합된 심리적, 사회적인 상징적 베네핏(symbolic benefit) 때문이다. 이러한 의미적 소비를 통해 소비자들은 자신의 실제적 또는 이상적 자아를 표출하고, 특정 그룹에 속했다는 소속감을 느끼게 되며, 다양한 소셜 그룹과 관계를 맺으며 살아가게 된다. 다시 말해 브랜드가 소비자와 사회를 이어주는 매개체로써의 역할을 하는 세상이다.

그림 5-1 루이비통(Louis Vuitton) 매장에 들어가기 위해 줄을 선 소비자들

1990년대 이후 세계의 많은 기업들은 물론이고 사회단체, 정부 기관, 대학교, 지방자치단체를 비롯한 다양한 비영리단체들도 브랜드의 중요성을 더욱 강하게 인식하여 단체뿐만 아니라 단체에서 진행하는 특정 캠페인이나 사업들도 개별적인 브랜드로서 가치를 창출하고자 브랜드 경영과 커뮤니케이션에 시간, 돈, 그리고 인력을 투자하고 있다. 예를 들어, 1961년에 야생동물보호를 위해서 설립된 World Wildlife Fund(WWF, 세계야생생물기금)는 1986년에 World Wide Fund for Nature(WWF, 세계자연기금)으로 명칭을 변경하였다. WWF는 전 세계적에서 가장 잘 알려진 비영리단체 중 하나이며 그 어떤 영리 브랜드보다 소비자들로부터 신뢰를 받는 브랜드이다. WWF는 그들의 브랜딩 노력을 단순히 기금 모금이나 인지도를 위해 외부의 인식을 관리하는 도구로써 보는 것이 아니고, 장기적으로 그들의 정체성을 유지하며, 미션을 수행하고, 사회적인 영향력을 유지하며, 단체의 가치와 문화를 올바르게 유지하기 위한 새로운 패러다임으로 인식하고 있다. 그러한 노력의 일환으로 지속적으로 브랜드 로고의 변화를 통해 브랜드 아이덴티티 확립과 유지를 위해 노력하고 있다.

그림 5-2 WWF 브랜드 로고의 변화

세계적인 브랜드 컨설팅업체인 인터브랜드(Interbrand)는 2000년부터 전 세계 브랜드의 자산가치를 평가하여 매년 100개의 '베스트 글로벌 브랜드'를 발표해 왔다. 2014년부터는 국내 대표 브랜드들의 가치와 순위(베스트 코리아 브랜드)도 발표 하고 있다. 인터브랜드의 브랜드 가치 평가는 브랜드가 미래에 창출할 것으로 예상되는 수익의 현재 가치를 화폐 단위로 나타내는 지표이다. 인터브랜드의 브랜드 가치 평가방법은 비즈니스 및 재무자산의 가치 평가방법에 근거하고 있으며, 이는 브랜드가 창출하는 제품이나 서비스의 매출을 밝혀내는 '재무 예측', 브랜드에 의해 발생한 무형 이익 비율을 토대로 한 '브랜드의 역할 지수 계산', 향후 브랜드를 통해 얻게 되는 이익의 순 현재가치를 도출하기 위해 브랜드의 특정 위험성을 측정하는 '브랜드 강도 평가' 3가지 핵심 요소로 구성되어 있다.

〈표 5-1〉은 2023년에 인터브랜드가 발표한 2023년 글로벌 베스트 브랜드의 20위까지의 랭킹이다. 1위를 차지한 애플의 브랜드 가치는 1년 전보다 4% 오른 5026.8억 달러를 기록하며 11년 연속 1위를 유지하였다. 이어서 마이크로소프트는 1년 전보다 14% 오른 3166.5억 달러 이상의 브랜드 가치를 기록하며 작년과 동일하게 2위를 차지하였다. 마찬가지로 작년과 동일하게 아마존이 3위를 차지하였으며 브랜드 가치 2769.2억 달러로 1년 전보다 1% 상승했다. 4위는 구글로 1년 전보다 3% 오른 2602.6억 달러의 브랜드 가치를 기록했다. 국내 기업으로는 유일하게 삼성이 1년 전보다 브랜드 가치가 4% 오른 9140.7억 달러를 기록해 2022년과 동일하게 5위에 올랐다. Top 20에 랭크된 브랜드들을 살펴보면 몇 가지 주목할 만한 현상을 알 수 있다. 20개의 브랜드 중 14개는 미국 브랜드이며 유럽에서 2개의 브랜드를, 아시아에서 4개의 브랜드를 랭크시켰다. 또한 총 20개의 브랜드 중 9개의 브랜드(Apple, Microsoft, Amazon, Google, Samsung, Cisco, Adobe, IBM, Oracle)가 컴퓨터, 테크놀로지, IT와 관련된 산업이라는 것을 알 수 있다. 이러한 결과는 특히 기술과 테크놀로지와 관련된 업종에서는 기업의 총 가치 중 브랜드가 차지하는 비중이 크다는 것을 입증하는 중요한 결과라고 할 수 있다. 구글과 인스타그램을 예로 들어 보자. 1998년에 설립된 구글이 처음으로 인터브랜드 100위 안에 들어온 것은 2005년이고 2019년에 설립된 인스타그램이 인터브랜드 100위 순위에 들어온 것은 2020년이다. 설립된지 불과 10년도 안 되어서 전 세계에서 가장 가치가 높은 브랜드로 인정받은 두 기업으로부터 소비자들이 실제로 구입하는 유형의 제품은 무엇일까? 소비자들 중에 애플의 아이폰이나 맥북, 삼성의 냉장고나 세탁기처럼 구글 또는 인스타그램이 공장에서 제조해 판매하는 유형의 제품을 구매하고 사용해 본 경험이 있는 사람이 과연 얼마나 될까? 결국 현대 사회에서 브랜드의 가치를 결정하는 중요한 요인은 실재하는 구체적

인 제품을 넘어서 그 브랜드가 상징적으로 나타내는 의미라고 할 수 있다. 구글과 인스타그램은 현대인이 하루하루를 살아가는 데 없어서는 안 될 정보, 사회적 관계, 교육, 쇼핑, 엔터테인먼트 등으로 통하는 디지털 세상으로의 매개체로서 이미 현대인의 삶 깊숙한 곳까지 들어와 있고 브랜드가 상징하는 의미가 너무나 커져 버렸기 때문에 글로벌 시장에서 강력한 브랜드로 성장하였다.

표 5-1 2023 글로벌 베스트 브랜드

2023년 순위	브랜드	국가	브랜드가치($million)
1	Apple	USA	502,680
2	Microsoft	USA	316,659
3	Amazon	USA	276,929
4	Google	USA	260,260
5	Samsung	S. KOREA	91,407
6	Toyota	JAPAN	64,504
7	Mercedes-Benz	GERMANY	61,414
8	Coca-Cola	USA	58,046
9	Nike	USA	53,773
10	BMW	GERMANY	51,157
11	McDonald's	USA	50,999
12	Tesla	USA	49,937
13	Disney	USA	48,258
14	Louis Vuitton	FRANCE	46,543
15	Cisco	USA	43,345
16	Instagram	USA	39,342
17	Adobe	USA	34,991
18	IBM	USA	34,921
19	Oracle	USA	34,622
20	SAP	GERMANY	33,078

2 브랜드 자산

브랜드가 중요한 기업 자산이라는 인식이 확산됨에 따라 브랜드 자산가치의 중요성 또한 확산되고 있다. 모든 기업들은 강력한 브랜드를 만들기 위해 노력하고 있다. 여기서 강력한 브랜드(strong brand)란 브랜드 자산가치가 높은 브랜드라고 할 수 있다. 대표적인 브랜드 학자인 데이비드 아커(David Aaker, 1991)는 브랜드 자산이 브랜드 인지, 브랜드의 지각된 품질, 브랜드 연상, 그리고 브랜드 충성도로 구성된다고 주장하였다. 이 네 가지의 구성 요소는 브랜드 개발, 관리, 그리고 성과 측정에 주요 기준을 제공해 준다.

브랜드 인지는 브랜드 네임, 로고, 광고 등에 대한 소비자의 기억이며 브랜드 태도와 선택의 토대가 된다. 브랜드 인지는 브랜드의 전반적인 인식에 영향을 미친다는 것이 기존 연구들의 결과다. 특히 소비자들이 친숙하지 않거나 관여도가 떨어지는 제품을 구입할 때는 친숙한 브랜드를 선택하는 경우가 많은 것처럼 브랜드인지도는 브랜드 자산을 구축하는 데에 가장 기본적인 필요 조건이라고 할 수 있다. 지각된 품질은 객관적 평가가 아닌 개개인의 소비자가 지각하는 브랜드에 대한 주관적인 질적 평가 또는 연상이라고 할 수 있으며, 특히 기업의 전반적인 이윤에 영향을 미친다는 것이 경험적으로 밝혀졌다. 브랜드 연상은 소비자가 특정 브랜드를 떠올렸을 때 연상되는 다양한 지식으로, 이것은 브랜드와 관련된 제품, 사용 상황, 사람, 조직, 성격, 심벌 등을 포함하며 브랜드와 직간접적으로 연관된 총 체적인 지식이라고 할 수 있다. 마지막으로 브랜드 충성도는 브랜드 가치의 중심 이라고 할 수 있으며 브랜드에 대한 소비자의 호의적인 태도와 행동을 포함하는 개념이다.

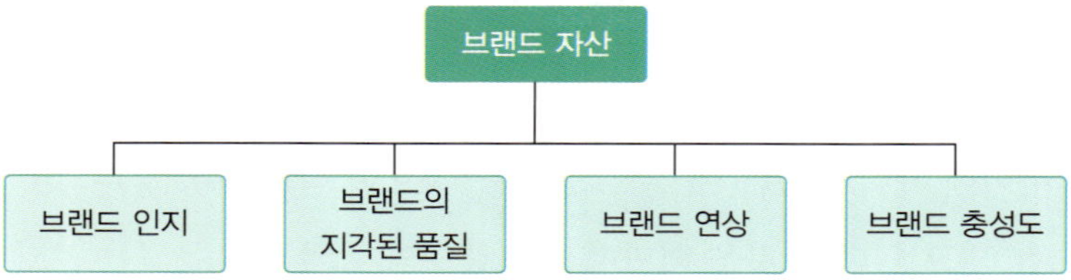

그림 5-3 브랜드 자산 구성 요소

출처: Aaker, D. A., & Joachimsthaler, E. (2000).

3 브랜드 아이덴티티

모든 사람은 나름의 아이덴티티를 가지고 있다. 브랜드도 마찬가지이며 강력한 브랜드일수록 좀 더 명확하고 쉽게 변하지 않는 아이덴티티를 갖고 있다. 소비자들뿐만 아니라 실무자들까지도 브랜드 아이덴티티(brand identity)와 브랜드 이미지(brand image)를 비슷한 개념으로 인식하지만 둘은 다른 개념이다. 브랜드 아이덴티티는 기업이 목표로 하고 소비자들이 인식했으면 하는 이상적인 브랜드 연상이다. 기업이 전략적으로 만들어 내고 유지하고 싶은 브랜드의 이상향인 것이다. 브랜드 아이덴티티는 광고의 태그라인과도 다른 것이며 브랜드의 포지셔닝 스테이 트먼트와도 다른 개념이다. 브랜드 아이덴티티는 기능적, 정서적, 또는 자기 표현적인 가치를 제공함으로써 브랜드와 소비자 간의 관계를 형성하는 데 도움을 준다. 따라서 브랜드 아이덴티티 수립은 소비자들로 하여금 그 브랜드에 대해서 궁극적으로 어떤 연상을 하게 할 것인가를 결정하고, 기업의 비전을 나타내는 것이며, 궁극적으로는 소비자들과의 약속을 의미한다.

반면에 브랜드 이미지는 소비자들이 다양한 직간접적 경험을 통해서 갖게 된 현재의 브랜드 연상이다. 즉, 소비자의 기억에 저장된 브랜드 연상에 의하여 반영되는 브랜드의 지각이라고 정의될 수 있다. 따라서 브랜드 아이덴티티는 이상적인 자아(ideal self)라고 할 수 있으며 브랜드 이미지는 실제적 자아(actual self)라고 할 수 있다. 모든 사람들이 그렇듯 현실적으로 거의 모든 브랜드들은 브랜드 아이덴티티와 브랜드 이미지 사이에 차이가 있다. 물론 그 차이는 적으면 적을 수록 좋은 것이며 브랜드의 관리가 잘 되고 있다는 것을 의미하고 브랜딩의 궁극적인 목표는 브랜드 아이덴티티와 이미지 사이의 차이를 줄여 나가는 것이라고 할 수 있다.

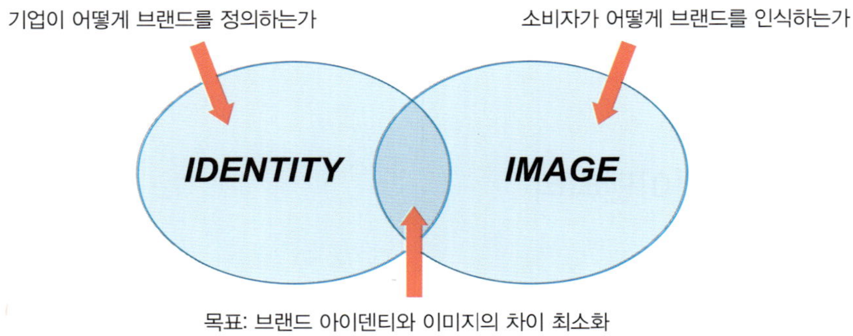

그림 5-4 브랜드 아이덴티티-이미지 갭

브랜드 아이덴티티를 잘 구축해온 국내 사례로 아모레 퍼시픽의 이니스프리(innisfree)를 들 수 있다. 이니스프리는 '피부에 휴식을 주는 섬'이라는 의미를 담고 있 으며, 200년 제주 녹차를 활용한 '그린티 퓨어'라인을 시작으로 녹차와 감귤, 유채꿀 등 다양한 제주 원료를 활용해 자연의 혜택을 준다는 브랜드 아이덴티티를 구축해 오고 있다. 특히 대표적인 SNS마케팅 플랫폼인 인스타그램을 효과적으로 사용하여 브랜드 아이덴티티를 관리하는 것으로 잘 알려져 있다. 이니스프리는 제주라는 브랜드 아이덴티티에 스토리를 가미해 제주 바다와 일출, 오름 동백, 맛집 등과 관련된 감성적이고 색감이 뛰어난 사진들을 인스타그램에 포스팅함으로써 이니스프리 소비자를 포함한 팔로워들에게 큰 호응을 얻고 있다. 여기서 주목할 점은 단순히 이니스프리 제품의 사진만을 올리는 것이 아니라 제주의 숨겨진 명소나 맛집을 소개함으로써 상업적인 메시지를 최소화하면서 이니스프리와 제주의 관련성을 다양하게 구축하고 있다는 점이다. 이러한 소셜미디어 마케팅을 통해 많은 소비자들은 이니스프리-제주라는 연상(브랜드 이미지)을 갖게 되었다.

그림 5-5 이니스프리 인스타그램 포스팅

브랜드 아이덴티티는 기업에서 능동적으로 수립하고 관리할 수 있는 부분이지만, 브랜드 이미지는 소비자들의 주관적인 모든 브랜드 경험들에 의해 결정되는 것이기 때문에 광고, 마케팅 커뮤니케이션, 프로모션 등을 통해서 변화시키는 데에 한계가 있다. 예를 들어, 제품 리뷰를 비롯한 다양한 구전을 통해 소비자들이 학습하는 브랜드 경험은 브랜드 매니저로서도 어쩔 수 없는 부분이다. 또한 소비자들의 마음속에 한 번 각인된 브랜드 이미지는 웬만해서는 쉽게 변화되지 않기 때문에 소비자들에게 너무 많은 것을 약속하거나 현실적으로 이룰 수 없는 브랜드 아이덴티티를 수립하는 것은 브랜딩의 시작부터 브랜드 아이덴티티와 브랜드 이미지의 간극을 갖고 시작하는 일이라고 할 수 있다.

4 브랜드 아이덴티티 구성요소

[그림 5-6]은 브랜드 아이덴티티와 4가지 구성요소를 보여주고 있다. 이 요소들 의 효과적인 조화를 통해 기업은 이상적인 브랜드 아이덴티티를 구축하고 유지할 수 있다. 브랜드 아이덴티티는 크게 핵심 아이덴티티(core identity)와 확장 아이덴 티티(extended identity)로 구분할 수 있으며, 총 12개의 구체적인 브랜드 아이덴티티 요소들이 4개의 브랜딩 관점에 걸쳐 구성되어 있다.

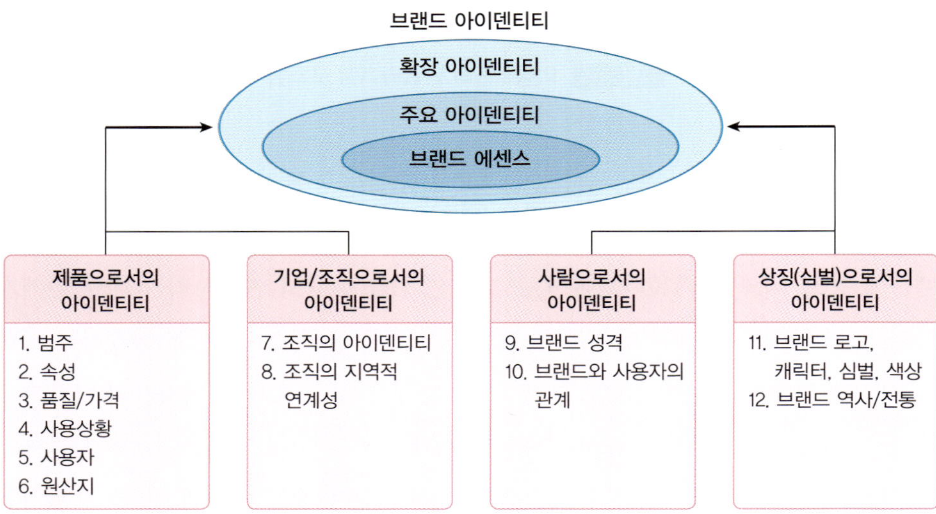

그림 5-6 브랜드 아이덴티티 구성 요소

출처: Aaker, D. A., & Joachimsthaler, E. (2000).

핵심 아이덴티티는 소비자들뿐만 아니라 조직 내에서 기업이 추구하는 브랜드의 가장 중요한 가치를 제공하는 기능을 하며, 이는 글로벌 마켓에서도 동일하게 적용되어야 한다. 애플의 핵심 브랜드 아이덴티티는 상상력(imagination), 디자인(design), 그리고 이노베이션(innovation)이다. 이러한 애플의 아이덴티티는 기업이 나가갈 방향의 기준이 되며, 제품 개발은 물론이고 모든 광고 마케팅에도 적용되는 핵심 가치로서의 역할을 한다. 또한 전 세계 어느 애플 매장이나 애플의 웹사이트에도 동일하게 적용되고 있다. 확장 아이덴티티는 핵심 브랜드 아이덴티티가 포함하지 않는 모든 요인들을 포함한다. 때로는 핵심 아이덴티티가 너무 간결하거나 추상적이어서 커뮤니케이션이 쉽지 않거나 핵심 가치가 불분명할 수 있다. 확장 아이덴티티는 좀 더 구체적인 방법을 통해서 이러한 부분을 해결해 주는 역할을 한다. 예를 들어, 브랜드 의인화 또는 브랜드 성격이라는 좀 더 구체적인 개념을 통해 애플 브랜드의 핵심 가치를 소비자들에게 알리는 데 효과적으로 커뮤니케이션하는 역할을 할 수 있다. 애플이 전 세계 브랜드 자산가치 1위의 기업에 오르고, 성공할 수 있었던 이유는 단순히 아이폰, 아이맥 등 애플 제품이 많이 팔려서가 아니다. 애플 브랜드의 핵심 아이덴티티가 오늘날 최고의 기업 그리고 브랜드로 성공하게 된 가장 중요한 요인이라고 해도 과언이 아니다.

그림 5-7 사람으로서의 애플 브랜드 아이덴티티

1) 제품으로서의 아이덴티티

가장 기본적이고 소비자들이 쉽게 경험할 수 있는 브랜드 아이덴티티는 제품으로서의 아이덴티티라고 할 수 있다. 범주, 속성, 품질/가격, 사용상황, 사용자, 그리고 원산지가 여기에 포함된다.

- 범주: 브랜드가 속해 있는 상품군 또는 서비스군과 관련하여 소비자의 연상이 브랜드 아이덴티티에 영향을 미칠 수 있다. SK하이닉스와 클라우드라는 두 브랜드를 예로 들어 보자. 소비자들이 이들 브랜드로부터 연상할 수 있는 이미지에는 분명히 차이가 있으며 많은 요인들이 그 차이를 만들어 내겠지만, 그 무엇보

다도 두 브랜드는 다른 두 제품군(반도체 vs. 맥주)에 속해 있기 때문에 소비자들이 인식하는 이미지에 차이가 나타날 수밖에 없다.

- **속성**: 제품을 구성하는 한두 가지의 중요한 속성이 브랜드 연상에 큰 영향을 미치고 핵심 브랜드 아이덴티티 구축에 도움이 되기도 한다. 아사히 맥주는 가정에서 생맥주의 맛을 즐길 수 있도록 개발된 캔 뚜껑 전체가 열리는 생맥주이다. 신선한 거품에 대한 제품의 속성을 이용하여 아사히 맥주가 최상의 맛을 가지고 있다고 소비자들을 설득한다([그림 5-8], [그림 5-9]). 아사히 맥주의 피어오르는 거품이란 속성은 아사히 브랜드의 핵심 아이덴티티인 최고의 맛, 풍부함, 부드러움을 구축하는 데 큰 역할을 하고 있다.

그림 5-8 피어오르는 거품이라는 브랜드 속성을 통한 브랜드 아이덴티티 구축

그림 5-9 피어오르는 거품과 생맥주라는 주요 속성 강조

- **품질/가격**: 가격대비 품질(가성비)를 의미하며 가격이 브랜드 인식에 미치는 영향은 매우 직접적이다. 일반적으로 소비자들은 가성비가 좋은 브랜드를 선호하

기 때문에 제품의 높은 가격은 소비자 평가에 부정적인 영향을 미친다. 특히 합리적인 소비를 한다고 믿는 소비자들일수록 부정적 영향이 크다. 하지만 때로는 비싼 가격이 브랜드 아이덴티티뿐만 아니라 매출에도 긍정적인 영향을 미치기도 한다. 가격이 높을 수록 품질과 효용도 비례할 것이라는 기대를 전제로 싼 게 비지떡 또는 비싼 건 제값을 한다는 믿음으로 브랜드에 대한 연상이 생겨날 수 있다. 이러한 브랜딩 전략은 주로 명품 마케팅과 가격 정책에서 찾아볼 수 있다. 비싼 가격을 지불하는 건 단순히 제품의 효용이나 만족도를 위해서만이 아니다. 남들은 가질 수 없는 특권의식, 계급 차별화라는 소비자의 심리로부터 나오는 것이라고 할 수 있다.

- **사용상황**: 제품이 주로 사용되는 상황과 맥락이 미치는 영향이다. 스위스 럭셔리 시계 브랜드인 태그호이어는 전 세계 유명인들을 이용하여 광고 캠페인을 하는 것으로 유명하다. 특히 스포츠 분야에서의 최고 스타들을 시리즈 광고에서 노출시키고 있는데, 이러한 전략은 특정 스포츠 스타와 태그호이어와의 연상을 만들어 내는 효과도 있지만, 다양한 스포츠 상황에 브랜드를 노출함으로써 태그호이어만의 유니크한 브랜드 아이덴티티(터프함, 강함, 정교함)를 형성하였다([그림 5-10]). 해외에서는 크리스티아누 호날두, 톰 브래디, 마리아 사라포바와 같은 스타 플레이어를 이용하였으며, 국내에서는 류현진, 전인지를 광고에 적극 활용하고 있다.

그림 5-10 미식축구 NFL 역사상 최고의 쿼터백으로 인정받는 톰 브래디(Tom Brady)

- **사용자**: 브랜드를 구매하고 사용하는 주 고객에 대한 연상이다. 미국의 대표 적인 모터사이클 브랜드인 할리데이비슨을 즐겨타는 바이커들, 갤러리아 명품관에서 쇼핑하는 여성 소비자들, 그리고 지금은 그 차이가 많이 줄어들긴 했지만 애플의 아이폰 사용자와 블랙베리(또는 삼성 갤럭시) 이용자들과 관련된 브랜드 연상은 분명한 차이가 있다.
- **원산지**: 원산지 연상(효과)는 특정 국가의 브랜드나 제품에 그 국가의 이미지가

연상되는 것을 통칭한다. 패션은 프랑스나 이탈리아, 칠레는 와인, 독일은 자동차, 콜롬비아 커피, 뉴질랜드 우유, 스위스는 시계 등 원산지와 관련된 연상은 무수히 많으며 국가뿐만 아니라 지방에도 적용된다. 예를 들어, 경산 사과, 나주 배, 프랑스 보르도 지방의 와인, 제주도 갈치 등 유명산 생산지 지명이 브랜드명으로도 사용되기도 하며 원산지가 브랜드의 전반적인 질적 평가와 연상에 미치는 영향은 무시할 수 없다. [그림 5-11]의 스와치 광고는 스위스라는 원산지를 강조함으로써 원산지 효과를 브랜딩에 이용하고 있다.

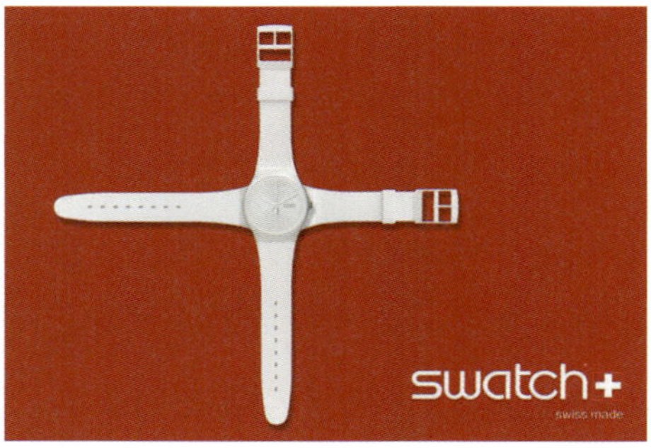

그림 5-11 스위스 국기를 연상시키는 스와치 광고

2) 기업 · 조직으로서의 아이덴티티

상품과 서비스를 제공하는 기업 · 조직의 아이덴티티도 브랜드 아이덴티티에 중요한 역할을 한다. 조직의 아이덴티티(예: 성격, 특성, 신뢰, 혁신)와 조직의 지역적 연계성이 주요 구성요소이다.

- 조직 아이덴티티: 브랜드를 제조하고 생산하는 기업에 대한 아이덴티티를 의미한다. 기업의 문화, 성격, 특성 등과 관계가 있으며 소비자들은 다양한 직간접적인 루트를 통해 경험한 기업의 아이덴터티를 바탕으로 그 기업의 브랜드를 연상하기도 한다. 예를 들어 기업의 사회공헌(corporate social responsi-bility: CSR)

활동이 브랜드 자산 구축과 브랜드 아이덴티티, 더 나아가서는 소비자들의 구매 의도에 영향을 미친다는 많은 연구결과들이 있다. 긍정적인 기업 아이덴티티 인식은 기업 신뢰에 영향을 미치고 결국 브랜드의 신뢰도에도 긍정적인 효과를 가져올 수 있다. 국내의 사회공헌 대표기업을 떠올릴 때 많은 소비자들이 유한양행을 떠올린다. 창업주인 유일한 박사는 평소 검소한 생활과 거액의 사회 기부 등 사회 고위층에게 요구되는 높은 수준의 도덕적 의무인 '노블레스 오블리즈주'를 실천한 존경받는 기업인이었다. 기업에서 얻은 이익을 기업을 키워준 사회에 환원해야 한다는 정신과 기업이익의 사회공헌 시스템의 구축은 유한양행 기업 문화의 근본이며, 이러한 기업 아이덴티티가 유한양행에서 생산하는 다양한 브랜드(예: 안티프라민, 삐콤씨, 유한락스)의 아이덴티티에도 영향을 미친다([그림 5-12]).

그림 5-12 21년 연속 존경받는 기업으로 선정된 유한양행

또한 기업의 조직 문화가 브랜드 아이덴티티에 영향을 미치기도 한다. 예를 들어 애플은 스티브 잡스(Steve Jobs)라는 강력한 리더십을 가진 대표가 초기부터 모든 결정을 하는 위계조직(rank-driven organization)문화의 대표적 예라고 할 수 있다. 상하관계가 중요시되는 우리나라 대부분의 대기업에서 선택한 구조라고 할 수 있다. 반면에 같은 실리콘밸리 기업 중의 하나인 구글은 역할조직(role-driven orga-nization)문화를 시작한 기업이다. 구글은 직원들에게 최대한의 자유를 주며 그들이 스스로 내적 동기를 가지고 아이디어를 내고 문제를 해결해 가면 최고의 제품과 서비스

를 만들어낸다고 생각한다. 구글 외에 페이스북, 트위터 등 많은 IT기업들이 이런 조직문화를 갖고 있다. 따라서 위계조직문화에서는 리더가 혁신적이지 않으면 브랜드 혁신을 이뤄내기 어렵고, 반면에 역할조직문화에서는 개개인의 조직원들로부터 혁신이 나올 수 밖에 없다. 실제로 애플이 아이패드를 출시하기 전 조직 내외에서 실패할 것이라는 의견이 많았지만 스티브 잡스의 강력한 리더십으로 출시를 강행했고 성공할 수 있었다. 애플이 역할조직문화를 갖고 있었다면, 아이패드는 시장조사 끝에 빛을 보지 못했을 것이다. 많은 소비자들이 애플의 리더 인스티브 잡스는 기억하지만 구글의 리더인 에릭 슈미트를 상대적으로 잘 모르는 것은 이런 조직문화로 인한 브랜드 아이덴티티와도 관련된다.

3) 사람으로서의 아이덴티티

사람으로서의 아이덴티티는 브랜드 성격(personality)과 관계(relationship)의 두 요소로 구성되어 있다. 브랜드를 성격이 있는 사람이라고 생각한다면 그 사람(브랜드)과 다양한 관계를 형성할 수 있으며, 그런 관계를 통해서 그 사람(브랜드)의 아이덴티티, 성격, 취향 등을 알아갈 수 있다.

사람으로서의 브랜드 아이덴티티 개념은 소비자-브랜드 관계, 즉 관계 마케팅의 기본으로 오래전부터 사용된 마케팅 전략 중 하나이다. 사람들은 인간 관계와 같거나 비슷한 규범을 바탕으로 브랜드와 다양한 관계를 시작하고 유지하며 때로는 그 관계를 끊기도 한다.

네이버가 사람이라면, 대한항공이 사람이라면, 삼성이 사람이라면, 우리는 사람을 평가하거나 그 사람에 대해서 묘사할 때 다양한 방법이나 언어로 표현한다. 예를 들어 상대방의 성격, 외모, 능력, 관계 등 여러 가지 요소를 통해 그 사람의 아이덴티티와 특성들에 대해서 이야기한다. 브랜드도 이러한 방법을 통해 소비자들로부터 묘사되거나 표현될 수 있으며 이는 의인화(anthropomorphism)라는 개념에 기초하고 있다. 의인화는 인간 이외의 존재에 인간적 특징을 부여하여 인간과 견주어 해석하는 것을 의미하며 사람들은 동물, 물건, 브랜드 등 다양한 인간이 아닌 존재를 의인화하는 경향이 있다. 마케팅과 소비자 심리에서는 이러한 의인화를 브랜드 성격(brand personality)이라고 하며 브랜드가 인간의 성격 요인들로 표현될 수 있음을 의미한다. 브랜드 이미지와 비슷한 개념이지만 브랜드 이미지 중에 사람을 표현하는 성격 요인으로 브랜드를 표현할 때는 브랜드 성격이라고 하기 때문에 브랜드 이미지 안에 포함되는 개념으로 생각할 수 있다.

브랜드에 성격을 부여하고 소비자들이 브랜드를 인간처럼 느끼게 하기 위해서 기업은 다양한 광고, 마케팅, 프로모션 방법들을 사용하지만 가장 대표적인 방법 중 하나는 스포크 캐릭터(Spoke character)를 이용는 것이다. 예를 들어 [그림 5-13]에서 보는 바와 같이 미국 자동차 보험회사인 가이코는 '가이코'라는 캐릭터를 이용하였고, 국내 에스오일도 '구도일'이라는 가상의 캐릭터를 이용하여 소비자들이 브랜드를 사람처럼 느끼고 친숙하게 여기도록 함으로써, 결과적으로 성공적인 브랜드 신뢰와 브랜드 관계를 구축한 사례로 잘 알려져 있다([그림 5-14]).

그림 5-13 미국 보험회사 가이코(Geico)의 캐릭터

그림 5-14 S오일의 캐릭터 구도일

그림 5-15 2023년 출시된 클라우드 맥주 신제품 '크러시'의 광고모델 카리나

때로는 유명인(연예인, celebrity)을 이용한 광고나 브랜드 홍보를 통해서 유명인의 성격이 브랜드에 전이될 수 있도록 하는 전략을 쓰기도 한다. 특히 신생 브랜드일수록 이러한 마케팅이 효과적일 수 있다. 신생 브랜드는 소비자들의 인지도도 낮고 아직 특정 이미지나 성격이 생성되지 않은 단계이기 때문에 그 유명인이 브랜드 성격에 미치는 영향은 훨씬 더 클 수 있다. 예를 들어 2014년에 출시된 롯데칠성음료의 클라우드(Kloud) 맥주 브랜드는 오리지널 그래비티 공법을 적용한 제품으로서 브랜드 출시 때부터 배우 전지현을 이용하여 유명인 광고를 진행하였고, 2대 모델은 설현, 3대 모델은 배우 김혜수와 김태리가, 4대 모델로는 기존의 광고 모델이었던 전지현이, 현재는 5대 모델로 그룹 에스파의 카리나가 맡았다. 국내에서 남자 유명인 모델을 주로 활용하는 경쟁 맥주 브랜드와 달리 줄곧 여자 유명인을 이용한 광고캠페인을 통해 많은 소비자들이 클라우드 브랜드를 여성적이고 부드럽게 인식하는 경우가 많다.

때로는 기업의 대표나 CEO가 브랜드 성격에 영향을 주기도 한다. 많은 소비자들이 기업의 CEO 하면 가장 먼저 떠오르는 스티브 잡스가 대표적인 예이다. 애플의 창업자이자 매킨토시 컴퓨터를 만들고 아이폰, 아이패드, 아이팟 등을 선보이며 IT업계뿐만 아니라 현대인의 삶의 패러다임을 바꾼 스티브 잡스의 혁신적이고 창의적인 이미지는 애플 브랜드의 이미지에 엄청난 영향을 주었다. 새로운 제품을 출시할 때마다 스티브 잡스는 리바이스 청바지와 뉴발란스 운동화로 일관된 본인의 이미지를 대중들과 소비자들에게 보여주었으며, 이러한 일관된 메세지는 애플 브랜드의 아이덴티티를 만들어내는 데 결정적인 역할을 하였다. 소비자들은 애플과 스티브 잡스를 동일시하였으며 이러한 아이덴티티는 애플의 광고, 매장 디자인, 마케팅, 웹사이트 등에서도 일관되게 표출되었기 때문에 소비자들은 애플 브랜드의 성격을 창의적이고, 혁신적이며, 트렌디하게 지각하게 되는 것이다.

그림 5-16 스티브 잡스의 프레젠테이션 변천사

그림 5-17 애플 = 스티브 잡스

스탠퍼드 경영대학원 교수인 제니퍼 아커(Jennifer Aaker)는 성격심리학에서 개발된 인간의 성격적 성향을 일관성 있는 분류 체계로 정리한 Big Five 성격 요인을 근간으로, 브랜드 성격도 다섯 개의 기본적인 성격으로 구조화된다는 연구를 진행하여 브랜드 성격 Big Five를 개발했다([그림 5-18]). 이 성격 5요인 모형은 sincerity, excitement, competence, sophistication, ruggedness로 구성되어 있다. 예를 들어, 성실한(sincere) 성격을 가진 대표적인 글로벌 브랜드는 코카콜라를 꼽을 수 있고 국내 브랜드로는 착한 브랜드로 알려진 유한양행을 들 수 있다. 트렌디하고 열정이 넘치는 exciting한 브랜드는 애플, 펩시, CJ Entertainment 등이 있다. 능력 있고 일관된 품질을 제공하는 성격을 가진 competent한 브랜드는 도요타, IBM, 그리고 미국의 언론사인 Wall Street Journal을 예로 들 수 있다. 럭셔리하고 고급스러운 성격을 지닌 sophisticated한 브랜드로는 다양한 명품 브랜드들을 예로 들 수 있다. 샤넬,

에르메스, 구찌 등 해외 유럽의 명품 패션 브랜드를 포함하여 메르세데스 벤츠, 벤틀리, 포시즌 호텔 등 다양한 제품군의 명품 브랜드들이 이에 속한다. 마지막으로 거칠고, 남성다우며, 터프한 브랜드로는 할리 데이비슨, 말보로, 노스페이스 등을 예로 들 수 있다.

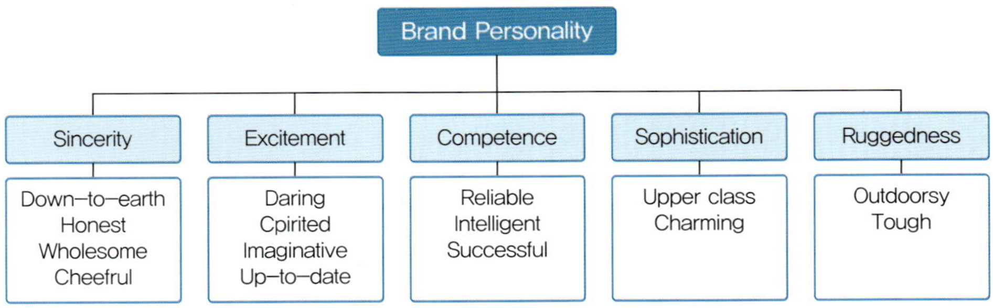

그림 5-18 Aaker가 개발한 Big Five 브랜드 성격

출처: Aaker, J. (1997).

하지만 모든 브랜드가 성격을 갖고 있지는 않으며 사람과 마찬가지로 한 가지의 성격만 갖고 있는 것도 아니다. 명확한 브랜드 성격을 갖고 있다는 것은 그만큼 소비자들에게 브랜드 인지는 물론이고 그 브랜드를 떠올렸을 때 사람들의 연상이 선명하다는 것을 의미한다. 셀 수 없이 많은 브랜드가 범람하고 기능적인 우위를 차지하기 어려운 현 시장 상황에서는 매우 중요한 이슈라고 할 수 있다. 물론 소비자들이 인지하는 브랜드 성격이 브랜드가 추구하는 아이덴티티와 일치하는 경우에 한한다. 소비자들은 일반적으로 본인들의 성격 또는 이미지와 일치하거나 비슷한 브랜드를 선호하며, 구입하고 사용한다.

4) 상징(심벌)로서의 아이덴티티

상징으로서의 아이덴티티는 브랜드의 로고, 캐릭터, 심벌, 컬러, 그리고 브랜드의 역사와 전통을 포함한다. 브랜드의 상징은 소비자가 사과를 보면 애플, 별을 생각하면 벤츠, 악어를 보면 라코스테를 떠올리면서 그러한 사인들이 의미하는 아이덴티티와 함께 브랜드 의미를 유추해낼 수 있도록 디자인되어야 하며, 마케팅 커뮤니케이션을 통해서 소비자들 마음속에 각인될 수 있도록 해야 한다. 예를 들어 운전을 하고 가다가 스타벅스의 로고를 보는 것만으로도 커피를 마시고 싶다는 생각을 할 수 있고, 애플의 사과 로고를 보는 것만으로도 혁신적이고 트렌디한 생각을 머리에 떠올리며, 맥도날드의 황금색 아치 등을 보는 것만으로도 가족적이며 따뜻한 느낌을 떠올리게 할 수 있다. 이처럼 오랫동안 지속적으로 커뮤니케이션되고 잘 구축된 브랜드 심벌은 경쟁사와 차별화될 수 있으며 어떤 복잡한 설득 메세지보다도 더 효과적일 수 있다.

그림 5-19 다양한 브랜드의 로고들

5 브랜드 커뮤니케이션

브랜드 커뮤니케이션이란 광고 등 고객이 '브랜드'와 만나는 모든 접점에서 기업의 일방적 메시지 발신이 아닌, 고객과의 상호작용을 통해 브랜드를 알리는 활동이다.

브랜드 커뮤니케이션의 최우선 과제는 앞에서 공부했던 '브랜드가 나타내고자 하는 것(브랜드 정체성)'의 구축과 함께 '고객이 브랜드에 대해 지각하는 것(브랜드 이미지)' 사이의 교집합을 넓히는 과정이라고 할 수 있다. 브랜드 아이덴티티는 모든 브랜드 커뮤니케이션의 동력으로서 작용하기 때문에 단순한 광고 문구나 브랜드 포지셔닝만으로 구축할 수 없다. 디지털 미디어와 소셜미디어의 발달로 매체 환경은 하루 하루가 진화하고 있으며 소비자들은 그 어느 때보다도 많은 브랜드에 둘러싸여 있다. 아래에서는 브랜드 아이덴티티 구축에 핵심적인 내용들을 다양한 브랜드 커뮤니케이션 측면에서 살펴보고 실제로 기업들이 어떻게 커뮤니케이션을 수행하는지를 살펴보고자 한다.

1) 통합적 브랜드 커뮤니케이션

얼마전까지만 해도 광고, 마케팅업계에선 통합적 마케팅 커뮤니케이션(integrated marketing communication: IMC)이 브랜드 구축을 위한 필수 전략으로 여겨졌다. 광고는 커뮤니케이션 도구 중 하나일 뿐이며, 마케팅 전략에 맞게 다양한 커뮤니 케이션 도구를 통합적으로 활용하는 IMC 개념이 확산되었다. 학계에서도 1980년대 후반부터 Don Schultz에 의해 시작된 IMC 관련 논의가 지난 30년 동안 중요한 연구 주제로 꾸준히 다뤄져 왔다. 통합 마케팅 커뮤니케이션(IMC)이란 무엇인가? 초기에는 다양한 커뮤니케이션 분야(광고, 판촉, 홍보 등)의 전략적 역할을 평가하고 이들을 종합적으로 통합하여 명확하고 일관되며 최대한의 커뮤니케이션 시너지 효과를 얻고자 하는 마케팅 커뮤니케이션의 개념으로 정의되었다. 하지만 이러한 IMC의 정의는 미디어 환경, 시장 상황, 유통구조의 변화 등 이유로 끊임없이 진화되고 있다. IMC는 통합을 기본 개념으로 내세우면서 단일한 전략 아래 다양한 커뮤니케이션 활동들이 각각의 매체나 프로모션을 독립적으로 집행하는 것보다 훨씬 더 큰 시너지 효과를 가져온다고 주장한다. 하지만 실무에서는 기대만큼의 효과를 보지 못한게 사실이다.

최근 그 어느 때보다 브랜드의 역할이 점점 중요해지는 상황에서 IMC도 새로운 패러다임으로 진화되고 있다. 기업의 비지니스에서 브랜드의 역할이 무엇인지를 이해하고, 브랜드 가치에 영향을 주는 요인들이 중요해지고 있는 상황에서 IMC의 중심에는 더 이상 제품이 아닌 브랜드가 있어야 한다고 주장하는 통합 브랜드 커뮤니케이션(integrated brand communication: IBC)이 새로운 전략으로 대두되고 있다. IBC란 기업의 가장 큰 자산이라고 할 수 있는 브랜드의 가치를 창출하기 위해 광고, 홍보, 프로모션, IR 등의 모든 커뮤니케이션 활동 등을 통합하는 홀리스틱(holistic) 커뮤니케이션 전략이라고 할 수 있다. 즉 IBC는 마케팅 커뮤니케이션의 관점이 아닌 비지니스 커뮤니케이션의 관점이라고 할 수 있으며 핵심은 브랜드 자산의 구축과 관리이다. 따라서 브랜드를 기업의 자산으로 간주하여 그 브랜드 가치를 결정하는 주요 요인들을 확인하고 통합적 커뮤니케이션을 통해 그 요인들이 기업에서 원하는 방향으로 나아갈 수 있도록 하는 것이다. 따라서 통합적 브랜드 커뮤니케이션(IBC)은 소비자가 브랜드와 직간접적으로 접촉하는 모든 접점과 과정을 이해하도록 노력해야 한다고 강조한다. 예를 들면 광고를 비롯한 마케팅 커뮤니케이션뿐만 아니라 브랜드의 패키징, 매장의 디스플레이, 매장 직원, 제품 설치 기사, 제품 리뷰 등을 통해서 소비자는 브랜드와 접촉하며, 이러한 모든 접촉에서 얻은 정보를 통합 처리하게 된다. 즉 소비자의 시각에서 모든 브랜드 접촉을 이해하는 노력이 필요하다.

2) 소비자-브랜드 관계

1980년대 관계마케팅의 개념이 등장하고 이를 실행할 수 있는 데이터 기술의 발달로 관계 마케팅은 수많은 학자와 실무자로부터 깊은 관심을 받아왔다. 하지만 대부분의 관계마케팅의 연구와 업계에서의 논의는 기업 간 거래인 B to B(bisiness to bisiness) 분야에 치중되어 있었다. 소비자 심리분야에서 관계 마케팅은 주로 브랜드 충성도(brand loyalty: 한번 구매한 제품을 지속해서 구매하는 경향) 위주로 크게 행동론적 접근법과 태도론적 접근법으로 양분되어, 브랜드에 대한 충성이나 비충성 여부와 재구매 발생 가능성 등을 중심으로 이루어졌다. 하지만 이러한 접근에는 문제가 있다. 관계를 지나치게 행동적인 측면으로 봤다는 것과 인간 관계를 포함한 다양한 관계에 영향을 미치는 감성적, 이성적, 심리적 요인들을 간과했다는 것이다.

1990년대 후반에 수잔 포니에르(Susan Founier, 1998)가 브랜드 의인화(brand personality) 기재를 토대로 실증적인 연구를 통해 '소비자-브랜드 관계(consumer-brand relationships)'라는 개념과 함께 다양한 소비자-브랜드의 관계 유형을 발표한 이후에 관계 마케팅은 새로운 패러다임으로 진화하게 되었다. 포니에르는 소비자들은 살아가면서 다양한 인간관계를 맺는 것처럼 브랜드들과도 관계를 형성할 수 있으며 그런 관계를 통해 실용적인 혜택을 받는 것뿐만 아니라 삶에 다양한 의미를 부여한다고 주장하였다. 또한 이러한 소비자들과의 관계 없이는 소위 강한 브랜드가 되기 어렵다고 하였다. 소비자들은 수없이 많은 브랜드에 둘러싸여 있으며 특정 제품군에서 하나의 브랜드와 오랜 시간 관계를 유지하는 것은 마케팅 비용 측면에 서도 매우 중요한 문제이다. 〈표 5-2〉는 포니에르가 밝혀낸 소비자-브랜드의 유형 이다. '중매결혼(arranged marriages)'이라는 관계 유형은 소비자들이 본인의 의사와 상관없이 시작되고 유지되는 관계이다. 예를 들어, 여성 소비자가 평생 사용하지 않았던 브랜드인데 결혼과 동시에 남편이 오랫동안 사용하고 좋아하는 샴푸 브랜드를 사용하기 시작하면서 브랜드와의 관계를 시작하는 경우이다. '한 번 시도해 보는 관계(flings)'는 평소에는 전혀 사용하지 않았던 브랜드와 매우 제한적인 기간 동안 관계를 맺는 것으로 여행을 가서 샘플로 제공된 브랜드를 단기간 동안 사용하지만 지속적인 사용이나 브랜드 관계로 발전되지는 않는 경우이다.

소비자-브랜드 관계 패러다임 이후에 다양한 심리학 이론과 인간관계를 설명하는 모델들이 주목받고 있다. 예를 들어 4장에서 공부했던 균형이론(balance theory)을 이용하여 소비자-브랜드 관계를 접근한다면 효과적인 브랜딩 전략의 함의를 얻을 수 있다. 예를 들어, 소비자(P)가 특정 브랜드(O)의 충성 고객이라고 가정하자. 어느날 TV에서 그 브랜드의 광고모델로 평소에 싫어하는 연예인(X)이 출연하는 것을 보게 된다면 이 소비자는 심리적 불균형으로 인한 인지부조화를 경험하게 될 것이다. 이러한 불균형이 지속된다면 소비자와 브랜드의 관계 유지에 부정적인 영향을 줄 것이다([그림 5-20] 왼쪽). 또 다른 예로 소비자(P)가 브랜드A(O)의 충성 고객인데 어느

날 브랜드A가 소비자가 싫어하는 브랜드B와 콜라보레이션하는 것을 알게 되었을 때도 소비자와 브랜드A의 관계에 부정적인 영향을 미칠 수 있다([그림 5-20] 오른쪽).

표 5-2 Founier의 소비자 브랜드 유형과 정의

관계 유형	정의
중매결혼 (arranged marriage)	제삼자에 의해 맺어진 비자발적인 관계로 감정적인 연관 수준은 낮으나 장기간의 배타적 몰입을 동반
가벼운 친구 (casual friends/buddies)	낮은 정서적 친밀감과 드물고 비정기적인 관계, 그리고 상호작용이나 보상에 대한 낮은 기대가 특성
편의에 의한 결혼 (marriage of convenience)	신중한 선택, 만족 때문이라기보다 환경적 영향에 의해서 맺어진 장기적이고 몰입적인 관계
몰입된 파트너 관계 (committeed partnership)	어떤 상황에서라도 사랑, 친밀감, 신뢰, 몰입 수준이 높은 장기적, 자발적 관계, 독점적 관계가 되기 쉬움
친한 친구 (best friendship)	상호 작용성 원칙을 바탕으로 하는 자발적 관계로서 관계의 지속을 통해 긍정적인 보상이 이루어짐. 진정한 자아, 진실성, 친밀감이 특징이며 이미지, 관심사를 공유
상황에 따른 친구 (compartmentalized friendships)	다른 친구관계보다 친밀감은 낮으나 더 높은 사회적, 감정적 보상, 상호 의존성을 갖고 있는 세분화되고, 특정 상황에 제한되는 지속적인 관계
친족관계(kinship)	대대로 내려오는 비자발적인 관계
반발・회피에 의한 대응관계 (rebounds/avoidance driven relationships)	현재 가능한 파트너로부터 벗어나기 위해 모색된 관계
소꿉친구 (childhood friendships)	빈번하지는 않으나 어린 시절부터 이어온 관계로 편안함, 안정감을 줌
구혼기간(courtship)	몰입된 파트너를 찾기 전의 잠정적인 관계
종속관계 (dependencies)	대체불가능하다는 느낌에서 오는 매우 감정적, 강박적 자기 본위의 관계. 대상과 멀어지면 불안감을 느끼며, 다른 대상의 침입에도 흔들리지 않음
한 번 시도해 보는 관계(flings)	높은 정서적 보상을 받는 단기간에 한정된 관계. 몰입이나 상호작용이 전혀 없는 관계
적대적 관계(enmities)	대상을 피하거나, 처벌을 가하려는 열망에서 비롯된 부정적인 관계
비밀관계(secret affairs)	매우 감정적, 사적으로 맺어진 관계로 다른 사람들에게 숨기고 싶은 관계
노예관계(enslavements)	파트너의 요구에 의해서 비자발적으로 맺어진 관계로서, 부정적인 느낌을 가지나 상황 때문에 인내하는 관계

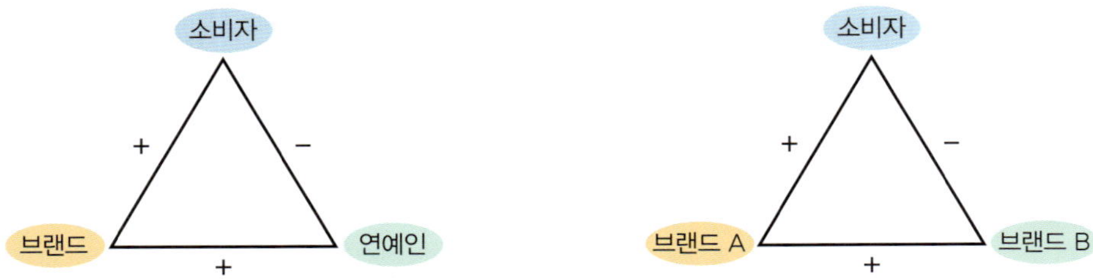

그림 5-20 소비자-브랜드 관계의 불균형 삼각관계

오랫동안 관계 마케팅의 중요한 결과 변인으로 다뤄졌던 브랜드 충성의 한계에 주목한 몇몇 소비자 심리학자들은 몰입(헌신, commitment)이라는 개념에 주목하였다. 몰입은 특히 소비자-브랜드 패러다임에서 중요한 개념이다. 예를 들어 어떤 회사원이 매일 아침 삼다수 생수를 구매해서 마신다면 이 행위(브랜드 충성)는 삼다수 브랜드에 애착이 있거나 심리적으로 몰입되어서라고 보기는 어렵다. 물론 삼다수 생수가 다른 브랜드보다 기능적으로 뛰어나거나 맛이 좋을 수도 있지만 과연 많은 소비자들 중에 물맛의 차이를 지각하고 기능적인 우위로 인해 특정 브랜드를 구입하는 사람이 얼마나 될까? 다시 말해 삼다수를 매일 구입하여 마시는 그 회사원은 브랜드 충성도는 높다고 할 수 있으나 브랜드 몰입이 있다고 할 수는 없다. 이렇게 미묘한 브랜드 충성과 브랜드 몰입의 차이는 별거 아닌 것이라고 생각 될 수 있으나 수많은 대안 브랜드들이 매일 다양한 프로모션으로 무장하고 시장에 나와 있는 생수 브랜드 전쟁터에서 회사원과 삼다수와의 관계는 오랫동안 지속되지 않을 가능성이 더 높다고 할 수 있다. 이러한 몰입을 관계를 지속하는 데 중요한 요인으로 다룬 Rusbult(1980)는 투자모델(Investment model)을 개발했다. 심리학자 Rusbult는 연인 관계의 지속과 헌신(commitment)을 예측하는 세 가지 변인(관계 만족도, 대안적 관계의 질, 투자)을 제안했다. 현재 관계에 대한 만족(satisfaction)이 높을수록, 대안적 관계(alternative)의 질이 낮을수록, 그리고 현재 관계를 지속하기 위해 물질적, 정서적, 심리적 투자(investment)가 높을수록 관계에 대한 몰입(commit-ment)이 높아질 것이며 지속적인 관계를 유지할 가능성이 높아진다는 것이다.

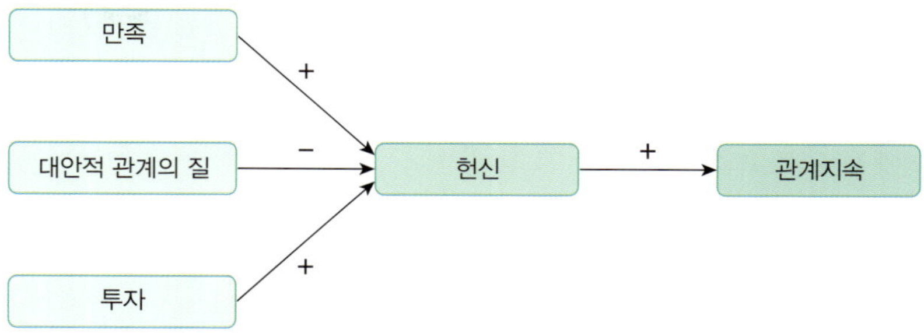

그림 5-21 투자 모델(investment model)

이 투자 모델을 소비자-브랜드 관계에 적용해 보자. 투자 모델을 이용한 수 많은 인간관계 연구들과 최근의 소비자심리 분야 연구에서도 밝혀졌듯이 브랜드 몰입(commitment)과 소비자-브랜드의 지속적인 관계를 예측하는 가장 중요한 변수는 물론 만족도이다. 소비자가 기대한 만큼의 기능적, 정서적 만족을 브랜드가 제공해 주지 못한다면 그 소비자는 브랜드에 몰입하지 않을 것이며 언제든지 다른 브랜드로 이동할 것이다. 한번 다른 브랜드로 이동한 브랜드를 다시 돌아오게 하는 건 새로운 소비자와의 관계를 시작하는 것보다 몇 배 어려운 일이다. 점심 시간에 새로 오픈한 식당을 우연히 발견하고 동료들과 식사를 하였다고 생각해 보자. 하지만 식당에서 경험한 음식맛, 서비스, 또는 가격에서 만족하지 못했다면 앞으로의 그 식당과의 관계는 생각할 수가 없다. 그것으로만 끝나는 것이 아니라 부정적인 구전을 통해서 그 식당을 경험해 보지 못한 다른 소비자들에게도 나쁜 영향을 줄 수 있다. 따라서 소비자가 기대하는 만족도는 브랜드 몰입과 소비자-브랜드 관계에서는 매우 중요한 요인이다.

연인관계뿐만 아니라 모든 인간관계에서와 마찬가지로 주위에 매력적인 대안이 많다면 현재의 관계 파트너에 대한 몰입도는 낮아질 수밖에 없다. 특히 소비자-브랜드 관계에서 주위에 매력적인 대안 브랜드들이 많다면 이론적으로 현재 브랜드와의 관계 몰입도는 낮아질 수밖에 없다. 소비자들은 의사결정하는 과정에서 다양한 대안 평가를 하게 된다. 어떤 대안들은 환기군(evoked set)에 포함되고 어떤 대안들은 고려군(consideration set)에 포함된다. 하지만 소비자들이 지각하는 대안들의 매력도가 높지 않다면, 다시 말해 고려군(consideration set)에 포함된 대안들이 제한적이거나 없다면 현재 사용(관계를 맺고 있는)하는 브랜드를 재구매할 가능성은 높을 수밖에 없다. 많은 애플 컴퓨터(아이맥, 맥북 프로, 맥북 에어) 사용자들은 컴퓨터를 재구매할 때 다른 대안 브랜드들에 대해서 고려를 하지 않는다. 그만큼 애플의 관계를 위협할 만한 매력적인 대안이 있다고 생각하지 않기 때문에 같은 애플 브랜드 안에서 고려한다. 애플은 소비자들이 다른 대안 브랜드들을 고려할 필요도 없을 만큼 애플만의 고유한 브랜드 아이덴티티를 구축하였으며 충성 고객들과 지속적인 관계를 유지하고 있다. 이것이 인터브랜드 글로벌 브랜드 랭킹에서 매년 1위를 하는 애플 브랜드 아이덴티티의 힘인 것이다.

그림 5-22 국내 애플 매장에서 iPhone 15를 사기 위해 줄을 선 모습

마지막으로 소비자들이 브랜드와의 관계에 투자하는 정도가 브랜드 몰입과 관계에 영향을 미친다. 여기서 말하는 투자는 경제적인 투자에 국한된 것이 아니라 사회적, 심리적, 경험적, 학습적 투자 등을 모두 포함한다. 대표적인 예가 대부분의 항공사에서 제공하는 마일리지 제도다. 특정 항공사를 이용하여 마일리지를 적립하기 시작한 소비자는 웬만한 가격 차이와 서비스 차이를 지각하지 않는 이상 계속해서 같은 브랜드의 항공사를 이용할 수밖에 없다. 다시 말해 그 항공사 브랜드와의 관계에 투자를 시작했기 때문에 몰입이 쉬울 수밖에 없는 것이다. 또 하나의 예로 커피숍과 같은 매장에서 찍어주는 스탬프 프로모션도 일종의 소비자가 브랜드와의 관계에 투

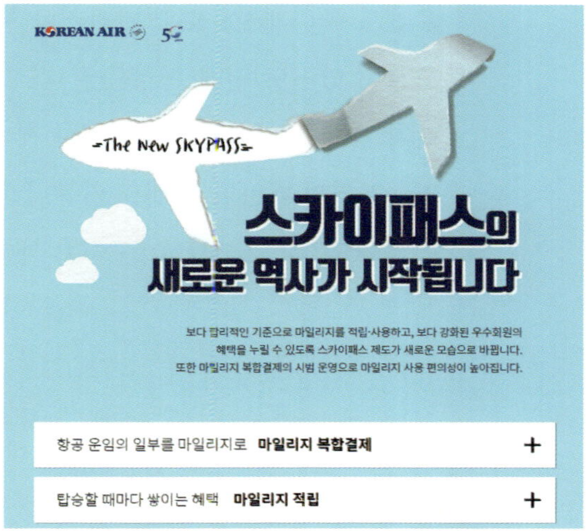

그림 5-23 대한항공의 마일리지투어 캠페인

자하는 것이다. 한 번 찍으면 또 가게 되고 결국 10번을 가게 되면 한 잔의 공짜 커피를 마실 수 있는 프로모션이지만 매장 입장에서는 소비자들이 관계에 투자하게 만드는 메커니즘을 제공하는 것이다. 이러한 경제적 투자뿐만 아니라 학습적 투자도 소비자-브랜드 관계에 큰 영향을 미친다. iPhone 사용자들은 삼성 Galaxy나 다른 스마트폰으로 쉽게 이동하기 어렵다. 반대도 마찬가지다. 각자 본인들이 사용하던 스마트폰 플랫폼에 이미 익숙해져 있고 나름대로 학습이 되어 있기 때문에 당장 본인이 사용하던 스마트폰을 다른 브랜드로 바꾸게 되면 그동안 학습했던 경험이 한 순간에 다 사라지는 것이다. 소비자 경험도 관계의 투자로 볼 수 있다. 몇 년 전부터 우리나라에는 향수 마케팅이 유행했다. 미디어 콘텐츠를 비롯한 다양한 마케팅 커뮤니케이션에서 소비자들의 향수를 자극하는 기법을 통해 소비자를 설득하기 위해 노력하고 있다. 이것은 노스탤지어를 이용한 마케팅 기법인데 소비자들이 과거에 브랜드와의 좋았던 경험 등을 다시 상기시켜서 떠났던 소비자들은 다시 돌아오게 하고 계속 관계를 유지하고 있는 소비자들은 쉽게 그 브랜드를 떠나지 못하게 하는 전략이다.

지금까지 논의한 세 가지 요인들(만족, 대안의 질, 투자)은 각각 독립적으로 브랜드 몰입을 예측하며, 이로 인해 형성된 브랜드 몰입은 궁극적으로 소비자-브랜드의 관계의 질과 시간에 영향을 준다. 또한 세 가지 요인들의 상호 작용이 브랜드 몰입에 영향을 줄 수도 있다. 예를 들어, 만족도가 높다고 해서 소비자-브랜드 관계가 무조건 유지되는 것은 아니다. 반대로 소비자의 만족도가 좀 낮더라도 다른 요인들(대안의 질, 투자)로 인해 지속적으로 브랜드와 관계를 유지하는 경우도 흔하다. 예를 들어, 비록 지금 사용하는 브랜드에 대한 만족도가 아주 높지 않지만 눈에 들어오는 매력적인 대안이 없어서 어쩔 수 없이 지금의 브랜드와 관계를 유지하기도 하고, 때로는 그 브랜드에 경제적으로 투자하거나 학습적으로 투자한 비용이 커서 주변에 대안 브랜드들이 있어도 쉽게 관계를 끝내지 못하는 경우도 있다. 따라서 소비자와의 관계 구축과 유지를 위해서는 제품이나 서비스의 질을 통한 만족도를 높이는 일은 기본이지만, 그 외의 다양한 브랜드 커뮤니케이션을 통한 소비자들의 대안의 질 지각 및 관계 투자에도 많은 노력을 기울여야 한다.

3) 코브랜딩(co-branding)

Mz세대를 타깃으로 코브랜딩 마케팅이 유통, 식음료 분야뿐만 아니라 항공, 전자 등의 다양한 분야로 확대되고 있다. GS25와 워너브라더스는 콜라보레이션하여 배트맨 콜라, 수퍼맨 사이다 2종을 출시한 바 있으며 삼성 전자는 캐릭터 잔망 루피와 콜라보레이션하여 비스포크 제트봇 스페셜로봇 청소기 한정판 100대를 출시하여 이목을 끌었다. 코브랜딩 혹은 브랜드 콜라보레이션이라 불리는 마케팅 전략은 새로운 상품 혹은 서비스를 출시하기 위해 두 브랜드가 전략적으로 제휴하는 것을 말한다. 코브랜딩은 우리 주변에서 쉽게 접할 수 있는 브랜드 커뮤니케이션 전략으로, 과거에는 브랜드와 브랜드 간의 코브랜딩이 주를 이뤘지만, 최근에는 애니메이션 캐릭터, 예술가, SNS와 같은 미디어 채널 등 다양한 분야의 파트너와 브랜드 간의 코브랜딩도 등장하고 있다. 브랜드는 코브랜딩을 통해 파트너 브랜드의 고객을 자신의 고객으로 유치할 수 있고, 다른 분야의 브랜드와의 파트너십을 통해 새로운 시장 영역을 개척할 수도 있다. 또한, 두 브랜드가 공동으로 하나의 프로모션 전략을 전개함으로써 각각 프로모션을 할 경우에 비해 비용 측면에서도 경제적이다. Apple, Coca-Cola, Louis Vuitton 등 이미 많은 브랜드들이 코브랜딩을 적극적으로 실행하고 있다.

코브랜딩(브랜드 콜라보레이션)은 분명 많은 장점을 가지고 있는 브랜딩 전략이지만, 자칫 실패할 경우 코브랜딩에 참여한 두 브랜드 모두 피해를 보기 때문에 신중하게 접근해야만 한다. 성공적인 코브랜딩을 위해서는 파트너 브랜드 선정이 무엇보다 중요한데, 파트너 브랜드의 인지도, 기술력, 시장뿐만 아니라 소비자들이 지각하는 브랜드 이미지까지 꼼꼼하게 고려해서 자신의 브랜드와 잘 어울리는 브랜드를 파트너로 선정해야만 한다. 특히 협업하는 두 브랜드의 적합성(perceived fit)이 코브랜딩 성공에 큰 영향을 미친다. 앞서 다뤘던 다양한 인지균형이론들이 두 브랜드의 적합성이 코브랜딩 성패에 얼마나 중요하게 영향을 미치는지를 잘 설명한다.

제품군의 적합성은 크게 세 가지로 볼 수 있는데 첫 번째는 제품 카테고리 적합성이다. 제품 카테고리 적합성이란 두 브랜드의 제품이 얼마나 기능적으로 유사 혹은 어울리는지를 의미한다. 소비자들은 브랜드 간 제품 카테고리 적합성이 높게 지각될수록 코브랜딩에 긍정적인 태도를 보이는데, 제품 카테고리 적합성은 제품 기능, 성능이 제품 평가에 있어서 우선시되는 IT, 전자제품에서 특히 중요하게 여겨진다. 예를 들어, 전자제품 카테고리에 속해 있는 컴퓨터와 음향기기 브랜드가 코브랜딩을 할 때 소비자들은 두 브랜드의 제품 카테고리 적합성을 높게 지각하는 반면, 전자제품 카테고리에 속해 있지 않은 스포츠 혹은 가구 브랜드 등과 컴퓨터 브랜드가 코브랜딩할 때는 제품 카테고리 적합성을 낮게 지각한다. 삼성 전자가 미국의 세계적인 음향기기 브랜드 Harman Kardon과 코브랜딩을 통해 휴 대폰, 노트북, TV 등을 출시하고 있고, LG전자는 덴마크의 명품 음향기기 브랜드 Bang&Olufsen과 코브랜딩하고 있다. 삼성전자와 LG전자는 명품 음향기기 브랜드와 코브랜딩을 통해 소비자들의 지각하는 제품의 품질, 가치를 높이는 데 성공하였다.

그림 5-24 LG TV와 Bang&Olufsen 스피커의 코브랜딩

두 번째는 브랜드 이미지 적합성이다. 브랜드 이미지는 브랜드 혹은 제품과 연관된 이미지, 즉 소비자들이 해당 브랜드에 가지고 있는 추상적 개념들을 의미한다. Apple의 혁신, 젊음이나 Benz의 럭셔리, 정교성 등이 브랜드 이미지의 예이다. 브랜드 이미지는 코브랜딩을 전개함에 있어 매우 중요하다. 두 브랜드가 가지고 있는 이미지가 일치할 때 소비자들은 일반적으로 코브랜딩에 좋은 태도를 보인다. [그림 5-25]에서 보듯이 Louis Vuitton은 2021년 프랑스 자전거 업체 메종과 콜라보하여 자전거를 출시했다. 자전거 브랜드 메종의 기술력에 프레임과 가죽 안장, 체인에는 루이비통의 모노그램을 활용하여 디자인했다. 4가지 색상으로 출시된 제품은 국내 시판 가격 기준으로 3,500만 원에 달한다. 두 브랜드 모두 고급스러운 브랜드 이미지를 추구했다는 점에서 두 브랜드의 코브랜딩은 코브랜딩 성공 사례로 자주 회자된다. 이와 유사한 사례지만 정반대의 결과를 가져온 경우도 있다. 현대 자동차는 2011년 자사의 고급 세단 제네시스를 출시하면서 명품 브랜드 PRADA와 손을 잡았다. 차량 내, 외부 디자인에 PRADA만의 디자인을 넣고 고급 가죽 소재를 사용하여 일반 제네시스에 비해 대략 1500만 원 정도 비싼 가격에 1,200대만 한정으로 출시하였으나 300대도 판매되지 못했다. 당시 소비자들의 인식 속에는 현대 자동차는 여전히 고급스러움보다는 실용적인 이미지의 브랜드였기 때문에 PRADA와 손을 잡았다 하더라도 기존의 브랜드 이미지를 한순간에 바꾸기 쉽지 않았다. 그 결과 두 브랜드가 서로 어울리지 못했기 때문에 제네시스 프라다는 소비자들의 냉담한 반응 속에 시장에서 사라지고 말았다.

그림 5-25 Louis Vuitton과 자전거 브랜드 메종의 코브랜딩

그림 5-26 Disney와 Uniqlo의 코브랜딩

마지막 적합성은 감각 적합성이다. 감각 적합성이란 브랜드의 로고 모양, 색, 이름 등 소비자가 지각하는 브랜드의 감각적 속성들을 코브랜딩 브랜드가 서로 공유하는 정도이다. 브랜드의 감각적 속성이란 브랜드 색, 모양뿐만 아니라 브랜드 이름의 음성학적 특징(e.g., 발음) 등 감각기관을 통해 지각되는 브랜드의 모든 속성들을 말한다. 가령, 패션 브랜드 유니클로(Uniqlo)의 브랜드 로고는 사각형, 붉은색으로 구성되어 있다. 이런 속성들이 유니클로의 감각적 속성이다. 자동차 브랜드의 Honda 역시 사각형, 붉은색의 감각적 속성을 지니고 있다. 반면에 같은 자동차 브랜드인 Volkswagen은 원형, 파란색의 감각적 속성을 가지고 있다. 이런 경우, 유니클로와 Honda의 코브랜딩은 감각 적합성이 높은 반면에 유니클로와 Volk-swagen의 코브랜딩은 감각 적합성이 낮다고 볼 수 있다. 최근 들어 많은 브랜드들이 코브랜딩를 진행할 때 브랜드 간 적합성을 높이기 위해 감각 적합성을 적극적으로 이용하고 있다. 유니클로는 코브랜딩 파트너인 Disney와의 감각 적합성을 높이기 위해 기존의 검정색이었던 미키마우스 로고의 색을 유니클로의 상징인 붉은 색으로 바꾼 후 코브랜딩을 전개하였다([그림 5-26]). 유니클로와 Disney의 코브랜딩은 큰 성공을 거뒀고, 2015년부터 현재까지 매년 진행하고 있다. 최근에 이탈리아의 명품 브랜드 Fendi는 자신들의 코브랜딩 파트너로 우리나라의 스포츠 의류 브랜드 Fila를 선택하였다. Fendi와 Fila는 둘 다 의류 브랜드라는 공통점은 갖고 있지만 서로 지향하는 브랜드의 가치와 방향성이 극명히 다른 브랜드라 둘 간의 코브랜딩은 브랜드 이미지 적합성으로는 매우 낮다고 볼 수 있다. 하지만 Fendi와 Fila는 둘의 공통점인 이니셜 'F'를 강조한 디자인을 입힌 옷과 액세서리를 출시했고, 시장의 반응은 열광적이었다. 모든 컬렉션 제품이 매진되었고, 소비자들은 웃 돈을 주고서라도 코브랜딩 제품을 사고자 하였다. 감각 적합성은 다른 적합성들과 다르게 조작과 응용이 쉽다는 점에서 향후 많은 코브랜딩 마케터들이 감각 적합성을 높이기 위한 전략들을 세울 것이다.

4) 소셜미디어(인스타그램) 브랜딩

소셜미디어(social media)란 여러 사람들의 의견과 경험, 생각 등을 쌍방향으로 공유하는 온라인 도구 및 플랫폼으로, 사용자들은 소셜미디어를 통해 텍스트, 이미지, 비디오 등의 다양한 형태의 콘텐츠를 생산하고 유통한다. 소셜미디어는 일방적으로 메시지를 전달하는 방식을 취하는 전통적 매체, 매스미디어(mass media: TV와 잡지, 신문, 라디오 등)와는 달리 '참여', '공유', '개방의 웹 2.0 정신'에 기반하여 누구나 콘텐츠를 생산하고 공유할 수 있게 되었다.

이러한 소셜미디어의 힘은 스마트폰의 보급 및 확산과 동시에 더욱 강력해지기 시작했으며 사회적, 그리고 학문적 관심의 대상으로 급부상했다. 특히, 많은 기업들은 고객들과의 상호작용을 통해 브랜드를 알리는 브랜드 커뮤니케이션을 위해 소셜미디어에 해당하는 소셜네트워크 서비스(social network service: SNS)를 적극적으로 활용하기 시작했다.

소셜네트워크 서비스(SNS)란 특정한 관심이나 활동을 공유하는 사람들 사이의 관계망을 구축해 주는 온라인 서비스를 의미한다. SNS는 개인간의 의견 교환과 정 보 공유에 최적화되었다는 점에서 실무적으로 적극 활용되었으며, 가장 대표적인 사례는 브랜딩(branding)이다. 소셜미디어 브랜딩이란 소셜미디어에 속하는 SNS(소셜네트워크 서비스)를 통해 소비자에게 브랜드의 이미지와 느낌, 아이덴티티를 심어주는 과정을 의미한다. 대표적인 사례는 '브랜드 계정을 통한 홍보 및 브랜딩', '브랜드 관련 게시물 및 해시태그를 통한 사용자 참여 이벤트', '브랜드 계정 팔로워와의 소통을 통한 마케팅 전략', '연예인 계정을 통한 홍보 및 브랜딩' 등으로, 이러한 소셜미디어 브랜딩은 최근 인스타그램(Instagram)을 통해 국내외적으로 다양하게 이루어지고 있다.

약 20억 명의 사용자를 보유하고 있는 인스타그램(Instagram)은 사진 및 동영상 기반의 소셜미디어 플랫폼으로, 해시태그와 여러 장의 이미지를 통해 사용자들과 의사소통을 할 수 있다. 이러한 인스타그램은 상품 판매에 적합할 뿐만 아니라, 수많은 콘텐츠들을 통해 잠재고객 및 기존의 고객들에게 해당 브랜드 이미지를 쉽게 전달할 수 있기에, 브랜딩에 최적화된 플랫폼으로 볼 수 있다. 실제로 인스타그램 해시태그의 70%가 브랜드이며, 인스타그램 이용자 80%가 최소 1개 이상의 브랜드를 팔로우하고 있는 것으로 나타났다. 또한, 최근 인스타그램 사용자의 급증으로 많은 기업과 광고주들은 인스타그램을 통한 마케팅 홍보에 힘을 가하고 있으며, 이미 글로벌 기업들은 인스타그램을 통해 다양한 브랜딩 전략을 보여왔다.

2024년 2월 기준 약 3억 팔로워를 보유하고 있는 나이키(Nike)는 운동선수의 삶과 철학을 담는 게시물을 통해, 건강한 휘트니스를 좇는 잠재고객을 대상으로 브랜드 계정을 관리하고 있다. 이와 같은 나이키의 브랜딩 전략 사례는 기업의 신제품 홍보에 매달리지 않고, 인스타그램이라는 플랫폼의 특성을 적극 활용하여 브랜드 아이덴티티를 소비자에게 성공적으로 전달한 대표적인 사례로 볼 수 있다.

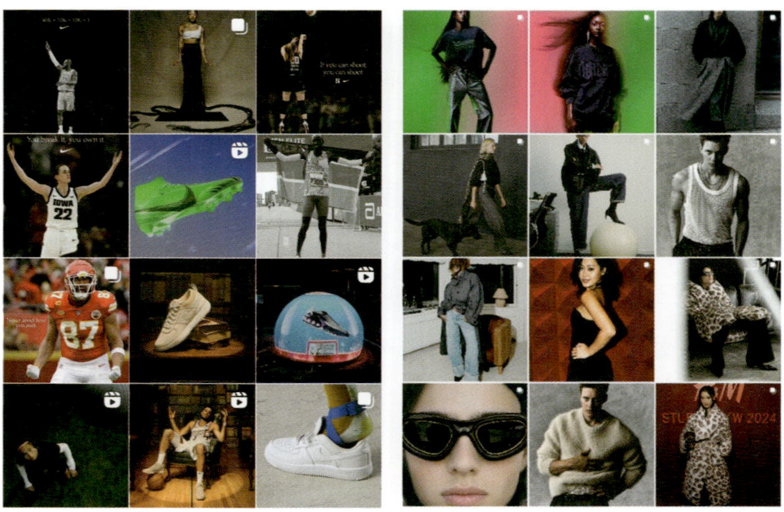

그림 5-27 나이키, H&M 인스타그램 브랜드 계정

또한, 밀레니얼 고객층을 주 타깃으로 인스타그램 마케팅의 정석을 보인 기업 중 하나인 H&M(팔로워 3,840만)은 타깃 세대가 열광하는 패셔니스타들을 브랜드 계정으로 불러들인다. 즉, 인스타그램 팔로워가 많은 인기 연예인들을 해당 브랜드에 노출시켜, 큰 시너지 효과를 낼 뿐만 아니라 유저(잠재고객)들이 참고할만한 여러 가지 코디들을 이미지와 동영상 기능으로 홍보하고 있다.

국내 브랜드들 또한 인스타그램 브랜딩을 필수적으로 이용하며, 패션과 뷰티, 육아, 쿠킹 등 다양한 카테고리의 인플루언서들과 함께 큰 시너지 효과를 내고 있다. 또한 사용자들의 성향에 맞춘 적절한 타깃팅과 해시태그를 통한 노출을 극대화하여 팔로워 수를 늘리는 등 기업과 광고주들은 인스타그램 계정의 활성화와 브랜딩을 위해 노력하고 있다. 같은 맥락으로, 애플비(Applebees: 미국 패밀리 레스토랑)는 자사의 인스타그램을 통하여 팬들과 밀접한 소통을 시도하고 자사의 메뉴와 관련된 게시물과 해시태그를 통해(#BurgerSelfie) 바이럴 마케팅에 성공한 사례이다. 이 외에도 패션 및 뷰티와 관련된 국내 기업들은 공식적인 브랜드 계정뿐만이 아닌 브랜드 대표의 개인 계정을 통하여 개인의 일상과 함께 그들의 브랜드 아이덴티티를 구축하고, 해당 브랜드를 일상에 녹여 자연스럽게 노출시키기도 한다(예를 들어, 임블리 패션 & 코스메틱, 패션 및 뷰티 개인사업자들, 셰프와 음식). 즉, 공식적인 브랜드 계정과 CEO의 개인 계정을 동시에 운영하여 시너지 효과를 내는 것으로, CEO는 개인 계정에 구매자들의 후기와 관련된 이미지와 감사의 글을 포스팅함으로써 제품에 대한 홍보는 물론 개인 및 브랜드 평판에 긍정적 효과를 나타낸다. 그러나 CEO의 개인 계정에 노출된 게시물이 물의를 일으키게 되는 경우, 개인에 대한 평판이 브랜드에 부정적 영향(예를 들어, 불매운동)을 미치기도 하며, 반대로 브랜드나 상품과 관련된 부정적 이슈가 CEO 개인 계정은 물론, 지인들에게까지 부정적인 영향(악플 도배, 무차별한 DM으로 인한 개인 계정 폐쇄)을 미치기도 한다.

그림 5-28 빙그레의 해시태그 프로모션

마무리 사례

삼성 갤럭시, 국내 대표 브랜드가치 평가서 13년 연속 1위

삼성전자(005930)의 스마트폰 브랜드인 삼성 갤럭시가 올해 대한민국 100대 브랜드 1위를 차지하며 13년 연속 정상을 지켰다. 10일 브랜드가치 평가회사 브랜드스탁이 발표한 '2023년 대한민국 100대 브랜드'에 따르면 삼성 갤럭시는 브랜드가치 평가지수(BSTI · BrandStock Top Index) 936.5점을 획득, 종합 1위를 기록했다. 삼성 갤럭시는 코로나 위기와 러시아 · 우크라이나 전쟁, 이스라엘 · 팔레스타인 분쟁 등으로 인한 글로벌 경제 위기 상황에서도 부단한 혁신을 통해 최장수 브랜드 반열에 올랐다고 브랜드스탁이 전했다.

코로나를 기점으로 비대면 활동이 급속하게 늘며 유튜브를 비롯한 온라인 기반 브랜드의 약진도 두드러졌다. 동영상 플랫폼 대표 브랜드인 유튜브는 BSTI 900.4점을 얻어 지난해 종합 순위 9위에서 7위로 상승했다. 넷플릭스는 지난해(91위) 대비 무려 45계단 상승하며 46위에 랭크됐다. 지난해 20위였던 쿠팡은 올해 10위로 급등하며 온라인 쇼핑 대표 브랜드 위상을 강화했고, 중고 온라인마켓 브랜드인 당근도 49위에 랭크, 꾸준히 순위가 상승하는 것으로 나타났다. 브랜드스탁은 "코로나를 계기로 시장 환경이 비대면 위주로 바뀌면서 온라인 기반 브랜드들이 생활 전반을 지배하게 됐다"며 "각 부문에서 기존 오프라인 브랜드를 넘어서는 온라인 브랜드가 속속 등장할 것"이라고 분석했다.

올해 1분기에 사상 최초로 삼성전자를 제치고 분기 영업이익 1위를 달성한 현대차 주요 브랜드들의 상승세도 돋보였다. 제네시스는 지난해 30위에서 11계단 상승해 19위로 뛰어올랐으며, 그랜저도 지난해 49위에서 9계단 오르며 40위에 랭크됐다. 한동안 100위권 밖으로 밀려났던 쏘나타는 지난해 93위로 재진입한데 이어 올해는 81위로 뛰어올랐다.

국내 증시가 종합주가지수 2300~2400선을 견고히 유지하면서 미래에셋증권(35위→25위)과 KB증권(71위→47위), 삼성증권(53위→48위) 등 증권 브랜드 가치도 상승했다.

올해 철근 누락과 침수 사태 등 연이은 하자 문제가 잇따르는 아파트 브랜드 자이는 지난해(23위) 대비 22계단 하락, 45위로 내려앉았다. 반면 경쟁 브랜드인 힐스테이트(83위→65위)와 롯데캐슬(70위→67위)은 자이의 급락으로 반사이득을 봤다.

상위권에서는 삼성 갤럭시에 이어 카카오톡(2위), KB국민은행(3위), 네이버(4위), 신라면(5위), 롯데월드 어드벤처(6위) 등이 작년과 동일한 순위를 기록했다. 올해 100위권에 신규 진입한 브랜드는 트레이더스(86위), 릴(95위), 롯데슈퍼(97위), 신한투자증권(98위), 백산수(99위), 스타필드(100위) 등 총 6개다.

브랜드스탁은 "각 기업은 브랜드가치 제고를 통해 급변하는 시장 변화에도 흔들리지 않고 빛을 발할 수 있는 강력한 브랜드를 구축해 나가야 한다"고 말했다.

대한민국 100대 브랜드는 BSTI 점수가 높은 브랜드를 상위 100위까지 선정해 발표하는 국내 유일의 브랜드 가치평가 인증제도다.BSTI는 230여개 부문의 대표 브랜드 1천여개를 대상으로 브랜드스탁 증권거래소의 모의주식 거래를 통해 형성된 브랜드주가지수(70%)와 정기 소비자조사지수(30%)를 결합한 브랜드가치 평가모델이다. 만점은 1천점이다.

표 5-3 2023년 대한민국100대 브랜드 상위 30위

순위	브랜드	등락	순위	브랜드	등락
1	삼성갤럭시	-	16	삼성서울병원	▼1
2	카카오톡	-	17	KB국민카드	▼1
3	KB 국민은행	-	18	신한은행	▼4
4	니에버	-	19	제네시스	▲11
5	신라면	-	20	LG휘센	▲9
6	롯데월드 어드벤처	-	21	삼성 BESPORKE 무풍에어컨	▼3
7	유튜브	▲2	22	롯데하이마트	▼3
8	구글	▲2	23	참이슬	▲1
9	이마트	▼1	24	BBQ치킨	▲1
10	쿠팡	▲10	25	미래에셋증권	▲10
11	인천공항	▲1	26	세브란스병원	▼2
12	대한항공	▼1	27	삼성NEO QLED 8K	▼1
13	신한카드	▼6	28	G마켓	-
14	SK텔레콤	▼1	29	박카스	▲4
15	제주삼다수	▲2	30	카카오뱅크	▼9

출처: 연합뉴스 (2023. 12. 10.).

마무리 사례

[RE브랜딩 스토리] 설화수와 이니스프리, 변한 것과 변하지 않은 것

최근 아모레퍼시픽의 '설화수'와 '이니스프리'가 과감한 리브랜딩으로 눈길을 끌었다. 두 브랜드 모두 브랜드 헤리티지를 강조하며 브랜드 철학과 가치를 재정립했다.

설화수는 대표 상품인 윤조에센스의 6세대 버전을 공개하면서 패키지 변화를 알리고 다인종 모델이 등장하는 포스터를 선보였다. 이니스프리도 광고 모델과 패키지, 브랜드 아이덴티티(BI/Brand Identity) 등을 변경하고 새로운 브랜드 세계관을 제시했다.

네티즌 반응은 둘로 나뉘었다. 깔끔하고 세련돼졌다는 긍정적인 평가와 한국 제품인데 영어로만 쓰여있고, 브랜드 고유의 느낌이 사라져 아쉽다는 평이다. 두 브랜드가 '한방', '제주' 등 한국적 가치에 무게를 두고 브랜드를 전개해온 점이 영향을 미친 것으로 보인다.

두 브랜드는 왜 한국적 색채를 덜어냈을까? 그로 인해 강화되는 것은 무엇이며, 왜 그런 선택을 했을까?

▶ 설화수, 헤리티지 계승과 현대적 재해석

설화수는 1930년대부터 이어져 온 브랜드 고유의 철학과 헤리티지를 계승하고 새롭게 정립한 브랜드 정체성을 알리기 위해 리브랜딩 캠페인을 펼쳤다. '90여 년 세월 동안 축적된 설화수의 뷰티 유산과 혁신적 예술가 정신'이라는 브랜드의 정체성을 중심으로 '설화수, 예술과 헤리티지 정신으로 아름다움의 세계를 창조한다'는 소명을 선포하고자 했다.

설화수는 1932년을 브랜드의 시작으로 보고 있다. 그 시절 개성에서 서성환 선대 회장의 어머니 윤독정 여사가 직접 만들어 팔았던 동백기름 한 방울이 아모레퍼시픽으로, 또 설화수로 연결됐다는 해석이다. 어머니를 도우며 자연의 가치를 배우고 원료 보는 눈을 기른 서성환 회장은 1966년 최초의 한방 화방품 'ABC 인삼크림'을 만들었다. 이후 1987년 인삼 기술력으로 만든 화장품에 지압법 등 리추얼 요소를 도입해 '피부에 아름다운 눈꽃을 피운다'라는 의미의 브랜드 '설화'를 탄생시켰고, 1997년 '빼어날 수(秀)' 자를 더해 이름을 완성했다.

지난 9월 1일 설화수는 글로벌 2030 타깃 리브랜딩 캠페인 '설화, 다시 피어나다 #SulwhasooRebloom(이하 '설화수 리블룸')'을 시작했다. 브랜드의 새로운 얼굴을 알리고 두 편의 브랜드 필름을 공개했으며, 스테디셀러 제품인 윤조에센스의 백자에디션을 선보였다.

브랜드 역사를 담은 매니페스토 필름 'FROM 1932 TO YOU'와 글로벌 앰버서더이자 브랜드 스토리텔러인 블랙핑크 로제가 의인화된 설화수로 표현된 '눈 속에서 피어난 꽃, 설화'는 상이한 표현방식으로 브랜드의 여정을 보여준다. 또한, 세대에서 세대로 이어져 온 설화수의 역사를 증명하며 또다시 새로운 세대로 전해질 것을 암시한다.

10월 20일부터 한 달간은 북촌 설화수의 집에서 전시 '흙 · 눈 · 꽃-설화, 다시 피어나다'를 운영했다. 글로벌 캠페인 메시지를 소비자가 직접 보고, 듣고, 느끼며 또 다른 영감을 얻는 것에 초점 맞췄으며, 예술가로서 설화수가 바라보는 흙, 눈, 꽃의 의미를 국내외 아티스트 16인과의 협업을 통해 표현했다.

이러한 과정을 통해 한방 이미지 대신 설화수가 지닌 예술과 아름다움에 대한 철학을 강조했다. 브랜드를 쇄신하려는 설화수의 전략은 3월 1일 스테디셀러 윤조에센스의 6세대 버전 공개와 함께 한 번 더 반향을 일으켰다.

가장 눈에 띄는 것은 패키지 변화다. 1987년부터 사용해온 한자 서예 로고(낙관)는 옆면에 작게 새기고, 전면 하단부에 오렌지빛 아리따 체로 'Sulwhasoo'를 크게 써넣었다. 용기는 유리 중량을 줄이고 재활용 플라스틱 캡을 사용해 지속가능한 미래와 백자의 담백한 아름다움을 담았다. 백자에디션과 유사한 느낌이지만 오렌지색이 생기를 더한다.

광고는 전통성과 기능을 강조하는 대신 전통과 현대, 언어와 공간의 경계를 초월한다는 설화수의 비전을 모던하게 연출했다. 흰색과 오렌지색으로 채워진 직관적인 영상과 감각적인 BGM, 다인종 모델의 등장까지 글로벌 시장을 겨냥하고 있다.

지난 3월 13일에는 세계적인 배우 '틸다 스윈튼(Tilda Swinton)'을 글로벌 앰버서더로 선정하고, 뉴욕 메트로폴리탄 미술관과 파트너십을 체결하기도 했다. 국가를 초월한 인지도와 선구적 예술 정신을 지닌 모델을 내세우고 예술에 관심이 많은 메트로폴리탄 미술관의 주요 커뮤니티와 협력하며 브랜드 타깃을 넓혀나갈 예정이다.

설화수의 리브랜딩은 젊은 층으로 타깃을 넓히고 동시에 글로벌 시장에서 인지도를 높이려는 전략이다. 아모레퍼시픽 관계자는 "설화수는 전 세계 소비자를 대상으로 브랜드 선망성을 높이고, 브랜드 성장에 따라 주요 고객 타깃을 넓히고자 리브랜딩을 진행했다"고 설명했다.

▶ 이니스프리, 자연주의에 '도전' '개척 정신'을 더하다

이니스프리는 지난 3월, 2018년 리브랜딩 이후 5년 만에 큰 변화를 맞았다. 지금까지 브랜드가 쌓아온 철학 및 가치관과 방향은 비슷하지만, 이를 풀어내는 방식이 파격적으로 바뀌었다.

2000년 국내 최초 자연주의 브랜드로 시작해 '청정자연'을 내세우던 이니스프리는 2010년 'Natural Benefits from JEJU'라는 슬로건과 함께 '청정 제주' 콘셉트를 내세웠다. 2023년, 약 13년 만에 재정립한 콘셉트는 '고효능 자연주의 브랜드'다. 슬로건 'Effective, Nature-Powered Skincare Discovered from the Island'가 이를 뒷받침한다.

기존 자연 중심 이미지에 도전, 개척 등을 더한 브랜드 철학을 견고히 하는 것이 이번 리브랜딩의 목적이다. 로고와 슬로건, 브랜드 고유 색상, 세계관까지 브랜드 디자인의 전면적인 변화를 꾀했다.

로고 변화는 브랜드 정체성의 변화폭을 직관적으로 보여준다. 이전 로고들은 소문자를 사용하고 녹색의 자연친화적 이미지를 강조해왔면, 새 로고는 산세리프체의 현대적인 그래피티 스타일로 에너지 넘치고 자신감 있는 이미지를 형상화했다. 대 · 소문자를 섞어 사용해 다양한 아름다움을 존중한다는 가치도 담았다.

색상은 '액티브 그린(Active Green)'을 사용했다. 제주 비자림에서 영감 받아 만든 짙은 녹색의 이전 컬러와 비교해 채도가 높아졌다. 이니스프리 측은 액티브 그린을 통해 자연의 에너지와 액티브한 성분을 강조하고자 했다고 설명했다.

▲ 이니스프리 로고 변화

이번 리브랜딩에서 이니스프리는 오랜 기간 강조해왔던 '제주'를 삭제했다. 고유 색상 외에도 세계관과 이를 활용한 광고 영상에서 차이가 두드러진다.

이전까지 이니스프리는 제주에서 발견한 그린티(녹차), 한란, 화산송이 등을 원료로 화장품을 만들고, 광고에 이를 강조하거나 제주를 떠올리게 하는 배경으로 '자연주의'와 '제주' 이미지를 강화해 왔다.

2월 28일 이니스프리가 공개한 새 광고 캠페인 'THE NEW ISLE'에는 제주도 대신 미지의 섬이 등장한다. 영상에 등장하는 4명의 인물은 섬 곳곳을 다니며 무언가를 얻는데, 이는 이니스프리 뷰티 제품의 포뮬러로 해석할 수 있다.

이니스프리가 만드는 화장품의 원료는 아직 이전의 그것과 다르지 않지만, 세계관을 제주 너머 '한 번도 만나 본 적 없는 무한한 자연의 에너지를 품은 섬'으로 확장하면서 새로운 원료의 활용 가능성을 넓혔다.

이니스프리는 제주 이미지를 벗되 자연주의를 추구하는 브랜드 철학은 유지한다. 그렇기에 이번 리브랜딩을 '한 단계 더 높이 도약하는 자연주의 브랜드로의 변신'이라고 말한다. 이를 가능하게 하는 것이 '액티브', '도전' 등의 새로운 가치다.

이니스프리 측은 THE NEW ISLE에 '자연을 자유롭게 누리며 모두가 온전해지는 섬'의 의미를, 새 브랜드 슬로건에 '섬의 무한한 자연과 에너지를 끈질기게 탐구하며 건강한 아름다움을 개척하는 이니스프리의 도전 정신'을 담았다고 전했다. 또 활기차고 에너지 넘치는 이미지의 세븐틴 민규를 글로벌 브랜드 모델로 선정하면서 가시적인 변화를 만들어냈다.

로고 및 브랜드 캠페인 영상 공개 직후 대중은 상반된 반응을 보였다. 이러한 변화에 누군가는 "세련됐다" 말하고, 다른 누군가는 "이니스프리의 색깔을 잃었다"며 비판했다.

아모레퍼시픽 관계자는 이러한 반응에 대해 "리브랜딩 취지 자체가 한정돼 있던 소비층을 넓히고 해외로도 시장을 넓히는 것이라 현지 마케팅에 어울리는 전략을 진행 중"이라며 "브랜드를 향한 관심으로 향후 참고할 소중한 의견이라고 생각한다"라고 말했다.

▶ 설화수와 이니스프리, 변한 것과 변하지 않은 것

두 브랜드가 이전부터 고수해 오던 브랜드 철학을 전면 교체한 것은 아니다. 그러나 강조점이 옮겨가고, 이를 시각화해서 보여주는 과정에서 변화가 크게 느껴졌다. 같은 이유로 리브랜딩은 기존 브랜드 팬에게 실망을 안기거나 대중적으로 부정적인 여론을 형성하기 십상이다.

▲ 다인종 모델을 기용한 설화수 윤조에센스 6세대 제품

두 브랜드는 지금까지 쌓아온 브랜드 헤리티지를 계승하고 있다. 설화수의 '설화수 리블룸'은 1930년대부터 이어진 브랜드의 역사를 되짚고, 이를 현대적으로 풀어내며 새로운 타깃에게 어필하고자 했다. 이니스프리는 브랜드의 핵심 가치인 '자연주의'를 한 단계 높은 단계로 풀어낼 것을 목표했다.

리브랜딩의 주요 목적 중 하나가 글로벌로 시장을 넓히고 핵심 타겟의 나이를 낮추는 것이기 때문에 지금까지와 다른 감성이 필요했다. 더 모던하고 현대적인 이미지, 대중적이고 확장 가능한 콘셉트를 추구하며 지금과 같은 캠페인 방향이 도출됐다.

두 브랜드는 특히 북미 시장을 겨냥하고 있다. 중국에 대한 의존도를 낮추고 북미 및 유럽에서의 인지도를 제고해 실적을 개선한다는 전략이다. 이 시장에서 중요하게 평가되는 것이 브랜드 고유의 철학과 가치 즉, '브랜드'다. 아모레퍼시픽의 설화수, 이니스프리, '라네즈'가 지난해 유의미한 성장을 거두며 이들 브랜드를 중점으로 브랜딩 수정에 나선 이유다.

설화수는 북미의 '럭셔리 스킨케어' 시장을, 이니스프리는 '클린 뷰티' 시장을 정조준하고 있다. 경쟁력을 높이고자 설화수는 브랜드의 오랜 역사와 예술로, 이니스프리는 건강한 아름다움과 도전이라는 가치로 중심을 옮겼다.

이에 따라 이전에 강조되던 '한방'과 '청정 제주'라는 이미지는 상대적으로 약화됐다. 그러나 여전히 설화수는 한방을 연구해 화장품을 만들고, 이니스프리는 제주 및 자연에서 추출한 원료로 건강한 제품을 만들어내고 있다.

출처: THE PR(2023. 04. 13.). https://www.the-pr.co.kr/news/articleView.html?idxno=49916

생각해 볼 문제

01. 국내 브랜드 중 몇 개를 선택하여 아이덴티티-이미지 갭 분석을 해보자.

02. 브랜드 성격의 개념을 실무적으로 잘 이용하고 있는 사례에 대해서 논의해 보자.

03. 빅파이브 브랜드 성격에서 각각의 성격을 잘 나타내는 국내 브랜드에 대해서 생각해 보자.

04. 오랫동안 관계를 맺고 있는 브랜드에 대해서 생각해 보자. 그 브랜드와의 관계는 Fournier의 관계 유형 중에 어떤 유형에 속하는가?

05. 오랫동안 관계를 맺고 있는 브랜드에 대해서 생각해 보자. 투자모델을 적용하여 브랜드와의 관계에 있어서 만족도, 대안의 질, 그리고 투자에 대해서 논의해 보자.

06. 코브랜딩의 성공 사례와 실패 사례에 대해 생각해 보자.

참고문헌

1. 연합뉴스 (2023.12.10). 삼성 갤럭시, 국내 대표 브랜드가치 평가서 13년 연속 1위. https://www.yna.co.kr/view/AKR20231209018300003에서 인출.
2. 한겨레 (2017.12.28). 예술 입힌 패션 브랜드 … 소비자를 유혹하다. http://www.hani.co.kr/arti/specialsection/esc_section/825367.html에서 인출.
3. Aaker, D. A., & Joachimsthaler, E. (2000). Brand Leadership. New York: Free Press. Aaker, J. (1997). Dimensions of Brand Personality. *Journal of Marketing Research*, *34*(3), 347-356.
4. Fournier, S. (1998). Consumer and their brands: Developing relationship theory in con- sumer research. *Journal of Consumer Research*, *24*(4), 343-373.
5. Rusbult , C. E. (1980). Commitment and satisfaction in romantic associations: A test of the investment model. *Journal of Experimental Social Psychology*, *16*(2), 172-186.

브랜디드 콘텐츠 (Branded Contents)

06

CHAPTER

06

▶▶▶ CONTENTS

SUMMARY

브랜디드 콘텐츠는 브랜드의 메시지를 전달하기 위해 제작된 콘텐츠로 영화, 게임, 비디오, 음악, 공연 등 다양한 미디어 형식을 포함한다. 전통적인 광고와 달리 소비자에게 오락이나 정보, 문화적 가치를 제공하면서 브랜드를 자연스럽게 통합한다. 주요 매체로는 유튜브 등의 소셜미디어 플랫폼에서 크리에이터와 협업하여 제작된 동영상이 포함된다. 브랜디드 콘텐츠의 유형으로는 공간 브랜디드 콘텐츠와 OOH 브랜디드 콘텐츠, 온라인 브랜디드 콘텐츠, 게임 브랜디드 콘텐츠, 1인 미디어 · 영상 브랜디드 콘텐츠 등이 있다. 각 유형은 브랜드의 가치를 전달하고 소비자와의 감성적 연결을 강화하는 데 중점을 둔다. 예를 들어, 공간 브랜디드 콘텐츠는 경험 마케팅을 통해 소비자에게 직접적인 체험을 제공하며, OOH 브랜디드 콘텐츠는 옥외 광고에서 디지털 기술을 활용하여 소비자와 상호작용한다. 온라인 브랜디드 콘텐츠는 타깃 맞춤형 광고가 가능하고, 게임 브랜디드 콘텐츠는 게임 내에서 브랜드 메시지를 통합하여 소비자의 참여를 유도한다. 1인 미디어 · 영상 브랜디드 콘텐츠는 개인 크리에이터가 생산한 콘텐츠를 통해 직접적으로 소비자에게 영향을 미치며, 이들은 종종 인플루언서로서의 역할도 수행한다.

TERMINOLOGY

브랜디드 콘텐츠 개념, 공간 브랜디드 콘텐츠, OOH 브랜디드 콘텐츠, 온라인 브랜디드 콘텐츠, 게임 브랜디드 콘텐츠, 1인 미디어 · 영상 브랜디드 콘텐츠

도입 사례

시청자에게 선택 받는 광고, 브랜디드 콘텐츠

우리를 둘러싼 대부분의 영역에서 디지털 전환(Digital Transformation)이 진행 중이다. 그중 광고도 디지털화되며, 새로운 모습으로 탈바꿈하고 있다. 시청자에게 자신들이 보여주고 싶은 일부만 간략히 보여주는 것이 기존 광고였다면, 탄탄한 스토리에 브랜드를 녹여내 광고로 가공한 형태가 새로운 광고다. 여러 흥미요소를 통해 소비자에게 즐거움을 제공하며 거부감을 주지 않으며 브랜드를 전달한다. 주로 영상이지만 게임 · 음악 · 출판물 등 다양한 콘텐츠로 제작되는 이것이 브랜디드 콘텐츠(Branded Contents, 이하 BDC)다. 방송사에서 방영되는 K-드라마에는 몇몇 클리셰가 있다. '항상 기업 로고가 보이는 사무실', '느닷없이 힘들다며 건강식품을 먹는 주인공' 등이 대표적이다. 이러한 간접광고(Product Placement, 이하 PPL)가 무조건 나쁘다고 할 수 없지만, 어느 순간부터 무분별하게 남발되며 시청자의 몰입을 방해하는 시점에 이르렀고, 광고에 대한 거부감은 점차 높아졌다. 시청자는 광고라고 느끼는 순간, 마음의 문을 닫으며 세상에서 가장 까칠한 소비자가 된다.

BDC에 대한 대중의 인식은 다르다. 〈무한광고 유니버스에 빠진 성동일〉, 〈빙그레우스〉, 〈네고왕〉는 찰나의 순간 보이는 PPL이나 15초 내외 기존 광고와 달리 긴 러닝타임에도 시청자에게 좋은 인식을 심어줬다. 심지어 자체적으로 광고를 찾아보며, 지인들과 공유한다. 이는 자신이 좋아하는 것에 과몰입하는 MZ세대에게 두드러진 현상으로, 그들은 자연스레 팬덤을 형성하며 해당 브랜드의 충성도 높은 고객이 된다. '기존 광고는 스토리가 없었나?'라고 반문하는 사람도 있다. 기존 광고도 스토리가 있다. 다만 그 시간이 15초 정도에 불과했다. 이것도 방송 · 라디오에 국한됐고, 신문 · 잡지 같은 지면 매체에는 한 장면으로 노출된다. 이마저도 경쟁이 치열했다. 광고주와 대행사에게는 선택지가 없었고, 여러 제약 속 우선순위를 정해 전달할 수밖에 없었다. 시청자도 선택지는 많지 않았다. PC와 스마트폰이 등장하기 전까진 방송 · 라디오 · 신문 · 잡지로 대표되는 전통 매체(Above The Line) 중 선택해야 했고, 의사와 상관없이 그들이 제공하는 것을 시청해야 했다. 그 당시에는 이러한 광고가 최선의 선택이었다.

지금은 대부분의 사람이 스마트폰을 비롯 다양한 디바이스를 휴대한다. 이를 통해 장소 · 시간 제약 없이 시청할 수 있고, 방송사 · 유튜브 · SNS 등 다양한 채널 중 원하는 것을 선택할 수 있다. 즉, 시청자는 광고를 제공받는 객체에서, 광고를 선택하는 주체가 됐다. 기존 광고는 점차 시청자에게 외면받으며 경쟁력을 잃고 있다. 심지어 무료로 즐길 수 있는 유튜브는 광고 없이 시청할 수 있는 요금제를 출시했고, 점차 유료 회원이 늘고 있다. 더 이상 광고를 강제할 수 없는 상황이다. 광고는 시청자가 원할 때만 재생되기에 선택받는 광고로의 변신은 불가피했다.

▶ 브랜디드 콘텐츠의 특징

BDC의 가장 큰 장점은 재미있다는 점이다. 기존 광고가 BDC로 제작되며 시청자는 광고를 시청하는 비율도 늘고 있다. 소비의 주체로 떠오른 MZ세대 중 상당수는 즐거움을 추구한다. 이러한 현상은 비단 MZ세대에게 국한하지 않아 유사한 성향을 지닌 소비자를 지칭하는 펀슈머(Fun + Consumer)라는 용어까지 등장했다. '나는 아직도 배고프다'는 히딩크처럼, 펀슈머는 항상 즐거움에 굶주렸다. 그들은 즐거움을 발견하면 공유한다. 즉, 바이럴되며 자연스레 마케팅 효과는 높아진다. 그렇다면 어떻게 해야 즐거움을 전달해야 할까? 기존 광고는 즐거움 크기에 집중했다면 BDC는 '전달'에 초점을 맞췄다. 큰 즐거움을 준비했더라도 소비자에게 전달되지 않으면 아무런 의미 없기 때문이다. 그렇기에 자신(브랜드)에 대해 스토리텔링을 진행해 소비자와 친해진다. 마치 친구를 사귀듯 브랜드의 가치 · 이념 · 취향 등을 알게 된다. 이 과정에서 궁합이 좋은 브랜드와 소비자는 강하게 연결되며 친구가 되기도 한다. 모르는 사람의 이야기와 친구의 이야기는 전달력이 다르다.

우리가 모든 사람과 친구가 될 수 없듯, 브랜드도 친구가 될 대상을 명확히 설정해야 한다. 패스트푸드 선호도가 높은 젊은 세대를 겨냥해 요기요는 유튜브 'SUNBA선바'채널과 함께 할인 이벤트를 진행했고, KB국민은행은 30대를 위한 '[서른만: ※ 29세 미만 클릭금지 ※]'라는 타이틀로 콘텐츠를 제작했다. 불특정 다수가 대상이던 기존 광고와 PPL과는 가장 큰 차이점이다. 공략할 대상이 명확하다면 맞춤 전략을 수립할 수 있다. 경계가 모호하긴 하지만 BDC는 브랜디드 애드가 아닌 콘텐츠라는 정체성을 잊지 않아야 한다. 상업적 목적을 위해 일방적으로 정보를 제공하는 기존 광고와도 다르다. 영화 · 드라마 · 광고 · 게임 등 다양한 형태로 소비자와 상호작용하며 브랜드 경험 기회를 제공하는 것이 BDC다. 이 과정에서 뒷광고 사태에서 얻은 교훈인 '진정성'이 빠져선 안 된다. 진정성을 위해 콘텐츠 화자는 상징적 존재인 연예인에서 우리들과 다르지 않은 유튜브 크리에이터 · SNS 인플루언서에게 옮겨가고 있다. 성공적인 BDC는 브랜드 · 콘텐츠 화자 · 소비자는 진정성이라는 연결고리를 통해 대화를 나누고 있다.

▶ 브랜디드 콘텐츠의 핵심은 진정성

이제 브랜드는 소비자가 광고를 싫어하지 않는다는 사실을 알았다. 그들이 꺼려했던 것은 광고여서가 아니라 진정성이 없는 모습 때문이었다. 솔직한 모습은 찾아볼 수 없고, 상품 판매를 위해 가식적 모습만 보여주는데 소비자가 이를 반겨줄리 만무하다. 그래서 브랜드는 진정성을 담아 자신만의 방법으로 소비자에게 다가 가야한다. 진심은 통한다 했던가? 소비자는 브랜드에게서 진정성을 느꼈고 광고에서 거부감을 느끼지 않게 됐다. 이 과정을 통해 소비자와 브랜드는 서로를 이해하고 공감한다. 그리고 소비자가 마음을 여는 순간 마케팅 효과는 걱정하지 않아도 된다. 소비자와 브랜드는 깐부가 됐으니까.

출처: 김성지 (2021. 12. 10.). 디지털인사이트. 마케팅이 브랜디드 콘텐츠로 모이는 이유.

06 CHAPTER

브랜디드 콘텐츠 (Branded Contents)

1 브랜디드 콘텐츠 정의

브랜디드 콘텐츠(branded contents)는 브랜드 커뮤니케이션에 사용된 정보적 요소, 즉 영화, 게임, 비디오, 음악, 공연, 방송, 뉴미디어, 출판, 지식정보, 캐릭터 등의 단독 혹은 조합된 내용물이라고 정의 내릴 수 있다. 유사개념으로 브랜디드 엔터테인먼트(branded entertainment)와 애드버테인먼트(advertainment)가 있다. 즉, 브랜디드 콘텐츠는 브랜드의 목적 달성을 위해 제작되는 모든 콘텐츠라고 볼 수 있다. 브랜드가 제공하고자 하는 메시지를 일방적으로 전달하는 전통적인 광고와 달리 브랜디드 콘텐츠는 소비자에게 오락이나 정보, 문화적 가치를 제공할 수 있으며, 콘텐츠에 브랜드를 녹여낼 수 있다.

브랜디드 콘텐츠는 TV, 영화, 동영상, 게임, 웹툰, 공연 등 다양한 포맷의 콘텐츠를 활용할 수 있으며, 이러한 포맷을 통해 브랜드의 스토리나 광고 메시지를 보다 흥미롭게 풀어낼 수 있다는 특징을 가지고 있다. 브랜디드 콘텐츠 매체 중 소비자들에게 가장 각광받고 있는 것은 유튜브 크리에이터와 브랜드가 협업을 통해 제작하는 동영상이다. 소셜미디어와 동영상 크리에이터, 다중 채널 네트워크(MCN)의 성장은 동영상 기반 브랜디드 콘텐츠의 성장을 가속화하고 있으며, 이러한 브랜디드 콘텐츠는 기존의 상업적 광고와 비교했을 때 정보와 오락적 가치를 제공하기 때문에 소비자들에게 있어 광고보다는 하나의 콘텐츠로 인식되며, 크리에이터의 개성이 드러난다는 점에서 소비자들의 거부감이 적고 적극적인 참여와 공유를 이끌어 내기에도 용이하다.

2 브랜디드 콘텐츠 종류

1) 공간 브랜디드 콘텐츠

'공간 마케팅'은 '스페이스 마케팅'이라고도 불리며 공간 미디어를 활용해 사람들에게 경험을 만들어 내는 총체적 경험 마케팅이라고 할 수 있다. 다시 말해, 공간 마케팅은 우리 주변의 상업적 배경을 가진 모든 공간에서 이루어지는 마케팅 활동으로 소비자를 대상으로 하여 공간을 효율적으로 관리하고 의도한 목적을 달성하기 위해 다각화된 마케팅 방법을 통합적으로 제공한다고 할 수 있다. 매력적인 공간을 통해 소비자의 욕구를 충족시켜 방문을 유도하고 소비자가 직접적인 체험, 즉 경험을 할 수 있게 함으로써 기업 및 브랜드 이미지 제고를 꾀할 수 있다. 공간의 외적 모습뿐만 아니라 스토리텔링으로 내적 가치를 드러내 소비자들의 마음을 움직이는 새로운 경험을 제공하는 것이 공간 마케팅의 핵심이라 할 수 있다. 공간 마케팅은 특정 타깃에 도달하기 쉽고, 소비자의 감각을 자극하고, 감동과 공감을 이끌어 낼 수 있으며, 그들의 라이프스타일에 영향을 줄 수 있다는 장점을 가지고 있다.

공간 마케팅 유형은 직접 마케팅과 간접 마케팅으로 구분된다. 직접 마케팅은 공간 자체를 마케팅 대상으로 하며 간접 마케팅은 생산 공간, 소비공간, 소비자 혜택 공간으로 세분화 된다. 예를 들어, 생산 공간은 제품이나 서비스 생산이 이루어지는 공간으로 공장이나 기업 사옥을 의미하는데 반면 소비 공간은 플래그십 스토어와 같이 제품이나 서비스의 직접적인 소비가 이루어지는 공간이다. 소비자 혜택 공간은 마케팅 환경 변화를 반영하여 기업, 브랜드 이미지 제고를 위한 공간으로 기업 홍보관, 브랜드 체험관 등이 있다. 이 외에도 공간 마케팅의 기능에 따라 전시 공간 마케팅, 이벤트 공간 마케팅, 리테일 공간 마케팅, 브랜드 스페이스 공간 마케팅, 브랜드 랜드, 지역 축제와 관련된 지역 개발 공간 마케팅 등 다양하게 분류된다. 국내 공간 마케팅의 성공 사례로는 현대카드의 라이브러리와 설화수의 플래그십 스토어를 들 수 있다.

현대카드 라이브러리는 디자인, 뮤직, 트래블, 쿠킹, 그리고 아트 등 총 5가지 테마를 중심으로 희귀 도서나 전문서적을 선보이는 현대카드가 운영하는 도서관이다. 각 테마에 맞는 도서들이 비치되어 있으며, 또한 각 도서관별 전권 보유 컬렉션도 비치되어 있다. 현대카드 회원만 입장 가능했으나 평일 한정 현대카드 DIVE 어플 혜택으로 입장을 가능하게 했다. 디자인 라이브러리에는 '시대를 초월한 디자인과의 조우'가 주요 콘셉트로 전권 보유 컬렉션은 '도무스(Domus)', '라이프(LIFE)', '플레이보이(Playboy)', '월간 디자인', '비저네어(Visionaire)'가 비치되어 있다. 뮤직 라이브러리에는 '바이닐로 듣는 아날로그 음악의 울림'이 주요 콘셉트이며 전권 보유 컬렉션은 '롤링 스톤스(Rolling Stones)'가 비치되어 있다. 음악이 주된 공간으로 다양한 희귀 바이닐 음반들을 턴테이블로 청음해 볼 수 있다. 트래블 라이브러리에는 '특별한 여행을 위한 색다른 시선'이 주요 콘셉트이며 전권 보유 컬렉션은 '내셔널 지오그래픽(The National Geographic)', '이마고 문디(Imago Mundi)', '트랜스액션 오브 더 코리아 브랜치 오브 더 로열 에이시애틱 소사이어티(Transactions of the Korea Branch of the Royal Asiatic Society)'가 비치되어 있다. 2층에 비치된 Play룸을 통해 구글 지도로 전 세계를 먼저 구경도 가능하다. 쿠킹 라이브러리에는 '보고, 느끼며 쿠킹을 체험하는 백 만 가지 방법'이 주요 콘셉트로 전권 보유 컬렉션은 '제임스 비어드 파운데이션 북 어워드(James Beard Foundation Book Awards)', '국제 요리 전문가 협회 쿡북 어워드(IACP Cookbook Awards)'가 비치되어 있다. 그 외에도 이름에 걸맞게 1층에서 식사가 가능한 델리와, 플래티넘 회원들을 위한 그린 하우스가 있다. 아트 라이브러리에는 미술사적 가치를 인정받는 작가 및 작품 관련 서적들과 현대카드의 철학을 담은 공간으로, 컨템포러리 아트의 실험실이라 불린 매거진 '파켓(Parkett)', 뉴욕 현대미술관 개관부터 최근까지의 전시 도록 전권, 베니스 비엔날레 시작부터 최근까지 선보인 모든 본 전시 카탈로그, '무빙 이미지 룸(Moving Image Room)' 등을 보유하고 있다.

그림 6-1 현대카드 뮤직 라이브러리

그림 6-2 현대카드 트래블 라이브러리

설화수 플래그십 스토어는 아시안 뷰티의 정수를 오롯이 담은 공간이다. 설화수 플래그십 스토어는 등불이 어둠을 밝혀 길을 안내하듯, 아시아 미(美)의 지혜를 담아 아름다움을 비추고자 랜턴(Lantern)을 콘셉트로 디자인되었다. 이곳에서 고객들은 브랜드 헤리티지뿐만 아니라 설화수 제품과 스파를 모두 경험할 수 있다. '헤리티지룸 & 시즈널 부티크'에서는 설화수 브랜드 철학과 원료의 스토리를 담은 헤리티지존과 시즌별 이슈 제품을 만날 수 있다. '부티크 & 기프트 서비스'에서는 설화수 전 제품 체험과 함께 뷰티 카운셀링을 받을 수 있으며, 정성과 품격을 담은 이 플래그십 스토어만의 '지함보' 포장 서비스 또한 제공된다. '설화수 스파'에서는 설화수만의 원료와 처방이 담긴 스파를 경험할 수 있으며, 이 밖에도 설화수만의 특별한 문화공간인 '컬처 라운지', VIP 고객의 편안한 휴식을 위한 'VIP 라운지'도 운영하고 있다.

그림 6-3 설화수 플래그십 스토어

2) OOH 브랜디드 콘텐츠

OOH 광고는 빌보드 등의 전통적 OOH 광고, 디지털 사이니지(digital signage), 도로나 거리 시설물 및 POP 광고물, 교통광고, 대안매체를 이용한 특수광고 등의 유형으로 구분된다. OOH(out of home: 옥외) 광고는 가장 오래된 전통매체이자 새로운 유형의 브랜디드 콘텐츠가 다양하게 시도되는 첨단매체라고 할 수 있다. 집 밖의 공적 환경에서 우연적으로 노출되는 광고 속성을 지니며, 평범한 옥외 생활공간이나 뜻밖의 상황에서 노출됨으로써 사람들의 기대를 위반하는 표현전략을 구사한다. 예상하지 못한 장소에서 만나는 광고는 의외성을 갖는데, 이 의외성은 적절하고 가치 있는 정보 콘텐츠와 결합할 때 재미와 반가움 같은 긍정적 효과를 줄 수 있다. 특히, 고객과의 관계가 중요시되는 현대 마케팅 상황에서 디지털 사이니지를 중심으로 하는 OOH 광고는 브랜드 커뮤니케이션을 수행하는 중요한 미디어로서의 역할을 수행한다. 전광판과 같은 기존의 사이니지에 디지털 네트워크 기술 및 디스플레이 기술이 접목된 디지털 사이니지는 공간 마케팅, 광고PR, 문화예술, 도시 디자인의 장으로 폭 넓게 활용되고 있다. 특히, 디지털 사이니지는 네트워크를 통해 전송된 정보 등 콘텐츠를 디스플레이하는 정보재현적 특성, 센싱 기술, NFC, 비콘(beacon), QR(quick response) 등과 같은 ICT 기술을 모바일과 연동해 소비자가 정보에 즉각 반응하는 상호작용적 행동특성, 그리고 사이니지 콘텐츠에 입력된 ICT 기술을 통해 소비자의 관여도와 참여, 즉 인게이지먼트(engagement)를 제고할 수 있는 경험적 특성을 가지고 있다.

영국 비영리단체인 위민스 에이드(Women's Aid)는 2015년부터 가정폭력 근절을 위한 옥외광고 캠페인을 펼치고 있다. 광고물에는 가정폭력에 의해 얼굴을 심하게 다친 여성의 모습을 비춘다. 옥외광고에 안면 인식(facial recognition)과 같은 인터렉티브 기술이 적용되어 지나가는 행인들이 일그러진 여성의 얼굴을 보면 상처가 조금씩 치유되는 것을 보여준다. 많은 사람들이 상처입은 여성을 볼 수록 여성은 더 빨리 치유되는 것을 인터렉티브 기술로 구현해 준다. 이러한 기술적 그리고 창의적 방식이 동원된 광고는 단순히 광고의 역할을 수행하는 데 그치지 않고 소비자들을 창의적인 방식으로 참여시키며 중요한 광고 메시지에 대한 인지도를 제고시키는 스토리텔링의 기능을 발휘하기도 한다.

그림 6-4 영국 Women's Aid 'Look at me' 캠페인

3) 온라인 브랜디드 콘텐츠

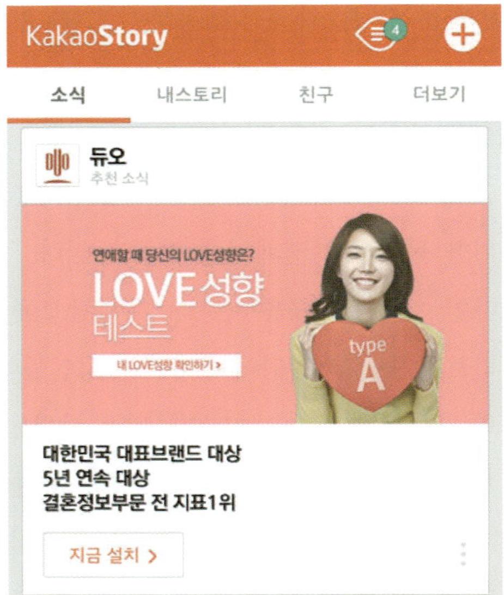

그림 6-5 카카오 스토리 듀오 네이티브 광고

온라인 광고는 전통매체 대비 타깃 맞춤형, 계량적 효과측정이 쉽다. 기업이 온라인 콘텐츠 중심의 커뮤니케이션을 전개하는 이유는 온라인 광고의 특성에 기인한다. 즉, 온라인 광고의 장점은 타깃지향의 맞춤형 광고가 가능하며 계량적 광고효과 측정이 쉬운 점 그리고 여전히 광고비용이 상대적으로 저렴하다는 점이다. 광고비의 부담을 줄이면서도 광고의 제작과 게재, 갱신을 쉽게 할 수 있다. 주요 온라인 광고에는 디스플레이 광고, 검색광고 그리고 네이티브 광고가 있다. 디스플레이 광고는 '노출형' 광고를 의미하며, 소비자의 의도와 관계없이 웹사이트상에 표출되는 배너광고와 리치 미디어 광고 등이 해당된다. 배너광고가 기술적 발전을 통해 진화된 유형의 광고 형태인 리치 미디어 광고는 텍스트나 이미지가 아니라 비디오, 오디오, 사진, 애니메이션 등을 결합한 멀티미디어 형태의 인터넷 광고다. 검색 광고는 인터넷 검색 사이트를 이용한 광고로, 브랜드 및 일반명사로 키워드를 검색할 때 노출된다. 부동산 관련 키워드를 검색해 기사에 들어가면 측면에 아파트 분양 광고가 뜨고, 경제 기사에는 증권사 광고가 함께 실리는 식이다. 기사에 대한 주목도가 클수록, 기사와 광고 내용 간 관련성이 클수록 광고 효과는 커진다. 네이티브 광고는 매체 고유의 성격(네이티브)과 색깔에 맞게 만든 광고를 뜻한다. 즉, 매체나 기사, 콘텐츠 등 '해당 플랫폼의 핵심 콘텐츠를 광고화해 보여주는 것'으로 재정의된다. 현재 네이티브 광고는 SNS를 중심으로 활성화되고 있다. 예를 들어, 페이스북의 타임라인을 보면 마치 친구의 타임라인처럼 보이지만 실은 광고 형식인 '스폰서 광고'가 등장하는 식이다. 기존 광고들과는 달리 웹사이트 이용자가 경험하는 콘텐츠 일부로 작동해 사용자의 관심을 거부감 없이 적극적으로 끌 수 있다.

4) 게임 브랜디드 콘텐츠

게임이 본격적으로 마케팅에 활용되기 시작한 것은 2005년이며, 게임 '카트라이더' 내의 코카콜라 광고를 비롯해 '테일즈러너'와 나이키 등 다수의 게임광고들이 본격화 되었다. 최근에는 스마트폰의 보편화로 게임 또는 '게임화'를 적용하려는 움직임, 즉 '게이미피케이션(gamification)'이 증가하고 있다. 특히, 모바일 콘텐츠를 활용한 공공 커뮤니케이션 형태의 콘텐츠들은 '소셜 콘텐츠'라고도 불리며, 개인과 조직, 대중의 행동변화를 목적으로 사용되며 주로 모바일 앱 형태로 개발되고 있다. 그리고 소셜 게임 콘텐츠는 공공커뮤니케이션이 목적인 게임 콘텐츠를 의미한다. 즉, 소셜 게임 콘텐츠는 개인들이 게임 하듯이 즐겁게 자발적으로 참여하도록 만든 이용자 중심의 콘텐츠라고 할 수 있다. 예를 들어, '빅워크'라는 앱을 자신의 스마트폰에 다운 받은 뒤 실행, '스타트(Start)' 버튼만 누르고 걸으면 자동으로 기부가 된다. 이용자

그림 6-6 기부앱 빅워크를 통한 현대해상 기부 활동 사례

들은 기부금액과 내역은 물론, 운동량과 탄소배출량 등도 확인할 수 있어 건강관리 앱으로도 유용하다. 그 외, 나무를 심고 키우는 게임을 하면 실제 사막화를 막기 위한 나무를 기증할 수 있는 게임도 있다. '트리플래닛(Tree Planet)'은 '나무'라는 특색 있는 기부에 게임을 접목시켰다. 이렇게 게임이 아닌 분야에 게임요소와 메커니즘을 적용해 문제해결과 행동변화를 유도하는 것이다. 이는 여러 분야와 결합해 효과를 얻을 수 있다는 점에서 환경문제나 공공안전 등과 같은 지속적이고 세계적인 문제를 해결하는 데에도 많이 활용되고 있다.

게임요소를 활용한 광고를 '게임 속 광고' 또는 '게임 광고'라고 부른다. 게임 속 광고란 게임 콘텐츠 내 가상공간에서 광고를 보여주는 것을 말한다. 게임요소 활용방법은 다음과 같이 두 가지 유형으로 나누어진다.

- **간접광고(product placement: PPL):** 기존 게임에 브랜드나 브랜드 네임을 배치하는 방법으로, 게임에 등장하는 아이템이나 게임의 배경에 제품을 삽입하는 방식이다. 게임의 런처(launcher)나 로딩타임, 대기방 등에 디스플레이 광고나 배너, 동영상광고를 집행하는 광고 유형도 있다.
- **버추얼 콘텐츠:** 가상(virtual)의 시뮬레이션을 기반으로 브랜드를 경험하는 방법으로, 보다 적극적인 게임요소 활용방법으로서 광고 자체가 새로운 게임적 콘텐츠 및 게임 기법을 개발하는 것을 말한다.

기능성 게임이란 특별한 목적을 위해 설계된 게임을 말한다. 게임의 주요 목적인 오락성보다는 특별한 목적에 비중을 두며, 건강, 홍보, 교육, 경영, 의료, 광고, 복지 등 다양한 범위로 확장된다. 과거에는 교육적 측면만 중시되다 보니 그래픽이나 영상을 상대적으로 소홀히 했다. 앞으로는 기술의 발전으로 콘솔게임이나 온라인게임에서 구현되는 고화질의 사실적 표현이나 체험적 기술이 확대되어 적용될 전망이다. 기능성 게임 유형을 주요 목적과 영역에 따라 분류하면 다음과 같다.

- **건강 기능성 게임:** 게임과 운동을 결합한 형태로서 운동의 성과를 게임으로 표현

하는 등 운동용 기구에 컴퓨터 게임의 요소를 더해 운동효과를 높이려는 시도이다.

- **교육 기능성 게임**: 학습효과를 극대화하기 위해 개발된 게임을 말한다. 교육과 엔터테인먼트의 합성어인 '에듀테인먼트'와 같은 개념이며, 학생에게 교과 내용을 재미있게 전달하기 위한 게임, 전문직에 종사하는 근로자를 훈련시키기 위한 게임 등이 있다.
- **치료 기능성 게임**: 게임 플레이를 통한 가상체험을 통해 질병에 대한 정보, 예방 및 대처 방법을 알 수 있도록 하는 게임이다. VR 기술을 이용해 직접 치료하기 힘든 공황장애 등을 치료하는 게임도 있다.
- **군사훈련 기능성 게임**: 가상의 군사훈련을 위한 게임이다. 실제장비로 훈련하기에는 비용이 많이 드는 경우나 환경이 적합하지 않은 경우(예: 비행 시뮬레이션) 등에 사용된다.

그림 6-7 환경 교육 관련 기능성 게임 '에코 프렌즈'

5) 1인 미디어 · 영상 브랜디드 콘텐츠

1인 미디어란 개인이 다양한 콘텐츠를 직접 생산하고 공유할 수 있는 커뮤니케이션 플랫폼이며, 새로운 형태의 커뮤니케이션 채널을 의미한다. 스마트폰 하나만으로 나만의 콘텐츠를 제작하고 전 세계와 공유하는 현 시대의 이러한 발전은 기존의 매스미디어가 아닌 개성을 가진 개인의 콘텐츠 '1인 미디어'의 등장을 야기했다. 참여, 개방, 협업이라는 특징을 가진 웹2.0, 미디어의 콘텐츠 서비스를 자유롭게 제공할 수 있는 쌍방향 인터넷 환경 조성과 PC와 스마트폰의 확산으로 '1인 미디어'가 등장하고 발전하였다.

1인 미디어의 성장의 시작에는 텍스트 1인 미디어가 존재한다. 1인 미디어의 시작은 인터넷의 발달로 싸이월드의 '미니홈피'와 같은 포털 싸이트에 자신의 감정이나 공간을 만들고 사회적 네트워크를 형성하는 것이었다. 하지만 싸이월드는 개인일상 중심이고, 친한 친구들끼리 연락을 주고받는다는 의미에서 1인 미디어보다는 개인 커뮤니티라는 성격이 강했다. 다음으로 음성 1인 미디어, 즉 팟캐스트가 등장했다. 팟캐스트는 애플의 아이팟(ipod)과 방송(Broadcasting)을 결합해 만든 신조어로 개인의 채널을 운영하며 음성메시지의 형태로 의사전달을 한다. 2011년 '나는 꼼수다' 열풍처럼 기존의 라디오와 달리 팟캐스트는 개인적인 커뮤니케이션 공간으로 개인의 의견을 필터링 없이 제시하고 TV나 기존의 미디어가 전하지 못했던 정치적인 문제점들을 부담없이 소비자에게 전달했다. 2017년 7월 초 기준으로 한국 최대 팟캐스트 사이트 '팟빵'에 등록된 방송 수는 1만 개가 넘는다. 마지막으로, 멀티미디어 시대로 접어들면서 영상 1인 미디어의 시대가 도래했다. 커뮤니케이션 양식은 기존의 구두(oral)와 문자(written) 시대의 커뮤니케이션 양식과는 다른 새로운 감각체계에 대한 확장이 나타났다. 기존의 '1인 미디어'의 청각적 시각적 요소를 더욱 발전시켜 영상의 형태로 시청자들로 하여금 더욱 생동감과 현실감을 느끼게 했으며 접근성을 높임으로써 인기가 높아졌다. 그중에서도 '실시간 스트리밍'이 화두가 되고 있으며, 유튜브, 아프리카TV 등 실시간 개인 방송 채널들이 급격히 증가했다.

1인 크리에이터 시장 규모가 커지면서 동영상의 제작 지원과 배급을 담당하고 다양한 채널에서 수익을 창출하는 새로운 산업분야인 MCN(Multi-channel network)이 새롭게 등장했다. 크리에이터와 MCN 업체들은 무섭게 성장하며 기존 미디어들을 위협하고 있다. MCN의 등장으로 1인 창작자도 대형 제작사에 버금가는 양질의 콘텐츠를 제작할 수 있게 됐기 때문이다. 구글은 2020년 전체 미디어 가운데 기존 방송사나 스튜디오는 25%에 그치고 나머지를 1,000여개 1인 채널과 MCN 업체들이 차지할 것으로 예상했다.

SNS를 통해 수 많은 구독자를 보유하고 있는 1인 미디어 크리에이터들은 '인플루언서'로 마케팅에서 큰 역할을 차지하고 있다. 브랜디드 콘텐츠를 통한 브랜드 메시지는 크리에이터 구독자 수만큼 노출과 전달이 확정되고, 소비자들의 SNS를 통한 바이럴 효과를 통해 언드 미디어(earned media) 효과를 극대화할 수 있다는 장점을 가지고 있다. 크리에이터들의 출연료는 구독자 수 또는 인지도에 따라 천차만별이며, 하루 출연 기준 50만 원부터 수천만 원까지 다양하다. 일반적으로 콘텐츠 소유권은 크리에이터에게 있기 때문에 기업의 콘텐츠처럼 활용하려면 별도의 라이센스 계약을 해야 한다는 단점이 있다.

그림 6-8 KB손해보험 인플루언서 협업 광고 영상

3 국내 브랜디드 콘텐츠 사례: 삼양라면 60주년 캠페인 "평범하게 위대하게"

1) 삼양라면 "평범하게 위대하게" 브랜디드 콘텐츠 배경

삼양식품은 창립 60주년을 기념하여 삼양라면의 탄생 취지를 전달함과 동시에 앞으로도 지속적으로 소비자에게 진정성 있는 제품을 제공하겠다는 의지를 표명하기 위하여 브랜디드 콘텐츠인 "평범하게 위대하게" 캠페인을 실시하였다. 이 캠페인은 삼양식품의 세계관을 스토리텔링으로 전달하고 있으며 발표 당일부터 MZ세대 타겟의 긍정적인 반응을 유발하였고 매출 증대로 이어졌다.

2) 삼양라면 "평범하게 위대하게" 캠페인 개요 및 목적

평범하게 위대하게 캠페인은 삼양라면의 탄생 취지를 전달함과 동시에 앞으로도 지속적으로 소비자에게 진정성 있는 제품을 제공하겠다는 의지를 표명하기 위하여 기획되었다. 매체 집행 집중 기간은 2021년 9월 29일부터 11월 13일로 1개월 반 정도이다. 평범하게 위대하게 캠페인은 삼양라면이 우리나라 최초의 라면 브랜드라는 사실을 전면에 내세우기보다는 오랫동안 묵묵히 자기 자리에서 최선을 다해온 수많은 평범한 이들이 누구보다도 위대한 일을 일궈온 것임을 알리고자 '평범하게 위대하게'를 캠페인 주제로 정하였다고 한다. 그리고 이러한 삼양식품의 '세계관'을 MZ세대에게 재미와 감동과 더불어 전달하기 위하여 애니메이션 기반 뮤지컬 형태의 브랜디드 콘텐츠로 제작하였다.

3) 컨셉 및 주요 메시지

"평범하게 위대하게" 캠페인은 출시 60주년을 기념하기 위해 삼양라면과 세계적인 인기를 누리고 있는 불닭볶음면 간의 갈등이 메시지의 중심내용이다. 다른 자극적인 라면들 사이에서 자신의 평범함에 자존감을 잃어가던 삼양라면이 배고픈 시절 싼 가격으로 국민에게 힘이 되었던 과거 탄생의 본래 의미를 기억하며 그를 조롱하

그림 6-9 평범하게 위대하게 스토리보드

던 불닭에 맞서는 평범하지만 위대한 존재로 앞으로도 계속 남아 있겠다는 스토리로 구성하였다. 평범하게 위대하게 캠페인은 의인화된 '양'의 역할을 슈퍼주니어의 규현이 맡았는데 뮤지컬 형식으로 삼양라면의 오랜 역사, 최초의 라면 브랜드라는 가치, 오랜 시간 함께한 맛이라서 어쩌면 평범하게 느껴질 수 있다는 내용, 그러나 60년의 세월 동안 우리와 함께했고 앞으로도 함께할 것이라는 브랜드 가치의 위대함을 뮤지컬 형식으로 표현하였다. 평범하게 위대하게 캠페인은 뮤지컬형식으로 만들어졌는데 국내에서 접하기 힘든 '수인물' 캐릭터를 활용하여 삼양라면의 삼양을 산양이라는 주인공 수인으로, 불닭볶음면의 닭을 조연 수인 캐릭터로 발전시켜 재미요소를 부각시키고자 하였다.

4) 크리에이티브 전략

캠페인은 삼양식품의 라면 패키지에 동물 캐릭터가 등장(삼양라면-양, 불닭볶음면-닭, 쇠고기면-소)하는 것을 바탕으로 스토리를 효과적으로 전달하기 위해서 삼양식품의 동물 캐릭터를 인물화한 수인물 뮤지컬 형식으로 제작되었다. 삼양라면이 우리나라 최초의 라면브랜드로 가장 오랜 역사를 가지고 있으며 묵묵하게 지난 60년간 라면 브랜드로서의 정체성을 유지하며 평범해 보일 수 있지만 오히려 60년간 함께 해온 것이 특별하고 위대한 것이라는 것을 얘기하고 있다. 더 나아가서 삼양라면은 지금처럼 계속해서 우리와 함께 하겠다는 다짐을 하는 메시지를 던짐으로써 다른 어떤 브랜드도 흉내 낼 수 없는 원조의 가치를 전하고 있다고 볼 수 있다. 그리고 브랜드의 주인공인 삼양라면 캐릭터의 목소리를 슈퍼주니어의 규현이 맡아 MZ세대가 쉽게 인지하고 관심을 끌 수 있도록 하였다.

브랜디드 콘텐츠 메시지 시작부분에 "난 평범함이 익숙해. 60년 동안 그저 존재한 라면. 난 무난한 게 익숙해. 60년 동안 그저 쉽게 끓여진 라면. 그래, 새로운 라면들 사이. 흔들릴 때도 있었어. 빠르게 변해만 가는 세상 속에서. 진정 난 이대로 괜찮은 걸까."를 이야기하면서 삼양라면이 스스로 특색이 강하지 않은 브랜드라는 것을 인정하는 듯한 얘기를 한다. 그러나 마지막 부분에 "삼양라면은, 기본을 지켜낼 거야. 평범하게 위대하게."를 외치면서 삼양라면이 최초의 라면이라는 것과 60년간 라면의 기본을 지켜오고 있다는 메시지를 던지고 있다. 기본을 지켜낸다는 것은 모든 라면들이 라면의 기준을 삼는다는 것으로도 해석될 수 있다. 그래서 여전히 현재에도 의미가 있는 브랜드라는 것을 평범하게 위대하게 라는 광고 컨셉에 녹였다고 추론할 수 있다. 그렇다면 광고 목표의 하나는 소비자들이 이 캠페인을 보고 나서 삼양라면이 한국의 모든 라면의 기준이라는 것과 그것은 지금도 유효하다는 메시지를 받아들이는 것이라고 볼 수 있다. 따라서 앞에 제시한 광고캠페인을 통해서 해결하고자 하는 것이 오래된 그래서 볼품없는 브랜드로 인식될 수 있는 이미지가 라면의 기본을 지키는 원조라면으로 재정립하는 것을 목표로 볼 수 있을 것이다. 그리고 단순히 원조에 의미를 부여하는 것이 아니라 기본을 지킨다는 것을 애니메이션 형식으로 제시하여 새롭게 재 포지셔닝하고자 하는 것임을 알 수 있다. 3장의 크리에이티브 전략 도출 기준에 따라서 삼양식품의 브랜디드 콘텐츠의 크리에이티브 전략을 추론하면 아래와 같다.

캠페인을 통해서 해결하고자 하는 기본적인 문제 또는 기회요소는 무엇인가?

삼양라면이 대한민국 최초의 라면브랜드라는 중요한 가치를 가지고 있지만 그것이 한편으로는 오래되고 MZ세대의 관심에서 멀어진 낡은 이미지가 캠페인을 통해서 해결하고자 하는 문제로 추론할 수 있다.

표적소비자는 누구인가?

규현을 평범하게 위대하게 캠페인의 주인공인 '양'캐릭터의 주인공 목소리로 사용한 것과 애니매이션 형식의 광고를 한 것을 볼 때 표적소비자로는 기존 삼양라면의 이미지(원조 브랜드)보다는 젊은 사람들을 표적소비자로 삼았다고 볼 수 있다.

TVCF의 데이터베이스에 등록된 삼양라면 광고를 기준으로 볼 때 평범하게 위대하게 캠페인 직전인 2020년에 장도연을 모델로 "캠핑의 끝은 삼양라면이다.", "라면의 원조 삼양라면"이라는 광고가 있었다. 특히 주목할 만한 것은 TVCF의 삼양라면 광고에 대한 댓글에 "오랜만에 삼양라면 광고를 보는 것 같아 반갑다"라는 내용이 있는데 실제로 삼양라면은 그동안 광고를 많이 하지 않은 것으로 보인다. 2016년에 홈플러스와 함께한 광고, 2012년에 삼양식품이 새롭게 출시하는 라면을 알리는 티저 광고, 그리고 2010년에 소녀시대를 모델로 내세우며 "친구라면 삼양라면"이라는 메시지를 던지는 광고캠페인을 진행하였을 뿐이다. 지난 10여년간 삼양라면은 광고를 많이 하지 않은 것을 알 수 있고 평범하게 위대하게 캠페인 직전의 광고가 장도연을 모델로 하여 캠핑 갔을 때 삼양라면을 먹는 장면을 연출하였다면 평범하게 위대하게 캠페인은 상대적으로 나이가 어린 규현을 모델로 하였고 MZ세대가 익숙한 애니메이션 형식의 광고를 제작하여 뮤지컬 형식의 광고캠페인을 진행한 것을 볼 때 표적 소비자의 나이가 기존 광고보다는 어려졌다고 볼 수 있다.

광고캠페인을 통해서 최종적으로 달성하고자 하는 목표는 무엇인가?

소비자에게 특히 MZ세대를 비롯한 젊은 표적 소비자가 삼양라면을 낡은 브랜드가 아니라 과거에도, 현재에도 그리고 미래에도 라면 본연의 맛을 지속적으로 보여주고 라면의 기준으로 인식하는 것을 목표로 한다고 추론할 수 있다.

차별화는 무엇인가?

삼양라면의 가장 중요한 차별화는 라면의 원조라는 것이다. 그러나 그것이 MZ세대에게는 진부한 것으로 비춰질 수 있다고 추론 가능하다. 그 결과 광고컨셉을 평범하게 (하지만 그래서) 위대하게로 잡았을 것으로 보인다.

차별화의 근거는?

삼양식품에서 우리나라 최초의 라면을 1963년 출시하였고 그 최초의 브랜드가 지금도 우리와 함께하는 삼양라면이라는 것이다.

브랜드 개성은 어떠한가?

제니퍼 아커가 제안한 브랜드 개성의 차원은 다섯 개의 차원(Sincerity, Excitement, Competence, Sophistication, & Ruggedness)으로 나눌 수 있는데 그중에서 삼양라면의 브랜드 개성은 Sincerity(정직함)와 연결을 시키려는 것을 볼 수 있다. 삼양라면이 대한민국 최초의 라면으로 가난하던 시절 국민들의 배고픔을 해소하는 것을 목적으로 만들어진 역사를 가지고 있고 국민브랜드로서 삼양라면의 정체성을 재정립하고 이어가고자 하는 모습을 볼 수 있다. 따라서 가볍지 않고 진솔하게 다가가는 메시지를 제작할 필요가 있음을 알 수 있다.

특별히 고려해야 할 만한 사항은 무엇인가?

원조라는 것을 유지하면서 그것이 진부하지 않게 MZ세대를 비롯한 소비자에게 받아들여지도록 하는 것으로 계획되었을 것이다. 그 결과로 요즈음 새로운 트렌드인 애니메이션 형식의 뮤지컬 브랜디드 콘텐츠를 제작하였다고 추론할 수 있다.

5) 매체전략

"평범하게 위대하게" 캠페인은 삼양라면의 오리지널 가치를 알리는 동시에 삼양식품의 세계관을 런칭하고 세일즈까지 연계할 수 있는 IMC 매체전략을 수립하였으며 주 타깃인 MZ세대를 공략하기 위하여 디지털과 OOH 미디어 중심으로 우선적으로 집행되었다. 디지털 콘텐츠(캠페인 티징, 본편, 캐릭터 영상 등)는 유튜브, 인스타그램, 페이스북과 배달의 민족 라이브 쇼핑 등을 통해서, OOH 광고는 지하철 역사의 디지털 포스터와 디지털 빌보드를 주로 이용하였다. 구체적으로 유튜브, SNS, 시그널 플레이 미디어믹스를 통해 네이버TV, 아프리카TV를 비롯하여 주 타깃이 활동하는 채널에 광고를 집행하였다. 라이브 쇼핑 채널 내에서도 삼양식품의 새로운 자산인 '삼양이' 캐릭터를 활용한 라이브 커머스를 진행하였는데 라이브 커머스 방송 60분 중 30분 정도 버추얼 캐릭터의 실시간 출연을 통해 소비자와 직접 소통함으로써 차별화된 경험을 제공하였으며 굿즈 상품을 리워드로 증정하였다. 또한 브랜드 광고의 대세감을 나타내기 위해서 성수, 강남, 삼성, 홍대 등 주요 번화가의 지하철 역사에는 디지털 포스터를, 삼성역과 코엑스 인근에는 디지털 빌보드를 설치하여 OOH 광고를 집행하였다. 이를 통해 타깃에게 어필하고 이슈화 가능성을 높이고자 하였다.

6) 캠페인 성과

"평범하게 위대하게" 캠페인은 앞서 언급한 바 있듯이 완성도 높은 스토리와 중독성 있는 음원, 실력파 가수 규현 등에 힘입어 미디어 믹스 집중집행 기간(2021.9.27.~11.13.) 동안 폭발적인 반응을 보였다. 특히 오픈 당일에는 트위터 실시간 트렌드 1위에 링크되었고 당일부터 수일간 유튜브 인기 동영상 상위에 링크되었으며 삼양라면 키워드 검색도 4만 건 이상 증가하였다. 구체적으로 유튜브 본편 광고 및 티징, 캐릭터 영상과 메이킹 필름 등의 조회수가 1000만을 돌파하였으며 댓글 4,600여 개, 좋아요 2.3만 이상의 반응을 이끌어냈다. 댓글의 내용을 분석한 결과 캠페인의 퀄리티, 감동, 중독성 등 긍정적인 여론(이게 광고야 뮤지컬이야, 감동적이고 벅차오른다, 규현 표현력, 목소리가 좋다, 중독성 있어 반복해서 보게 된다, 공짜로 봐도 되는 건가? 퀄리티 너무 높아 등)이 85% 이상 생성되었으며, 부정적 내용(형이 잘되는 꼴 못 보는, 뮤지컬의 클리셰는 다 넣었네, 그만 나왔으면 등)은 10% 안팎, 기타(햄복이 귀엽다, 조류 수인이 주연이라니 등)가 5% 정도 차지하였다. 또한 삼양식품 유튜브 공식채널에 MZ세대의 유입이 55% 이상 증가하였으며 네이버, 다음을 비롯한 주요 포털의 검색량도 3배 이상 증가하였고, 트위터, 페이스북, 인스타그램 등의 소셜 언급량도 2.5배 이상 증가하였다. 뿐만 아니라 삼양 브랜드 서사를 활용한 스토리텔링으로 MZ세대들의 바이럴도 다양하고 자유롭게 생성되어 효과를 배가하는 결과를 가져왔다.

삼양식품은 캠페인에 맞추어 패키지를 비롯한 전반적인 제품 리뉴얼을 실시하였다. 구체적으로 삼양라면의 경우 그동안 한자로 표기해오던 삼양(三養)을 한글로 바꾸었으며 패키지에 캠페인 주인공캐릭터를 넣었다. 아울러 "평범하게 위대하게" 캠페인에 등장하는 문구들을 광고 포스터 카피에 사용하였다. 이에 대한 소비자 반응은 캠페인 호응도가 지속적으로 제고됨에 따라 긍정적으로 나타났다. 삼양라면의 이미지가 한층 젊고 트렌디하게 개선되었다는 평가를 받고 있으며 캠페인 기간 동안 (2021년 9월~11월) 매출 면에서도 평균 14% 이상 상승하는 효과를 거두었다. 이에 힘입어 삼양식품은 '삼양라면' 브랜드 강화를 통하여 향후 글로벌시장에서 불닭볶음면과 더불어 시장을 넓혀 나갈 수 있을 것으로 전망하고 있다.

생각해 볼 문제

01. 브랜디드 콘텐츠와 광고와의 차이점을 서술하시오.

02. 브랜디드 콘텐츠의 다양한 종류 및 그 개념들을 설명하시오.

03. 공간 브랜디드 콘텐츠의 사례를 들고, 브랜드 충성도에 미치는 영향을 설명하시오.

04. OOH 브랜디드 콘텐츠와 ICT와의 관계를 서술하시오.

05. 게임 브랜디드 콘텐츠의 공익적인 부분을 설명하시오.

06. 기능성 게임의 장점에 대해 서술하시오.

07. 1인 미디어 콘텐츠의 향후 전망에 대해서 서술하시오.

참고문헌

1. 김운한 (2016). 브랜디드 콘텐츠. 나남.
2. 김정현 (2022). 삼양라면 60주년 캠페인 [평범하게 위대하게] 사례 연구. 광고PR실학연구, 15(1), 87-103.
3. Aaker, J. L. (1997). Dimensions of brand personality. *Journal of marketing research*, *34*(3), 347-356.

광고 목표와 예산 설정

07

CHAPTER

07

▶▶▶ CONTENTS

SUMMARY

광고 캠페인을 기획하고 집행하기 전에 목표를 정확하게 설정하는 것이 중요하다. 광고 목표는 광고주 및 광고를 기획, 제작 및 집행하는 광고대행사와 업무를 진행하는 과정에서 방향성을 제시해 줄 뿐만 아니라, 마케팅 활동과도 긴밀한 관계이기 때문이다. 광고 목표 설정은 광고 캠페인이 종료된 시점에서 광고 캠페인의 성공 여부를 판가름하는 핵심적인 역할을 한다. 광고 목표를 설정한 후, 광고 캠페인을 위한 적절한 광고 예산을 설정해야 한다. 광고 예산을 설정하기에 앞서 여러 가지 사항들을 고려해야 한다. 예를 들어, 광고 예산 결정에 영향을 미치는 요인들은 크게 제품 관련 요인들, 시장요인, 고객요인, 전략요인 및 비용요인 등이 있다.

TERMINOLOGY

AIDA 모델, DAGMAR 모델, 위계효과모델, 한계분석, 매출비율법, 목표과업법, 경쟁사기준법, 지불능력기준법, 광고점유율 기준법

도입 사례

콘텐츠 마케팅의 리퍼포징 전략이란?

최근 몇 년은 팬데믹, 경제 불안정, 기업 내부적으로는 줄어드는 예산으로 인한 리소스 부족 등 끊임없는 변화 속에서 마케팅 담당자들이 직면한 어려움이 많았습니다. 예산 감축에도 불구하고 효과적인 마케팅을 유지해야 하는 압박감 속에서 많은 이들이 창의적인 해결책을 찾고 있는데요. 기본적인 콘텐츠 전략인 리퍼포징이 다시 주목받고 있습니다.

▶ 리퍼포징의 3R: Repackaging, Repurposing, Reoptimizing의 힘

리퍼포징은 3R전략을 통칭하는 용어인데요. 3R은 오랜 콘텐츠 전략으로 리패키징(repackaging), 리퍼포징(repurposing), 리옵티마이징(reoptimizing)을 말합니다. 기존 콘텐츠를 효과적으로 활용하여 시간과 비용을 절감하면서 최대의 효과를 창출하는 전략인데요. 각각의 원칙과 이를 어떻게 모든 콘텐츠 전략에 원활하게 통합하여 최대의 시간 대비 가치를 창출할 수 있는지 자세히 살펴보겠습니다.

1. 리패키징: 새로운 형식으로 콘텐츠 활용

간단히 말해, 리패키징은 기존 콘텐츠를 새로운 형식으로 변환하여 새로운 플랫폼과 고객에게 다가가는 전략입니다. 예를 들어, 블로그 게시글을 인포그래픽이나 동영상으로, 이메일 캠페인을 소셜미디어 콘텐츠로 재활용하는 것을 생각해 보세요.

그 결과 '동일한' 메시지가 담긴 새로운 콘텐츠가 생성되며, 타깃 고객이 원하는 채널에서 원하는 방식으로 콘텐츠를 소비하고 참여할 수 있게 됩니다.

예시 주요 산업 트렌드를 요약한 인포그래픽을 제작하였고 제한된 성과를 거두었으나 점차 노출이 하락되고 있는 경우가 있었습니다. 새로운 콘텐츠를 제작하는 대신 이 인포그래픽을 동영상으로 리패키징하였고 이를 통해 원본 콘텐츠의 도달 범위를 더 넓은 시청자층으로 확장할 수 있습니다.

동일한 콘텐츠 자산을 블로그 게시물에서 잡지의 기사, 이북, 긴 형식의 LinkedIn 게시물 등 다양한 콘텐츠로 리패키징하여 콘텐츠 투자 대비 더 큰 효과를 만들고, 동시에 잠재고객이 어떤 형식의 콘텐츠를 좋아하는지 더 잘 파악할 수 있습니다.

▶ 리패키징을 위한 몇 가지 아이디어

- 블로그 게시글을 인포그래픽이나 비디오로 제작합니다.
- 이메일 캠페인을 소셜미디어 콘텐츠로 재활용합니다.
- 웨비나를 기사나 블로그 게시글로 요약합니다.
- 케이스 스터디를 인포그래픽이나 비디오로 제작합니다.

- 백서를 기반으로 새로운 블로그 게시글을 작성합니다.
- 마이크로 콘텐츠인 블로그 게시글을 모아 이북을 발행합니다.

2. 리퍼포징(Repurposing): 콘텐츠의 가치 극대화

콘텐츠 리퍼포징은 기존 콘텐츠를 새로운 형식이나 채널에 맞게 조정하여 새로운 목적에 활용하는 전략입니다. 하나의 자산을 새로운 고객층이나 새로운 비즈니스 목표에 맞게 변형하거나 확장하는 것인데요. 리패키징은 콘텐츠의 형식을 변경하지만 핵심 메시지는 유지하는 반면, 리퍼포징은 핵심 메시지를 특정 대상이나 목표에 맞게 조정하기 위해 보다 심층적인 수정을 필요로 합니다.

예시 "홍보에 AI를 활용하는 방법"에 대한 하나의 보고서를, 헬스케어, 테크 B2B, HR 서비스업 등 특정 산업별로 재활용하여 여러 개로 만들 수 있습니다. 각 산업의 고유한 문제점과 해결법을 고려하여 목표가 변경된 콘텐츠를 만들고 타깃 고객에게 맞춤화하는 방법입니다.

일관된 메시지로 다양한 타깃 고객을 효과적으로 참여시킬 수 있고, 동시에 여러 분야에 걸쳐 브랜드를 권위 있는 출처로 자리매김할 수 있도록 합니다.

3. 재최적화(Reoptimizing): 오래된 콘텐츠도 새 옷 입히면 살아난다

재최적화는 기존 콘텐츠를 업데이트하여 최신 트렌드, 키워드, 사용자 선호도를 반영하는 전략입니다. 예를 들어, 2년 전에 작성한 블로그 게시글이 있습니다. 그때는 검색 순위가 높았지만, 지금은 다른 관련 콘텐츠들이 많이 등장하여 순위가 떨어졌습니다. 이 게시글을 최신 데이터, 키워드, 이미지 등으로 업데이트하면 다시 검색 순위를 높일 수 있습니다.

예시 '비즈니스 운영을 위한 인공 지능의 새로운 트렌드'에 대한 심층 가이드를 발행한 B2B 회사가 있습니다. 1년 정도의 시간이 지남에 따라 새로운 콘텐츠가 등장하고 이 가이드의 검색 순위가 하락하고 있었는데요. 정보의 최신성과 정확성을 위해 가이드를 재최적화하면, 검색 순위에서 더 높은 순위를 유지하는 정보 출처로 유지할 수 있습니다.

출처: 콘텐타 M (2024. 04. 18.). 콘텐츠 마케팅의 리퍼포징 전략이란?

07 CHAPTER

광고 목표와 예산 설정

1 광고 목표 설정

광고캠페인을 통해 광고주가 달성하고자 하는 것을 광고 목표라고 정의할 수 있다. 광고캠페인을 기획하고 집행하기에 앞서 목표를 정확하게 설정하는 것이 중요하다. 광고 목표는 광고주 및 광고를 기획, 제작 및 집행하는 광고대행사와 업무를 진행하는 과정에서 방향성을 제시해 줄 뿐만 아니라, 마케팅 활동에 있어서도 긴밀한 관계에 있기 때문이다. 광고 목표 설정은 광고캠페인이 종료된 시점에서 광고캠페인의 성공 여부를 판가름하는 핵심적인 역할을 한다.

광고의 정의를 크게 마케팅적 관점과 커뮤니케이션 관점에서 정의 내렸듯이 광고 목표 설정 역시 마케팅 관점에서 본 매출 목표를 기준으로 설정할 수 있으며, 또는 커뮤니케이션 효과를 기준으로 설정할 수 있다. 이렇게 설정된 광고 목표는 광고 예산 규모, 크리에이티브 콘셉트 개발 및 적합한 매체 선정에 도움이 된다.

광고 목표는 매출 목표와 커뮤니케이션 효과 창출을 목표로 보는 관점이 서로 대립하고 있으나, 이는 한 부분으로 치우쳐서 광고 목표를 설정하는 것이 자칫 위험할 수 있음을 암시한다. 매출에 도움이 되지 않는 광고 또는 제품 및 서비스의 인지도와 호감도에 도움이 되지 않는 광고를 상상할 수 있을까? 광고하고자 하는 제품과 서비스 또는 기업의 상황에 따라 올바른 광고 목표 설정이 중요하다고 볼 수 있다.

1) 커뮤니케이션 목표

"초기 6주 동안 광고캠페인을 통해 타깃으로 한 고객층으로부터 광고하는 제품에 대한 90%의 브랜드 인지도 달성" 또는 "40%의 타깃 청중에게 광고하는 제품에 대한 호의적 태도를 창출하고, 25%의 타깃 청중들로부터 자사 브랜드에 대한 선호도를 증대"한다는 목표는 일반적인 커뮤니케이션 목표에 해당한다. 이러한 목표 설정 기준을 마련해 준 이론들로는 다그마 모델(DAGMAR: defining advertising goals for measured advertising results), 아이다 모델(AIDA: attention, interest, desire, action) 및 광고효과의 위계모델(hierarchy of effects model) 등이 있다. 일반적으로 광고효과란 광고의 설득 요소들이 수용자의 인지(think-cognitive), 감정(feel-affective) 및 행동(do-conative) 반응에 긍정적인 영향을 미치는 것을 의미한다.

따라서 앞서 언급된 이론들 역시 광고효과는 일련의 단계를 거쳐 나타난다고 말한다. 콜리(Colley)의 DADMAR 모델, AIDA 모델 및 래비지와 스타이너(Lavidge & Steiner)의 위계 효과 모델(hierarch of effects model)은 광고효과를 일련의 단계로 묘사한 전형적인 위계 모델들이다.

표 7-1 광고효과의 위계 모델

기본 형태	AIDA	DAGMAR	Lavidge & Steiner
인지(think)	주의(attention)	인식(awareness) 이해(comprehension)	인지(awareness) 지식(knowledge)
감정(feel)	흥미(interest) 욕구(desire)	확신(conviction)	호감(liking) 선호(preference) 확신(conviction)
행동(do)	행동(action)	행동(action)	행동(action)

(1) AIDA 모델(1925년)

AIDA 모델은 소비자 행동론에 등장하는 전통적인 마케팅 이론으로 소비자가 제품을 구매하는 과정에서 나타나는 심리 흐름이다. 즉 고객은 광고를 본 후 처음에 인식(attention)을 하고, 관심(interest)을 가지고, 욕구(desire)가 생기고, 마지막으로 행동(action)을 취하게 된다. 이것을 'AIDA(attention → interest → desire → action) 모델'이라고 한다. AIDA 모델의 각각 단계는 아래와 같이 설명할 수 있다.

- 인식(attention): 어떤 자극(stimuli, 5감을 통해 외부에서 들어오는 정보)에 소비자가 그 자극을 인식하는 과정으로 그 자극에 주의를 기울이는 단계
- 관심(interest): 외부 자극에 대한 처리(기존의 지식, 경험, 선호도 등에 의한 인지 및 판단)와 지속적인 반복 자극에 의해 단순한 인지를 넘어선 관심을 가지게 되는 단계
- 욕구(desire): 관심에 의한 추가 정보 검색의 결과나 반복적 자극에 의한 의식화 등에 의해 선호도가 증가하고 우호적 태도가 형성되어 욕구가 발생하는 단계
- 행동(action): 저장되어 있던 욕구가 직접적인 필요에 의해 또는 경제적인 상황 변화 등으로 실제 행동으로 전환되는 단계

일부에서는 AIDA 모델의 4단계에 기억(memory) 또는 만족(satisfaction) 단계를 추가하여 AIDMA(attention → interest → desire → memory → action)와 AIDAS(attention → interest → desire → action → satisfaction)라는 모델로 사용하고 있다. AIDAS 모델을 활용 중인 인터넷전문 서점 예스24의 경우를 살펴보자.

- 인식(attention): 온 · 오프광고(지면광고 및 검색키워드 광고)를 통해 브랜드를 인식시키며, 1200여개의 제휴몰을 통한 접근경로를 확대. 상품군 확대와 별도로 '대표 인터넷서점'으로 포지셔닝
- 관심(interest): 분야별 · 상품별 · 금액별 다양한 이벤트와 타깃 메일링 그리고 커뮤니티를 운영(블로그, 클럽)하여 고객에게 관심을 유도

- 욕구(desire): 쿠폰과 마일리지를 활용, 미리보기 서비스, 독자리뷰, 가격비교표 및 할인 등으로 고객의 지출대비 상품의 가치를 제고하여 구매욕구 유발
- 행동(action): 구매 과정에 편의성을 제공(신속한 배송서비스, 다양한 결제수단, 배송 추적, 1:1서비스, 상품권 환전소 운영)하여 구매에 이르게 함
- 만족(satisfaction): 적립금 제도(YES포인트), 마니아 제도, 업계 최대 규모의 콜센터 운영, 최저가 보상제

그림 7-1 인터넷서점 예스24 홈페이지

(2) DAGMAR 모델(1961년)

DAGMAR는 러셀 콜리(Russell Colley)의 『Defining Advertising Goals for Measured Advertising』의 머릿글자를 따서 만든 모델이다. 이 저서에서 콜리는 광고 목표를 "명확하게 정의된 표적 수용자로부터 일정기간 동안 성취하고자 하는 구체적인 커뮤니케이션 과제"라고 정의 내렸다. 콜리의 DAGMAR 모델은 매출 또는 시장 점유율이 광고 목표로 적절하지 않다면 무엇을 광고 목표로 설정할 것인가에 대한 고민에서부터 시작되었다. 콜리는 광고의 최초 노출 시점에서 발생하는 효과와 최종적인 광고 목적이 되는 행동 사이에 상당한 차이가 존재한다고 생각했다.

따라서 광고의 시청과 구매 행동 사이에 '제품의 인지도(awareness)'나 '메시지에 대한 이해(comprehension)' 등을 측정하는 것도 필요하다고 생각했다. 또한 브랜드

조차 알지 못하는 상태에서 한 번의 광고로 소비자가 제품을 구매하게 만드는 것은 불가능하다고 생각했다. 따라서 DAGMAR는 소비자의 관점에서 제품 또는 브랜드를 인지하고, 광고 메시지를 이해하고, 구매에 대한 확신을 가져야 마지막 단계인 구매행동 단계에 이른다고 주장한다.

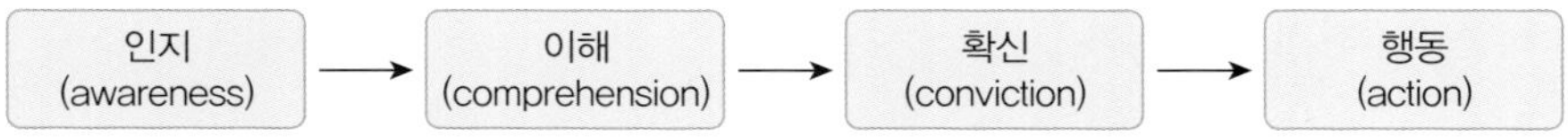

그림 7-2 DAGMAR의 4단계 커뮤니케이션 효과

- **인지단계:** 광고하는 제품 또는 브랜드에 대해 얼마나 알고 있는가를 측정
- **이해단계:** 광고를 통해 전달하고자 하는 특정 메시지를 이해하고 있는가를 측정
- **확신단계:** 광고하는 제품 또는 브랜드를 구매하겠다는 확신을 측정
- **행동단계:** 실제 구매행동이 이루어졌는가를 측정

콜리는 DAGMAR를 통해 4단계 커뮤니케이션 효과를 제안한 것 외에도, 광고 목표 수립을 위해 필요한 요소들을 제안해 광고 실무자들에게 실제적 도움을 주고자 했다. 광고 목표 수립을 위해서는 첫째, 커뮤니케이션 활동의 성과를 측정하기 위한 핵심 성과 지표(key performance indicator: KPI)가 있어야 한다. 핵심 성과 지표는 광고 메시지를 전달하는 표적 청중들의 마음속에 자사 브랜드의 위치가 현재 어디에 있는지를 알려주는 기능을 한다. 핵심 성과 지표의 측정치가 없다면 광고캠페인의 목표를 달성했는지의 여부를 판단할 수 없다. 따라서 핵심 성과 지표는 광고효과 측정을 위한 필수적인 선행조건이라 할 수 있다. 둘째, 광고 목표는 광고캠페인을 통해 달성하고자 하는 커뮤니케이션 목표, 즉 측정 가능한 핵심 성과 지표, 표적청중(target audience) 및 광고 실행기간(period)을 문서화해야 한다. 광고 목표는 측정 가능해야 한다. 광고 목표가 구체적이지 않거나 측정 가능하지 않다면 광고캠페인 집행 이후 광고효과 측정이 불가능해진다. 광고 목표를 설정할 때 표적 청중을 정의하는 것은 중요하다. 광고하고자 하는 브랜드가 타깃으로 하는 청중을 표적 청중으로 설정하여 광고의 효율성을 제고해야 한다. 마지막으로 구체적인 광고 실행기간을 명

시해야 한다. 광고예산 및 매체 효율에 따라 광고 목표 달성 기간이 결정되기도 하지만, 광고캠페인 집행에 앞서 기간이 명시되어야 광고효과 조사를 위한 준비가 사전에 이루어질 수 있다.

미국 전국 광고주협회(The Association of National Advertisers)의 후원으로 만들어진 DAGMAR 모델은 광고대행사 실무자들이 광고 목표를 설정하는 데 큰 영향을 주기도 했지만, 한계점도 꾸준히 제기되었다. 첫째, DAGMAR 모델은 위계효과 모델로서 광고효과는 단계적 절차를 걸쳐 이루어진다고 하지만, 모든 소비자들이 DAGMAR 모델이 제시한 인지, 이해, 확신 및 행동의 단계를 거치지는 않는다. 브랜드 또는 제품에 대한 소비자들의 관여도에 따라 단계가 생략되거나 뛰어넘을 수도 있다. 예를 들어 저관여제품인 '껌' 광고를 보고 소비자들은 광고 메시지를 이해하려고 노력하기보다는 껌을 씹고 싶다는 생각이 들 때 바로 구입하게 된다. 구입 이후에 껌을 씹고 나서 그 경험을 바탕으로 광고 메시지를 분석한다거나 재구매를 판단하게 된다. 둘째, 광고의 목표가 커뮤니케이션 목표 측정이 아닌 매출액을 궁극적인 목표로 주장하는 사람들에게 DAGMAR 모델은 광고에 의한 매출 변화 정도를 광고 목표에 반영하지 못하는 점을 지적한다. 그들의 입장에서는 브랜드 인지도 증가 및 호감도 증가 달성을 통한 커뮤니케이션 목표 달성이 제품 판매 증가에 도움이 되지 않는다면 효과적인 캠페인으로 볼 수 없다. 셋째, DAGMAR 모델의 또 다른 단점은 실무에 적용하기가 어렵다는 점이다. 앞서 설명했듯이 DAGMAR는 목표 설정을 위해 핵심 성과 지표를를 결정하고, 측정해야 한다고 주장한다. 광고주의 마케팅 집행 예산 규모가 각각 다르기 때문에 조사비용이 부담스러운 소규모 광고주에게는 적용하기 어려운 실정이다. 또한, 광고 목표 설정을 위해 DAGMAR가 제시한 52개 항목의 광고 과업 체크리스트는 실제 실행 시 충분한 세부사항을 전달하지 못하고 있다. 넷째, DAGMAR 모델은 광고에 있어 가장 중요한 요소라 할 수 있는 광고의 창의성, 즉 크리에이티브를 저해할 수 있다는 비판을 받는다.

DAGMAR에 의한 광고 목표는 측정 가능한 지표, 즉 인지도, 선호도 증가와 같은 계량적인 목표를 중요시하기 때문에 혁신적인 광고 크리에이티브 아이디어를 찾는 데 방해가 될 수 있다. 소비자 통찰(consumer insight)이 아닌 광고 목표인 인지도및 선호도 증가를 위한 광고 크리에이티브는 한계가 있을 수밖에 없다.

(3) 위계효과 모델(1961년)

래비지(Lavidge)와 스타이너(Steiner)는 [그림 7-3]과 같이 총 6단계로 이루어진 위계효과 모델(Hierarchy of Effects Model)을 제시했다. 위계효과 모델은 광고캠페인의 목표를 명확하게 하는 데 도움이 되며, 소비자가 구매에 이르기까지의 단계들을 순차적으로 설명한다. 우선, 이 6단계는 순차적(sequential)이라는 특징을 가지고 있다. 소비자는 다음 단계로 넘어가기까지 일정한 시간을 각 단계에서 보내게 된다. 따라서 소비자가 제품 또는 브랜드에 대한 호감을 가지기 위해서는 제품 또는 브랜드에 대해서 알고 있어야 한다. 일단 소비자가 제품에 대한 지식과 호감을 가지게 되면 광고주는 소비자들이 특정 브랜드 또는 기업을 선호하도록 노력한다.

위계효과 모델은 광고를 제작하는 크리에이티브팀이 소비자가 어떠한 과정을 거쳐 구매에 이르는지를 이해하도록 도움을 주고, 크리에이티브 아이디어 발상에도 긍정적인 영향을 미친다. 브랜드 충성도, 즉 브랜드 로열티(brand loyalty)가 형성되는 과정 역시 위계효과 모델의 6단계를 통해서 설명할 수 있다.

논리적으로 보자면, 소비자는 제품을 알지 못하면 브랜드에 충성도를 가질 수 없고, 또한 제품에 대한 충분한 지식이 없으면 역시 충성도를 가질 수 없다. 구매자는 브랜드를 좋아하고, 그 브랜드에 대한 강한 선호도를 갖는다. 마지막으로, 소비자는 시장에 나와 있는 브랜드들과 비교할 때 본인이 선택한 브랜드가 탁월하다는 확신을 경험하게 된다. 위계효과 모델 6단계는 광고 또는 마케팅 커뮤니케이션이 소비자들로 하여금 일으키고자 하는 반응들을 잘 설명한다.

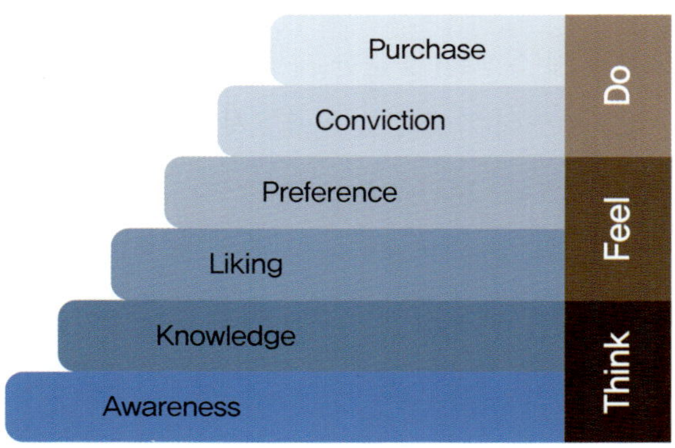

그림 7-3 래비지와 스타이너의 위계효과 모델

- 인지단계(awareness): 위계효과 모델에서 구매단계로 가는 출발점이며, 가장 중요한 단계이다. 기업은 특정 제품군에서 자사의 브랜드가 존재한다는 것을 소비자가 인지하도록 해야 한다.
- 지식단계(knowledge): 지식단계는 소비자가 경쟁브랜드들과 광고하는 기업의 브랜드를 비교해서 평가하는 단계로써, 기업은 인터넷, 소매점 및 제품 패키지 등을 통해 제품에 대한 충분하고 긍정적인 지식을 전달해야 한다.
- 호감단계(liking): 앞의 두 단계를 통해 제품과 브랜드에 대해 소비자가 호의적인 의견과 태도를 갖는 단계이다.
- 선호단계(preference): 소비자들이 선호단계에 이르면 브랜드를 한 번 정도는 사용해도 좋을 거라고 생각하고 있으나, 다른 경쟁브랜드들을 동시에 좋아할 수 있는 단계이다.
- 확신단계(conviction): 확신단계는 소비자들이 제품 또는 브랜드 구매에 대한 의심을 버리고, 실제 구매로 전환하는 단계이다.
- 구매단계(purchase): 구매는 마지막 단계이며, 동시에 소비자 구매 순환구조에서 가장 중요한 단계이다. 기업은 이 단계에서 소비자들의 구매 경험이 쉽고, 즐거운 경험이 될 수 있도록 해야 한다.

오스틴(Austin)은 '래비지와 스타이너의 위계효과 모델'을 마케터의 관점에서 어떻게 마케팅해야 하는지 [그림 7-4]와 같이 단계별로 제안하고 있다. 인지단계와 지식단계를 묶어 '미개척 시장'으로 정의했으며, 잠재적 소비자(potential customers)들이 존재하는 단계로는 광고, 웹사이트, 웹이벤트, 브로셔 등이 사용된다. 호감단계와 선호단계는 브랜드에 대한 인지가 존재, 단지 시험구매를 했을 뿐 적극적인 구매가 이루어지지 않는 단계이다. 유망주(warm prospects)들이 있는 단계로 다음 단계로 넘어가기 위해서는 사전구매 경험, 직원과의 교류 이벤트, 시험운전, 백서, 이북 및 세미나 등이 필요하다. 마지막으로 확신단계와 구매단계는 가장 이상적인 소비자 지점으로 고객들이 있는 단계로 증언식 광고, 수상, 미디어 스토리, 구매 후 고객들의 호감 등이 중요한 단계라 할 수 있다.

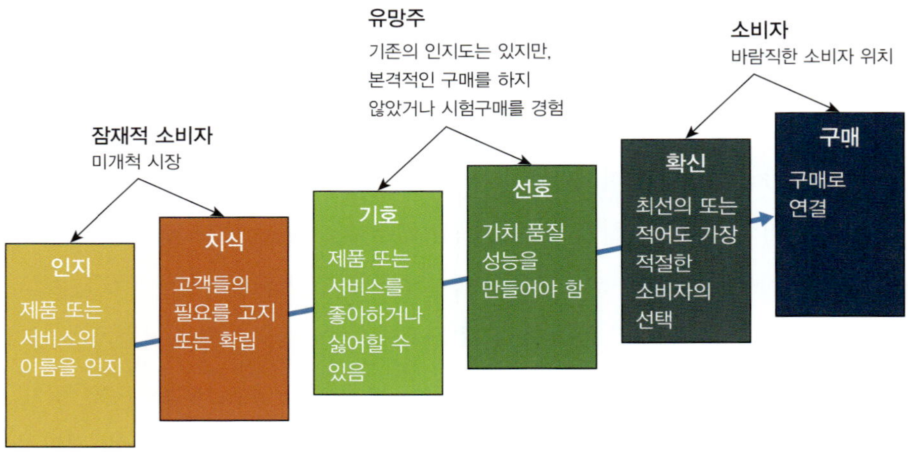

그림 7-4 오스틴(Austin)이 2003년 제시한 수정된 위계효과 모델

2) 매출 목표

광고 목표를 커뮤니케이션 목표로 설정하는 것이 일반적이라 할 수 있다. 광고대행사에서 광고주에게 캠페인 집행 관련 기획 및 제작 프레젠테이션을 진행할 때도 매출 목표가 아닌 커뮤니케이션 목표를 설정하여 제시한다. 매출 목표를 광고 목표로 설정하게 되면 여러 가지 문제점들이 도출된다. 첫째, 매출에 영향을 미치는 요인은 광고를 제외하고도 많은 요인들이 존재한다. 프로모션 이벤트, 홍보, 스폰서십 등 다양한 마케팅 활동 요인들과 가격 및 유통 등이 매출에 직간접적으로 영향을 미치고 있기 때문에 광고 목표로써 매출 목표가 적절하지 않다는 의견이 존재한다. 또한, 광고가 매출 증대에 미치는 순수한 효과를 분리시키는 것은 불가능하기 때문이기도 하다. 둘째, 광고가 매출에 미치는 효과는 상당한 기간이 지나서 발생하기 때문이다. 광고를 집행했다고 해서 바로 매출이 증가한다면 모든 기업들이 마케팅 예산을 광고에 집중할 것이다. 광고캠페인을 통해 광고 인지도, 호감도, 브랜드 인지도 및 호감도 등을 제고시킬 수 있지만, 실제 고객의 구매에 이르기까지는 상당히 많은 시간이 걸린다. 앞서 설명한 위계효과 모델이 주장하는 것처럼 구매단계에 이르기까지는 인

지, 지식, 호감, 선호, 확신 등의 단계가 필요하다. 셋째, 매출 목표는 광고캠페인 전략 수립단계에 그 어떠한 가이드라인도 제시하지 못한다.

매출 목표는 광고캠페인 결과만을 측정하기 때문에 제품구매에 도달하기까지 광고가 소비자의 인지반응에 미친 효과를 알 수 없다. 따라서 매출 목표는 광고 타깃을 설정하고, 타깃에 적합한 메시지를 만들고, 만들어진 광고로 효율적인 매체 집행을 제안하는 광고캠페인 전략 기획서에는 유용하지 않다. 하지만 브랜드 매니저 또는 마케팅 실무자들은 광고캠페인의 궁극적인 목적을 매출 증대로 삼는다. 광고 목표를 단순히 커뮤니케이션 목표로 설정하기보다 때로는 매출 목표가 좀 더 효과적인 목표가 될 수 있다.

첫째, 직접반응광고(direct-response advertising)는 대표적으로 판매를 목표로 설정할 수 있는 광고다. 소비자가 제품에 대해 지니고 있는 유일한 연결은 광고이고, 광고에 대하여 소비자가 취할 수 있는 유일한 행동은 쿠폰을 받거나 전화를 하는 것이다. 따라서 직접반응광고를 실시하는 회사는 광고로부터 유발된 매출 증가를 광고 목표로 설정한다. 대표적으로 케이블TV에서 보험상품을 팔면서 고객들에게 직접 연락할 수 있는 전화번호를 보여주고, TV광고 중간 및 후에 접수된 주문량을 광고 목표로 설정할 수 있다.

둘째, 소매점에서 실시하는 소매광고(retail advertising)는 신상품 또는 세일상품에 대한 판촉을 통해 즉각적인 상품구매를 유발하는 것이 주목적이기 때문에 판매증가가 적절한 광고 목표로 설정될 수 있다.

셋째, 매출 목표가 보다 적절한 광고는 판매촉진광고(sales-promotion advertising)이다. 제품수명주기에서 성숙기에 접어든 생활용품 제조업체들은 쿠폰, 콘테스트, 경품 등 다양항 판매촉진 수단을 활용한다. 이러한 광고 수단은 소비자들의 신속한 구매행동 유발을 목적으로 활용되기 때문에 판매 증대를 광고 목표로 설정하는 것이 바람직하다.

넷째, 산업재광고(business to business advertising) 역시 매출 목표를 광고 목표로 설정하는 것이 합리적이라고 할 수 있다. 광고 타깃이 일반 소비자가 아닌 기업들을 대상으로 하는 산업재광고는 유망고객을 창출하려는 목적으로 집행한다. 따라서 광고 효과는 광고에 노출된 유망고객들로부터 접수된 문의 또는 접수전화 수 등이 고객들의 즉각적 행동을 토대로 평가될 수 있다.

그 외에도 기업의 마케팅 프로그램에서 다른 마케팅믹스 요인들은 비교적 안정되어 있고 광고가 주도적 역할을 담당하는 상황에서 매출 목표가 광고 목표로 설정되기도 한다. 또한, 실제 매출이 기대에 미치지 못할 때 매출 목표를 광고 목표로 설정하기도 한다.

2 광고 예산 설정

광고 목표를 설정한 후, 광고캠페인을 위한 적절한 광고 예산을 설정해야 한다. 광고 예산을 설정하기에 앞서 여러 가지 사항들을 고려해야 한다. 예를 들어, 광고 예산 결정에 영향을 미치는 요인들은 크게 제품관련 요인들, 시장요인, 고객요인, 전략요인 및 비용요인 등이 있다. 제품관련 요인들로는 차별화 가능성, 비가시적 제품품질, 정서적 구매동기, 내구성, 고가격, 구매빈도 등이 있다. 시장요인으로는 제품수명주기단계(도입기, 성장기, 성숙기, 쇠퇴기), 시장점유율, 경쟁(치열한 경쟁, 과점상태에서의 경쟁) 및 시장 선도 브랜드 등이 있다. 고객요인으로는 산업구매자, 구매자의 집중화 정도가 포함되며, 전략요인으로는 지역시장, 브랜드 수명주기의 초기단계, 경로 구성원에 대한 높은 이익, 긴 유통경로, 고가격, 고품질 등이 있다. 마지막으로 비용요인으로는 높은 이익, 비탄력 수요 등이 포함된다.

이러한 상황적 요인들 외에도 광고 예산 결정에 고려되는 주요 요인들은 광고주 및 광고대행사 입장에 따라 약간 다르게 나타나기도 한다. 광고주 입장에서는 광고전략 혹은 광고 크리에이티브 접근방법의 변경 요인이 가장 중요한 요인이며, 다음으로 경쟁사의 광고활동 및 광고비 수준이 다음으로 중요한 요인으로 생각되는 경향이 있다. 반면, 광고 대행사의 입장에서는 이익공헌 목표가 가장 중요한 요인이며, 경쟁사의 광고 활동 및 광고비 수준은 다음으로 중요한 요인으로 여겨진다.

그렇다면 광고는 기업의 입장에서는 투자일까 아니면 비용일까? 기업 내 재무팀 관점에서 광고는 비용으로, 하지만 마케팅팀 관점에서는 투자로 여겨질 수 있다. 특히, 경기 불황 시점에서 일부 광고주들은 기업의 재무상황이 어려워지면 우선 광고비 지출을 줄이려 한다. 우리나라의 경우도 IMF 이후 많은 기업들이 마케팅 예산 중에서 광고비를 삭감한 사례가 많다. 하지만 이러한 시도는 광고를 장기적인 관점에서의 '투자'로 보는 것이 아닌 '비용'으로 보는 관점이 여전히 팽배하다는 것을 보여주는 사례이다.

1974년부터 1975년까지 미국 경기가 불황일 때 포드 자동차는 광고비를 14% 삭감한 반면 GM 자동차의 쉐보레는 오히려 광고비를 확대했다. 경기 침체기 이후, 쉐보레는 시장점유률을 2% 증가시킨 반면 포드 자동차의 점유률은 하락했으며, 그 이후 상당 기간 동안 막대한 광고비를 투입하고 나서야 비로서 기존의 점유율을 회복할 수 있었다. 일본의 경우도 비슷한 사례를 보여준다. 1990년 초반 버블경제의 붕괴에 따라 경기 침체를 맞은 일본의 기업들은 광고비를 줄이는 추세를 보였다. 그러나 닛산 자동차는 경기 침체기 동안에도 지속적인 광고 투자를 통해 1995년 이후 흑자를 기록하였다.

미국 속담에 '인내는 미덕이다(Patience is a virtue)'라는 말이 있다. 광고효과 역시 인내를 필요로 한다. 오늘 광고를 했다고 내일 당장 매출이 증가하는 것이 아니다. 광고는 누적효과 또는 이월효과 등으로 인해 집행 후 3개월 이상이 지나야 효과가 발생한다. 그렇기 때문에 더더욱 광고를 비용이 아닌 장기적인 투자의 개념으로 보는 것이 바람직하다.

1) 한계분석을 이용하는 방법

한계분석(marginal analysis)을 통해 최적의 광고 예산을 산출하는 것은 미시경제학 이론적 관점에서 가능하다. 한계분석방법은 추가적인 광고비 지출을 통해 얻어지는 한계수익(marginal revenue)이 추가적인 광고비 지출, 즉 한계비용(marginal cost)을 초과하는 한 기업은 광고 예산을 지속적으로 증가시킬 수 있으며, [그림 7-5]에서 보여지듯이 최적의 광고 예산은 한계비용과 한계수익이 일치하는 점에서 결정된다. 광고비(A)가 증가할수록 매출액과 총 이익도 계속 증가하다가 어느 단계를 지나면 증가 속도가 감소한다. 따라서 최적의 광고비용은 한계비용과 이로부터 얻어지는 한계수익이 동일한 지점인 A*에서 결정되며, 이 지점에서의 광고비지출은 기업의 이익을 극대화시킬 수 있는 지점이다. 한계분석은 논리적으로 타당해 보이지만 실무적 관점에서의 제한점들도 있기 때문에 실제 적용하기에 어려움이 존재한다. 우선, 한계분석의 가장 큰 논리적 오류는 '매출은 광고에 의해서만 결정된다'는 가정이다. 매출에 영향을 미치는 요인으로는 광고 외에도 가격, 제품특성, 유통 및 기타 마케팅 믹스 요인들이 있다. 이 외에도 광고 메시지 및 매체 집행 형태도 매출액에 영향을 줄 수 있다. 또한, 한계분석이 지니고 있는 내재적 한계점은 광고비가 매출에 미치는 효과를 측정하기 위해서는 광고와 매출 간의 관계를 나타내는 판매반응함수(sales response function)를 추정하는 것이 선행되어야 하지만, 반응함수의 정확한 형태를 결정하는 것이 현실적으로 불가능하다. 이러한 한계점들로 인해 한계분석을 통해 광고예산을 설정하는 광고주와 광고대행사는 찾아보기 힘들다.

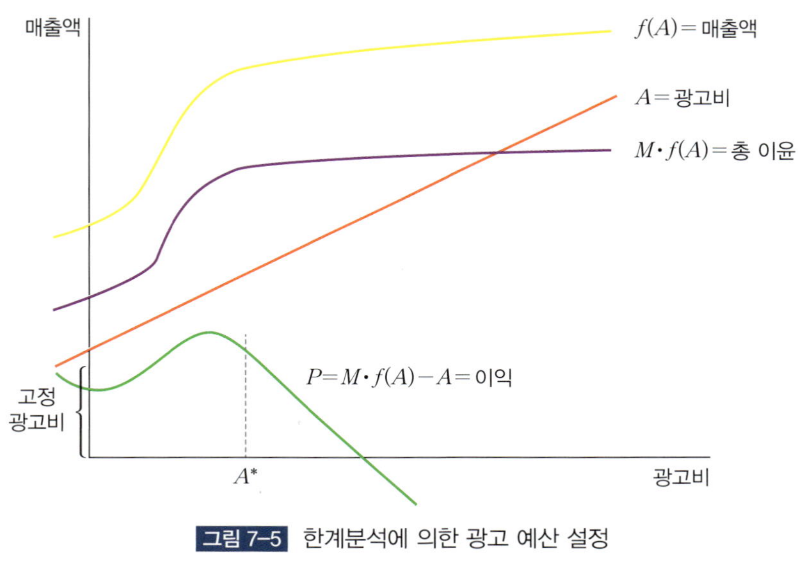

그림 7-5 한계분석에 의한 광고 예산 설정

2) 전통적인 접근방법

(1) 매출비율법(percentage of sales method)

매출비율법은 '간단하고 단순하다'는 이유로 소규모 기업들이 가장 일반적으로 사용하는 방법이다. 매출비율법은 광고주가 지난 과거의 매출액 또는 향후 매출액을 산출하여 그 매출에 일정의 비율을 정해서 광고비를 책정하는 방식이다. 예를 들어, 한 기업의 지난해 매출액이 1000억 원이라고 가정했을 때, 매출액의 5%인 50억 원을 광고비로 책정할 수 있다. 광고 매체 전문가들은 광고 예산을 책정하는 기준을 전년도 매출액을 기준으로 하는 매출비율법은 기업의 성장을 가로막을 수 있다고 경고한다. 하지만 소규모 기업의 관점에서 보면 미래의 경기가 불확실하다고 느껴질 때 매출비율법은 안전한 방법으로 보일 수 있다. 반면, 수익이 지속적으로 창출되는 기업들은 광고비 책정 시 향후 매출액을 기준으로 한다. 이러한 광고예산 설정방법은 기업이 경쟁사들의 매출을 비교할 때 특히 효과적일 수 있다. 매출비율법의 가장 큰 단점은 과거 예산을 기준으로 광고비를 책정했다는 것 외에는 특별히 어떠한 기준으로 매출액 대비 광고비 비율을 책정한 논리적 근거가 존재하지 않다는 것이다. 매출비율법은 공격적인 광고 또는 적극적인 프로모션 활동들을 저해할 수 있다. 광고의 목적은 제품의 욕구를 증가시키는 것이기 때문에 매출의 결과가 아닌 원인으로 여기는 것이 당연하다. 하지만 매출비율법은 단순히 광고를 매출의 결과로 여기는 오류를 범하고 있다.

(2) 목표과업법(objective and task method)

목표과업법은 대체로 비즈니스에서 목표의 중요성을 인지하고 있는 대기업들이 주로 사용하는 광고예산 설정방법이다. 목표과업법의 장점은 광고주들이 광고비 지출과 전체적인 마케팅 목표들과의 상관관계를 알 수 있게 해준다는 것이다. 이러한 상관관계는 주요 비즈니스 목표들을 위해 집중적으로 예산을 집행할 수 있다는 점에서 중요하다. 목표과업법을 통해 기업은 우선 구체적인 마케팅 목표를 설정하고, 이후 보완적인 광고 목표를 설정한다. 목표를 설정한 후, 광고주들은 그러한 목표들을 달성하기 위한 예산을 결정한다. 이러한 예산 설정을 하기 위해서는 우선 기업의 재정적 상황이 먼저 고려되어야 한다. 예를 들어, 1년 안에 시장 점유율을 15% 증가시킨다는 목표는 소규모 기업들이 지출할 수 없는 막대한 광고비 지출을 통해서 이뤄낼 수 있다. 때문에, 소규모 기업들은 재정적 상황을 고려한 후 목표를 낮출 필요가 있다.

목표과업법은 매출비율법보다 한층 진보된 방법이다. 하지만 목표와 광고 미디어와의 기본적인 관계는 기업의 과거 경험에 의존한다는 단점 역시 존재한다. 가장 합리적인 광고예산 결정법으로 알려진 목표과업법은 소비재 기업들 중 60%, 그리고 산업재 기업들 중에서 70%가 이용한다. 목표과업법에서 마케팅 목표와 광고 목표는 구체적이고 계량적이면서 측정 가능해야 보다 정확한 광고 예산이 설정될 수 있다.

(3) 경쟁사 기준법(competitive parity method)

광고 예산 설정에서 경쟁사 기준법은 유사산업에 있는 경쟁기업들의 광고비 지출이 중요한 기준이 된다. 다시 말해, 경쟁 상황에 있는 기업이 매출액의 10%를 광고비를 책정했다면 자사도 동일한 비율의 광고비를 집행하는 것으로, 매출액 비율법과 유사점하다. 경쟁이 치열한 산업일수록 경쟁사 기준법이 사용되는 경향이 높으며, 실제로 많은 기업들이 경쟁사의 광고비 수준을 고려해서 광고비를 책정한다. 경쟁사 기준법은 시장 안정화를 가져올 수 있다는 장점이 있지만 몇 가지 단점 역시 존재한다. 첫째, 기업이 직면한 시장 상황과 마케팅 목표에 따라 차별화된 광고비 예산 설정이 바람직하다. 하지만 경쟁사 기준법은 이러한 시장 상황과 마케팅 목표를 무시하고 있다는 점에서 비판을 받는다. 예를 들어, 새롭게 시장에 뛰어든 기업이 시장 점유율이 가장 높은 기업 수준의 광고비를 집행한다면 충분한 매출이 일어나기 힘들 수 있다. 둘째, 경쟁사 기준법은 기업이 같은 광고비 예산을 집행하면 비슷한 수준의 효과를 낼 수 있다는 가정을 한다. 하지만 실제 광고캠페인을 실행할 때 매체 집행의 효율에 따라 같은 광고 예산이라 할지라도 결과는 달라질 수 있다. 셋째, 경쟁사 기준법은 경쟁사들은 항상 매출액 대비 일정한 광고비를 책정하고 유지한다는 가정을 한다. 그러나 기업들은 자사의 제품 또는 브랜드가 포지셔닝 맵(positioning map)에서 경쟁사 대비 어떠한 위치에 있는지, 또는 제품수명주기(Product Life Cyle: PLC)에서 어느 단계에 위치하는지에 따라 광고비 예산을 다르게 책정할 수 있다.

(4) 지불능력 기준법(affordable method)

지불능력 기준법은 기업의 필수적인 제품생산, 유통, 판매 등과 같은 경영활동에 예산을 우선적으로 책정한 이후, 여유자금 내에서 광고 예산을 수립하는 방법이다. 때문에, 재정적으로 기업에게 부담을 주지 않는 예산 기준법이기는 하지만 구체적인 광고 목표를 고려하지 않은 상태에서 예산이 설정되었기 때문에 광고 예산의 효과를 측정할 없다는 문제점이 존재한다. 기업의 재정 환경에 따라 광고비가 때로는 너무 과다하게 책정되거나 또는 너무 적게 책정될 가능성이 있다. 한 예로, 이미 시장에서 기반을 구축하여 시장점유율을 높인 기업은 과다한 광고비를 지출할 필요가 없으며, R&D에 중점을 둔 기술 집약 기업들은 광고비에 상대적으로 적은 비용을 투자하는 경향을 보인다. 기업이 불황 또는 이익이 감소하게 되면 지불능력 기준법으로 광고 예산을 책정한 기업들은 광고 예산을 삭감하게 되며, 이는 장기적인 관점에서 볼 때 기업의 마케팅 경쟁력에 도움이 되지 않는다.

(5) 광고점유율 기준법(MS-SOV 관계분석법: Market Share-Share of Voice)

MS-SOV 관계분석법의 기본 개념은 시장점유율과 광고점유율 간에 일정한 관계가 존재하는 경우, 이를 분석해 목표 시장점유율 달성을 위해 필요한 광고점유율과 광고 예산의 규모를 산출하는 것이다. 이 방법은 1987년 존스(Jones)가 JWT(J. Walter Thompson)의 도움을 받아 발표했던 연구에서 처음 제시되었는데, 시장점유율이 높은 제품은 낮은 제품에 비해 광고의존도가 낮다는 가설을 전제로 하고 있다. JWT의 세계 각국 네트워크를 통해 23개국 1096개 상표에 대한 설문조사를 실시하여 자료를 분석한 결과 다음과 같은 결론을 도출하였다. 첫째, 조사 상표 중 낮은 시장점유율을 보이는 상표(대부분 신제품 또는 도입기의 상표)는 일반적으로 광고점유율이 시장점유율을 훨씬 초과한다. 둘째, 성숙기 시장에서 시장점유율이 높은 상표는 많은 수가 이익을 창출하는 상표였으며, 광고·판매촉진 비용을 줄여 이익률을 증가시키고 있었다. 특히 시장이 안정화되고, 성장률이 낮은 시장상황에서는 광고비를 많이 투자하지 않으려는 경향이 강하게 나타났다. 셋째, 시장점유율이 높은 상표들은 시장점유율 이하의 광고비를 투여하더라도 시장점유율이 유지되거나 증가하는 경향을 보인다. 세 가지 결론을 종합해 보면 시장점유율과 광고점유율 간에는 정관계가 존재하나 반드시 비례하지는 않는다는 것을 추론할 수 있다.

MS-SOV 관계분석법의 절차는 [그림 7-6]처럼 네 단계를 거친다. 먼저 시장점유율 목표는 제품계획을 수립할 때 필수 결정요소이므로 광고주로부터 손쉽게 구할 수 있다. 두 번째 단계인 시장점유율과 광고점유율 간의 관계분석은 이 방법의 가장 핵심적인 작업이라 할 수 있다. 기존의 시장자료를 통해 경쟁관계에서 적정한 광고점유율을 도출하는 것이 핵심이다. 세 번째는 제품시장 전체의 광고예산을 예측하는 작업이 필요하다. MS-SOV 관계분석법은 제품시장 전체 광고예산 규모가 어느 정도인가에 따라 산출되는 예산 규모가 크게 영향을 받기 때문에 이를 정확히 예측하는 것이 매우 중요하다. 마지막으로 제품의 적정 광고 예산 산출은 예측된 전체 광고 예산 규모에 목표 시장점유율 대비 도출된 광고점유율을 적용하면 쉽게 구할 수 있다.

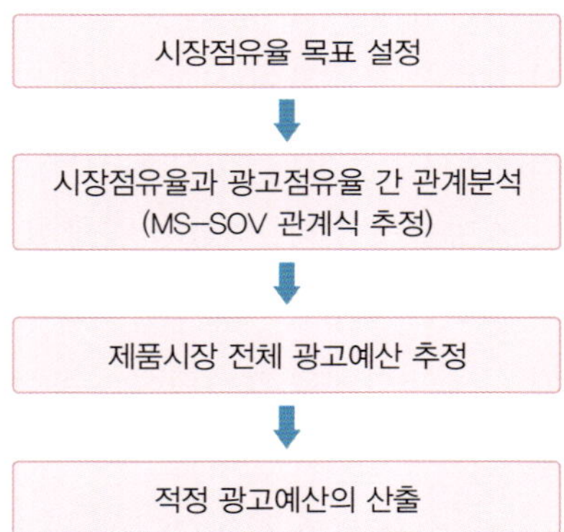

그림 7-6 MS-SOV 관계분석법 절차

생각해 볼 문제

01. 광고 목표를 설정할 때 기준이 되는 커뮤니케이션 목표의 바탕이 된 이론들에 대해 논의하시오.

02. AIDA 모델에 대해 자세히 설명하시오.

03. 광고 목표를 매출로 정하기에 효과적일 수 있는 광고 종류에 대해 서술하시오.

04. 광고 예산 설정방법 중에서 한계분석을 이용하는 방법에 대해 설명하시오.

05. 광고 예산 설정방법 중에서 매출비율법(percentage of sales method)에 대해 설명하시오.

06. 광고 예산 설정방법 중에서 목표과업법(objective and task method)에 대해 설명하시오.

07. 광고 예산 설정방법 중에서 경쟁사기준법(competitive parity method)에 대해 설명하시오.

08. 광고 예산 설정방법 중에서 지불능력기준법(affordable method)에 대해 설명하시오.

09. 광고 예산 설정방법 중에서 광고점유율 기준법(MS-SOV 관계분석법: Market Share-Share of Voice)에 대해 설명하시오.

10. 광고 예산 설정의 전통적인 접근방법들에서 가장 효율적인 접근방법은 무엇인지 설명하시오.

참고문헌

1. 안광호 외 (2010). 광고관리: 이론과 실제가 만나다. 학현사.
2. 이명천 외 (2016). 광고학개론. 커뮤니케이션북스.
3. Joyce, T. (1968). What do we know about how advertising works? Thompson.
4. Lavidge, R. J. (1961). A Model for Predictive Measurements of Advertising Effectiveness. *Journal of marketing*, *25*(6), 59-63.
5. Russell. H. C. (1962). *Defining advertising goals: for measured advertising results*. New York: Association of National Advertisers.

INTRODUCTION to ADVERTISING

크리이에티브 목표와 크리에이티브 전략 도출

08

CHAPTER

08

▶▶▶ CONTENTS

SUMMARY

광고목표는 크게 두 가지 요소로 구성되어 있다. 하나는 광고메시지 관련 부분이고 다른 하나는 매체 관련 부분이다. 광고메시지 관련내용과 매체관련 내용이 합쳐져서 광고목표가 설정된다. 여기서 광고 메시지에 해당하는 광고목표의 내용이 광고 크리에이티브 목표가 된다. 그리고 크리에이티브 목표를 달성하기 위해서 크리에이티브 전략이 도출된다.

TERMINOLOGY

크리에이티브 목표, 크리에이티브 전략, 광고독창성

도입 사례

'기발한 CF'를 보는 두 회사 CEO의 광고론

좋은 광고란 뭘까. 기발한 광고로 주목받아 온 KT와 현대카드, 두 회사 최고경영자(CEO)가 이 주제로 이야기를 나눴다. 지난 20일 진행한 이석채 KT 회장과 정태영 현대카드 · 현대캐피탈 사장의 대담에서다.

열심히 일한 당신 떠나라
광고만 뜨고 기업은 안 떠
망가진 광고라 할 수 있죠

▶ 정태영 현대카드 사장

"옛날(2003년 취임 전)에 현대카드의 가장 망가진 광고가 '열심히 일한 당신 떠나라'예요." 정 사장의 말이다. 2002년 배우 정준호 · 장진영씨가 나왔던 이 광고는 당시 히트작이었다. 그런데 왜 '망가졌다'고 할까. "광고만 떴고 기업은 안 떴기 때문"이란다.

정 사장은 같은 맥락에서 "내가 만든 광고 중 실패작은 '아버지는 말하셨지~'하는 W카드 광고"라고도 말했다. 2005년 나온 이 광고 역시 "노래는 확 떴지만 상품은 실종됐다"는 설명이다. "좋은 광고는 뜨는 광고가 아니라 의도한 탄착지점에 정확하게 가는 광고입니다."

정 사장은 1년간 준비해 올해 선보인 'make break make' 광고를 좋은 광고의 사례로 소개했다.

올레, 다 그래를 뒤집어라
실체로 뒷받침했기에
광고가 허상으로 안 끝나

▶ 이석채 KT 회장

최근 뜨는 광고 하면 KT도 빼놓을 수 없다. 애니메이션을 활용한 지난해 '올레' 광고에 이어, 올해는 '다 그래를 뒤집어라'는 광고로 재미와 의미를 잡았다. 이 회장은 "(광고를 통해) 한국의 혁신적인 정보기술(IT) 기업으로 이미지화하고 싶었고 일단 성공했다"고 평가했다.

"고령층엔 KT가 익숙한데, 젊은 세대엔 KT 하면 '가까이 하기엔 너무 먼 당신'처럼 느껴지더라고요. 젊은 층에 친밀감을 줘야 한다고 생각했고, 광고로 익숙하게 만들었죠."

물론 기업 이미지를 바꾸는 일이 광고만으로 되는 건 아니다. 이 회장은 "광고를 실체로 뒷받침하지 않으면 허상"이라며 "그 이후에 KT가 한 모든 일은 올레 광고를 실체적으로 뒷받침하기 위한 것들"이라고 말한다. '쿡앤쇼' 등 유무선 통합, '쿡TV스카이라이프' 같은 하이브리드 상품, 아이폰 도입 등이 모두 그

예다.

정 사장도 마찬가지 생각이다. 그는 "회사 내부 혁신 없이 광고로 '우리가 창조적이다'고 포장해봤자 먹히지 않는다"며 "남들이 볼 때 광고가 아닌 회사 자체가 달라야 한다"고 강조했다.

출처: 중앙일보 (2010. 04. 26.).

08 CHAPTER 크리에이티브 목표와 크리에이티브 전략 도출

1 크리에이티브 목표

광고 목표는 크게 두 가지 요소로 구성되어 있다. 하나는 광고 메시지 관련 부분이고 다른 하나는 매체 관련 부분이다. 광고 메시지 관련 내용과 매체 관련 내용이 합쳐져서 광고 목표가 설정된다. 여기서 광고 메시지에 해당하는 광고 목표의 내용이 광고 크리에이티브 목표가 되고 매체 관련 광고 목표 내용이 매체 목표가 된다. 그리고 크리에이티브 목표를 달성하기 위해서 크리에이티브 전략이 도출된다. 우선 가상의 광고 목표를 비타 500이라는 브랜드를 가지고 만들어 보면 다음과 같이 만들 수 있을 것이다.

> 비타 500이 누구나 안심하고 마실 수 있는 피로회복제라는 것을 현재 80%의 표적 소비자만 인식하는 것을 표적 소비자의 90%까지 인식하도록 2024년 3월 1일부터 2025년 2월 28일까지 달성하겠다.

위의 광고 목표의 내용 중 "비타 500이 누구나 안심하고 마실 수 있는 피로회복제라는 것"은 소비자에게 광고주가 광고캠페인이 끝나는 시점까지 인식시키고자 하는 광고 메시지 내용이다. 이것을 브랜드 포지셔닝 이라고도 한다. 이것은 앞서 얘기한 것과 같이 크리에이티브 목표에 해당한다. 그리고 "현재 80%의 표적 소비자만 인식하는 것을 표적 소비자의 90%까지 인식하도록 2025년 2월 28일까지 달성하겠다"는 내용은 매체 기획을 통해서 표적 소비자의 최소 90% 이상이 광고 메시지에 노출이 되게끔 계획을 세울 것이라는 목표를 얘기하고 있다. 따라서 광고 목표는 크게 크리에이티브 목표와 매체 관련 목표로 나눌 수 있으며 이번 장과 다음 장에서는 광고 메시지와 관련된 크리에이티브 목표와 하위개념인 크리에이티브 전략, 그리고, 광고 독창성 그리고 광고 메시지 유형에 대해서 알아보겠다.

우선 대부분의 브랜드가 제품수명주기(product life cycle)상에서 도입기에 해당하는 신제품일 경우 크리에이티브 목표는 단순히 표적 소비자에게 새롭게 출시된 브랜드가 존재한다는 사실을 인지시키는 것이다. 그러나 브랜드가 소비자에게 어느 정도 알려진 후에는 단순히 브랜드 인지를 크리에이티브 목표로 삼지는 않는다. 궁극적으로 기업은 출시한 브랜드가 소비자의 선택을 받는 것을 목표로 하게 된다. 이러한 기업의 목표를 달성하기 위해서 광고 목표와 크리에이티브 목표는 현재 기업의 브랜드가 소비자에게 어떤 단계(예를 들어, AIDA 또는 AISAS)에서 인식되고 있는지를 파악한 후 소비자가 브랜드에 대해서 갖고 있는 인식과 태도에 긍정적인 영향을 미치거나 때에 따라서는 기존의 인식과 태도를 변화시키고자 노력한다.

2 크리에이티브 전략

크리에이티브 전략은 광고를 통해서 표적 소비자에게 전달시키고자 하는 생각과 느낌을 위한 가이드 라인으로 구성되어 있다. 크리에이티브 전략은 광고 크리에이티브 구성원들(카피라이터, 아트 디렉터 등)에게 광고 목표의 범위 안에서 광고를 만들기 위한 방향을 제공한다. 크리에이티브 브리프 또는 크리에이티브 플랜이라고도 불리는 크리에이티브 전략 방안은 여행을 위해서 여행자가 사용하는 지도와 같은 것으로 볼 수 있다. 많은 광고회사는 그들만의 독자적인 형태와 구조의 크리에이티브 브리프를 사용한다. 아래에는 일반적으로 크리에이티브 전략에서 사용되는 중요 구성요소들에 대해서 다루고자 한다.

1) 크리에이티브 전략의 구성요소

크리에이티브 전략은 광고전략의 하나로 광고 메시지에 관련된 전략을 얘기한다. 크리에이티브 전략은 광고 메시지를 만들 때 크리에이티브 구성원들이 고려해야 할 중요한 이슈들에 대한 내용으로 광고 메시지를 어떻게 만들어야 할지에 대한 방향성을 얘기한다. 크리에이티브 브리프(creative brief)라고 불리기도 하는 크리에이티브 전략의 내용은 일반적으로 몇 개의 중요한 내용을 포함하고 있다. 첫째, 광고캠페인을 통해서 해결하고자 하는 기본적인 문제 또는 기회는 무엇인가? 둘째, 광고캠페인을 통해서 최종적으로 달성하고자 하는 목표는 무엇인가? 셋째, 광고주가 광고캠페인을 통해서 영향을 미치고자 하는 표적 소비자들은 누구인가? 넷째, 소비자에게 광고캠페인을 통해서 전달하고자 하는 브랜드의 주요 혜택은 무엇인가? 다섯째, 브랜드에 대한 혜택을 지지할 수 있는 이성적 또는 감성적 근거는 무엇인가? 여섯째, 브랜드의 개성은 어떠한가? 그리고 마지막으로, 특별히 고려할 만한 사항이 있는가?

크리에이티브 전략에서 고려해야 할 각각의 구성요소에 대해서 비타 500의 광고캠페인을 예로 들어 설명하면 다음과 같은 추론을 끌어낼 수 있을 것이다.

(1) 광고캠페인을 통해서 해결하고자 하는 기본적인 문제 또는 기회 요소는 무엇인가?

비타 500이 경쟁하는 제품군은 피로회복제 제품군으로서 피로회복제 시장에서는 박카스가 오랜 시간 동안 절대강자의 자리를 지켜왔다. 비타 500이 시장에 처음 선보인 후 마케팅과 광고를 통해서 소비자들에게 브랜드 인지적인 측면에서 높은 성과를 보여 왔으나 피로회복제 하면 떠오르는 브랜드는 박카스다. 따라서 아직 피로회복제 시장에서 비타 500의 위치가 피로회복제로 충분히 자리 잡았다고 보기 어려울 수 있다. 브랜드에 대한 해결해야 할 기본적인 문제점은 상황분석(situation analysis)을 통해서 도출이 된다. 상황분석을 통해서 도출된 문제점 중 광고가 해결해야 할 가장 중요한 문제점을 크리에이티브 전략에 포함해서 크리에이티브팀의 구성원들이 광고 메시지를 만드는 데 있어서의 기준을 제공할 수 있다.

비타민을 주원료로 하는 마시는 피로회복제인 비타 500의 해결해야 할 문제점은 표적 소비자들이 비타 500의 존재를 알고 있으나(브랜드 인지) 표적 소비자들의 인식에서 비타 500이 박카스와 차별화된 그리고 피로회복제로서 박카스보다 더 나은 선택일 수 있다는 인식이 부족하다는 것이다.

그림 8-1 박카스 광고

(2) 광고캠페인을 통해서 최종적으로 달성하고자 하는 목표는 무엇인가?

해결해야 할 문제 또는 기회 요소에서 언급된 것처럼 비타 500의 기본적인 문제는 피로회복제하면 박카스가 떠오르는 것이고 이것은 비타 500이 피로회복제 시장에서 경쟁력을 키우는 데 있어서 절대적인 장애물로 작용할 수 있다. 따라서 광고캠페인을 통해서 달성하고자 하는 광고 메시지 측면의 목표는 표적 소비자들이 피로회복제 하면 떠오르는 브랜드가 박카스가 아니라 비타 500이 되는 것이다. 그러기 위해서는 표적 소비자들에게 비타 500이 피로회복제로서 박카스보다 더 나은 선택일 수 있다는 인식을 심어주는 것이 최종 광고캠페인의 목표라고 할 수 있을 것이다. 광고 목표 또한 상황분석을 통해서 알게 된 문제를 해결하고 기회 요소를 바탕으로 브랜드가 현재 위치(예: 소비자 인식)에서 어디로 가야 할지에 대한 내용에 바탕을 둔다. 따라서 광고 목표를 정하기 위해서는 상황분석을 바탕으로 현재 기업의 브랜드가 소비자의 인식에서 어떻게 그리고 어디에 자리 잡고 있는지, 그리고 지금의 브랜드에 대한 인식에서 어디로 가는 것이 브랜드의 성장에 좋을지와 실현 가능성에 바탕을 두고 구성되어야 한다.

(3) 광고주가 광고캠페인을 통해서 영향을 미치고자 하는 표적 소비자는 누구인가?

비타 500이 경쟁하는 피로회복제 시장의 절대강자는 박카스다. 그러나 박카스는 표적 소비자로 15세 이상의 소비자를 대상으로 하고 있다. 구체적으로 박카스 D의 라벨에 표시된 용법과 용량에 대한 설명에서는 "15세 이상의 성인 1일 1회 1번 복용한다. 15세 미만은 복용하지 않는다"로 표시하고 있다. 또한 카페인을 함유하고 있고 주의 사항에 "어린이의 손이 닿지 않는 곳에 보관한다"를 표시한 것을 볼 때 성인을 위해서 만들어진 피로회복제(자양강장제)로 아이들에게는 박카스의 성분이 좋지 않을 수 있다는 것을 알 수 있다. 비타 500의 입장에서는 박카스와 정면으로 충돌하지 않으면서 시장 점유율을 올리는 방법을 사용하는 편이 마케팅 예산을 효율적으로 활용하는 것이라고 볼 수 있다. 그런 이유로 비타 500은 박카스의 주 표적 소비자인 성인을 포함하면서도 표적 소비자의 범위를 박카스가 표적 소비자로 삼지 않는 소비자들까지 포함시키고 있다. 비타 500의 입장에서 성인만을 대상으로 하지 않고 남녀노소 모두를 표적 소비자로 삼고 있다. 더 나아가서 피로회복제의 성분에 관심을 두고 있는 소비자 또는 피로회복제 성분에 긍정적으로 반응할 수 있는 소비자로 구체화 할 수 있다. 비타 500의 2012년 광고를 보게 되면 비타 500이 누구를 표적 소비자로 삼고 있는지 알 수 있다. 비타 500은 아내편, 어머니편, 부장님편, 중대장님편 등의 일련의 광고를 통해서 구체적으로 누구를 표적 소비자로 삼고 있는지를 보여주고 있다. 그리고 "착한 드링크"라는 광고콘셉트로 피로회복뿐만 아니라 건강을 생각하는 소비자를 타겟으로 삼고 있다는 것을 보여주고 있다. 그리고 2013년부터 최근까지 착한 이미지를 지속적으로 사용하고 있다. 비타 500에는 카페인이 들어있지 않아서 착하다는 것을 "카페인보다는 비타민 C"라는 슬로건을 사용하여 구체적으로 경쟁 피로회복제와 차별화하고 있다. 그리고 최근 2023년 광고에서는 비타500이 2023년 7월에 비타500 ZERO를 새롭게 시장에 내놓는다는 티저 광고를 하였는데 르세라핌의 "핌"을 활용하여 비타500 ZERO에 비타민이 "가드득 피었습니다"라는 광고슬로건을 사용하여 비타500이 칼로리를 생각하는 소비자에게 칼로리 걱정없는 피로회복제를 제공한다는 메시지를 보여준다.

그림 8-2 비타 500 광고

(4) 그렇다면 비타 500이 광고캠페인을 통해서 전달하고자 하는 박카스 그리고 다른 경쟁브랜드(레모나, 오로나민C 등)와 차별화된 혜택은 무엇인가?

박카스는 오랫동안 의약품으로 인지되었고 어린아이가 마시기엔 적절하지 않다는 인식이 있다. 그리고 앞서 언급된 것처럼 박카스는 "어린이의 손이 닿지 않는 곳에 보관한다"를 제품 라벨에 명확히 표시하고 있다. 그러나 비타 500의 주성분은 비타민으로 어린아이가 마시기에 해가 없다고 볼 수 있다. 또한 다른 비타민 제품으로 대중에게 많이 알려진 레모나의 경우는 과립형으로 먹기에 불편한 점이 있을 수 있다. 비타 500은 경쟁브랜드와 차별적인 혜택인 누구나 카페인 걱정 없이 마실 수 있는 피로회복 음료라는 혜택을 소비자에게 전달하고자 한다고 추론할 수 있다. 또한 오로나민C의 탄산 함유는 오로나민C를 비타 500과 차별화해 톡톡 튀는 비타민 음료라는 장점으로 이해될 수 있지만 거꾸로 비타 500의 입장에서는 비타 500에 탄산이 들어있지 않아 더 자연 성분에 가깝다고 얘기할 수 있다. 그리고 새롭게 출시한 비타 500 ZERO로 인해서 칼로리 걱정을 하는 표적 소비자에게 칼로리 걱정없이 비타민을 섭취할 수 있다는 혜택을 제공한다.

그림 8-3 오로나민 C 광고

(5) 비타 500이 누구나 마실 수 있는 피로회복제라는 것을 지지할 수 있는 이성적 또는 감성적 근거는 무엇인가?

비타민은 남녀노소 누구에게나 필요하고 비타민의 섭취가 피로회복에 도움을 준다는 것은 많이 알려진 상식이다. 이러한 알려진 사실과 소비자의 인식이 이성적 근거를 제공하게 된다. 또한 과립형이 아닌 액체 형태로 비타500을 만들었기 때문에 편하게 섭취할 수 있는 비타민 피로회복제라는 근거를 제공하고 있다.

(6) 브랜드의 개성은 어떠한가?

브랜드의 개성이란 브랜드를 사람으로 본다면 어떤 성격과 특성을 갖는지를 보여주는 것이다. 기존 비타 500의 광고를 보면 생기 있고 활력이 넘치는 광고모델들(비, 이효리, 원더걸스, 소녀시대, 문근영, 수지, 워너원)을 광고모델로 등장시키면서 우선 광고모델의 인지도를 이용해서 비타 500의 인지도와 호감도를 올리는 데 주력해 왔다. 젊은 광고모델을 등장시키면서 비타 500이 활력이 넘치는 개성을 가지고 있다는 점을 보여주려 했다고 추론할 수 있겠다. 그러나 초창기 광고가 단순히 유명인(비, 이효리, 원더걸스, 소녀시대)의 활력이 넘치는 이미지를 브랜드로 전이시키려고 했다면 문근영과 수지가 등장한 광고에서는 비타 500을 "착한 드링크"로 묘사하고 있다. 비로소 비타 500이 광고모델과는 독립적으로 브랜드 개성을 만들어 가고 있다고 볼 수 있다. 다시 말해서, 문근영과 수지라는 배우의 착한 이미지를 사용하고 있지만 이러한 착한 이미지는 비타 500이 비타민 음료이기 때문에 기존의 피로회복제와는 차별적으로 착한 피로회복제라는 이미지를 강화시켜주는 수단으로 사용된다는 것이다. 이것이 기존의 유명인에 기댄 광고와는 차별적으로 브랜드 자체에 광고를 통한 개성을 창출하고 있다고 볼 수 있다.

(7) 마지막으로 특별히 고려할 만한 사항은 무엇인가?

이 부분은 앞서 언급된 주요 전략적 고려 사항 외에 크리에이티브 팀의 구성원들이 광고 메시지를 만드는 데 고려할 만한 내용을 얘기하는 것이다. 박카스가 경쟁적 우위를 보이고 있는 피로회복제 시장에서 비타 500이 후발 브랜드로서 시장점유율을 가지고 오기 위해서는 비타 500만이 가지고 있는 차별적 내용이 고려되어야 할 것이다. 이것은 앞서 언급된 브랜드의 주요 혜택과 관련지어서 얘기할 수 있다. 그러나 비타민을 주요 성분으로 하는 제품군과도 또한 차별화를 해야 하므로 박카스와 비타 500을 비타민으로 차별화하면서 다른 비타민 음료와도 차별화하는 광고 메시지를 만들 것을 주문할 수 있을 것이다. 이 부분은 예를 들어 비타민 워터라는 브랜드가 있는데 이것은 피로회복제로 포지셔닝된 브랜드가 아니기 때문에 비타 500은 갈증 해소나 수분 섭취와는 다른 측면에서 광고 메시지를 만들어야 함을 고려 사항으로 놓을 수 있을 것이다. 또한 오로나민C와의 차별화에 대한 것을 고려 사항으로 다룰 수 있을 것이다. 예를 들어, 오로나민C의 2023년 광고를 보면 텐션(tension)을 강조하면서 오로나민C의 스파클링 성분을 강조하는 메시지를 확인할 수 있다. 특히 '맑은 눈의 광인' 김아영을 모델로 하여 눈이 동그랗게 확장된 모습을 보여 텐션이 올라온 것 같은 느낌이 들게 하는 것을 목적으로 한다고 할 수 있다. 그리고 2022년의 박세리가 등장한 광고에서는 오로나민C가 비타민C만 함유한 것이 아니라 비타민 B군도 포함하고 있음을 강조하면서 '스파클링 멀티비타민'이라는 컨셉을 사용한 점들을 고려 사항으로 둘 수 있을 것이다.

크리에이티브 전략은 소비자에게 전달되는 혜택을 다루고 있다. 그러나 크리에이티브 전략에서는 크리에이티브 전략이 어떻게 실행될지에 대해서는 언급하지 않는다. 어떻게 크리에이티브 전략이 소비자에게 표현될지에 대한 것은 크리에이티브 팀이 크리에이티브 브리프를 바탕으로 실행하는 부분이다. 이 부분은 다음 장의 광고 메시지 소구 부분에서 다루고자 한다.

3 광고 메시지의 구성요소

광고 메시지는 크게 두 개의 구성요소를 가지고 있다.

① 언어적 메시지(verbal message): 언어적 메시지에 해당하는 메시지 전략은 광고에서 무엇을 얘기할 것인가와 광고 메시지를 소비자에게 노출시킬 매체와의 관련성을 다루고 있다.

② 비언어적 메시지(nonverbal message): 비언어적 메시지는 광고 메시지 중 언어적 요소를 제외한 모든 내용을 포괄하는 것으로 광고의 시각적 요소를 다루고 있다. 또한 광고의 시각 요소가 매체에 어떻게 적용될 수 있을지에 대한 고민을 포함한다.

광고 메시지의 언어적 요소가 많은 광고캠페인의 출발점이 되곤 한다. 그러나 메시지 전략의 구성요소들이 서로 밀접하게 관련이 되어 있으므로 언어적 요소에 대한 구성과 동시에 다른 시각적 요소를 동시에 고려할 필요가 있다.

4 광고 크리에이티브

그림 8-4 피카소의 게르니카

광고에 대한 전문적 지식이 없더라도 많은 사람들은 광고를 떠올릴 때 창의성 또는 독창성을 광고의 중요한 요소로 생각할 것이다. 그렇다면 도대체 광고에 있어서 창의성(creativity)은 무엇인가? 일반적으로 많은 사람들은 창의성을 얘기할 때 기존의 방식과는 다른 방법으로 무엇인가를 표현하고 만드는 것이라는 것에 대해서는 이견이 없을 것이다. 창의성을 얘기할 때 많은 사람은 예술적 창의성에 관해 얘기할 것으로 추론할 수 있다. 예를 들어, 게르니카는 너무나도 많이 알려진 피카소의 미술작품이다. 아마도 피카소의 미술작품이 창의적(creative)이지 않다고 말하는 사람은 없을 것이다. 그러나 피카소의 그림이 무슨 메시지를 전달하고자 하는지는 알기가 쉽지 않다. 피카소의 그림이 창의적인 것은 미술적 관점에서 창의적인 것이다. 다시 말해서, 기존의 회화가 추구했던 2차원적인 표현을 3차원적인 방식으로 표현했다는 것이 피카소의 그림들을 창의적인 미술품으로 만들어 주는 여러 가지 이유 중 하나일 것이다. 그러나 광고의 관점에서 바라보자면 피카소의 미술품은 창의적이라고 말하기 어렵다. 그렇다면 왜 피카소의 그림은 광고의 관점에서 보면 창의적이지 않은가?

광고에서의 창의성을 충족하기 위해서는 우선 광고 메시지가 소비자와 커뮤니케이션(의사소통)이 일어나는 것을 전제로 한다. 광고의 창의성은 미술품이나 음악처럼 창의성 그 자체로 의미를 가지는 것이 아니라 기업의 광고 목표를 이루기 위한 수단으로서의 의미를 가진다. 이것은 다시 말하자면 광고 목표의 메시지 전달 부분을 달성하지 못한다면 창의적인 형태의 광고라고 말하기 어렵고 그것은 단순히 독특한 형식의 표현에 지나지 않는다.

1) 광고에서의 창의성은 무엇인가?

"창의성이란 기존에 존재하지 않았던 아이디어나 물건을 상상하고 만드는 것이다." 일반적으로 광고에서 창의성은 기존에 우리가 알고 있는 지식을 다른 시각으로 해석해서 전혀 새로운 얘기를 이끌어 내는 것일 수도 있고 또는 기존에 서로 관련성이 없던 사물이나 생각들을 새로운 어떤 것으로 만드는 것이라고 볼 수 있다.

우선 몇몇 광고인들이 광고의 창의성과 좋은 광고를 어떻게 바라보고 있는지 알아보도록 하자. Ad Age가 뽑은 20세기 100대 광고인 중에서 데이비드 오길비(David Ogilvy), 레오 버넷(Leo Burnet) 그리고 로서 리브스(Rosser Reeves)는 어떻게 광고를 생각했는지를 통해 그들의 관점이 21세기인 지금도 유효한지에 대해서 생각하는 시간을 가져보고자 한다. 그리고 그 외 몇몇 광고인이 바라본 광고 크리에이티브를 알아보고자 한다.

- 창의성은 기존에 관련이 없던 것들 사이에 새롭고 의미 있는 관계를 형성하는 예술로서 브랜드를 기존에 생각하지 못한 새로운 방식으로 보여주는 것이다. - 레오 버넷(Leo Burnet)
- 우리는 소비자가 '그것은 굉장한 광고야'라고 말하는 것보다 '그것은 굉장한 제품이야'라고 말하기를 원한다. - 레오 버넷(Leo Burnet)
- 내가 광고 메시지를 작성할 때 나는 당신이 광고가 창의적이라고 말하는 것을 원하지 않는다. 나는 당신이 광고가 매우 흥미로워서 제품을 구매한다고 말하기를 원한다. - 데이비드 오길비(David Ogilvy)
- 당신은 광고를 단순히 다르게 만드는 것이 아니라 제품을 흥미롭게 만들어야 한다. 그리고 그것은 오늘날 미국의 너무도 많은 카피라이터가 아직 이해하지 못하는 것이다. - 로서 리브스(Rosser Reeves)
- 소비자가 광고물을 보고 광고 없이는 알 수 없었던 브랜드와 소비자 자신의 관련성을 알게 되는 것을 광고의 창의성이라고 할 수 있다. - 칼 알리(Carl Ally)
- 창의적인 광고는 브랜드와 브랜드의 표적 소비자를 의미 있게 연결하게 해 주면서 브랜드가 표적 소비자의 필요 또는 문제를 해결해 준다는 것을 예상하지 못한 방법으로 보여준다. - 드류니어니 & 쥴러(Drewniany & Jewler)

광고의 창의성에 대해서 얘기할 때 특히 데이비드 오길비, 레오 버넷 그리고 로서 리브스는 일관적으로 광고의 주인공은 광고의 창의성이 아니라 광고 속의 제품 또는 브랜드라는 것을 강조하는 것을 볼 수 있다. 광고주가 광고대행사에 광고를 의뢰할 때 광고주는 광고가 새롭고 재미있고 화제성을 불러일으키는 것을 좋아할 수 있지만 무엇보다 광고주가 의뢰한 제품이 빛나게 되는 것을 원한다는 것을 잊지 말아야 할 것이다.

2) 광고 창의성의 예

우선 창의적인 광고는 브랜드와 표적 소비자를 의미 있게 연결하게 해준다고 정의하고 있다. 브랜드는 브랜드 그 자체로의 의미보다 소비자의 삶에 어떠한 의미로 부여됨으로써 생명을 얻는다고 볼 수 있다. 기존 아파트 광고(유명연예인의 등장, 유럽의 성)에 반하여 소비자의 관점에서 만들어진 광고가 대림산업의 e편한세상에서 만든 "진심이 짓는다" 광고캠페인이다. "진심이 짓는다" 광고캠페인은 기존 아파트 광고의 허구성(비현실적인 모습)을 꼬집으면서 진심으로 소비자가 원하는 집은 소비자의 관점에서 편하게 살 수 있는 집이라는 것을 보여주고 있다. 대림 e편한세상의 "진심이 짓는다" 광고캠페인은 브랜드와 소비자를 의미 있게 연결시킨 광고사례라고 할 수 있다. 대부분의 소비자들이 살고 있는 집, 현실적인 모습의 집을 얘기하면서 나와 다른 부류의 사람들을 위한 광고가 아닌 나를 위한 아파트 광고라고 느끼게 만듦으로써 브랜드와 소비자를 연결해 주고 있다.

그림 8-5 대림 e편한세상 광고

창의적인 광고는 소비자의 필요와 문제의 해결책을 기존에 생각하지 못한 새로운 방식으로 보여준다. 광고는 영화, 음악이나 미술처럼 소비자가 보고 듣는 데 만족을 주기 위해서 만들어진 것이 아니다. 영화, 음악 그리고 미술은 작품 그 자체가 목적이 될 수 있다. 그러나 광고는 광고 그 자체가 목적이 아니라 브랜드가 궁극적으로 소비자의 선택을 받도록 도와주는 하나의 수단이다. 따라서 소비자의 흥미와 즐거움 또는 제작자의 자기만족이 궁극적 목표가 되는 다른 창의적 활동과는 다르다.

창의적인 광고는 소비자에게 광고에서 보인 브랜드가 소비자의 필요나 문제에 대한 해결책을 예상하지 못한 방법으로 제시해서 광고의 홍수 속에 살고 있는 소비자의 주의를 끌고 흥미를 유발하는 것으로 그 역할이 끝나는 것이 아니라 광고 속의 브랜드가 잠재 소비자에게 좋은 해결책이라는 생각이 들게 만들어야 한다. 다시 말해서, 데이비드 오길비와 레오 버넷이 강조한 것처럼 광고 크리에이티브에서 중요한 것은 광고의 주인공이 돋보이게 하여 그 브랜드를 선택하고 싶게 만드는 것이다. 그런 점에서 대림 e편한세상의 "진심이 짓는다" 캠페인은 광고속의 아파트에서 살고 싶다는 생각이 들게 만드는 크리에이티브한 광고이다. 앞서 언급된 대림산업의 e편한세상의 "진심이 짓는다" 광고캠페인은 단순히 "진심이 짓는다"라는 메시지를 기존의 아파트 광고와 차별되게 광고함으로써 얻어지는 주의를 끄는 광고에서 멈추지 않고 무엇이 아파트 브랜드에서 "진심"인지를 보여주어 소비자가 기존 아파트에서 느꼈던 또는 인지하지 못했던 필요와 문제를 해결해 준다는 것을 보여주고 있다. 그 결과로 한상필과 최민욱의 사례연구에 따르면 진심이 짓는다 캠페인에 대한 광고효과 조사에서 소비자들은 광고 시청 후 이미지의 변화와 구매 의향에서 다른 네 개의 경쟁브랜드보다 더 긍정적인 반응을 하는 것을 보여주고 있다.

대림 e편한세상의 "진심이 짓는다" 광고캠페인이 브랜드와 표적 소비자를 의미 있게 연결시켜준 창의적(creative)인 사례라면 아우디 자동차의 열쇠(keys)광고는 "와우(wow)"하는 느낌이 들게 만드는 광고라고 볼 수 있다. 레오 버넷이 언급한 광고의 독창성에 대한 정의에서 "기존에 관련이 없던 것들 사이에 새롭고 의미 있는 관계를 형성하는 예술로서 브랜드를 기존에 생각하지 못한 새로운 방식으로 보여주는 것"이라는 부분의 좋은 예라고 볼 수 있다.

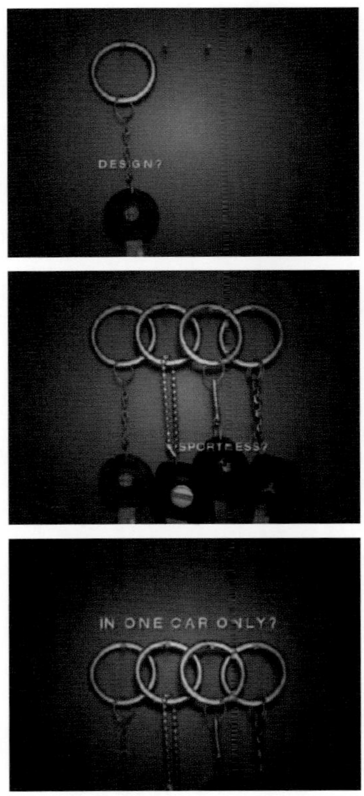

그림 8-6 아우디 광고

아우디 자동차는 프리미엄 독일 자동차 브랜드로 폭스바겐 산하의 브랜드 중 하나이다. 승용차임에도 4륜구동 자동차를 주력으로 하는 자동차 브랜드로 '콰트로'라고 하는 4륜구동 기술력으로도 유명한 브랜드이다. 그러나 독일 프리미엄 자동차의 절대강자인 메르세데스 벤츠와 BMW의 아성에 밀려 오랜 시간 독일의 3등 브랜드로 만족해야만 했다. 멋진 디자인과 훌륭한 기술력을 갖추고 있으나 소비자의 인식에서 세계 최고의 브랜드들에 2% 부족한 면을 가지고 있는 브랜드이기도 했다. 그런 아우디 브랜드가 승차감의 대명사인 메르세데스 벤츠,

운전 재미의 대명사인 BMW, 안전함의 대명사인 볼보, 디자인의 대명사인 이태리 브랜드 알파 로메오를 아우디 광고에 등장시킨다. 그리고 소비자에게 질문을 던진다. "당신은 자동차에서 무엇을 원하는가? 그리고 "디자인(design)을 원하는가?"라는 질문과 함께 벽에 고정된 못에 이태리 자동차 브랜드인 알파로메오 열쇠고리를 건다. 그런 다음에 "승차감(comfort)을 원하는가?"라는 질문과 함께 벤츠의 열쇠고리를 다른 못에 건다. 그런 후에 "안전(safety)을 원하는가?"의 질문 후에는 볼보의 열쇠고리를, 마지막으로 "운전의 재미(sportness)를 원하는가?"의 질문 후에는 BMW의 열쇠고리를 거는 것으로 디자인, 승차감, 안전, 운전의 재미를 대표하는 네 개의 자동차 브랜드 열쇠를 모두 보여준다.

이 광고의 클라이맥스는 네 개 열쇠고리의 동그란 부분을 확대하고 네 개의 자동차 열쇠고리의 동그라미 4개는 아우디 브랜드 로고인 4개의 동그라미가 되면서 광고가 끝이 난다. 이 광고에서 던지는 메시지는 디자인, 승차감, 안전, 그리고 운전의 재미가 모두 고려되었을 때 이것은 자연스럽게 아우디가 된다는 메시지를 전혀 예상하지 못한 방법으로 소비자에게 전달하고 있다. 광고에서 아우디는 자동차의 특성 하나하나를 언급할 때 아우디가 소비자의 인식에서 최고가 아니라는 것을 인정한다. 그러나 디자인, 승차감, 안전, 디자인 모두가 고려되었을 때 아우디가 연상이 되게끔 광고를 만들어서 소비자에게 전혀 기대하지 않은 놀라움을 안겨준다. 광고의 창의성은 아우디 자동차 광고에서 보이는 것처럼 우리가 일상적으로 생각하는 틀에서 벗어나 새로운 조합을 통해서 전혀 다른 무엇을 만드는 것이라고 볼 수 있다. 또한 아우디의 열쇠 광고는 다른 브랜드가 모방할 수 없는 아우디만의 것이다. 그리고 한 가지 중요한 점은 이러한 새로운 조합이 브랜드와 소비자를 연결해 주고 소비자의 필요와 문제를 해결한다는 메시지를 전달하는 것이다.

다음은 광고의 창의성이 전반적인 광고 목표와 마케팅 목표에 어떤 역할을 하는지를 알아보도록 하자.

3) 광고에서 창의성의 역할

(1) 창의성은 광고 메시지가 소비자에게 정보를 제공하는 데 도움을 준다.

광고에 있어서 창의성(creativity)은 우선 광고가 마케팅의 수단이라는 인식에서 출발해야 한다. 마케팅은 궁극적으로 이윤 창출을 목표로 해서 판매나 시장점유율과 관련이 있다. 기업은 소비자로 하여금 기업의 브랜드를 구매하고 최종적으로 브랜드 충성도를 형성하길 바란다. 이러한 목표를 이루기 위해서 광고가 할 수 있는 역할은 우선 소비자들로 하여금 광고 메시지에서 소비자에게 전달하고자 하는 메시지에 주의를 기울이고, 광고 메시지의 내용에 흥미를 느끼게 하고, 메시지의 내용을 이해하고, 소비자의 기억 속에 전달하고자 하는 메시지를 저장되도록 해서 다음에 제품구매 상황이 되었을 때 소비자로 하여금 저장된 메시지를 쉽게 인출해서 구매 행위에 영향을 미치는 것이다.

광고의 창의성(creativity)은 소비자로 하여금 주의를 기울일 필요가 없는 상황인데도 불구하고 광고 메시지의 창의성으로 인해서 자발적으로 주의(selective attention)를 기울이게 만드는 역할을 해야 한다. 소비자의 주의를 끄는 것은 광고목표 중 하나인 브랜드 태도에 긍정적인 영향을 미치기 위해서 전제되어야 할 조건이다. 아무리 좋은 내용을 가진 메시지라도 소비자가 주의를 기울이지 않으면 그 메시지는 소비자에게 의도한 대로 전달될 수 없다.

특히 21세기에 기술의 발전과 더불어서 소비자들은 다양한 매체를 통해서 기업의 메시지에 노출이 된다. 하루에도 셀 수 없이 많은 광고에 노출이 되지만 정작 소비자의 주의를 끄는 광고는 그리 많지 않다. 여기서 소비자들이 자발적으로 광고 메시지에 주의를 기울이는데 창의성이 중요하다는 것은 광고가 가지는 특수성에 기인한다고 볼 수 있다. 구체적으로 얘기하자면 광고(학개)론 수업을 수강하는 학생들은 지금 이장에서 다루어지고 있는 내용에 주의를 기울일 가능성이 높다. 그러나 광고 메시지에 소비자가 주의를 기울여야 할 의무는 전혀 없다. 더 나아가서 광고는 광고가 전달되는 매체에 있어서 중심(주인공)이 아니라 부수적인 요소(조연)로 자리 잡고 있다.

TV에서 광고는 TV 프로그램이라는 주요 요소를 보조하는 역할을 한다. 광고주나 광고 실무자를 제외한다면 어느 누구도 어떤 특정 프로그램 시작 전과 후에 나올 광고 때문에 TV를 시청하는 사람은 없을 것이다. 따라서 소비자들의 주 관심사가 아닌 광고 메시지에 소비자들이 주의를 기울이게 하고 광고 메시지를 전달해서 브랜드가 가지고 있는 혜택을 알리기 위해서는 광고 메시지가 우리의 시선을 끌고 광고 메시지의 내용에 주의를 기울일 만한 창의성이 있지 않으면 불가능한 일이라고 해도 과언이 아니다. 그러나 광고에 있어서 창의성의 역할은 여기서 끝나지 않는다. 설사 광고의 홍수 속에서 광고주의 메시지가 소비자의 시선을 끌었다고 하더라도 전달하고자 하는 광고 메시지가 표적 소비자에게 광고주가 의도한 대로 전달되어야 할 필요가 있다.

(2) 창의성은 광고 메시지가 소비자를 설득하는 데 도움을 준다.

광고 창의성의 중요한 역할 중 하나는 광고 메시지에서 다루어진 브랜드의 이성적 또는 감성적 편익 또는 혜택을 소비자가 의미 있게 받아들여서 경쟁브랜드보다 브랜드에 대해서 더 긍정적인 생각과 느낌을 가지게 하고 그 결과로써 긍정적 브랜드 지식과 태도를 형성하고 추후 구매 상황에서 소비자의 기억 속에 저장된 브랜드에 대한 지식과 태도가 긍정적인 영향을 미쳐 구매에 영향을 미치는 것이다. USP개념을 처음으로 소개한 로서 리브스(Rosser Reeves)가 얘기한 것처럼 광고가 단순히 특이하고 재미있는 것에만 그친다면 소비자의 주의를 끌고 흥미를 가져다줄지 몰라도 소비자 설득에서는 영향을 미치지 못하기 때문에 좋은 광고로 보기 어렵다. 물론 신제품의 경우는 소비자의 기억 속에 브랜드에 대한 정보가 없으므로 이러한 경우는 단순히 브랜드의 존재를 알리고 소비자가 브랜드 이름을 기억하는 것(브랜드 인지)이 광고 목표가 될 수 있다.

그러나 소비자에게 어느 정도 알려진 대부분의 브랜드는 단순히 소비자에게 인지되는 것만으로는 마케팅 목표와 광고 목표를 달성하기 어렵다. 부분적으로 많은 세계 유명 광고제에서 수상한 광고캠페인의 광고물들이 광고제 심사위원들의 주의를 끌고 흥미를 끌어서 수상을 하였다 하더라도 시장에서 소비자에게 외면받는다면 광고의 기본역할을 했다고 볼 수 없다. 이러한 경우를 빗대어서 '클리오(Clio)의 저주'라는 표현이 있다. 가장 권위 있는 세계 광고제의 하나인 Clio에서 상을 받은 광고가 시장에서는 소비자에게 외면받아서 결국 브랜드의 성장과 발전에 도움을 주지 못한 경우를 일컫는 말이다. 이런 점에서 앞서 얘기한 것처럼 광고는 예술 분야의 창의성과는 차별적으로 이해되어야 한다.

광고는 광고 제작자의 관점에서 광고물을 만드는 것도 아니고 광고제 심사위원들의 관점에서 광고를 만들어서도 안 된다. 훌륭한 광고, 그리고 창의적인 광고는 표적 소비자의 시각에서 그들이 광고 메시지에 노출이 되고 주의를 기울였을 때 광고 메시지의 주요 내용을 이해하고 설득되어야 한다. 광고캠페인의 성패는 오로지 소비자가 결정하는 것이다. 이 세상 누구도 TV에서 본 광고가 이해되지 않아서 광고주 기업에 전화해서 어떤 의도로 만들었는지에 관해서 물어보지 않을 것이다. TV 광고에서 15초라는 짧은 시간 동안 소비자의 주의를 끌고 메시지를 전달하고 전달된 메시지를 통해서 소비자에게 브랜드의 편익에 대한 확신을 주려고 노력해야 한다. 이것을 가능하게 만드는 중요한 요소가 광고의 창의성이다. 그림에서 보이는 폭스바겐의 소형자동차 브랜드인 '골프' 광고는 짧은 시간 동안 소비자에게 폭스바겐 소형 자동차 골프의 혜택을 창의적이면서 설득적으로 표현한 좋은 예라고 할 수 있다.

폭스바겐의 골프는 소형자동차이지만 운전의 재미를 좋아하는 표적 소비자를 대상으로 유럽이라는 지역적 특성 중 하나인 좁은 골목과 비싼 휘발유로 인해서 소형차를 구매하는 소비자들이 아쉬워 할 수 있는 힘 있는 자동차에 대한 갈망을 광고를 통해서 잘 표현해 주고 있다. 폭스바겐의 골프 자동차 광고 중 파리(fly)라는 제목의 이 광고는 우리가 일반적으로 가지고 있는 상식을 뒤집어서 폭스바겐 골프의 편익을 전달하고 있다. 개구리가 파리를 잡아먹는 것은 자연의 법칙이다. 그러나 폭스바겐의 광고에서는 기존의 상식을 뒤집어서 파리가 개구리에게 잡아먹히지 않고 오히려 개구리가 파리가 가지고 있는 엄청난 힘 때문에 쩔쩔매는 모습을 재미있게 표현했다. 그러나 이 광고가 다른 브랜드의 광고라면 흥미로울지 모르지만 설득적이지 못할 것이고 광고의 관점에서 창의적이라고 말할 수도 없을 것이다. 이 짧은 광고를 통해서 소비자의 시선을 끌고 흥미를 유발시키면서 폭스바겐 골프의 혜택을 소비자에게 간결하게 전달함으로써 골프의 혜택이 "작지만 강하다"라는 것을 잘 인식시킨 광고라고 할 수 있다. 그리고 이것이 소형승용차인 골프 광고이기 때문에 광고 메시지의 창의성은 그 힘을 발휘하게 된다.

그림 8-7 폭스바겐 골프 GTI 광고

(3) 창의적인 광고는 소비자에게 브랜드를 상기시키는 것을 도와준다.

광고의 창의성은 광고 메시지가 지루하지 않게 만들어서 소비자들이 광고에 노출이 되었을 때 흥미를 가지고 보게 만드는 데 도움을 준다. 앞서 브랜드의 정보를 알리는데 도움을 준다는 것과 같은 맥락에서 소비자들이 광고를 볼 때 의무적으로 볼 이유가 전혀 없다. TV 광고나 인쇄매체 광고의 경우에서처럼 광고는 소비자가 TV와 인쇄매체를 선택하는 주요한 이유가 되지 않는다. 따라서 소비자의 시선을 끌고 계속해서 보더라도 지루하지 않아야만 소비자가 광고에 노출이 된 후 주의를 기울이고 지속적으로 브랜드에 대한 정보를 상기시킬 수 있다. 소비자의 구매 의사결정과정 중 내적 정보탐색을 통해서 소비자의 기억 속에서 광고주의 브랜드가 인출되어야만 소비자의 구매 행위에 영향을 미칠 수 있다. 그런 까닭에, 소비자의 기억 속에서 사라지게 된다면 해당 브랜드가 소비자에게 선택될 가능성은 극히 제한적일 수밖에 없다. 예를 들어, 우리나라의 3대 가전 브랜드인 대우의 경우 오랜 시간 소비자의 구매 고려 대상 군에 포함이 되어왔었지만, 지금은 예전처럼 소비자의 기억 속에 자리 잡고 있지 못하고 있다. 이것은 광고가 소비자에게 지속적으로 브랜드를 상기시켜야 함을 명백하게 얘기해주고 있다. 흔히 얘기하는 눈앞에서 멀어지면 마음에서 멀어진다는 말은 광고 현상에서도 예외가 아니다. 그림의 트로피카나 광고는 모모랜드 주이를 모델로 하여 "복숭아 톡톡톡 트로피카나"를 주이가 춤을 추면서 반복적으로 전달하는 광고인데 중독성 있는 멜로디와 반복을 통해서 소비자에게 트로피카나 브랜드 회상을 돕는 광고라고 할 수 있다.

그림 8-8 트로피카나 광고

(4) 창의성은 예상하지 못한 놀라움을 준다.

앞서 언급된 폭스바겐의 골프광고는 예상하지 못한 놀라움을 주기에 적절한 광고라고 볼 수 있다. 다른 좋은 예는 앞서 얘기했던 아우디의 광고(Keys)이다. 아우디 광고에서 말하고자 하는 것은 자동차의 특성 하나하나를 언급할 때 아우디가 최고가 아닐 수 있지만 승차감, 운전의 재미, 안전, 그리고 디자인 모두가 고려되었을 때 아우디가 연상이 되게끔 광고를 만들어서 소비자에게 전혀 기대하지 않은, 생각하지 못한, 놀라움을 안겨준다. 이러한 예상하지 못한 놀라움은 소비자의 기억에 저장되기가 쉽다. 광고의 창의성은 폭스바겐의 골프광고나 아우디 자동차 광고에서 보이는 것처럼 우리가 일상적으로 생각하는 틀에서 벗어나 새로운 조합을 통해서 전혀 다른 무엇을 만드는 것이라고 볼 수 있다. 우리가 알고 있던 상식을 다른 조합으로 바라볼 때 신선한 방법으로 소비자에게 다가갈 수 있을 것이다.

5 맥캔에릭슨의 크리에이티브 전략 구현방법

광고회사 맥캔에릭슨은 크리에이티브 전략을 만드는 데 크리에이티브 담당자와 광고기획자가 실제 브랜드의 소비자인 것처럼 소비자의 생각 속으로 들어가기를 제안하고 있다. 멜깁슨이 광고 기획자로 나온 영화인 '왓위민 원트(What women want)'에서 여성 소비자를 위한 브랜드의 광고 메시지를 만들기 위해서 남자인 멜깁슨이 스타킹을 신어 보고 화장을 해보는 것은 맥캔에릭슨의 크리에이티브 전략에서 중시하는 소비자의 마음으로 브랜드를 이해해야 한다는 것을 잘 보여준 것이다.

맥캔에릭슨은 7개의 질문을 통해서 크리에이티브 전략(크리에이티브 브리프)을 제안하고 있다.

첫째, 누가 나의 표적 소비자인가? 여기서 "나"는 광고주의 브랜드를 얘기하는 것이다.

둘째, 나는 이 사람의 마음속 어디에 위치해 있는가? "이 사람"은 표적 소비자를 가리키는 것이고 "어디에 위치해 있는가?"는 브랜드의 이미지를 얘기하는 것이다.

셋째, 나의 경쟁자는 이 사람의 마음속 어디에 위치해 있는가? "나의 경쟁자"는 경쟁 브랜드를 가리키는 것이다.

넷째, 이 사람의 마음속에 나는 어디에 위치하고 싶은가? 이것은 표적 소비자의 생각 속에 어떠한 이미지를 가지고 싶은지를 얘기하는 것으로 현재 브랜드가 표적 소비자의 마음속에 위치한 브랜드 이미지를 광고캠페인을 끝냈을 때 어떠한 다른 브랜드 이미지로 만들기를 원하는지를 기술하는 부분이다. 이 질문에 대한 답이 크리에이티브 목표라고 할 수 있다.

다섯째, 무엇이 소비자에 대한 약속, 'big idea'인가? 이 부분은 소비자의 어떤 문제와 필요를 브랜드가 해결할 수 있는지에 대한 부분이다.

여섯째, 무엇이 소비자 약속에 대한 근거인가? 이 부분은 단순히 브랜드가 소비자의 문제와 필요를 해결해 줄 수 있다는 내용에 머물지 않고 어떻게 문제와 필요를 해결할 수 있는지에 대한 증거 또는 근거를 말하는 것이다.

일곱째, 광고의 톤은 무엇인가?

그림 8-9 2011년 10월 19일 카누 출시 광고(위)와 2022년 카누 광고(아래)

카누라는 인스턴트커피 브랜드를 예로 들어 맥캔에릭슨의 크리에이티브 전략 도출을 얘기하자면 다음과 같은 추론을 할 수 있을 것이다. 구체적으로, 2011년 처음 출시되었을때와 2024년 현재의 차이를 간략하게 비교하면서 기술하고자 한다.

- 누가 브랜드의 표적 소비자인가?

> 안녕하세요? 저는 아침 8시에 출근해서 바쁘게 하루를 시작하는 신입사원입니다. 입사한 지 얼마 안 되어 많은 것을 배워가면서 일을 하느라 하루가 정말 빨리 지나가네요. 밖에 나가서 아메리카노 한잔을 마실 여유가 없네요. 아! 따뜻한 아메리카노 한잔을 마시면서 잠깐의 여유를 가지고 싶네요. 회사에서 인스턴트커피를 마시는데 원두커피의 진한 맛이 그리워집니다. 하하!

위의 가상의 표적소비자는 2011년 동서식품 카누가 처음 출시될 때 광고에 근거하여 추론한 것이다. 2011년 10월 19일 동서식품 카누가 출시될 때 사용했던 슬로건이 "세상에서 가장 작은 카페"이다. 슬로건이 함축적으로 전달하는 메시지는 커피 전문점에서 경험할 수 있는 아메리카노를 비롯한 원두커피를 카누가 스틱에 담아서 제공하겠다는 메시지이다. 10여 년이 지난 2024년에도 카누는 여전히 신입사원을 표적 소비자의 하나로 두고 있다. 그러나 시간이 지나면서 카누는 카누를 마시는 상황을 오피스에 국한하지 않고 카누를 좋아하는 사람이라면 그들이 가는 어디든지 카누를 즐길 수 있다는 메시지를 제공하면서 카누의 표적 소비자를 확장해 오고 있다. 또한 2022년 카누 광고에서 볼 수 있듯이 카누가 제공하는 스틱커피의 종류가 단순히 아메리카노에 국한되지 않고 다양한 커피가 제공되는 것을 볼 수 있다.

• 우리 브랜드는 표적 소비자의 마음속 어디에 위치해 있는가?

> 카누? 카누라는 원두커피가 있어요? 브랜드 이름은 들어본 것 같은데 카누가 기존 인스턴트 커피랑 뭐가 다른지 아직 몰라요. 마트에 가보면 진열된 "카누"를 보긴 한 것 같은데 그냥 예전에 마시던 인스턴트커피를 주로 구매합니다.

카누 출시 초기에는 위의 가상의 소비자와 같이 카누에 대한 브랜드 인지도가 낮았다고 볼 수 있다. 그러나 동서식품의 카누는 출시 후 10여 년이 지난 브랜드이고 침체되기 시작한 믹스커피 시장을 넘어 새로운 인스턴트 원두커피 시장을 견인한 성공한 브랜드가 되었다. 따라서 2024년 현재 카누는 소비자의 마음속에 스틱형 인스턴트 원두커피하면 카누라는 등식이 성립이 되었다고 볼 수 있다. 표적 소비자는 카누를 "스틱형 인스턴트 원두커피 하면 카누죠!"라고 생각한다고 추론 가능하다.

• 우리의 경쟁브랜드는 표적 소비자의 마음속 어디에 위치해 있는가?

> 커피믹스는 너무 달고 칼로리도 높고 별로 몸에도 좋을 것 같지 않은데 시중에 나와 있는 커피믹스는 비슷비슷하지 않나요?

2011년 카누가 처음 나왔을 때 표적 소비자가 생각하는 인스턴트 커피는 커피, 설탕과 프림이 들어가 있는 믹스커피로 볼 수 있다. 그리고 그당시에 커피믹스에 대한 생각은 커피, 설탕과 프림이 들어가 있는 믹스커피로 대체로 비슷하다고 생각했을 수 있다. 그러나 2024년 현재 인스턴트 커피는 커피, 설탕과 프림을 섞어서 만든 믹스커피 외에 카누와 비슷한 인스턴트 원두커피가 소비자의 선택을 기다리고 있다. 카누와 경쟁하는 인스턴트 원두커피는 남양유업의 루카스나인, 이디야의 비니스트, 스타벅스의 비아, 네스카페 크레마 등이 있다. 가상의 소비자는 "스타벅스의 비아는 가격이 비쌀 것 같은데 굳이 비싼 돈을 주고 스틱형 원두커피를 마실 필요가 있을까? 이디야는 스타벅스처럼 전문 커피점 브랜드인데 가격이 상대적으로 저렴할 것 같고 맛도 좋을 것 같다! 남양유업과 네스카페는 카누와 비슷할 것 같아!"라고 생각할 수 있을 것이다.

- 표적 소비자의 마음속에 우리 브랜드는 어디에 위치하고자 하는가?

> 처음에 나는 인스턴트커피는 다 비슷할 거라고 생각했다. 그런데 카누의 인스턴트커피는 원두를 직접 갈아 넣어 만들어서 기존 커피믹스하고는 맛에서 차이가 날 거란 생각이 들어.

이것이 카누가 처음 출시될 때 표적 소비자가 가졌으면 하는 생각이라면 2024년 현재는 "카누는 커피 전문점에서 제공하는 것처럼 다양한 맛의 원두커피를 물만 있으면 즐길 수 있는 커피라고 생각해!"가 카누가 추구하는 브랜드 이미지로 볼 수 있다.

- 무엇이 소비자 약속, big idea인가?

> 세상에서 제일 작은 카페인 카누는 나처럼 일상생활이 바쁜 사람들한테 회사에서 내가 직접 타 먹을 수 있는 원두커피라는 생각이 든다.

이러한 생각이 카누가 원두를 직접 갈아 넣어 만든 거의 최초이며 가장 대중적인 브랜드인 것이 소비자 약속이다. 그리고 2024년 현재 카누의 소비자 약속은 단순히 아메리카노만 제공하는 것이 아니라 매우 다양한 향과 맛의 원두커피를 경쟁브랜드보다 더 많이 제공하는 커피로 소비자가 원하는 어디서든지 세상에서 제일 작은 카페가 되는 것이 소비자 약속이다.

• 무엇이 소비자 약속에 대한 근거인가?

카누는 에스프레소 추출 방식으로 얻은 고품질 커피 파우더와 직접 갈아 넣은 미분쇄 원두로 깊은 맛을 내는 커피라는 것을 나는 카누의 광고를 보고 알게 되었어. 뭔가 확실히 다를 것 같은 느낌이 든다.

이것이 2011년 당시의 광고에 나온 소비자 약속에 대한 근거라면 최근의 광고를 보면 카누에서 제공하는 다양한 종류의 커피가 소비자 약속에 대한 근거이다.

• 광고의 톤은 무엇인가?

커피의 진하고 부드러움을 느낄 수 있도록 딱딱하지 않으면서 원두를 갈아서 만들었다는 이성적 정보를 보여주게 만든다. 광고의 톤은 2011년 처음 출시될 때나 2024년 현재까지 공유를 모델로 사용하면서 전반적으로 편안하고 부드럽게 메시지를 전달하고 있다.

마무리 사례

대상그룹 흥미원– '흥'은 남지만 '미원'은 없었다

지난 10월 4일 대상그룹에서 공개한 '흥미원' 광고입니다. 영상은 15초로 비디오 플랫폼인 틱톡을 많이 이용하는 MZ세대를 고려해 만든 만큼 숏폼 콘텐츠(짧은 길이의 영상)입니다. 홍미원의 광고는 시리즈로 제작되어 실패, 텀블러, 연차, 청첩장 편이 있습니다. 오늘 평론할 광고는 이 중 청첩장 편입니다.

▲ 미원의 부캐릭터 '흥미원'이 춤을 추고 있다.
사진: 대상그룹

'흥미원'은 젊은 MZ세대를 대상으로 만든 미원의 '부캐(부캐릭터)'입니다. 요즘 방송가에는 '부캐 유니버스(universe)'가 유행입니다. 부캐 유니버스는 단어의 의미 그대로 부캐릭터가 활동하는 세계관을 뜻합니다. 최근 MBC 예능 프로그램인 '놀면 뭐하니?'에 출연하는 이효리와 유재석이 린다G와 천옥 그리고 지미유와 유두래곤처럼 본인이 아닌 다양한 자아를 부캐릭터에 녹여 활동하는 것을 말합니다.

영상엔 일러스트로 그려진 한 여성이 등장합니다. 여성의 상의에는 '미원'이 적혀있습니다. 내레이션은 오랜만에 동창에게 청첩장이 찍힌 연락을 받았고 본인도 축의금을 찍어 보냈다고 말합니다. 이것을 '축하할 맛 난다'며 '일상의 감칠맛 대폭발 홍미원'이라고 말합니다.

AP신문 광고평론가는 MZ세대 타깃팅을 위한 재치 있는 광고지만 무엇을 말하고자 하는지 이해되지 않는 광고라며 비판했습니다. 전체적으로 낮은 별점을 부여했으며 호감도는 2점으로 가장 낮은 점수를 받았습니다.

▶ MZ세대 타깃팅, 그러나 효과는?

MZ세대를 겨냥해 만들었지만 소비자들이 광고에 피로를 느끼진 않을지 모르겠다는 의문을 제기했습니다. 그리고 MZ세대가 선호하는 방식으로 광고를 제작했지만 정작 무엇을 광고하고 싶은지 알 수 없다고 비판했습니다.

○○○평론가는 광고의 내용이 MZ세대가 공감하기엔 조금 힘든 주제일 순 있지만 새로운 시도였기에 보완하면 좋을 것 같다는 의견입니다. 유머러스하고 모든 연출이 '홍미원'이라는 이름과 잘 어울리는 광고라며 긍정적인 평가를 남겼습니다.

▶ '미원'과의 연결고리는 어디로?

광고평론가는 홍미원이라는 부캐의 설정이 부실해 설명과 납득되지 않는다고 비판했습니다. 때문에 무엇을 광고하는지 모르겠다며 부캐와 제품 모두 광고에 실패했다는 의견입니다.

출처: AP신문 (2020. 10. 29.).

생각해 볼 문제

01. 피카소의 게르니카가 광고에 있어서 독창적이지 않다고 했는데 예술적 독창성과 광고적 독창성의 차이점과 비슷한 점에 대해서 논해 보시오.

02. 광고목표에 있어서 크리에이티브 목표와 매체목표가 어떻게 서로 연결되어 있는지를 설명해 보시오.

03. 교재에서는 비타500을 바탕으로 크리에이티브 전략의 예를 들어 설명했다. 비타500의 경쟁브랜드인 박카스를 바탕으로 가상의 크리에이티브 브리프를 만들어 보시오.

04. 광고인 레오버넷은 "독창성은 기존에 관련이 없던 것들 사이에 새롭고 의미 있는 관계를 형성하는 예술로서 브랜드를 기존에 생각하지 못한 새로운 방식으로 보여주는 것이다"라고 광고의 독창성(creativity)을 정의했다. 국내 광고 중 레오버넷의 독창성(creativity)과 잘 어울리는 광고는 무엇인가?

05. 독창적인 광고로 아우디의 "Keys"를 예로 들어 설명했다. 그렇다면 아우디의 "Keys" 광고를 "효과적이다"와 "효과적이지 않다"의 관점에서 논의해 보시오.

06. 광고에 있어서 독창성(creativity)이 마케팅에 있어서 어떠한 역할을 하는지 논해 보시오.

07. 클리오(Clio)의 저주는 무엇인가?

참고문헌

1. 중앙일보 (2010. 04. 26). 기발한 CF를 보는 두 회사 CEO의 광고론, https://www.joongang.co.kr/article/4131644에서 인출.
2. 한상필, 최민욱 (2010), 진심으로 지어진 캠페인의 힘-대림 e편한세상 '진심이 짓는다'. 광고학연구, 21(3), 157-170.
3. AP신문 (2020.10.29.). 대상그룹 홍미원- '홍'은 남지만 '미원'은 없었다. https://www.apnews.kr/news/articleView.html?idxno=1310474에서 인출.
4. Bendinger, B. (1993). The Copyworkshop Workbook. Chicago, IL: The Copy Workshop.
5. Bendinger, B. (2001). Advertising & the Business of Brands. Chicago, IL: The Copy Workshop.
6. Drewniany, B. L., & Jewler, A. J. (2008). Creative Strategy in Advertising, 9th ed., Boston, MA: Thomson Wadsworth.
7. Fraser, C. F. (1983). Creative Strategy: A Management Perspective. Journal of Advertising, 12(4), 36-41.
8. Hoyer, W. D., & MacInnis, D. J. (2008). Consumer Behavior, 5th ed., Mason, Ohio: South-Western Cengage Learning.
9. O'Guinn, T. C., Allen, C. T., & Semenik, R. J. (2009). Advertising and Integrated Brand Promotion, 5th ed., Mason, Ohio: South-Western Cengage Learning.
10. Parante, D. E. (2006). Advertising Campaign Strategy: A Guide to Marketing Communication Plans, 4th ed., Mason, OH, Thomson South-Western.
11. Vakratsas, D. & Ambler, T. (1999), How Advertising Works: What Do We Really Know?, Journal of Marketing, 63(January), 26-43.

광고 메시지 소구유형

09

CHAPTER 09

▶▶▶ CONTENTS

SUMMARY

광고 메시지 소구유형은 다양한 광고목표를 달성하기 위해서 선택된다. 가장 일반적인 브랜드 회상 증진에서부터 이성적 설득과 감성적 설득에 바탕을 둔 소구유형을 구체적으로 다룬다. 개념적인 설명뿐 아니라 각각의 소구유형에 대한 광고사례를 추론을 통해서 설명하고 있다.

TERMINOLOGY

브랜드 회상, 이성적 소구, 감성적 소구

도입 사례

"갤럭시 줌 미쳤다" … '조회수 1000만' 스위프트영상 어떻길래

▲ 가수 테일러 스위프트 팬이 갤럭시 S23 울트라로 촬영했다며 올린 영상(사진: 인스타그램 캡처).

해외에서 삼성 갤럭시 S23 울트라로 찍었다는 동영상이 조회 수 1000만회를 넘기며 화제를 모으고 있다. "삼성은 이 영상을 광고로 써야 한다"는 내용의 문구를 단 이 영상은 2일 현재 인스타그램에서 1088만 조회 수를 기록 중이다.

영상에는 가수 테일러 스위프트 콘서트 관객석에서 바라본 공연장 전체 모습부터 무대 위 스위프트의 몸짓까지 카메라 줌 기능을 활용해 확대해 보여주는 모습이 담겨 있다. 객석과 무대의 먼 거리 때문에 영상 처음에는 스위프트의 모습이 깨알같이 거의 보이지 않지만, 이후 확대한 영상에선 그의 표정까지 확인할 수 있는 정도다. 영상을 올린 사람은 "차원이 다른 품질"이라고 적었다.

댓글에는 "줌이 미쳤다", "아이폰 사용자는 이게 필요 없는 기능이라고 얘기하겠지만, 애플이 아이폰 29 프로 맥스쯤에 이 기능을 가져오면 환호할 것"이라는 등의 반응이 줄을 이었다.

또 방탄소년단(BTS) 팬으로 추정되는 한 이용자는 "이게 윤기(슈가)가 '온리 갤럭시(갤럭시만)'이라고 한 이유"라는 댓글을 달기도 했다.

출처: 중앙일보 (2023. 10. 02.).

CHAPTER 09

광고 메시지 소구유형

1 브랜드 회상 증진

브랜드 인지도를 올리는 것은 광고 목표에 있어서 가장 기본적인 목표이다. 브랜드 인지도가 기업의 광고 목표로서 오랜 시간 동안 함께 해온 이유는 소비자가 기업의 브랜드를 기억하고 쉽게 회상(recall)하거나 재인(recognition)할 수 있다면 그렇지 않은 브랜드보다 소비자에게 선택될 가능성이 높기 때문이다. 브랜드 인지도를 올리기 위한 가장 쉬운 방법은 반복적으로 브랜드 광고를 소비자에게 노출시키는 것이다. 그러나 광고주는 단순히 소비자가 기업의 브랜드를 기억하는 데 만족하지는 않는다. 광고주는 소비자들이 광고주의 브랜드가 속한 제품군을 회상할 때 가장 먼저 광고주의 브랜드를 기억에서 떠 올리기를 원한다. 제품군 내에서 소비자가 가장 먼저 떠올리는 브랜드를 최초 상기(top of mind) 브랜드라고 한다.

브랜드 인지도 상승은 특히 저 관여 제품군에서 중요한 광고 목표가 될 수 있는데 그 이유는 소비자가 제품군에 속한 브랜드 간에 질적인 차이가 크지 않다고 느끼거나 관심이 많지 않은 제품군(예: 형광등, 화장지, 치약)이면 제한적 의사결정과정이나 습관적 의사결정과정을 통해서 구매하게 되는데 그럴 때 가장 먼저 소비자의 기억 속에 떠오르는 브랜드(최초 상기 브랜드)를 선택할 가능성이 높기 때문이다.

브랜드 회상에 도움이 되는 방법으로는 반복적인 노출과 슬로건이나 징글을 사용하는 전략을 사용할 수 있다. 아래는 미국의 유명 광고전문지인 Ad Age가 1999년에 발표한 20세기 10대 슬로건과 10대 징글이다. 한국 소비자에게도 익숙한 슬로건과 징글을 확인할 수 있다. 예를 들어, 나이키의 "Just do it"은 한국 소비자에게도 익숙한 슬로건으로 지금까지도 나이키의 슬로건으로 사용되고 있다. 오랜 시간 사용되는 슬로건은 브랜드의 정체성 형성에도 기여하는 바가 크고 소비자가 브랜드를 쉽게 떠올리게 하는 데도 큰 역할을 한다.

10대 슬로건			10대 징글	
A diamond is forever	- DeBeers	1	You Deserve A Break Today	- Mcdonald'S
Just do it	- Nike	2	Be All That You Can Be	- U.S. Army
The pause that refreshes	- Coca-Cola	3	Pepsi Cola Hits The Spot	- Pepsi-Cola
Tastes great, less filling	- Miller Lite	4	M'M, M'M Good	- Campbell'S
We try harder	- Avis	5	See The Usa In Your Chevrolet	- Gm
Good to the last drop	- Maxwell House	6	I Wish I Was An Oscar Meyer Wiener	- Oscar Meyer
Breakfast of champions	- Wheaties	7	Double Your Pleasure, Double Your Fun	- Wrigley'S Doublemint Gum
Does she ... or doesn't she?	- Clairol	8	Winston Tastes Good Like A Cigarette Should	- Winston
When it rains, it pours	- Morton Salt	9	It'S The Real Thing	- Coca-Cola
Where's the beef?	- Wendy's	10	A Little Dab'Ll Doya	- Brylcreem

출처: Ad Age (1999).

1) 반복적 노출

브랜드 명(brand name)을 반복적으로 노출시키는 방법은 광고를 많이 하는 것과 광고 내에서 브랜드 명을 여러 번 반복하는 방법이 있다. 예를 들어, [그림 9-1]의 BHC 광고는 한 광고 내에서 BHC의 신제품 브랜드인 치하오를 반복해서 보여줌으로써 브랜드 회상을 돕는 광고라고 볼 수 있다. 다른 예로 요즈음 라디오나 인터넷 광고에서 자주 볼 수 있는 대리운전 광고의 경우도 소비자들이 쉽게 기억할 수 있도록 반복해서 광고하는 것을 쉽게 접할 수 있다. 이것은 앞서 얘기한 것처럼 저 관여 상품군에서는 소비자가 가장 먼저 상기하는 브랜드를 소비자가 선택할 가능성이 높기 때문이다. 반복적 노출과 더불어 브랜드 명이 외우기 쉬울 때 반복적 노출의 효과는 증가한다.

그림 9-1 BHC 광고

그렇다면 반복적 노출은 항상 효과적인가? 그렇지 않다. 우리가 특정 제품군을 떠올릴 때 먼저 떠 올린 브랜드를 선택하지 않는 경우가 종종 있다. 특히 고관여 상품군일 경우는 브랜드 회상과 브랜드 선택의 관계가 저관여 제품에 비해서 약하다.

2) 슬로건과 징글

슬로건은 단순히 브랜드 이름을 반복하는 것이 아니라 특정 브랜드를 함축적으로 표현하는 것으로 브랜드가 추구하는 방향과 관련시키는 경우가 많다. "슬로건은 반복사용으로 효과를 높이려는 것이므로 읽기 쉽고, 말하기 쉬우며, 외우기 쉬워야 하는 동시에 리듬감이 있고 인상적이면서 그 뜻을 이해하기 쉬운 것이어야 한다(한국언론진흥재단)". 예를 들어, 두산의 "사람이 미래"는 두산이 기업의 성장과 발전을 위해서 구성원을 최우선으로 생각하겠다는 하나의 의지를 표현한 것이라고 추론할 수 있다. [그림 9-2]의 광고는 "푸른 꽃은 푸르러서 예쁘고 붉은 꽃은 붉어서 예쁩니다. 가을은 알록져서 아름답고 겨울은 빛이 바래 아름답죠. 자신에게 없는 모습을 부러워하지 마세요. 있는 그대로 당신은 충분히 아름다우니까요. 사람이 미래다. 두산"으로 광고를 마무리한다. 실제 두산의 "사람이 미래다" 광고 캠페인은 똑같은 슬로건을 사용한 총 10여 편의 광고를 통해 두산이 추구하는 사람의 중요성에 대해서 반복적으로 광고해 왔다. 이후 두산에 입사하기 위해서 많은 지원자가 몰렸다는 얘기를 생각해 볼 때 슬로건이 광고에 있어서 효과가 있음을 보여준다.

그림 9-2 두산의 "사람이 미래다 13번째" 광고

미국의 광고전문지 Ad Age가 뽑은 20세기의 광고 슬로건들 중에서 DeBeers의 "다이아몬드는 영원하다(Diamonds are forever)"와 나이키의 "그냥 해봐(Just do it)"는 20세기 최고의 슬로건 10에 뽑혔다.

다이아몬드 반지가 약혼식에서 많이 사용되는 것이 부분적으로 DeBeers사의 슬로건 영향도 있을 것이다. 또한 나이키의 "Just do it"은 일부 스포츠 전문가 그룹에 한정되었던 운동이 일반화되어 누구나 운동을 즐길 수 있다는 것을 소비자에게 잘 표현하고 나이키의 기업 철학을 반영한 슬로건이라고 볼 수 있다. 그림의 나이키 광고는 "Just do it" 슬로건을 사용한 최초의 광고로 알려져 있는데 Walt Stack이라는 80세 할아버지가 미국의 샌프란시코의 다리에서 달리는 모습을 보여주는 광고인데 Walt Stack은 달리면서 자기가 매일 "17마일을 달린다"고 얘기한다. 광고 마지막 부분에 "Just do it" 슬로건과 나이키 로고가 나오면서 광고가 마무리 된다.

그림 9-3 1988년 나이키 Just do it 최초광고

우리나라도 오랫동안 사용된 슬로건이 있다. 1994년 "침대는 가구가 아닙니다. 침대는 과학입니다"라는 슬로건을 사용한 이후 약간의 수정이 있었지만 에이스 침대는 2012년에도 "침대과학"이라는 메시지를 광고를 통해서 일관적으로 전달하고 있다. 20여 년간 "침대과학"을 지속적으로 전달하면서 에이스 침대는 다른 경쟁브랜드와는 차별적으로 인식되는 브랜드라는 것을 지속해서 유지하고 있다. 2017년에는 슬로건을 "침대는 가구가 아니다. 침대는 에이스다"로 수정하였지만 기존 이미지는 유지하고 있다. 그리고 2023년 에이스 침대 광고에는 "침대=과학"이라는 슬로건을 여전히 사용하여 에이스 침대가 1994년부터 사용한 침대는 과학이라는 슬로건으로 다시 돌아왔다. 그리고 1950년에 출시된 칠성 사이다의 경우는 아주 오랜 시간 동안 "맑고 깨끗한 맛"이라는 슬로건으로 카페인이 포함되었거나 색소가 첨가된 탄산음료와는 차별화된 브랜드로 소구해 왔다. 슬로건은 소비자로 하여금 특정 기업이나 브랜드의 비전 또는 특성을 담은 메시지로 소비자에게 반복적으로 노출시키면서 궁극적으로 특정 브랜드를 다른 브랜드와 차별적으로 인식되게 하는 것을 도와준다.

그림 9-4 에이스 침대 광고

징글은 흔히 CM송이라고 하는데 정확한 영어 표현은 징글(jingle) 또는 싱잉 커머셜(singing commercial)이라고 해야 한다. 짧은 내용을 반복해서 연속적으로 호소한다든가 또는 노래한다든가 하는 것과 같은 장단을 말한다. 광고를 목적으로 만든 CM송(commercial message song)으로서 회사명, 상품명, 슬로건(slogan) 등의 기억과 재생을 위한 CM 표현 기법이다(한국언론진흥재단).

앞서 얘기된 반복적 노출의 경우에서 소비자로 하여금 쉽게 따라 할 수 있도록 징글을 사용하는 경우가 많다. 반복적 노출의 예로 '00700'이나 대리운전의 '1577-1577'은 글자에 리듬을 실어서 소비자로 하여금 쉽게 따라 부를 수 있게 해서 소비자의 브랜드 회상을 돕는다.

징글(jingles)을 오랫동안 지속해서 사용해 온 국내 브랜드로는 해표식용유의 "맑고 신선한 해표 해표 식용유~"를 들 수 있다. 징글을 사용하는 주된 이유는 소비자들이 쉽게 따라 부를 수 있도록 해서 광고가 끝난 후에도 소비자의 머릿속에 오랫동안 남아 있게 하고 궁극적으로 소비자의 장기기억에 저장되는 것을 돕고 쉽게 인출하는 데 도움을 주려는 것이라고 할 수 있다. 이것은 브랜드 회상이 제품 구매에 큰 영향을 미칠 경우(저관여 제품군)에 매우 효과적인 방법이다.

요약하면 반복, 슬로건, 징글의 경우는 소비자가 브랜드의 이름, 슬로건 또는 징글의 메시지를 장기간 기억하게 도와준다. 예를 들어, 지금은 생산이 중단된 브랜드이지만 대우자동차의 레간자 광고의 "소리 없이 간다. 쉿! 레간자"는 아직도 여러 사람의 기억 속에 남아 있다. 또한 현대카드의 초창기 광고 슬로건인 "열심히 일한 당신 떠나라"의 경우도 현재의 현대카드 광고에서 사용하고 있지 않은 슬로건이지만 많은 소비자의 기억 속에 남아 있을 것이다. 반복적 노출과 슬로건을 병행해서 브랜드 회상에 도움을 주는 예라고 볼 수 있다. 그러나 반복적 노출, 슬로건, 징글이 소비자의 브랜드 회상에 항상 긍정적인 도움을 주는 것은 아니다. 1991년 롯데칠성 음료의 델몬트 주스에서 사용되었던 "따봉"이라는 슬로건은 많은 소비자로 하여금 선풍적인 인기를 끌었다. 개그콘서트에서 흔히 등장하는 유행어들처럼 많은 소비자는 뭔가 좋은 것을 얘기할 때 엄지손가락을 치켜세우고 "따봉"이라고 외치는 것이 유행이었던 적이 있다. 그러나 델몬트 오렌지 주스와 "따봉"을 소비자가 하나로 연결시키지 못했고 브랜드 회상에 있어서 "따봉"이라는 슬로건의 유행만큼 효과는 그리 높지 않았다고 한다. 델몬트 주스의 "따봉"은 소비자의 시선을 끌었고 많은 사람들이 일상에서 흔히 사용하는 단어가 되었다는 점에서 분명히 그 가치를 인정해 줄 만하다. 그러나 델몬트 주스와의 연결고리가 약했고 브랜드 회상에 있어서는 다소 아쉬운 점으로 남아 있다. 여기서 한 가지 생각해 볼 문제는 광고의 반복이든지, 슬로건이나 징글의 사용이든지 이 모든 것이 소비자가 브랜드를 회상하는 데 도움을 주어야 한다는 것이다. 따라서 반복과 슬로건, 징글을 사용할 때는 슬로건이나 징글만으로도 무슨 브랜드인지를 알 수 있는 적절한 메시지의 선택이 중요하다고 할 수 있다. 예를 들면, LG전자의 옛 이름인 금성전자가 오랫동안 사용해 온 슬로건인 "순간의 선택이 10년을 좌우합니다! 기술의 상징 금성!"은 금성이라는 브랜드 명이 슬로건에 포함되어 있다.

그림 9-5 델몬트 광고

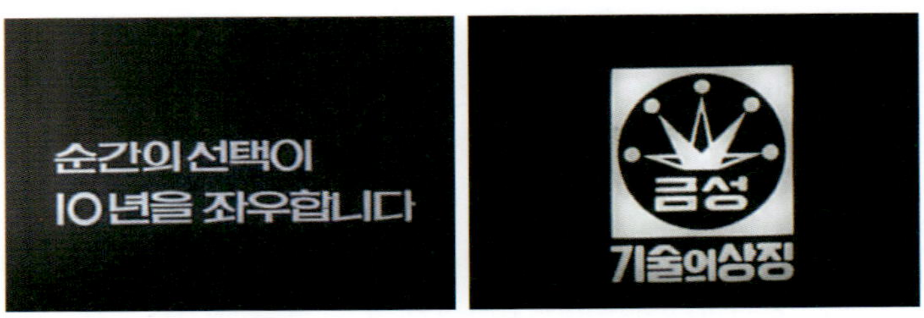

그림 9-6 금성전자(현 LG전자) 광고

2 주요 브랜드 속성과 브랜드 연결

광고주는 소비자들이 단순히 광고주의 브랜드를 기억하는 것에 만족하지 않는다. 광고주의 브랜드가 어느 정도 시장에서 알려지고 나면 광고주는 브랜드의 몇 가지 중요한 특성과 브랜드를 소비자들이 연상하기를 원한다. 예를 들어, 자동차의 주요 특성 중 "안전", "연비" 또는 "승차감"과 같은 특성 중 한 가지를 생각할 때 소비자가 광고주의 브랜드를 가장 먼저 떠올리기를 바란다. 이러한 광고 목표를 가장 효과적으로 달성할 수 있는 방법이 USP(unique selling proposition: 독특한 판매 제안) 전략을 사용하는 것이다. USP 전략을 사용하기 위해서는 우선 광고주의 브랜드가 소비자에게 다른 브랜드와 차별적으로 인식될 수 있는 기능적 또는 상징적 특성이 있어야 한다. 이러한 차별점은 브랜드의 기능적 특성과 같이 제품의 성능과 관련된 내용일 수도 있고 아니면 제품 외적인 특성(예: 어느 나라 제품인가?) 또는 제품의 역사와 관련지어서 얘기할 수도 있다.

1) USP 전략

광고주는 그들의 브랜드의 장점을 광고로 모두 알려주고 싶을지도 모른다. 그러나 15초라는 TV 광고에서 소비자는 많은 얘기를 들을 여유도 그리고 인내심도 없다. USP 전략은 브랜드의 여러 가지 특성 중 경쟁브랜드와 차별적(unique), 호의적(favorable), 그리고 강력하게(strong) 소비자에게 인식될 수 있는 한 가지 특성에 집중할 필요가 있다. 그리고 이러한 차별적 특성이 소비자가 특정 제품군에서 중요하게 생각하는 것일수록 아니면 중요한 것처럼 생각되게 만들 수 있다면 그 효과는 커질 것이다.

2) USP 전략을 활용한 광고 사례

슬로건을 사용한 사례로 소개된 칠성 사이다의 광고 중 하나는 비교광고를 사용해서 칠성 사이다의 맑고 깨끗한 탄산음료라는 독특한 판매 제안(USP)을 사용했다. 칠성 사이다는 탄산음료 시장의 절대강자인 콜라 음료를 정면으로 공격하는 USP 전략으로 카페인과 색소가 함유된 콜라보다는 무카페인과 무색소인 칠성 사이다를 차별화하고자 하였다. 그러나 칠성 사이다의 비교광고를 통한 USP 전략은 콜라와 차별화하는 데는 성공적이었을지 모르나 스프라이트, 세븐업, 킨 사이다와 같은 경쟁브랜드와의 차별화에는 다소 부족한 USP 전략이라고 할 수 있다. 반면에 갤럭시 S 울트라 시리즈는 아이폰에는 없는 펜의 기능을 부각해 차별화하고 있고 최근의 갤럭시 S24의 경우는 AI통번역 기능을 강조하여 또 한 번 차별화하고 있다. 그리고 LG 무선청소기 브랜드인 코드제로 A9의 경우는 다이슨에 없는 물걸레 기능을 강조하여 다이슨과 차별화하고 있다.

그림 9-7 삼성 갤럭시 S24 울트라 광고

가장 확실한 USP전략은 누구도 흉내를 낼 수 없는 그러한 특성을 브랜드가 가지고 있는 것인데 그중 하나가 "최초의 브랜드"라는 USP 전략일 것이다. 국내 전자 제품 브랜드의 양대 산맥은 삼성전자와 LG전자이다. 그러나 김치냉장고 시장에서는 삼성전자와 LG전자보다 대유위니아의 "딤채"가 대표 브랜드로서 소비자의 인식에 자리 잡고 있다. 이러한 결과는 부분적으로 딤채가 최초의 대중화된 김치냉장고 브랜드로서 소비자에게 인식이 되고 있고 또한 광고를 통해서 딤채가 "The Original 딤채"라는 것을 지속해서 광고한 것에 대한 결과물로 이해될 수 있다.

그림 9-8 딤채 광고

딤채광고는 "The Original 딤채"라는 슬로건으로 기존 경쟁 김치냉장고 브랜드들과 딤채를 차별화시키는 광고를 보여주고 있다. 기업의 규모에서는 삼성전자와 LG전자가 딤채의 모기업인 대유위니아보다 크다. 그리고 그 결과로써 많은 마케팅 비용을 들여서 딤채의 시장점유율을 뺏어왔다. 이것에 대한 방어 차원에서 딤채는 김치냉장고와 일반 냉장고는 전혀 다른 제품군이라는 것을 강조하고 있다. 냉장고 제품군으로 함께 인식될 수도 있는 것을 김치냉장고와 일반 냉장고로 소비자들이 분류하기를 바라는 목적으로 만들어 낸 광고를 집행하여 '김치냉장고는 딤채'라는 공식을 계속해서 유지해 나가고 있다.

그러나 과연 얼마나 많은 소비자가 최초의 김치냉장고가 금성사(지금의 LG)의 김치냉장고인 것을 알고 있을까? 딤채는 최초의 김치냉장고가 아니라 최초로 김치냉장고를 대중화시킨 브랜드이다. 그리고 얼마나 많은 소비자가 최초의 노트북 컴퓨터 브랜드가 일본의 도시바라고 알고 있을까? 그리고 최초의 콜라 브랜드가 코카콜라가 아닌 RC콜라라고 알고 있을까? 그렇다면 딤채와 도시바의 차이점은 무엇일까? 코카콜라와 RC콜라의 차이점은 무엇일까? 그것은 딤채와 코카콜라는 그들이 속한 제품군의 대명사로 자리 잡았고 딤채는 김치냉장고이고 콜라는 코카콜라라는 등식을 만들었다는 것이다. 이러한 질문에 대한 고민이 브랜드의 지속적 성장을 유지해 줄 것이다. 현재 소비자들이 김치냉장고를 어떤 용도로 사용하는지에 대한 고민과 지속적인 노력이 앞으로 딤채가 계속해서 성장할 수 있을지 아니면 도시바의 전철을 밟을지를 결정하게 될 것이다. 그리고 원조 맛집은 좋은 맛은 오래 지속할 수 있다는 것으로 이해할 수 있지만 최초의 전자제품이 과연 최고의 브랜드인지는 고민해 볼 문제다. 왜냐하면 전자제품군은 끊임없이 수정되고 변화하고 발전하는 제품군이기 때문에 최초의 의미가 생각보다 큰 가치를 가지지 못할 수도 있다.

그림 9-9 금성사(현 LG)의 우리나라 최초 김치냉장고 광고

3 소비자 설득: 이성적 접근

광고의 궁극적인 목적은 소비자를 설득해서 광고주의 브랜드를 선택하게 하는 것이다. 소비자를 설득하기 위한 방법으로 우선 광고주는 이성적인 접근을 통해서 논리적으로 소비자가 경쟁브랜드 대신에 광고주의 브랜드를 선택하도록 노력을 기울일 수 있다. 앞서 언급된 USP 전략은 대표적인 이성적 접근 방법이다. 소비자를 이성적으로 설득하기 위해서는 소비자로 하여금 광고 메시지에 충분한 주의를 기울이게 하고 광고주가 전달하고자 하는 광고 메시지에 대해서 소비자 관점에서 긍정적으로 받아들이는 과정을 거쳐야 한다.

따라서 단순히 브랜드 회상이나 인지와 관련된 광고 목표를 가진 광고캠페인에 비해서 소비자의 능동적인 정보처리가 요구된다. 특히 소비자의 이성적 정보처리를 기대할 수 있는 제품군으로는 가격이 비싸거나 소비자가 지속적으로 관심이 있는 고관여 제품군일 가능성이 높다.

또한 특정 상황이 소비자의 흥미와 관심을 불러일으키는 경우도 이성적 메시지가 효과적일 수 있는데 예를 들어, 소비자가 와인을 구매하는 상황을 상상해 보자. 일반적으로 소비자 자신이 마실 목적으로 와인을 구매하는 것과 특별한 날을 기념하기 위해서 구매하는 와인은 구매과정 자체가 다를 수 있다. 소비자 자신을 위해서 구매하는 와인의 경우는 평소에 습관적으로 구매하는 브랜드나 최초 상기 브랜드를 선택할 확률이 높지만, 특별한 날을 기념하기 위해서 구매하는 와인은 같이 마실 사람을 고려해서 뭔가 특별한 의미를 담기 위한 생각이 포함될 것이다. 후자의 경우는 같은 제품을 구매하는 경우라 하더라도 소비자의 구매과정 자체가 훨씬 고 관여 상황이라고 할 수 있다.

그리고 특정 상황과 관계없이 소비자는 특정 제품군에 대한 흥미가 다른 제품군에 비해서 많을 수 있다. 예를 들어, 스마트폰에 관한 관심이 비누나 치약에 비해서 높은 것이 일반적이다. 그 이유는 스마트폰의 가격이 비싼 것도 있지만 스마트폰이 일반 소비자의 삶에서 주로 대화의 소재가 되고 소비자의 삶에 있어서 많은 시간을 함께하는 것도 그 이유라고 볼 수 있다.

요약하자면 소비자가 흥미를 느끼는 제품군일 경우 그리고 특히 가격이 비쌀 경우는 소비자가 단순히 껌을 사는 것처럼 쉽게 구매 결정을 내리지 못한다. 소비자는 단순히 알고 있는 브랜드 또는 친숙한 느낌이 드는 브랜드 이상의 논리적인 이유를 갖기를 원하게 된다.

1) Reason-Why 광고

(1) Reason-Why 광고(왜 사야 하는지 이유를 들어 설득하는 광고)란

Reason-Why 광고는 소비자에게 왜 광고주의 브랜드를 사야 하는지를 구체적인 근거를 가지고 설득하려는 광고이다. Reason-Why 광고는 이미지 광고와는 반대의 접근을 한다고 볼 수 있다. 이미지 광고가 소비자의 느낌(감성)에 영향을 주고자 한다면 Reason-Why 광고는 소비자의 생각(이성)에 직접적으로 영향을 주고 그들의 동의를 끌어내는 것을 목적으로 한다.

소비자 행동에서 다루어진 것처럼 단순히 습관적으로 구매하는 브랜드나 그리 비싸지 않은 제품을 구매할 때는 소비자가 잘못된 구매로 인해 구매 후 부조화 현상이 크게 발생하지 않는다. 예를 들어, 동네 가게에서 껌을 샀는데 껌의 맛이 너무 없었을 경우 소비자는 대수롭지 않게 넘길 수 있다. 그러나 노트북 컴퓨터를 사는 경우 그냥 동네 가게에서 껌을 사듯이 구매하는 경우는 거의 없을 것이다. 소비자는 여러 브랜드에 대한 정보를 비교하고 평가한 후 그들이 정해놓은 기준(예: 가격, 서비스, 평판 등)에서 가장 좋다고 생각하는 제품 또는 몇 개의 속성들에 대한 전반적인 평가를 통해서 하나의 브랜드를 구매하려고 할 것이다. 다시 말해서 소비자는 누군가가 "너 왜 그 노트북 컴퓨터 샀어?"라고 물어볼 때 거기에 대한 그들만의 나름의 논리를 갖고 있을 가능성이 껌을 샀을 때보다 상대적으로 더 많다고 볼 수 있다. 특정 껌을 산 경우에 누군가가 똑같은 질문을 하면 무엇이라고 대답할지 상상해 보라. 누구도 "내가 생각하기엔 경쟁 브랜드 보다 내가 산 껌에 사용된 원료가 다른 브랜드에 비해서 좋고 껌의 탄력성이 좋아서 내가 껌을 맛있게 씹는 시간이 평소보다 2배 증가했기 때문에 샀어!"라고 말하는 사람은 없을 것이다. 아마도 껌을 산 이유에 대한 여러분의 대답은 "그냥 맛있어 보여서", "특이하게 생겨서", "예전부터 사던 거라" 정도일 것이다. 그러나 노트북 컴퓨터의 경우는 위의 대답보다는 여러분들이 좀 더 논리적으로 구매한 브랜드를 변호할 수 있을 것이다.

광고주가 소비자를 설득하기 위해서 Reason-Why 광고를 쓰는 이유는 광고주가 소비자에게 나름의 논리적인 선택 이유를 제공한다고 믿기 때문이다. 그러나 때에 따라서는 광고주가 의도한 것과는 정반대의 결과를 초래할 수도 있다. 왜냐하면 Reason-Why 광고의 경우 소비자가 메시지를 충분히 이해하기 위해서는 주의를 많이 기울여야 하는데 그렇다면 소비자의 기존지식이 광고 메시지 정보를 처리하는 동안 비교 사용될 가능성이 크고 소비자의 기존 생각과 일치하지 않은 정보의 경우는 오히려 부정적인 인식을 낳게 할 수도 있다.

(2) Reason-Why 광고를 이용한 사례

Reason-Why 광고의 국내 광고 사례로는 기아자동차의 모닝 광고를 들 수 있겠다. 모닝의 광고는 이성적으로 소비자에게 왜 모닝을 구매하는 것이 현명한 선택인지에 관해서 몇 가지 설득적인 이유를 광고를 통해서 제시하고 있다. 구체적으로, 모닝을 샀을 때 갖게 될 편익이 무엇인지를 보여주는데 그것은 "개별소비세 면제", "취득세 면제", "등록세 면제", "고속도로 통행료 감면", "혼잡통행료 감면" 등이다. 더 나아가서 모닝의 광고는 새로운 디자인의 신형 모닝이 소비자들이 모닝을 사야 할 또 하나의 중요한 이유라고 강조한다. 개별적인 브랜드의 혜택은 기본이라는 얘기를 하는 것이다. 기아자동차의 모닝 광고는 이러한 구체적인 혜택을 강조해서 소비자에게 모닝을 구매하는 것이 현명한 선택일 수 있다는 점을 설득하는 Reason-Why 광고이다. 그리고 아이폰 14의 '흔들리는 카메라, 안정적인 영상' 광고는 동영상을 찍을 때 흔들려서 원하는 안정적인 영상을 찍지 못한 경험이 있는 소비자에게 나름의 이성적 구매 근거를 제공한다.

그림 9-10 기아 모닝 광고(위)와 아이폰 14 광고(아래)

2) Hard-Sell 광고

(1) Hard-sell 광고란

Hard-sell 광고는 Reason-why 광고 형태의 하나로 기본적으로 광고 메시지를 보고 소비자가 시급하게 행동해야 함을 강조하는 광고를 말한다. 광고 메시지 내에서 "바로 전화해 보세요", "100개 한정판매" 등과 같이 소비자에게 직접적인 행동을 취하게 하는 것을 목표로 하는 광고 형태이다. Hard-sell 광고는 기본적으로 소비자가 뭔가 시급하게 해야 할 것 같은 느낌이 들게 해서 소비자가 깊은 생각보다는 행동으로 옮기게 하는 것을 목표로 한다. 광고뿐만 아니라 판매촉진에서 흔하게 일어나는 백화점의 정기세일은 소비자가 깊은 생각보다는 행동하게 만드는 특성이 있다. 특히 Hard-sell 광고의 경우 소비자가 이번이 마지막 기회라는 생각이 들면 들수록 행동하려는 경향이 강하게 된다. 따라서 너무 반복적인 Hard-sell 광고는 소비자가 더 이상 시급한 것으로 받아들일 필요가 없다는 지식을 갖게 만든다. 그 결과로 소비자의 반응이 현저히 줄어들게 된다.

Hard-sell 광고의 효과적인 측면은 소비자에게 지금 행동하지 않으면 혜택을 받을 수 없을 것이라는 심리적 상태를 일으킬 수 있다. 이것은 소비자가 지금 구매하지 않으면 손해를 보는 것과 같은 느낌이 들게 만들기도 한다. 이것은 Hard-sell 광고가 소비자에게 지금 행동함으로써 이득을 얻을 수 있다는 심리적 동기를 제공하기 때문에 가능한 것이다.

(2) Hard-sell 광고를 이용한 사례

일반적으로 hard-sell 광고는 소비자에게 시급함을 느끼게 만들고 지금 행동해야만 소비자에게 이득이 생길 것 같은 생각이 들게 만들어서 소비자가 광고 메시지에 나온 전화번호로 브랜드 관련 문의를 하거나 문의를 통해서 구매 행위까지 이어지는 것을 목표로 한다. 흔히 홈쇼핑 광고의 경우 제한적인 시간을 두고 30분 이내에 전화하면 하나를 보너스로 준다거나 1개월 할부 비용을 면제해 주는 등과 같은 소비자 혜

그림 9-11 알리익스프레스 Hard-sell 광고

택을 제공한다. 일반 TV 광고의 경우 특히 생명보험 중 연세 많으신 어른들을 대상으로 한 실버보험이나 암보험 등에서 Hard-sell 광고를 자주 접하게 된다. 라이나 생명의 실버보험은 81세가 아직 되지 않은 분들을 대상으로 과거병력에 상관없이 가입할 수 있음을 메시지로 던지면서 "바로 전화해 보세요"라는 메시지와 함께 광고 속의 전화번호로 소비자가 행동하게끔 하고 있다. 그러나 인터넷 쇼핑이 대중화되어감에 따라 Hard-sell을 이용한 광고의 혜택이 제한된 기간에만 가능하다고 보는 시각보다는 더 나은 혜택이 있을 수도 있다는 생각이 커지고 있는 것도 현실이다. 계속해서 증가하는 백화점의 할인판매 기간 또한 소비자가 시급하게 행동해야 한다는 심리를 축소시키고 있다. 따라서 Hard-sell을 이용한 광고의 경우는 소비자 인식뿐만 아니라 실제 브랜드의 혜택이 지금 아니면 만나기 어렵다는 신뢰가 형성되어야 그 효과가 더욱 커질 것이다.

3) 비교광고

(1) 비교광고란

비교광고도 또한 소비자를 이성적으로 설득하기 위한 것이 목적인 광고이다. 비교광고는 단순히 브랜드의 장점을 보여주는 데 그치지 않고 경쟁브랜드와 비교해서 상대적으로 더 뛰어나다는 점을 알리는 데 그 목적이 있다. 많은 국내외 광고주는 자사의 브랜드를 광고하기 위해서 경쟁브랜드를 직접적으로 또는 간접적으로 광고에서 언급해 왔다.

일반적으로 비교광고는 선두 브랜드보다는 후발 브랜드가 많이 사용하는데 비교

광고를 사용하는 후발 브랜드는 비교광고를 사용하지 않았을 때보다 소비자의 주의를 더 끌고 구매 의도에서도 광고주의 브랜드만 보여주는 광고보다 더 효과적인 것으로 알려져 있다. 반면에 선두 브랜드가 직접적으로 경쟁브랜드를 광고에 언급하는 것은 선두 브랜드에 대한 구매 의도에 크게 효과적이지 않은 것으로 알려져 있다. 앞서 USP 전략에서 소개되었던 딤채 광고의 경우는 선두 브랜드로서 경쟁브랜드를 직접적으로 언급하지 않고 경쟁브랜드의 김치냉장고를 "냉장고회사에서 만드는 김치냉장고"로 표현하면서 간접적으로 비교하는 광고캠페인을 했었다. 선두 브랜드가 직접적으로 경쟁브랜드를 언급했을 때 선두 브랜드가 입게 될 불이익은 우선 비교광고의 대상이 된 브랜드가 선두 브랜드와 경쟁하는 브랜드, 더 나아가서 같은 수준의 브랜드라는 인식을 소비자에게 심어줄 수 있다. 그런 이유로 시장의 선두 브랜드는 직접적으로 경쟁브랜드를 광고에서 언급하는 것을 회피한다고 볼 수 있다.

비교광고는 시장에서 아직 소비자들에게 많이 알려지지 않은 브랜드에 대한 브랜드 인지도를 올리는 데 도움을 줄 수 있다. 왜냐하면 비교광고에 등장하는 비교 대상 브랜드가 선두 브랜드일 가능성이 크고 일반적으로 소비자들은 선두 브랜드에 대한 인지가 잘 되어 있을 가능성이 높다. 선두 브랜드와 같이 소비자에게 보임으로써 소비자의 기억 속에서 선두 브랜드에 대한 회상이 일어났을 때 광고주의 브랜드에 관한 생각도 같이 기억 속에서 회상될 가능성이 크다.

그리고 비교광고는 부분적으로 소비자의 알 권리를 대변해 줄 수 있다. 비교광고가 아닌 상황에서 어떤 특정 제품의 특성이 소개될 때 소비자가 기존 제품군에 대한 충분한 지식이 없다면 광고에 소개된 브랜드가 품질 면에서 어떤 위치인지 알기가 어렵다. 부분적으로 비교광고는 소비자가 브랜드 간의 상대적 평가를 하는 데 도움을 줄 수 있다. 그러나 한 가지 주의해야 할 점은 누군가를 깎아내리고 자신이 우월하다고 얘기하는 사람에 대해서 긍정적인 느낌이 들기 어려운 것처럼 브랜드도 마찬가지로 경쟁브랜드를 깎아내려서 자신의 브랜드가 우월하다고 알리는 것이 때에 따라서는 광고주의 의도와는 반대의 결과를 초래할 수 있다. 실제로 몇몇 연구에서는 비교광고가 광고 메시지에 대한 신뢰도와 광고 태도에 있어서 비비교광고에 비해서 부정적인 영향을 미치는 것으로 나타났다. 비교광고는 비비교광고에 비해서 소비자에게 부정적인 생각을 하게 만들 가능성이 더 높은 것으로 알려져 있다. 그 결과로써 광고물 자체에 대한 태도에 있어서는 비교광고가 비비교광고보다 오히려 부정적인 태도를 형성하게 할 가능성이 크다고 한다.

비교광고를 할 때 사실에 근거해서 객관적으로 광고주의 브랜드가 경쟁브랜드에 비해서 우월하다는 방법이 구체적인 근거를 제시하지 않은 비교광고에 비해서 일반적으로 더 효과적이다.

마지막으로, 브랜드 인지도를 높이는 것이 목표일 때는 비비교광고에 비해서 비교광고가 효과적인 것으로 알려져 있다. 그러나 앞서 얘기한 것처럼 비교광고를 통해서 구체적인 사실에 근거해서 경쟁브랜드보다 우월하다는 것을 보여주지 못한다면 광고주의 브랜드에 대한 인식이 의도와는 달리 부정적으로 형성될 수 있다는 것을 생각해야 한다.

(2) 비교광고의 사례

개인주의적 성향이 강한 미국과 달리 집단주의 성향이 상대적으로 강한 한국에서는 직접적인 비교보다는 간접적인 비교를 선호하는 경향이 있다. 앞서 USP 전략에서 소개되었던 딤채 광고의 경우에서도 직접적으로 특정 경쟁브랜드를 언급하지 않고 다른 경쟁브랜드를 통틀어서 비교한 경우이다. 또한 칠성사이다가 콜라를 비교하는 광고에서도 코카콜라나 펩시콜라와 같은 특정 브랜드를 비교 대상으로 삼지 않고 콜라 색깔의 음료를 보여줌으로써 소비자에게 비교 대상이 콜라인 것을 보여주고 있다. 그리고 의류 브랜드인 LG패션의 헤지스가 빈폴과 폴로를 비교 대상으로 한 광고의 경우에서도 마찬가지로 직접적으로 경쟁브랜드를 언급하지 않고 빈폴과 폴로를 연상할 수 있는 자전거와 말을 등장시키는 정도의 비교광고를 보여주고 있다.

그리고 몇 년 전에 삼성전자는 냉장고 용량 비교광고에서 “타사 브랜드”라는 경쟁브랜드와 냉장고 용량을 비교하는 광고를 YouTube에 올렸다. 그러나 “타사 브랜드”로 지목된 브랜드가 LG전자의 디오스 냉장고인 것을 간접적으로 알 수 있었고 비교 방법에 대해 과학적이지 못하다는 LG의 입장이 받아들여져서 삼성전자 냉장고 비교광고 동영상이 삭제되기에 이르렀다. 더 나아가서 LG전자는 적극적으로 삼성전자의 냉장고 비교 동영상이 정직하지 못한 방법을 사용했다는 동영상을 제작해서 YouTube에 올려놓았다. 2013년 1월 15일에는 LG전자가 삼성전자를 상대로 100억 원대의 소송을 제기했다. 비교광고가 소비자의 선택에 중요한 정보를 제공할 수 있고 소비자의 시선을 끄는 장점이 있음에도 불구하고 국내에서 많은 비교광고가 없는 것은 첫째, 국내 소비자는 아시아권 문화의 집단주의적 성향과 여성주의 성향으로 인해서 다른 대상을 깎아내리는 방식으로 자신의 우월성을 보여주는 것에 긍정적인 반응보다 부정적인 반응을 할 가능성이 높기 때문이다. 또한 삼성전자와 LG전자의 경우처럼 광고주의 의도와는 달리 사회적 이슈로 번질 수 있고 법정 소송으로 이어지는 경우가 생길 수 있으므로 비교광고를 할 때는 무엇보다도 객관성을 유지할 필요가 있다. 광고주의 회사에서 제품 비교를 하는 것이 아닌 제3의 기관을 통해서 업계에서 받아들여지는 표준을 사용해서 비교하는 것이 법정 분쟁을 미리 예방하는 방법이 될 것이다.

[그림 9-12]의 LG그램 노트북 광고는 모 대학교 산업융합학부 학생들이 노트북 컴퓨터의 배터리를 드론을 구동하는 에너지로 사용하고 노트북을 드론에 싣고 일정한 거리를 비행하여 돌아오는 실험을 하는 영상을 보여준다. 광고에서는 LG그램 노트북 외에 몇몇 경쟁브랜드 모델들이 같이 비행하는 장면을 보여준다. 광고에 등장하는 경쟁브랜드는 직접적으로 브랜드명을 밝히는 대신 A사, B사와 같이 간접적으로 이름을 밝히는 형식을 따랐다. 비행의 결과에서는 오직 LG그램만이 정해진 비행을 완주하는 모습을 보여준다. 광고 메시지는 LG그램이 무게만 가벼운 것이 아니라 배터리 용량도 다른 경쟁브랜드보다 우수하다는 것을 비교광고와 실증형식으로 보여준다.

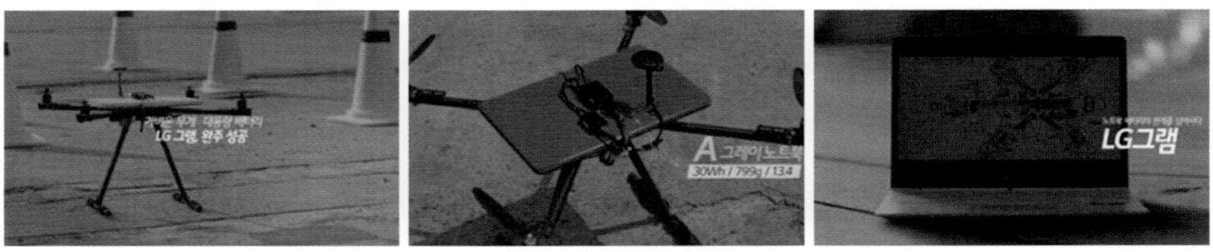

그림 9-12 LG그램 광고

4) 증언식 광고

(1) 증언식 광고(testimonials)란

증언식 광고는 유명인, 전문가, 일반인을 등장시켜서 광고에서 소개되는 브랜드를 옹호하는 자세를 취하는 광고로 단순히 정보를 전달하는 광고와는 차이가 있다. 가장 소비자의 눈에 띄는 형태의 증언식 광고는 유명인이 등장하는 광고일 것이다. 특히 한국과 일본은 미국과 달리 유명인을 등장시키는 광고가 많은데 유명인이 광고모델로 등장하는 이유는 무엇보다도 수없이 많은 광고의 홍수 속에서 소비자의 시선을 끄는 데 도움을 주기 때문이다. 또한 소비자는 그들이 좋아하는 유명인이 특정 브랜드의 모델로 등장할 경우 특정 유명인이 광고 속의 브랜드를 사용한다는 생각을 가지게 된다면 소비자들은 좋아하는 유명인의 행동을 따라 할 가능성이 있다.

특히 소비자들은 그들이 좋아하는 유명인이 특정 브랜드를 지속적으로 옹호하는 광고를 보게 된다면 유명인 모델에 대해서 갖고 있는 긍정적인 이미지가 브랜드로 전이되어 브랜드 이미지가 좋아지는 효과가 있을 수 있다. 소비자가 광고에 노출이 되었을 때 유명인의 좋은 이미지가 브랜드로 전이되기 위해서는 얕은 수준의 정보처리가 깊은 수준의 정보처리보다 오히려 더 효과적인 것으로 알려져 있다. 이것은 이론적으로 고전적 조건화와도 관련이 있는데 긍정적 자극인 좋아하는 유명인과 아직 태도가 형성되지 않은 브랜드가 지속적으로 연합해서 보이면 시간이 지난 후 유명인 없이 광고에서 소개된 브랜드에만 노출이 되더라도 긍정적 자극인 유명인에 관한 생각이 브랜드로 전이되는 것을 고전적 조건화의 광고에서의 적용이라고 할 수 있다. 고전적 조건화는 생리학에 그 바탕을 두고 있는데 러시아의 생리학자인 파블로브가 개에게 먹이를 줌과 동시에 종소리를 연합시켰는데, 어느 정도 반복한 후에 먹이를 주지 않고 종소리만 들려주었는데도 먹이를 줄 때와 같은 반응(침을 흘림)을 보여주었던 것이 대표적인 연구라고 볼 수 있다.

유명인 이외에 브랜드가 속한 제품군의 전문가가 등장하여 브랜드를 옹호하는 증언식 광고를 하는 경우도 종종 있다. 유명인 광고모델이 등장한 광고는 유명인의 인기에 힘입어 브랜드에 긍정적인 영향을 미치는 것을 목표로 하는 것인 반면에 전문가가 등장하여 브랜드를 옹호하는 광고는 우선 제품군에 대한 전문성을 인정받는 전문가가 옹호한다는 점에서 다른 유형의 증언식 광고에 비해서 광고에 대한 신뢰도가 높아질 가능성이 높다. 그리고 유명인이 광고 속 제품의 전문가인 경우가 있다. 예를 들어서 우리에게 잘 알려진 특정 운동선수가 운동 관련 브랜드를 옹호하는 경우가 이에 해당한다.

마지막으로, 일반인이 등장한 증언식 광고도 종종 보게 되는데 일반인 모델을 증언식 광고에 등장시키는 주요 이유는 잠재적 소비자가 자신과 비슷하다고 생각하는 일반인이 광고모델로 등장해서 브랜드를 옹호할 경우 소비자는 자신도 광고모델처럼 광고된 브랜드를 구매했을 때 만족할 것이라는 생각을 자연스럽게 할 가능성이 높기 때문이다. 특히 유명인 광고모델이 등장해서 특정 브랜드를 옹호할 때 소비자는 광고된 브랜드가 실제로 유명인이 사용할까 하는 의구심을 가질 수 있는데 이러한 의구심은 오히려 부정적인 영향을 브랜드에 미칠 수 있다. 따라서 일반인 광고모델을 증언식 광고모델로 사용했을 경우 광고 메시지를 좀 더 진실하게 받아들일 가능성이 높다고 하겠다.

증언식 광고는 단순히 정보를 제공하는 형태의 광고에 비해서 효과적일 수 있는 점이 있는데 첫째, 일반 대중에게 많이 알려진 유명인을 사용할 경우 브랜드에 대한 인지도 제고에 긍정적인 영향을 쉽게 미칠 수 있다. 둘째, 소비자와 유사한 일반인 광고모델이나 전문가의 증언식 광고는 광고 메시지에 대한 신뢰를 줄 수 있어서 소비자가 긍정적인 반응을 할 가능성이 높다. 그러나 유명인 광고모델의 경우 여러 브랜드에 동시에 광고모델로 활동하는 경우가 많아서 소비자가 유명인과 브랜드를 연결하지 못하는 경우가 발생할 가능성이 높다. 또한 광고의 주인공인 브랜드보다 유명인에게 주의가 집중되어서 브랜드를 광고하는 것이 아닌 유명인을 위한 광고가 될 가능성이 있다.

마지막으로, 유명인의 경우 스캔들의 발생으로 인한 부정적인 퍼블리시티의 표적이 되기도 하는데 이럴 경우 부정적 이미지가 브랜드에까지 안 좋은 영향을 미칠 가능성이 있다.

(2) 증언식 광고의 사례

유명인을 증언식 광고모델로 사용하는 광고는 너무나도 많이 있어서 오히려 유명인이 등장하지 않는 광고를 찾기가 오히려 더 어렵다. 유명인이 광고모델로 등장한 경우를 크게 제품군과 유명인의 이미지가 일치하는 정도를 가지고 분류할 수 있을 것이다. 특정 유명인의 직접적 또는 간접적 전문성과 연관이 있는 경우와 단순히 유명인이 가지고 있는 호감을 사용한 경우로 나누어 볼 수 있는데 유명인이 등장했던 드라마의 역할과 브랜드가 연결되어서 광고모델로 사용된 경우로 '커피프린스'라는 드라마에서 주인공으로 등장한 공유가 인스턴트커피인 '카누'의 모델이 된 경우가 한 예가 된다. '카누'는 기존 인스턴트커피의 편리함과 원두커피의 맛이라는 제품 콘셉트로 시장에 출시되면서 "세상에서 제일 작은 카페"라는 슬로건으로 소비자에게 다가가는 광고를 시작했다. 빠른 시간 내에 소비자에게 브랜드 인지도를 높이고 '카누' 브랜드의 이미지 제고를 위해서 '커피프린스'라는 드라마의 커피숍 사장으로 등장했던 공유를 광고모델로 등장시켜서 공유의 드라마 속 이미지를 '카누'에 전이시키고자 한 광고라고 할 수 있다.

반면에 소녀시대의 윤아가 광고모델로 나온 '아이더'의 등산용품 광고는 윤아가 아이더 용품을 사용해서 암벽등반 하는 모습을 보여주고 있다. '카누'의 경우는 공유의 이미지 중에서 '커피프린스'라는 커피숍 사장의 이미지를 사용해서 브랜드와 유명인의 연결고리를 만들었다면 '아이더'의 경우는 등산이나 암벽등반과는 관련성이 떨어지는 소녀시대 구성원 중 한 명인 윤아의 유명도와 호감도를 이용해서 '아이더' 브랜드를 광고하고 있는 점에서 차이가 있다고 하겠다.

그리고 의류 브랜드들은 유명인을 광고모델로 자주 사용해 오고 있는데 몇몇 유명인의 경우는 청바지 광고에서 특정 연도에는 A라는 청바지 브랜드의 광고모델로 나왔다가 몇 년 후에는 B라는 경쟁브랜드의 광고모델로 등장한 경우도 있었다. 윤리적인 문제는 언급하지 않더라도 소비자는 광고모델과 광고된 브랜드를 제대로 연결하게 하지 못할 가능성이 있다.

그림 9-13 LG생활건강 엘라스틴 광고

유명인 광고모델을 오랜 시간 지속적으로 사용해서 소비자가 유명인과 브랜드를 거의 동일 하는 수준까지 간 경우로 LG생활건강의 '엘라스틴'과 제일제당의 '다시다'를 들 수 있다. LG생활건강의 엘라스틴의 광고는 지난 2011년 11년간 엘라스틴의 광고모델을 한 전지현에 대한 감사를 전하는 광고를 제작하기도 하였다. 제일제당의 '다시다'는 인공조미료 시장에서 절대강자였던 '미원'의 벽을 넘을 수 없었던 제일제당이 천연 조미료라는 새로운 제품 콘셉트로 조미료 시장에 소개한 브랜드이다. 제일제당이 사용했던 슬로건은 "고향의 맛! 다시다"로 오랜 시간 같은 슬로건을 사용해서 소비자에게 일관적인 이미지를 심어왔다. 그리고 '다시다'의 광고는 1980년 이후 약 20년간 '다시다'의 광고모델로 등장한 유명인인 김혜자를 빼놓을 수 없을 것이다. "고향의 맛 다시다"는 농촌 생활을 배경으로 만들어진 〈전원일기〉라는 드라마의 '어머니'로 등장하는 김혜자의 드라마 속 이미지를 활용해서 지속적으로 '다시다'를 "고향의 맛! 다시다"로 인식하게끔 하였다. 여기서 주목할 점은 공유와 김혜자의 경우 실제로 커피숍의 사장이 아니고 시골 어머니가 아니지만 가상의 드라마 속 이미지와 브랜드의 콘셉트가 잘 어울리는 경우라고 볼 수 있다. 이러한 드라마 속 이미지는 실제가 아니지만 소비자에게 실제와 비슷한 느낌을 줄 수 있어서 유명인 사용으로 인한 효과인 주목도를 증가시키고 부분적으로 전문가를 사용한 증언식 광고의 장점인 신뢰성을 올릴 수 있다는 점에서 광고주들이 많이 사용하는 형태의 광고라고 볼 수 있다.

전문가를 사용한 광고로는 껌 광고에서 치과의사가 등장하든가 발효유(요구르트)에 노벨의학상 수상자가 등장해서 광고에 나온 브랜드를 옹호하는 메시지를 던질 때 소비자는 브랜드에 대해서 신뢰를 형성할 수 있다. 예를 들어, 노벨의학상을 수상한 의학 전문가가 우리가 먹는 음료나 음식과 관련된 특정 브랜드 광고에 등장해서 브랜드를 옹호하는 메시지를 던진다면 일반 소비자들은 유명인이나 일반인이 등장해서 브랜드를 옹호하는 경우보다 브랜드에 대해 신뢰를 할 가능성이 더 높을 것이다. 실제로 한국 야쿠르트에서 판매하고 있는 '윌'이라는 이름의 발효유(요구르트) 광고에서 노벨의학상 수상자인 베리마셜 박사가 등장하는데 광고에서는 헬리코박터라는 세균의 증식을 억제하는 것이 중요하다는 것과 함께 헬리코박터 프로젝트를 위해서 개발된 윌이라는 한국야쿠르트의 브랜드를 보여주면서 옹호하는 메시지를 전달한다. 의학이나 생물학에 대한 깊은 지식이 없는 소비자라면 헬리코박터라는 용어 자체도 생소하지만 베리마셜 박사가 주장하는 헬리코박터에 관한 이야기를 이해하기는 어려울 것이다. 그러나 전문가를 사용했을 때 광고에서 나온 브랜드는 전문가가 추천하는 브랜드로 우리 소비자에게 좋은 것일 거라는 생각을 할 가능성이 높다. 똑같은 브랜드를 2005년 당시 유명탤런트였던 유인촌이 등장해서 "저는 윌을 마십니다"라는 증언식 광고를 했는데 똑같은 브랜드라 할지라도 광고에 소개된 브랜드와 증언하는 사람에 대한 전문성에 있어서 차이가 날 수 있을 것이다. 다른 예로 가수 싸이가 농심 신라면 광고의 모델로 나와서 신라면을 즐겨 먹는다는 증언식 광고는 싸이의 유명도와 증언식 광고의 신뢰성이 합쳐져서 브랜드에 긍정적인 영향을 미칠 수 있을 것으로 보인다. 그리고 그림의 맥도날드 광고는 샤이니 '키'가 맥도날드의 더블 쿼터파운드 치즈버거를 가장 좋아하는 버거라고 증언하면서 더블 쿼터파운드 치즈버거를 먹기 시작한지 12년차가 되었다는 내용의 광고이다. 이것은 단순히 유명연예인이 광고모델로 나온 것을 넘어 실제 광고모델이 광고에 나온 브랜드를 소비하고 좋아한다는 것을 증언한다는 점에서 일반적인 유명인 광고와는 차별화된다.

그림 9-14 맥도날드 광고

일반인을 모델로 사용한 증언식 광고는 소비자로 하여금 동질감을 느낄 수 있는 모델을 사용했다는 점에서 소비자로 하여금 광고된 제품을 쉽게 받아들일 수 있게 만드는 경향이 있다. 광고 사례로는 도브의 크림 샴푸와 유한킴벌리의 화이트를 들 수 있는데 일반대학생을 등장시켜서 왜 도브의 크림 샴푸와 유한킴벌리의 화이트를 쓰는지 얘기를 하는 형태로 진행하고 있다. 유명인 모델을 등장시킨 경우와는 대조적으로 표적 소비자인 대학생 소비자들은 자신들과 비슷한 일반 대학생이 등장해서 그들이 브랜드를 사용하면서 경험했던 좋은 점을 얘기해 주기 때문에 소비자 자신이 사용했을 때도 비슷한 효과를 얻을 수 있다는 기대감과 신뢰를 할 수 있다. 또한 유명 연예인이 다수의 브랜드에 겹치기 출연으로 광고모델과 브랜드 간의 연결이 쉽지 않은 점을 생각해 볼 때 일반인을 사용한 증언식 광고가 광고모델과 표적 소비자의 동일시 효과와 신뢰 면에서 효과적으로 소비자에게 다가갈 수 있는 전략이라고 볼 수 있다.

5) 실증형 광고

(1) 실증형 광고(demonstration)란

실증형 광고는 단순한 정보제공이나 증언식 광고가 아닌 소비자의 눈으로 광고된 제품의 효과를 직접적으로 보게 하여 브랜드에 대한 효과를 간접적으로 경험하게 만드는 광고를 말한다. 실증형 광고는 소비자의 눈으로 직접 제품의 효과를 보기 때문에 브랜드의 효과를 소비자의 상상에 맡기는 다른 광고와는 달리 직접적으로 보여줌으로써 브랜드의 실용적 측면을 강조할 수 있다. 실증형 광고는 소비자로 하여금 특정 브랜드를 구매하는 것에 대한 논리적 근거를 제공해 준다.

그림 9-15 쌤소나이트 커브 광고

(2) 실증형 광고의 사례

실증형 광고는 기능적 측면이 중요한 제품군에서 특히 효과적으로 사용될 수 있는데 그 이유는 감성적 또는 상징적 측면이 중요한 제품군과는 달리 소비자가 실제로 제품의 기능적 효과를 눈으로 볼 수 있기 때문이다. 광고 사례로는 제품군의 구매에 있어 중요한 특성을 소비자에게 보여주어 소비자의 신뢰와 구매 의도를 높이는 경우들이 있는데 예를 들면 세탁세제의 경우에 있어서 소비자가 중요하게 생각하는 제품 혜택(benefit)은 무엇보다도 얼마나 깨끗하게 빨래가 되는지에 관한 것일 것이다. 이러한 경우에 단순히 소비자에게 우리 브랜드는 빨래가 잘 되는 특정 성분들이 들어 있습니다. 또는 유명 연예인이 나와서 이 제품으로 빨래를 해 봤더니 빨래가 잘된다는 식의 광고보다는 실제로 그 제품을 사용해서 빨래했을 때와 그렇지 않을 때의 차이를 보여줌으로써 소비자에게 세제의 특성을 쉽고 설득력 있게 전달할 수 있을 것이다. 옥시크린의 O2 액션 멀티의 경우가 이 경우에 해당하는 광고 사례라고 할 수 있다. 옥시크린 O2 액션 멀티의 광고에서는 옥시크린의 일반세제만 사용한 경우와 일반세제와 O2 액션 멀티를 함께 사용하였을 때 옷 색깔에서 후자의 경우가 훨씬 하얗게 세탁됨을 보여준다.

또한 가정용 청소기 중 최근에는 로봇 청소기라고 해서 소비자가 직접 청소할 필요 없이 자동으로 먼지를 청소하고 스스로 충전하는 청소기가 대중화되고 있다. LG

전자의 코드제로 M9 광고는 실제로 청소기가 어떻게 청소하는지를 보여줌으로써 소비자들이 구매했을 때 그들의 집에서 어떻게 사용될 수 있을지를 알게 해준다. 그리고 아우디 A6 광고는 37.5도의 경사가 있는 스키점프를 아우디 A6 자동차가 거슬러 올라가는 모습을 실증형식으로 보여주고 있다. 아우디의 4륜구동 콰트로의 성능을 보여주는 광고로 눈길에서 아우디가 안정적으로 운전이 가능하겠다는 것을 기대하게 만드는 광고이다. 눈으로 보여주고 소비자를 설득하는 것이 소비자 입장에서도 신뢰를 느낄 수 있을 것이다. 더 나아가서 실증형 광고는 소비자가 제품을 구매하게 될 때 어떤 기대를 할 수 있는지를 추상적인 방법이 아닌 구체적인 방법으로 보여주기 때문에 제품구매 후에 소비자들이 갖게 될 기대 불일치로 인한 소비자 불만족을 줄일 수 있을 것이다.

그림 9-16 Audi A6 광고(위)와 LG 코드제로 R9 광고(아래)

4 소비자 설득: 감성적 접근

소비자의 이성적 판단을 통해서 광고주 브랜드의 장점을 알리는 이성적소구광고뿐 아니라 소비자의 감성에 의존해서 소비자로 하여금 브랜드에 대한 긍정적인 이미지 연상을 목표로 하는 광고도 또한 현대광고에서 일반적인 광고 전략이라고 볼 수 있다. 특히 기술의 발전과 함께 브랜드 간의 질적 차이는 계속해서 줄어들고 있다. 한때는 TV 시장에서 절대적 왕좌의 자리에서 제품의 질로 다른 경쟁브랜드와 차별화를 이루어 왔던 SONY는 더 이상 예전의 영화를 누리고 있지 못하다. 오히려 국내외 TV 시장에서 국내 브랜드인 LG와 삼성의 TV가 SONY를 시장점유율에서 앞질렀다는 얘기는 언론을 통해서 심심치 않게 들려오는 얘기다. 특히 기술 집약적 산업인 전자산업조차도 제품의 질적 차이가 일반소비자가 구별하기 힘든 수준으로 오게 되었고 소비자가 눈으로 제품의 질적 차이를 구분하기 힘든 패션 액세서리 제품군 같은 경우는 오래전부터 이성적소구에 근거한 광고보다는 감성적소구를 많이 사용해 온 제품군이다.

1) 온정광고

(1) 온정광고(feel-good ads)란

온정(feel-good) 광고는 말 그대로 소비자로 하여금 광고를 통해서 즐거운 느낌이 들게 하고 이러한 즐거운 느낌이 광고된 브랜드로 연결되는 것을 목표로 하고 있다. 그러나 광고를 좋아하는 것과 광고된 브랜드를 좋아하는 것이 같은 것은 아니다. 얼마든지 광고를 좋아하지만, 광고된 브랜드를 좋아하지 않을 수 있다.

기존 연구에 따르면 광고를 좋아하는 것과 브랜드를 좋아하는 것의 관계가 생각처럼 단순하지는 않다. 광고를 좋아하는 것이 브랜드에 대한 긍정적인 태도로 연결되는 경우도 있지만 반대로 광고를 좋아함에도 불구하고 브랜드에 대한 태도는 긍정적으로 변하지 않는 경우도 많이 있다. 예를 들어, 누군가는 카스 맥주 광고를 좋아할 수 있다. 그러나 맥주를 마실 때는 카스 맥주 대신 경쟁브랜드의 맥주를 더 좋아할 수도 있다. 또는 진통제인 펜잘의 광고를 좋아하지 않을 수 있다. 그러나 머리가 아프면 다른 브랜드보다는 약국에서 또는 우리의 기억 속에서 자연스럽게 펜잘을 찾는 때도 있을 것이다. 그러나 광고를 좋아한다면 확률적으로 그렇지 않은 광고보다는 브랜드에 대해서 긍정적인 영향을 미칠 가능성이 커지는 것 또한 사실이다.

(2) 온정광고의 사례

온정광고는 광고를 보는 소비자로 하여금 따뜻한 느낌 또는 즐거운 느낌이 들게 만들어서 소비자에게 좋은 기분을 가져다준다. SK 기업 광고인 "당신이 행복입니다" 캠페인은 '아내', '남편', '친구', '어머니'편을 통해서 소비자에게 아내, 남편, 어머니, 친구가 우리의 행복임을 보여주는 메시지를 전달한다. 예를 들어, '남편' 편에서는 "시댁에 가면 어머니 편, 모임에선 친구 편, 야단칠 땐 애들 편, 늘 남의 편만 들어서 '남편'이라 부르나 봅니다, 마음만은 늘 내 편인 사람, 당신이 행복입니다"라는 메시지를 전달하면서 마지막에 "당신이 행복입니다 OK! SK"로 마무리하는 광고이다.

SK 기업 광고는 소비자가 이성적으로 정보를 처리해서 SK라는 기업의 장점을 비교 평가하는 광고가 아니라 단순히 잠재소비자인 아내, 남편, 친구, 어머니를 가진 사람들이 광고를 보고 공감하고 즐거운 또는 따뜻한 느낌이 들게 만들고 이러한 감정을 기업의 이미지와 연결하게 하는 광고이다. 만약에 소비자가 "그런데 남편, 아내, 친구, 어머니와 SK가 무슨 관계가 있어?"라는 생각을 한다면 SK 기업 광고의 효과는 반감될 것이다. 온정광고는 소비자가 이성적으로 정보 처리하기보다는 감성적으로 주어진 광고를 보고 기분 좋게 생각하고 이것이 브랜드와 같이 연상되는 것을 목표로 하는 광고이다. 따라서 소비자행동에서 다루어진 관여도의 개념을 다시 상기해 본다면 소비자의 관여도 수준이 그렇게 높지 않은 상황에서 온정광고의 효과가 높을 수 있다는 것을 추론해 볼 수 있다. 왜냐하면 소비자가 분석적으로 광고를 평가하지 않을 것이기 때문이다.

그림 9-17 SK 광고

이외에도 오랫동안 일반 소비자의 삶에 박카스가 함께 해 왔다는 박카스 광고캠페인이나 초코파이의 '정' 광고캠페인은 브랜드의 기능적 특성을 이성적으로 전달하기보다는 소비자의 감성을 자극해서 브랜드에 긍정적인 영향을 미치는 광고이다. 박카스의 60주년 광고캠페인은 남대문시장, 어시장, 대장간 편을 통해 "오랜 시간 지켜온 당신이 있기에 지금의 대한민국이 있습니다. 박카스 60년 앞으로도 함께 하겠습니다"라는 메시지를 전달하면서 온정이 느껴지게 만드는 광고캠페인을 하고 있다.

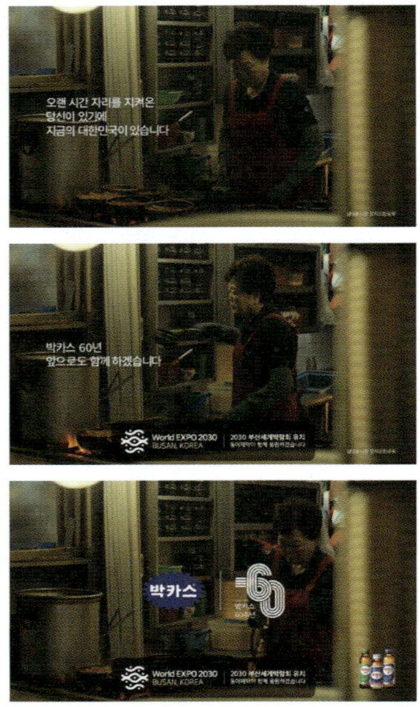

그림 9–18 박카스 60주년 광고

2) 유머광고

(1) 유머광고란

광고소구 방법으로 유머를 소재로 사용하는 광고캠페인은 이제 가장 흔한 방법의 하나가 되었다. Beard에 따르면 실제로 유머광고는 미국 광고의 20%를 차지한다고 한다. 국내 광고도 또한 유머광고가 전체광고에서 차지하는 비중이 상당히 높은 것은 국내 TV 광고를 잠시만 보더라도 알 수 있다. 유머광고가 효과적으로 소비자에게 영향을 미치기 위해서는 우선 유머광고가 어떤 경우에 효과적인지 그리고 어떨 때 효과가 작은지 알아볼 필요가 있다.

유머를 사용한 광고의 장점은 우선 소비자의 주의를 끄는 것과 광고에 대한 긍정적인 태도를 형성하는 데 도움을 주는 것이다. 소비자의 주의를 끈다는 것은 주의를 끌지 못하는 광고에 비해서 소비자에게 광고 메시지를 전달할 가능성을 그만큼 높이는 장점이 있다. 또한 유머광고는 긍정적인 느낌을 유발하기 때문에 소비자가 광고를 보는 동안에 부정적인 생각을 하는 것을 최소화할 수 있다. 이것은 공포소구광고처럼 소비자의 불안감을 자극하는 광고소구와 차이라고 볼 수 있다. 유머광고가 소비자의 주의를 끌어 수없이 많은 광고 중에 광고주의 브랜드를 인지하게끔 만드는 장점이 있지만 유머광고는 일반적으로 광고에 나온 브랜드에 대한 정보에 대해서 소비자가 주의를 기울이기보다는 광고 속의 유머에 주의를 기울여서 주객이 전도될 가능성이 높다.

더 나아가서 유머광고가 광고 자체에 대해서 긍정적인 태도를 형성하게 만드는 것에 대해서는 일관적으로 받아들여지는 현상이지만 광고의 주인공인 브랜드에 대한 긍정적인 태도를 형성하게 만드는 것에 있어서는 그 영향력이 상대적으로 약할 수 있다고 알려져 있다. 이것을 다시 설명하자면 소비자가 정말 좋아하는 광고가 반드시 긍정적인 브랜드 태도를 끌어내는 것은 아니라는 것이다. 우리는 일상생활 속에서 재미있는 광고에 노출이 되었을 것이다. 그리고 그중 몇 개의 유머광고는 우리가 매우 좋아하는 광고일 수 있다. 하지만 우리가 매우 좋아하는 광고 속의 브랜드를 좋아하는지를 물어보았을 때 거기에 대한 대답은 일관적이지 않을 수 있다.

아이센드(Eisend)가 기존의 유머광고 연구를 정리한 메타분석 연구에 따르면 첫째, 유머광고는 잠재소비자의 나이가 많아질수록 소비자가 광고를 좋아하는 정도와 반비례의 관계를 보인다고 한다. 이러한 결과에 대한 한 가지 이유는 유머광고를 보고 그것이 재미있다고 생각하기 위해서는 우선 소비자가 유머를 이해해야 하는데 나이가 들어감에 따라서 소비자의 유머에 대한 이해 수준이 떨어진다고 한다. 둘째, 유머광고는 인쇄매체 광고(잡지광고, 신문광고)보다는 TV 광고에서 더 큰 효과가 있을 수 있는데 그 이유는 TV라는 매체가 시각적인 측면과 아울러 청각적인 측면을 포함하고 있기 때문이다. 셋째, 유머광고는 제품군에 따라서 그 효과가 다르게 나타나는데 소비자가 이성적으로 받아들이는 제품군보다는 감성적으로 접근하는 제품군에서 유머광고의 효과가 더 높은 것으로 나타났다. 넷째, 유머광고가 소비자로 하여금 긍정적인 광고 태도를 형성시키지만, 그것이 꼭 긍정적인 브랜드 태도로 연결되는 것은 아니다. 그 이유는 유머광고가 긍정적인 요소를 포함하고 있으므로 소비자의 시선을 끌지만, 소비자의 시선은 유머 자체에 집중하게 되고 정작 광고의 주인공인 브랜드에 대한 정보처리를 방해할 가능성이 있기 때문이다. 따라서 유머광고를 통해서 형성되는 긍정적인 광고 태도가 긍정적인 브랜드 태도로 연결되기 위해서는 유머광고가 브랜드를 주인공으로 소구해야 할 필요가 있다. 마지막으로, 유머광고는 광고 메시지에 대한 신뢰도를 감소시키는 경향이 있다. 이것은 유머가 광고 메시지를 가볍게 다루고 있으므로 소비자가 광고에 대한 진실성의 측면에서는 긍정적인 영향을 덜 받는다고 볼 수 있다.

따라서 유머광고가 효과적이기 위해서는 우선 광고에서 사용된 유머가 브랜드와 강력한 연결고리를 가져야 한다. 유머와 광고 속의 브랜드가 강력한 연결고리를 만들지 못한다면 자칫 소비자에게 즐거움을 줄 수는 있지만 광고 본연의 목표인 소비자 설득에 있어서는 실패하는 광고를 만들게 될 수 있다. 또한 유머광고는 소비자의 깊은 정보처리를 방해하기 때문에 광고 메시지가 복잡할 경우 소비자는 메시지 정보를 이해하기 어려울 수 있다. 이것은 유머광고의 경우에는 특히 전달하고자 하는 메시지가 단순해야 함을 얘기해 준다. 마지막으로, 유머광고는 소비자로 하여금 쉽게 싫증을 느끼게 할 가능성이 높다. 아무리 재미있는 얘기도 여러 번 들으면 더 이상 재미가 있지 않게 된다. 따라서 유머를 광고 소재로 사용하면 지속해서 유머 소재를 개발해서 광고캠페인을 이어가야 하는 어려움이 뒤따른다.

(2) 유머광고의 사례

롯데칠성 핫식스의 2012년 광고캠페인인 "청춘 차렷"은 대학생 소비자들이 피곤할 때 또는 정신이 없을 때 경험할 수 있는 여러 가지 실수 장면을 재미있게 보여주고 있다. 핫식스의 광고는 단순히 소비자의 시선을 끄는데 만 멈추지 않고 핫식스라는 에너지 음료와 광고의 소재(실수 장면)가 자연스럽게 연결이 되어서 소비자가 광고를 통해서 즐거운 느낌이 듦과 동시에 표적 소비자인 대학생의 바쁜 일상에서 일어나는 실수가 핫식스라는 에너지 음료로 해소될 수 있음을 재미있게 표현한 광고라고 볼 수 있다. 또한 동아오츠카의 오로나민C 광고캠페인의 경우는 깨방정춤으로 유명한 전현무를 모델로 사용하여 오로나민C의 특성인 비타민C를 함유한 탄산음료인 것을 흥미롭게 표현한 광고라고 볼 수 있다. 그리고 최근 김남일을 모델로 한 오로나민C 광고는 오로나민C가 비타민C뿐 아니라 비타민 B군도 포함한 멀티비타민 음료라는 것을 강조하여 "스파클링 멀티비타민 오로나민C"를 강조하는 광고를 집행하였다. 이렇듯 유머광고는 소비자에게 브랜드의 혜택이나 장점을 돋보이게 만드는 수단으로 사용될 수 있다.

그림 9-19 오로나민C 광고

3) 성적소구광고

(1) 성적소구광고란

성적소구광고는 성적 매력이나 광고모델의 노출에 바탕을 둔 광고소구 방법을 말한다. 몇몇 연구자들은 적어도 미국에서는 성적소구광고가 가장 일반적이고 효과적인 광고소구 방법의 하나라고 하였다. 국내에서도 성적 매력이 높은 남녀모델을 등장시킨 광고가 많이 있는데 성적소구광고의 효과는 첫째 소비자의 주의를 끄는 것이다. 1960년대에는 성적소구광고가 그렇지 않은 광고에 비해서 소비자의 주의를 끄는 것뿐만 아니라 주의를 기울이는 시간에도 더 효과적이라고 본 견해가 있었다. 이러한 견해는 이성에게 끌리는 것이 인간의 내재적 본능이기 때문으로 보인다. 둘째로, 주의를 끄는 것에 멈추지 않고 몇몇 연구자는 성적소구광고가 광고, 브랜드, 그리고 브랜드 메시지에 대한 회상(recall)과 재인(recognition)에 있어서도 효과적이라고 주장해 왔다. 셋째, 성적소구광고는 생리적 각성, 흥분을 야기시켜서 광고에 나온 제품에 대한 열망이 형성되게 만들기도 한다.

그러나 성적소구광고가 항상 주의를 끄는 것이 아니고, 브랜드인지나 광고 메시지 회상에 도움을 주는 것은 아니다. 또한 성적소구가 항상 브랜드에 대한 긍정적인 태도나 열망을 만드는 것은 아니다. 그렇다면 성적소구광고에서 주의해야 할 점은 무엇인가? 첫째, 앞서 언급된 것처럼 성적소구광고는 소비자의 시선을 끌고 흥미를 자극하는 데는 효과적이다. 그러나 소비자의 시선이나 주의가 광고의 브랜드에 고정되는 것이 아닌 성적소구의 대상인 모델에 고정되어 소비자가 광고 속의 메시지 정보를 처리하고 기억 속에 저장하는 것을 방해할 가능성이 크다. 그 결과로써 성적소구광고가 소비자의 주의를 더 끌 수 있지만 반대로 광고 메시지에 대한 이해도에 있어서는 소비자 주의에 비해서 현저히 떨어질 가능성이 높다.

둘째, 소비자의 성별에 따라서 성적소구를 받아들이는 것에 차이가 있을 수 있다. 실제로 연구에서는 남녀가 성적소구 메시지에 다르게 반응하는 것을 보여주었다. 예를 들어서, 남자 소비자에게는 성적으로 매력적으로 보이는 여성 모델이 비키니를 입고 휴대폰 광고에 나왔을 때 긍정적인 생각이 들 수도 있겠지만 여성 소비자에게는 성적으로 매력적이라고 느껴지기보다는 여성의 상품화로 비쳐서 오히려 반감을 살 수도 있을 것이다. 셋째, 성적소구의 효과를 위해서 무엇보다 중요한 것은 성적소구 메시지와 광고된 제품의 관련성을 들 수 있다. 실제로 한 연구에 따르면 성적소구광고가 소비자로 하여금 브랜드 회상을 돕기 위해서는 제품군과 성적소구가 관련성이 높아야 함을 보여주었다.

그렇다면 어떤 제품군이 성적소구에 상대적으로 더 적합하고 부적합한지를 알아보도록 하자. 리치몬드와 하트맨에 따르면 성적소구광고 중에서 속옷 제품군의 경우는 광고모델이 제품을 착용한 것을 보여주기 위해서는 필연적으로 성적소구가 사용될 필요가 있고 이것은 제품군과 광고소구가 상당히 적합성이 높은 경우라고 하겠다. 이처럼 제품의 기능적인 측면을 보여주기 위해서 성적소구가 사용된 경우는 제품군과 성적소구 간에 관련성이 높다고 할 수 있다. 반면에 제품군과 성적소구 간의 관련성이 떨어지는 경우로는 성적소구가 단순히 소비자의 주의를 끌기 위해서 사용되었거나, 여성의 역할을 비하하는 장면을 사용한 경우, 또는 도덕적으로 모욕적인 상황이나 장면이 포함된 경우를 들 수 있다. 성적 비하나 도덕적 기준은 문화적으로 그리고 시대적으로 변해 왔기 때문에 시대 상황과 문화적인 이해를 바탕으로 접근할 필요가 있다. 성적소구와 제품군 간에 관련성이 떨어지는 경우는 소비자를 광고로 설득하기가 어려운데 그 이유는 소비자의 주의가 광고 메시지보다는 성적소구에 고정되어서 정작 전달하고자 하는 메시지에 대한 정보처리가 일어나지 않게 된다.

그림 9-20 빅토리아 시크릿 광고

종합해 보면 성적소구는 오랫동안 광고 메시지를 전달하는 수단으로 사용되어 왔다. 인간이 본능적으로 성적표현에 끌리는 점을 이용해서 광고주들은 그들의 브랜드를 알리는 수단으로 성적소구를 사용해 왔다. 성적 자극이 우리 소비자의 시선을 끈다는 것을 부인할 사람은 거의 없을 것이다. 그리고 다른 어떤 소구방법 보다 소비자의 시선을 끌 수도 있다. 그러나 성적소구의 효과에 대한 회의적인 시각도 존재하는데 그 이유는 소비자의 주목을 끄는데 긍정적인 역할을 하지만 성적소구는 광고의 주인공인 브랜드에 대한 주목보다는 성적표현 그 자체에 대한 주목도를 높여 광고를 본 소비자들이 무슨 브랜드의 광고인지를 놓치는 경우가 일어날 가능성이 높기 때문이다. 더 나아가서 성적소구를 사용하는 브랜드와 성적소구의 관련성이 약할 때는 오히려 소비자의 부정적인 인식을 유발할 수 있다. 일반적으로 성적소구는 광고의 대상이 되는 제품군이 성적 매력과 관련성이 있는 경우에 효과적으로 사용될 수 있는데, 예를 들어, 화장품, 샴푸, 속옷 광고의 경우는 아름다움이라는 편익 또는 브랜드 사용의 결과로써의 매력을 강조하기 위해서 성적소구를 사용하는 경우가 많이 있다.

(2) 성적소구광고 사례

유머광고에서 언급되었던 핫식스의 경우 2010년 출시 당시 핫식스의 "핫"을 강조하기 위해서 성적소구광고를 사용했다. 세 편의 성적소구광고(여자치마, 여자단추, 남자편)에서 핫식스 캔의 뚜껑을 따는 순간 에너지가 UP된다는 것을 간결하게 보여준 광고라고 볼 수 있다. 처음 출시되는 브랜드인 만큼 브랜드 인지도가 출시 초기 브랜드의 광고 목표라고 볼 수 있는데 핫식스의 2010년 광고캠페인은 소비자의 시선을 최대한 끌어서 핫식스라는 브랜드가 있고 그것이 '핫'하다는 메시지를 전달했다고 볼 수 있다. 또한 오뚜기 컵누들 광고캠페인의 경우는 컵누들의 칼로리가 단지 120칼로리밖에 되지 않는다는 것을 강조하기 위해 유명 여배우를 모델로 사용하여 각선미가 드러나는 모습을 보여주면서 "이 몸매 갖고 싶니? 오뚜기 컵 누들"이라는 메시지를 성적소구 형식으로 보여주었다.

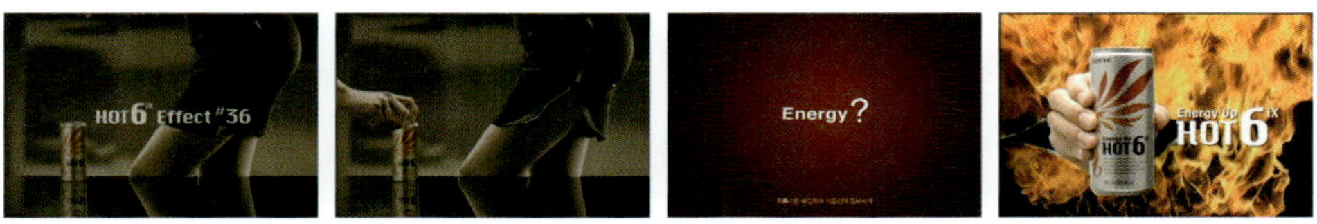

그림 9-21 핫식스 성적소구광고

그림 9-22 오뚜기 컵누들 광고

4) 공포소구광고

(1) 공포소구광고란

공포소구광고는 기본적으로 광고주의 브랜드를 사용하지 않음으로써 야기될 수 있는 신체적, 물질적 또는 정신적 손해나 위험 또는 부정적인 결과에 초점을 맞추어서 소구하는 광고를 말한다. 공포소구광고는 소비자에게 공포심을 유발하여 불안한 내적 긴장 상태를 가지게 해서 소비자 행동을 끌어내는 것을 목표로 한다. 공포 소구는 소비자들이 경험할 수 있는 잠재적 위협을 없애거나 줄이기 위해서 광고주의 브랜드를 구매하고자 하는 동기가 생길 수 있다는 논리에 바탕을 두고 있다. 그러나 공포소구광고에서 보이는 공포감이 너무 큰 경우는 오히려 광고효과를 반감시킬 수도 있다고 알려져 있다. 그 근거로는 공포감이 너무 강한 광고의 경우 소비자가 광고주의 정보에 주의를 기울여 처리하기보다는 광고 메시지 자체를 회피할 가능성이 크기 때문이다. 따라서 효과적인 공포소구광고는 소비자의 주의를 끄는 수준의 공포감을 유발하고 어떻게 광고주의 브랜드가 소비자가 경험할지 모를 부정적인 결과나 피해를 줄일 수 있을지를 명확하게 보여주는 광고이다.

구체적으로 얘기하자면, 공포소구광고가 효과적으로 소비자를 설득하기 위해서는 두 가지 조건이 충족될 필요가 있다. 첫째, 광고에 노출된 소비자가 광고에서 전달하는 메시지를 통해서 신체적, 물질적 또는 심리적 위협을 느껴야 한다. 소비자가 인지한 위협은 다시 두 개의 하위개념으로 나눌 수 있는데 첫 번째는 위협의 심각성에 대한 인식이고 두 번째는 위협이 소비자 자신에게 발생할 수 있다는 인식이다. 다시 말해서 공포소구광고를 보고 소비자는 광고 메시지를 통해서 위협이 심각하다고 인지하고 더 나아가서 광고에 노출된 소비자 자신이 광고 속 위협의 피해자가 될 수 있다는 인식이 높게 만들어질 필요가 있다. 만약 소비자가 광고 메시지의 위협이 자신과는 무관하거나 위협의 강도가 약하다고 느낀다면 광고주가 소비자를 설득할 가능성은 그만큼 줄어들게 된다. 둘째, 소비자가 공포소구광고를 통해서 위협을 느끼고 그러한 위협이 소비자 자신에게 발생할 가능성이 높다고 인지하게 되었다고 하더라도 광고 속의 브랜드를 구매함으로써 위협을 제거하거나 감소시킬 수 있다는 생각 또는 확신이 들지 않는다면 소비자 설득이 어려울 것이다. 세부적으로, 광고된 브랜드가 위협을 감소시키거나 제거할 수 있다는 것에 대해서 소비자가 얼마나 효과적이라고 인식하는지에 따라서 브랜드에 대한 태도, 구매 의도, 구매에 미치는 영향이 달라질 것이다.

따라서 공포소구광고는 소비자가 광고를 통해서 간접적으로 경험하는 공포심이 그들에게 일어날 수 있다는 공감이 우선 형성되어야 하고 더 나아가서 광고주의 브랜드가 소비자의 공포심을 제거하거나 줄여준다는 확신이 들 때 그 효과는 커질 것이다. 너무 많은 공포심을 유발하거나 공포심 유발 정도가 너무 낮은 경우는 소비자가 위협을 제거해야 한다는 동기가 발생하기 어려워서 그 효과가 반감될 가능성이 크다.

(2) 공포소구광고 사례

공포소구광고의 사례로 CESCO의 광고를 들 수 있다. 우리는 바퀴벌레와 같은 해충에 대해서 공포심을 가지고 있다. CESCO는 광고를 통해서 우리 눈에는 보이지 않지만, 가정이나 상가에서 살고 있는 바퀴벌레와 같은 해충을 사실적으로 보여주어 우리 소비자가 이런 상황을 피하고 싶은 심리를 가지게 만든다. 그리고 해충으로 인한 불결하고 피하고 싶은 상황이 CESCO라는 해결책을 통해서 감소하거나 없어질 수 있다는 것을 보여주고 있다. CESCO의 광고 사례는 단순히 소비자에게 공포심을 유발시키는 것에 그치지 않고 그에 대한 해결책으로 CESCO를 제시하고 있다. 반면에 몇몇 금연 광고의 효과에 대해서 부분적으로 가질 수 있는 회의적인 시각은 대부분의 금연 광고는 단순히 담배를 피우면 우리 몸에 안 좋은 결과가 초래될 것이고 심한 경우에는 사망에 이를 수 있다는 메시지를 전달한다. 일반적인 금연 광고와 CESCO의 해충박멸 광고캠페인의 가장 큰 차이는 광고를 통해서 생기는 내적 긴장상태(공포심)에 대한 해결책의 제시에 있다. 금연 광고의 경우는 담배를 피우는 사람들에게 담배를 피우게 되면 위험할 수 있다는 사실을 효과적으로 제시한다고 볼 수 있지만 과연 담배를 피우는 사람이 금연 광고를 보고 담배를 끊을지에 대한 부분에서는 의문이 드는 부분이 있다. 왜냐하면 "어떻게?"에 대한 부분에서는 대부분의 금연 광고는 해결책을 제시하지 않고 있다. "단순히 끊어라!"라는 메시지 이외의 금연의 방법에 대한 부분을 제시하지 않고 있다. 그러나 해충박멸 광고캠페인은 CESCO를 이용해서 해충을 박멸할 수 있음을 제시하고 있다.

그림 9-23 CESCO 광고(위)와 금연 캠페인 광고(아래)

5) 근심광고

(1) 근심광고란

근심(anxiety)은 공포만큼 내적 긴장 상태가 높은 경우는 아니지만 소비자의 마음을 불안하고 불편하게 만들고 경우에 따라서는 오랫동안 지속될 수 있다. 소비자들은 근심이나 걱정이 있을 경우 본능적으로 이것을 회피하고 싶어 한다. 종종 소비자들은 그들이 가지고 있는 걱정이나 근심을 해소할 수 있는 제품을 구매한다. 사람들은 불안하고 근심이 있을 때 먹거나, 담배를 피우거나, 운동을 하거나, 약을 복용하기도 한다. 광고주가 소비자의 근심이나 걱정을 상기시켜 광고하는 제품군으로는 구강청정제, 탈취제, 생명보험뿐만 아니라 자동차의 에어백, 피부노화 방지 관련 화장품 등 다양한 제품군에서 소비자가 생각하는 또는 생각하지 못했던 근심을 자극해서 광고한다. 근심을 자극하는 광고(anxiety ad)는 공포소구광고(fear appeal ad)에 비해 혐오감이 적어서 소비자가 광고에 노출이 된 후에 의식적으로 광고를 회피할 가능성이 상대적으로 적다.

소비자는 많은 것들에 대해서 근심한다. 광고주들은 이것을 이용해서 왜 소비자들이 근심을 느껴야 하고 광고주의 브랜드를 구매함으로써 근심을 감소시키거나 없앨 수 있다는 메시지를 전달한다. 예를 들어, 근심유발광고는 우리의 신체적인 위협이나 걱정(칼슘결핍, 건강)에 관한 것일 수도 있고 소비자에 대한 부정적 사회적 판단(예: 비듬)처럼 소비자 자신에 대해서 다른 사람에게 좋은 이미지를 보여주고 싶은 동기를 자극하는 광고도 있을 수 있다.

(2) 근심광고 사례

아마도 남성성인들 중 탈모로 인한 근심이 많은 소비자가 있을 것이다. 가발 전문 브랜드인 하이모는 광고에서 아버지가 가발을 쓰는 아들이 유전으로 대머리가 될 것을 걱정하는 모습을 보여주고 아버지처럼 하이모를 사용해서 대머리에 대한 근심을 줄일 수 있다는 메시지를 전달하고 있다. 또한 김하늘이 등장한 가그린 광고는 소개팅 중 화장실에 가게 된 김하늘이 좋은 인상을 주기 위해서 가그린을 사용하는 모습을 보여주면서 소비자가 느낄 수 있는 혹시 모를 입 냄새로 인한 가벼운 불안감을 가그린으로 없앨 수 있음을 보여주고 있다. 그리고 페브리즈 광고는 옷에 밴 냄새로 인한 약간의 불안감을 광고에 소개된 페브리즈 제품을 사용하여 없앨 수 있다는 것을 보여준다. 따라서 근심 광고는 공통으로 소비자가 불안 또는 근심할 수 있는 상황을 보여주고 소비자가 광고된 브랜드를 선택함으로써 그러한 불안을 없앨 수 있음을 강조하고 있다.

그림 9-24 페브리즈 광고

근심 광고는 일반적으로 널리 알려진 근심이나 불안에 대한 인식을 형성하고 소비자로 하여금 단순히 브랜드에 대한 태도에 머무르는 것이 아닌 소비자의 행동에 영향을 미칠 수 있다. 또한 광고된 브랜드는 해당 근심과 불안에 대한 해결책으로 인식될 수 있다. 그리고 소비자가 특정 근심에 대한 해결책으로 브랜드를 선택한 경우에 브랜드에 대한 애착을 형성시킬 수 있는 장점이 있다. 그러나 공포 소구와 마찬가지로 극단적으로 강한 불안을 초래하면 소비자의 의도적 회피가 일어날 수 있으므로 너무 높은 수준의 불안을 유발시키는 것은 좋지 않을 수 있다.

그리고 근심을 유발하는 광고가 광고된 브랜드와 강력하게 연결이 되지 않을 때는 제품군에 대한 수요를 증가시키고 실제 브랜드에 대한 수요는 상대적으로 줄어들 수 있다. 따라서 근심이나 불안을 유발하는 광고를 할 경우에 광고된 브랜드와 강력한 연상이 일어나는 광고를 할 필요가 있다.

6) 생활의 단면 광고

(1) 생활의 단면(slice of life) 광고란

Procter & Gamble(P&G)이 소개한 방법으로 일반적으로 두세 명의 등장인물들이 일상생활 속에서 대화를 하거나 생활의 모습을 보여주는 형식으로 소비자들이 경험할 수 있는 문제의 상황이 광고된 브랜드로 해결되는 것을 아주 짧은 드라마의 형식으로 보여주는 광고이다. 브랜드가 소비자에게 단순히 제품으로서만 인식되는 것이 아니라 소비자 삶 속의 생활의 단면을 보여주고 우리 소비자들이 공감하는 생활의 모습과 브랜드를 연합시켜서 브랜드에 사회적 의미를 부여받도록 하는 광고를 말한다. 광고에 등장하는 브랜드가 광고의 생활 속에 하나의 구성원으로 자리 잡으면서 단순히 브랜드만 보았을 때는 생각하지 못했던 브랜드의 사회적 의미를 만들어 가는 것이다.

(2) 생활의 단면 광고의 사례

일반적으로 소비자들이 이동통신사를 떠올리면 통화 음질, 요금, 서비스와 관련된 생각을 흔히 할 것이다. 생활의 단면 광고는 브랜드의 속성보다는 브랜드가 소비자의 삶 속에서 어떻게 사용되고 또는 사용될 수 있는지를 보여주어 브랜드 고유 특성 이상의 의미를 부여하고자 한다. 예를 들어, SK텔레콤의 2011년 광고는 수산시장 아주머니들이 SK텔레콤의 서비스를 이용해서 같이 음악도 듣고, 영화감상도 하면서 즐거운 시간을 보내고 있는 일상의 장면을 보여준다. 수산시장 아주머니들에게 SK텔레콤의 서비스는 단순히 전화 통화를 위한 것이 아닌 바쁜 수산시장의 생활 속에서 찾을 수 있는 작은 형태의 문화생활이라는 것을 강조하고 있다.

또 다른 SK텔레콤의 광고에서는 말을 못하는 아가씨가 시장에서 휴대폰의 문자 기능을 사용해서 사과를 사는 장면을 보여주고 있다. 휴대폰과 이동통신의 역할이 우리가 생각하지 못했던 작은 부분에서 따뜻함을 주는 도구로 사용되는 것을 생활의 단면 형태로 보여주는 광고라고 하겠다. 이러한 생활의 단면 광고는 앞서 얘기했던 온정광고와 비슷하지만 온정광고가 광고를 통해서 생겨나는 즐거움이나 따뜻함에 초점을 두고 있다면 생활의 단면 광고는 따뜻함이나 긍정적인 상황이 광고된 브랜드와 우리의 일상에서 함께 한다는 것을 보여준다는 점에서 차이가 있다.

마지막으로 [그림 9-25]의 광고는 "갤럭시 노트 10으로 뭘하고 싶으세요?"라는 메시지와 함께 갤럭시 노트 10으로 가능한 일상생활의 모습을 생활의 단면 형식으로 보여주는 광고이다. "S펜을 돌려서 한 명도 빠짐없이 찍고!"를 비롯한 갤럭시 노트 10과 함께하는 일상을 보여주는 광고이다.

그림 9-25 갤럭시 노트10 광고

마무리 사례

갤럭시 홍보대사 시켰더니 아이폰 사용 … 반복되는 마케팅 참사

삼성전자가 자사 스마트폰인 갤럭시의 홍보를 위해 수많은 유명 인플루언서를 광고 모델로 기용하지만 정작이들이 특정 이벤트 종료 후, 혹은 계약 기간 종료 후 아이폰을 사용하는 모습이 포착되면서 삼성전자 인플루언서 마케팅의 효과에 물음표가 켜졌다.

삼성전자가 지난달 17일(현지시간) 미국 캘리포니아 새너제이 SAP 센터에서 갤럭시 S24를 공개하는 '갤럭시언팩 2024'를 개최했다. 행사 도중 유명 트위치 스트리머이자 인플루언서인 포키메인(Pokimane)이 무대에 올라 갤럭시 S24의 장점을 소개했다. 포키메인은 "갤럭시 S24 울트라의 개선된 방열 시스템으로 게임에 더욱 몰입이 가능하다"며 최대 1.9배 커진 베이퍼 챔버로 인해 개선된 방열 효과를 칭찬했다.

포키메인은 2016년부터 인터넷 방송을 시작한 모로코계 캐나다인 게임 스트리머 겸 유튜버다. 주로 '리그 오브 레전드(LOL)'나 '포트나이트'를 즐겨 플레이한다. 현재 트위치 팔로워 934만명, 유튜브 구독자 660만명을 보유하고 있으며 2021년에는 포브스 선정 '30세 이하 인플루언서 30인' 명단에 올랐다.

문제는 행사 이후 발견됐다. 갤럭시 S24 언팩 행사 이후 포키메인은 개인 방송에서 아이폰을 사용했다. 삼성전자가 막대한 비용을 지불하고 연사로 초청했지만 실제 갤럭시 제품을 사용하는 유저는 아니었던 것이다.

이를 두고 온라인에서는 "삼성전자가 인플루언서들에게 투자하는 비용을 동영상의 품질이나 사진의 색상 개발에 쓴다면 얼마나 멋질까", "갤럭시 S24의 게임 성능을 발표하는데 칩셋, 게임 개발한다고 갈려나간 개발자들은 무시하고 아이폰 사용자를 데려와서 돈 주고 프리젠테이션 시켰다" 등 비판을 받았다.

삼성전자가 비싼 비용을 지불하고 인플루언서를 기용했다 낭패를 본 것은 이번만이 아니다. 과거 삼성전자 '갤럭시A80'의 광고 모델이었던 블랙핑크 멤버 지수와 제니도 계약기간 종료 후 아이폰을 사용하는 모습이 포착됐다.

갤럭시 간판 모델인 BTS도 2020년 아이폰을 사용한 트윗으로 구설수에 오른 바 있다. 당시 BTS는 갤럭시 S20플러스와 갤럭시버즈 플러스의 경우 'BTS 에디션'이 출시되기도 했기에 더 논란이 됐었다. 다만 현재는 BTS멤버들이 갤럭시 스마트폰을 사용하고 있는 것으로 알려졌다.

광고시장에 컴백해 다시 전성기의 인기를 구사하고 있는 이효리도 오랜 기간 삼성전자 '애니콜(Anycall)'의 광고 모델이었지만 이효리도 방송 프로그램에서 아이폰을 사용하는 장면이 포착됐다.

업계 일각에서는 삼성전자의 인플루언서 마케팅 이전에 삼성 스스로 애플 팬덤에서 벗어나야 한다고 지적한다. 한 업계 관계자는 "애플이 패키지에서 충전기를 제거하자 이를 비난했던 삼성전자가 후에 충전기를 제거했다. 애플이 아이폰 15 프로에서 티타늄 하우징을 적용하자 삼성전자도 갤럭시 S24 울트라에 티타늄을 적용했다. 이처럼 삼성전자는 애플에서 시도해 홍행한 것을 벤치마킹하는 경향이 강하다. 애플은 자발적 팬덤이 강하고 인플루언서일수록 아이폰 사용 비율이 높게 나타난다. 이런 현실을 직시하지 않은 채 억지로 갤럭시 홍보대사, 갤럭시 모델 계약을 맺어봤자 결국 이들은 계약 종료 후 아이폰으로 돌아갈 것"이라고 지적했다.

출처: 글로벌 이코노믹스 (2024. 02. 04.).

생각해 볼 문제

01. 최초상기(Top of Mind) 브랜드는 무엇이고 왜 최초상기 브랜드가 되는 것이 중요한가?

02. USP(Unique Selling Proposition) 전략은 무엇이고 SONY의 중간사례를 보고 USP전략의 장점과 단점에 대해서 논하시오.

03. 최초의 김치냉장고 브랜드인 딤채가 최초의 노트북 컴퓨터 브랜드인 도시바의 전철을 밟지 않기 위해서는 어떻게 해야 하는지 논의해 보시오.

04. 유명인 모델, 전문가 모델, 그리고 일반 모델을 사용한 광고의 장점과 단점이 무엇인지 말해 보시오.

05. 왜 많은 기업들은 이성적소구광고 외에 감정 소구형 광고를 사용하는가?

06. 공포 소구가 효과적이기 위한 조건은 무엇인지 예를 들어 설명해 보시오.

07. 유머광고는 현대광고의 많은 부분을 차지하고 있다. 그 이유는 무엇인가?

08. 성적소구광고가 소비자의 주목을 많이 끄는데도 불구하고 사용빈도는 높지 않은 편이다. 그 이유는 무엇인가?

09. 비교 광고에 있어서 한국과 미국의 소비자가 다르게 반응한다고 알려져 있다. 그 이유가 무엇인지를 문화적 관점에서 설명해 보시오.

10. 도입사례에서는 미국의 소비자들이 자동차 브랜드들에 대해서 갖고 있는 인식에 대해서 다루고 있다. 현대자동차 소나타 광고의 메시지 소구방식과 내용이 한국과 미국에서 어떻게 달라야 하는지 논의해 보시오.

참고문헌

1. 글로벌 이코노믹스 (2024). 갤럭시 홍보대사 시켰더니 아이폰 사용 … 반복되는 마케팅 참사. https://www.g-enews.com/ko-kr/news/article/news_all/2024020413481239183b60030fa2_1/article.html에서 인출.
2. Ad Age Advertising Century: Top 10 Slogans. retrieved from: http://adage.com/article/special-report-the-advertising-century/ad-age-advertising-century-top-10-slogans/140156
3. Clinton, A., Holmes, G., & Strutton, D. (2008). Exploring the Relationship between Celebrity Endorser Effects and Advertising Effectiveness: A Quantitative Synthesis of Effect Size. *International Journal of Advertising*, *27*(2), 209-234.
4. Bendinger, B. (2001). *Advertising & the Business of Brands*. Chicago, IL: The Copy Workshop.
5. Brown, S. P., Homer, P. M., & Inman, J. J. (1998). A Meta-Analysis of Relationships between Ad-Evoked Feelings and Advertising Responses. *Journal of Marketing Research*, *35*(1), 114-126.
6. Cronley, M. L., Kardes, F. R., Goddard, P., & Houghton, D. C. (1999). Endorsing Products for the Money: The Role of the Correspondence Bias in Celebrity Advertising. *Advances in Consumer Research*, *26*, 627-631.
7. Dillard, J. P., & Anderson, J. W. (2004). The Role of Fear in Persuasion. *Psychology & Marketing*, *21*(11), 909-926.
8. Eisend, M. (2009). A Meta-Analysis of Humor in Advertising. *Journal of Academy of Marketing Science*, *29*, 191-203.
9. Grewal, D., Kavanoor, S., Fern, E. F., Costley, C., & Barnes, J. (1997). Comparative versus Noncomparative Advertising: A Meta-Analysis. *Journal of Marketing*, *61*(October), 1-15.
10. Keller, K. L. (1993). Conceptualizing, measuring, and managing customer-based brand equity. *Journal of Marketing*, *57*(1), 1-22.
11. Kim, W., & Allen, M. (2000). A Meta-Analysis of Fear Appeals: Implications for Effective Public Health Campaigns. *Health Education & Behavior*, *27*(5), 591-615.
12. Louie, T. A., & Obermiller, C. (2002). Consumer Response to a Firm's Endorser (Dis)Association Decisions. *Journal of Advertising*, *31*(4), 41-52.
13. Liu, F., Hong, C., & Li, J. (2009). Consumer Responses to Sex Appeal Advertising: A Cross-cultural Study. *International Marketing Review*, *25*(4/5), 501-520.
14. O'Guinn, T. C., Allen, C. T., & Semenik, R. J. (2009). *Advertising and Integrated Brand Promotion*, 5th ed., Mason, Ohio: South-Western Cengage Learning.
15. Parante, D. E. (2006). *Advertising Campaign Strategy: A Guide to Marketing Communication Plans*, 4th ed., Mason, OH, Thomson South-Western.

참고문헌

16. Pechmann, C., & Esteban, G. (1994). Persuasion Processes Associated with Direct Comparative and Noncomparative Advertising and Implications for Advertising Effectiveness. *Journal of Consumer Psychology*, *2*(4), 403-432.
17. Richmond, D., & Hartman, T. P. (1982). Sex Appeal in Advertising. *Journal of Advertising Research*, *22*(5),53-61.
18. Silvera, D. H., & Austad, B. (2004). Factors Predicting the Effectiveness of Celebrity Endorsement Advertisement. *European Journal of Advertising*, *38*(11/12), 1509-1526.
19. Unnava, H. R., & Burnkrant, R. E. (1991). Effects of Repeating Varied Ad Executions on Brand Name Memory. *Journal of Marketing Research*, *18* (November), 406-416.

INTRODUCTION to ADVERTISING

매체기획 전략

10

CHAPTER

10

▶▶▶ CONTENTS

SUMMARY

매체기획은 광고 목표를 달성하기 위하여 제작된 광고물을 노출할 매체유형 및 지면과 노출시간대를 결정하는 데 필요한 의사결정과정과 결과를 포함한다. 이를 위해, 주어진 예산으로 여러 매체에 예산을 나누어 배분하는 미디어믹스를 전제로 하여 노출수, GRP, 도달률, 노출빈도 등 다양한 효과측정을 통해 매체별 노출효과를 산출한다. 또한 매체 간 비용의 효율성을 고려하기 위해 CPM, CPRP, CPC, CPA 등 다양한 계산 방식이 쓰이고 있다. 또한 캠페인 성과지표로 전환율, ROI, ROAS 등 다양한 지표들이 활용되고 있다. 특정 매체에 대한 노출량을 캠페인 기간 동안 어떻게 유지할지에 관한 매체 스케줄링은 보통 플로우차트로 나타내는데, 지속형, 집중형, 파동형 등으로 유형화된다.

TERMINOLOGY

미디어믹스, 노출수, 노출빈도, 도달률, 유효도달률, 유효노출빈도, CPM, CPRP, CPC, 전환율, ROAS, 매체 스케줄링

도입 사례

기아 자동차, 덴마크의 광고예산 재배정을 통한 도달률 증가 사례

광고주인 기아 자동차는 세계 5위의 자동차 제조사이다. 현재 기아자동차는 8개국 14개 제조 및 조립 공장에서 연간 140만 대 이상의 차량을 생산하고 있으며, 이들 차량은 172개국을 포괄하는 3,000개 이상의 유통업체 및 딜러 네트워크를 통해 판매 및 서비스 되고 있다.

▶ 문제

시청자가 점점 TV에서 디지털로 이동함에 따라 기아 덴마크는 자동차 회사가 광고 예산의 더 많은 부분을 디지털 TV와 YouTube에 할당하여 타깃 잠재고객에게 더 효율적으로 도달할 수 있는지 알아보고 싶었다.

▶ 해결책

이에 대한 답을 얻기 위해 기아 덴마크의 광고대행사인 Hilmar & Høgsberg와 AudienceProject는 디지털 TV와 YouTube에 대한 예산을 늘려 일련의 캠페인 효과를 측정하였다.

AudienceProject의 크로스 미디어 측정 솔루션을 사용하여 Kia 덴마크는 채널 전체의 총 도달률과 증분 도달률을 포함하여 캠페인 성과에 대한 포괄적인 이해를 얻을 수 있었다.

이를 통해 기아 덴마크는 각 채널이 전체 도달률에 어떻게 기여하는지에 대한 귀중한 통찰력을 얻었으며, 이를 통해 자동차 회사는 디지털 TV와 YouTube에서의 광고 노출빈도를 최적화함으로써 채널 전체의 총 노출빈도를 낮출 수 있었다.

▶ 결과

45%	56%	73%
첫 번째 캠페인으로 타깃 고객 순 도달 범위 증가	두 번째 캠페인으로 타깃 고객 순 도달 범위 증가	세 번째 캠페인으로 타깃 고객 순 도달 범위 증가

캠페인 측정 결과, 디지털 TV와 YouTube가 타깃 고객의 도달률에 크게 기여하는 것으로 나타났다.

기아 덴마크는 4개의 캠페인에서 디지털 TV와 YouTube에 대한 광고 예산을 늘렸지만 두 채널은 이 캠페인에서 전체 광고 예산의 약 30%만을 차지했다.

그러나 4개 캠페인에서 타깃 고객에 대한 순 도달률은 최대 73% 증가했다. 이는 디지털 TV와 You Tube의 광고 예산 증가가 기아 덴마크가 타깃 고객에게 더 효율적으로 도달하는 데 도움이 되었음을 확실히 보여주는 결과이다.

재분배된 광고 예산을 통해 타깃 고객에 대한 순 도달률을 높인 것 외에도, 기아 덴마크는 25~40세 사이에서도 훨씬 더 높은 도달률을 얻음으로써 타깃 고객을 위해 더 균형 잡힌 도달 률을 달성하였다. 기아 덴마크는 이 사례를 통해 앞으로 광고 예산을 보다 효율적으로 할당하는 방법에 대한 새로운 통찰력을 얻을 수 있었다.

출처: AudienceProject. https://www.audienceproject.com/cases/kia-denmark-extends-net-reach-in-target-audience-with-redistributed-ad-budget

10 CHAPTER 매체기획 전략

1 매체기획의 기본개념과 미디어믹스 전략

1) 매체기획의 기본개념

매체기획(media planning)이란 특정한 마케팅 목표(예: 매출액 측면) 아래 부여된 광고 목표(예: 브랜드인지도, 브랜드태도 등 광고효과 측면)를 성취하기 위해 광고시간과 광고지면을 어떻게 편성할지를 전략적으로 디자인하는 것을 말한다. 매체기획은 광고를 올바른 매체(right media)를 통해 올바른 시간(right time)에 올바른 소비자(right people)에게 노출하는 것을 목표로 하며, 특히, 한정된 예산으로 매체의 효율성을 높이기 위해 여러 매체에 예산을 나누어 집행하는 것을 미디어 믹스(media mix)라고 한다.

매체기획의 방향은 주어진 예산으로 최적의 효과를 거두기 위함이고, 이를 위해 특정한 기간 동안 어떤 매체에, 그리고 각 매체유형 안에서 어떤 특정한 프로그램이나 지면(예: 특정 신문, 잡지, TV 채널, 웹사이트 등)에 예산을 얼마만큼 지출할 것인지가 효율적으로 결정되어야만 한다.

매체기획을 하기 위해서는 기본적인 용어에 대한 이해가 필요한데, 먼저 매체는 소비자에게 노출하기 위해 제작된 광고를 실어나르는 채널을 뜻하여 크게 인쇄매체(예: 신문, 잡지 등), 방송(또는 전파) 매체(TV, 라디오 등), 온라인 매체(예: 인터넷, 모바일, 소셜미디어 등), 옥외 매체(예: 빌보드, 전광판, 지하철 등 교통수단 및 시설) 등으로 나뉜다. 매체 비히클(media vehicle)이란 각 매체안의 특정 프로그램이나 지면을 뜻한다. 구체적인 예로는 TV의 경우 특정 채널(예: 특정한 지상파, 종편 TV 채널 등) 안에서 특정 시간대(예: 오전, 오후, 저녁 등)의 특정 프로그램(예: 특정 채널의 저녁 7시 뉴스 등)을 뜻하고 신문의 경우 특정 신문의 특정한 지면(예: 경제, 정치, 스포츠면 등)을 지칭하는 용어로 이해할 수 있다. 특정한 매체와 매체 비히클이 정해지면, 광고를 구매/판매하기 위한 구체적인 지면이나 시간이 정해져야 하는데 이를 광고 단위(advertising unit)라 부른다. 광고 단위는 이외에도 광고의 포맷, 위치, 크기 등을 나타낸다. 온라인 배너광고를 예로 들면 광고 단위를 통해 집행할 배너의 형태와 크기가 정해지고(그림 참조), 동영상 프리롤(pre-roll) 광고의 경우 건너뛰기가 가능한지 아닌지, 동영상 시작 전이나 중간, 종료 후 등의 위치를 선택할 수 있다. TV의 경우, 방송프로그램의 전후에 들어가는 프로그램 광고의 길이가 보통 15초, 20초, 30초 등의 단위 중 선택이 가능하다. 이외에 프로그램의 안에서 제품을 노출시키는 방식의 간접광고(PPL)와 스포츠 중계 등에서 볼 수 있는 컴퓨터 그래픽으로 가상의 이미지를 삽입하는 형태의 가상광고 등이 있는데 이들 유형은 전체 프로그램의 5% 내에서 허용된다. 신문의 광고 단위는 지면의 높이를 뜻하는 단(1단=3.4cm)과 넓이를 뜻하는 칼럼(1칼럼=3cm)을 기준으로 정해지는데 예를 들면 아래의 그림과 같다.

매체기획을 큰 틀에서 보면 목표와 전략으로 구성되는데, 광고 목표와 광고전략의 하위요소로써 매체목표와 매체전략이 설정된다. 시장 상황분석을 통해 매출액과 같은 구체적인 마케팅 목표와 마케팅 전략(예: 시장세분화, 표적소비자 결정, 포지셔닝 결정 등)이 정해지고 이를 토대로 광고 목표(예: 광고인지도, 광고태도, 브랜드 태도 등)와 메시지 전략(예: 광고컨셉, 크리에이티브 등)이 정해지면, 매체를 통해 달성할 목표인 도

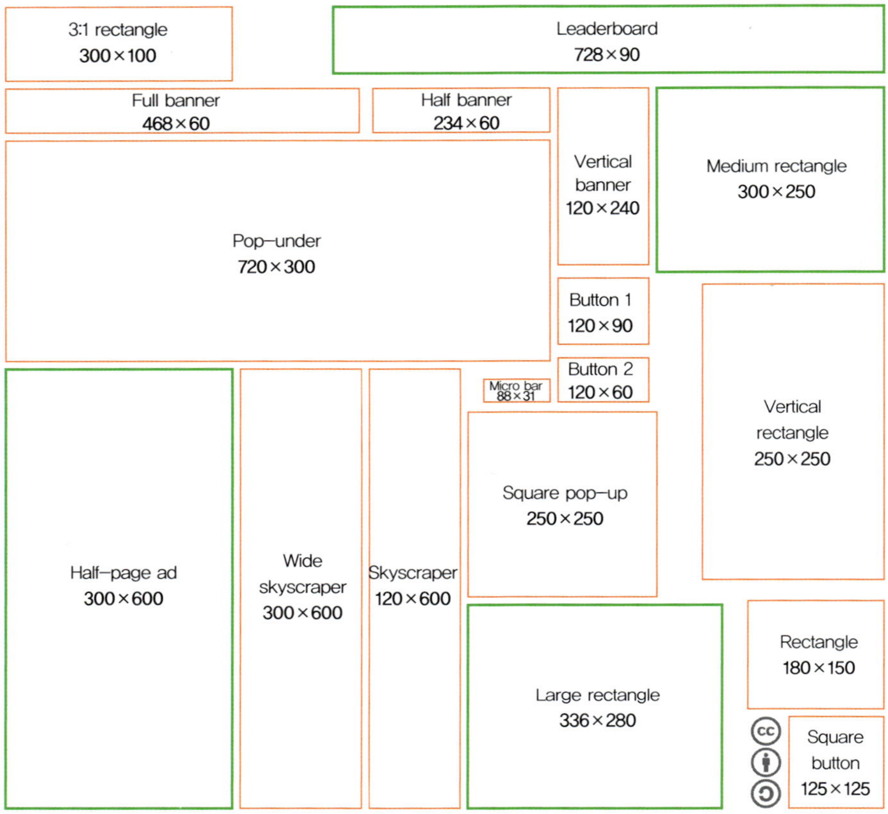

그림 10-1 온라인 배너광고의 광고 단위 예시

출처: https://www.ezoic.com/how-ad-sizes-affect-adsense-earnings

달률과 노출빈도가 정해진다. 노출률 관점에서 정해진 매체목표를 달성하기 위해 각 매체에 투입되는 예산은 특정한 표적소비자(예: 나이, 성별, 라이프스타일 등)를 목표로 하기 때문에, 각 예산지출에 앞서 효율적인 예산 집행을 위해 시장을 나누고 제대로 된 표적소비자를 설정하는 일이 선행되어야 한다.

매체전략의 출발점은 광고 목표를 성취할 수 있는 매체 목표를 계량적으로 결정하는 것이다. 즉 주어진 예산으로 어떠한 타깃을 대상으로 얼마나 많은 고객에게 광고를 노출할 것인가? 표적소비자에 대한 광고 노출량을 정하고 이러한 노출을 이룰 수 있는 매체와 매체 비히클을 선택하여 최적의 미디어 믹스를 구성하는 것이 매체 전략의 관건이라 할 수 있다.

그림 10-2 신문 광고의 광고 단위 예시

출처: http://www.toprankey.kr/new/sub01_01.html

2) 미디어 믹스전략

미디어믹스의 예를 들어 5억 원을 광고 캠페인 비용으로 사용한다 했을 때 전체 예산의 40%를 TV에, 30%는 신문, 나머지 30%를 온라인 매체에 사용한다고 하자. 이렇게 여러 매체에 예산을 나누어 지출하는 이유는, 표적소비자 A와 B가 있다 하고 이들의 특성상 세 가지 매체 중 어느 한 매체를 가장 선호한다고 했을 때, 특정소비자 A가 신문을 안보는 경우는 온라인 매체로 광고를 노출하고, 소비자 B가 신문을 안보는 경우는 TV나 온라인 매체로 광고메시지를 노출할 수 있기 때문이다. 이처럼, 주어진 매체를 통해 서로 다른 소비자 A와 B가 모두 적어도 한 번씩은 광고 메시지에 노출되도록 한다는 것이 '미디어 믹스'의 기본적인 논리이다.

미디어믹스는 하나의 매체로 노출 불가능한 사람들을 보다 다양한 매체를 통해서 접근할 수 있도록 하고, 보다 효율적인 예산집행으로 최적의 광고효과를 지향하며, 각 매체간의 상호작용을 통해 보다 높은 시너지를 일으킨다는 데 그 필요성과 장점이 있다. TV광고에서 인터넷 키워드를 보여주고 온라인으로 구체적인 제품 정보를 찾도록 유도한다거나 잡지광고나 옥외광고에 QR코드를 집어넣고 모바일로 구체적인 정보를 탐색하도록 하는 경우가 매체 간 상호작용을 이용한 기법이라 할 수 있다.

미디어믹스 전략을 제대로 구사하기 위해서는 무엇보다도 먼저 타깃과의 적합성을 고려하여 매체를 선정하여야 한다. 구체적으로는 주어진 예산안에서, 선택한 매체들이 매체기획에서 목표로 하는 도달률과 노출빈도를 달성하는 데 얼마나 효과적인지를 따져봐야 한다. 다음으로는 매체가 제작한 광고 크리에이티브를 잘 구현할 수 있는지 고려해야 한다. 예를 들어, 텍스트와 그래픽에 의존하는 인쇄매체는 음성과 움직이는 영상을 구현하는 방송매체나 온라인 동영상 매체에 비해 표현의 한계를 갖는다. 그리고 선택한 매체들 간의 시너지를 고려해야 한다. 예를 들어, TV 광고와 소셜미디어 인피드 광고, 옥외 광고를 가지고 미디어믹스를 실행할 때, 선택한 세 매체들이 상호보완적으로 부족한 부분을 메꿔주고 각 매체별 장점은 살려주는 방향으로 작용할지? 그리고 이러한 시너지효과를 극대화하는 매체별 예산 비중은 어떻게 배정할지 등이 미디어믹스에서 주로 결정할 요소가 될 것이다.

2 매체기획 목표와 기본단위

각 매체를 통해 표적 소비자에게 원하는 노출량만큼 광고메시지를 실어 나르기 위해서는 매체 목표를 정해 수치화하는 과정이 필요한데, 이는 도달률과 노출빈도, 총노출률 등의 개념으로 표현된다.

1) 노출수와 노출률, 총노출률

(1) 노출수의 개념

캠페인 기간 동안 광고메시지에 노출된 청중의 범위를 나타내는 단위가 있는데 이를 수치적으로 표현한 것이 노출수(impression)와 노출률(rating)이다.

노출수는 하나의 청중에게 가능한 광고메시지의 노출수(보다 정확하게는 실제로 일어난 노출수라기 보다는 노출가능성)를 뜻한다. 여기서 노출을 실제 노출을 의미한다기보다 노출될 가능성(oppourunity to see) 혹은 기회의 의미로 보고 계산상으로만 노출로 간주하는 이유는 광고주가 표적소비자의 구성원들이 실제로 매체에 노출되었는지 아닌지를 직접 측정하기 어렵고, 닐슨 등에서 발행하는 매체관련 데이터를 통해 표적소비자가 어떤 매체에 노출될 가능성이 있는지만 알 수 있기 때문이다.

미디어믹스 전략에 따라 광고를 집행한다면 사용된 매체별로 노출수가 산출되는데, 개별적인 노출수들이 합해진 것을 총노출수(gross impression)라 한다. 총노출수는 매체를 통해 노출 가능한 청중의 수에 캠페인 기간 동안 실제 집행될 광고의 횟수를 곱하여 얻어진 매체별 노출수를 합산하여 계산한다. 예를 들면 〈표 10-1〉과 같다.

표 10-1 총노출수의 계산

매체프로그램	노출수(impression)	광고게재횟수	총노출수(gross impression)
영화채널	6,000	5회	30,000
일간신문	15,000	2회	30,000
인터넷포털 사이트	10,000	25회	250,000
합계			310,000

〈표 10-1〉에서 보는 바와 같이, 전체 100,000명의 인구를 갖는 도시라고 가정했을 때 여기서 세 가지 매체를 믹스하여 얻을 수 있는 총노출수는 310,000으로, 이 도시에서는 평균적으로 한 개인이 광고 메시지에 적어도 3회 노출되는 것으로 해석된다.

(2) 노출률의 개념

노출수(impression)를 전체 시장의 청중대비 노출되는 사람이나 가구의 비중(%)으로 나타낸 것을 노출률(rating)이라 한다. 즉 '노출률'은 특정 광고가 특정 타깃에게 전달된 '노출수'를 퍼센트로 바꿔 놓은 개념이다.

노출률은, 다음에 나올 도달률과 대비되는 개념으로, 중복노출 여부에 상관없이 전체 가구나 개인 중 특정한 시간에 특정 매체 프로그램에 노출된 가구 또는 개인의 비율을 뜻한다. 노출률은 매체에 따라 다른 이름으로 불리기도 하는데, TV의 경우 시청률로, 신문이나 잡지 등 인쇄매체에서는 구독률(circulation)로 불린다.

예를 들어 한 TV 프로그램의 노출률(혹은 시청률)이 10이라면 TV를 소유한 전체 가구의 10%가 그 특정 프로그램을 보고 있다(또는 볼 가능성이 있다)는 뜻이다. 노출률이 높을수록 그 특정 매체 비히클에 대한 청중의 수가 많아지므로 광고의 노출기회도 커진다. 총노출수의 계산 방식과 마찬가지로, 광고가 여러 개의 매체를 이용하는 미디어 믹스를 했을 때 이때 미디어 믹스에 포함된 매체들의 각 노출률에 광고 게재 횟수를 곱하여 이를 모두 합한 것이 총노출률(gross rating points: GRPs)이 된다. 예를 들면 〈표 10-2〉와 같다.

표 10-2 총노출률의 계산

매체프로그램	노출률(Rating)	광고게재횟수	총노출률(GRPs)
영화채널	6%	5회	30
일간신문	15%	2회	30
인터넷포털 사이트	10%	25회	250
합계			310

위의 표에서 보는 바와 같이, 세 가지 매체를 통해 인구가 총 100,000명인 시장에서, 총노출률은 310 GRPs인데 이는 미디어 믹스를 통해 가능한 총노출수가 전체 시장의 310%에 이른다는 뜻이다. 앞선 〈표 10-1〉의 예에서 총노출수 310,000을 전체 시장인구 100,000으로 나누어 백분율을 구하면 총노출률 310 GRPs를 얻을 수 있다.

여기서 주의할 점은 주어진 시장에서 하나의 매체나 매체 비히클에 대한 노출률은 이미 정해져 있으므로 총노출률을 높이기 위해서는 각 매체별 광고게재횟수를 높이거나 추가적으로 다른 매체나 매체비히클을 더해 주는 두 가지 방법이 있는데 두 방법 모두 추가적인 비용을 수반한다는 점이다. 즉 광고 메시지의 노출률을 높인다는 말은 광고예산을 늘린다는 말과 크게 다르지 않다.

2) 도달률

도달률(Reach)은 전체가구나 사람들 중 일정시간동안 특정 매체프로그램(예: 특정한 신문이나 특정한 채널의 TV 프로그램 등)에 들어간 광고에 적어도 1회 이상 노출된 중복되지 않은(unduplicated audience) 표적소비자 혹은 서로 다른 사람의 비율을 뜻한다. 여기서 중복되지 않았다는 것은 동일한 사람이 TV, 신문, 인터넷을 통해 동일한 광고에 3회 노출되었다고 했을 때, 총노출수는 3회 이지만 도달률은 동일한 사람이므로 여러 번 노출되었어도 한번만 계산한다는 뜻이다. 따라서 미디어 믹스를 통해 메시지를 전달한다고 할 때, 매체수를 늘릴수록 한 사람이 여러 가지 매체에 동시에 노출될 가능성도 커지므로 중복 노출되는 소비자들로 인해 (중복 노출을 포함하지 않는) 도달률은 (중복노출 포함하는) 총노출률에 비해 더디게 증가할 것이다.

중간 사례

유튜브 · 인스타 광고, 얼마나 해야 할까

"광고 효과를 분석하고 여러 가지 광고효과 데이터와 소비자 데이터를 가지고 모델링을 하고 이를 통해 믹스 전략을 활용하게 된다."

여전히 막강한 미디어 영향력을 가진 TV 외에도 2030 세대가 주요 매체로 여기는 모바일에 따라 효율적인 광고 캠페인의 진행이 필요하다.

이를테면 중장년층은 TV를 더 많이 본다고 TV 광고만 집중할 수 없다. 또 2030 세대를 타깃으로 둔다고 디지털 광고만 바라볼 수 없다. 미디어 환경마다 광고효과의 차이가 매우 다르기 때문이다. 이에 각각의 미디어 환경에 따라 도달률 등의 광고 효과를 고려해 적절히 혼합해야 한다.

예컨대 전통적 매체인 TV는 단연 광고 도달률이 초기에 가장 높다. 하지만 최근 들어 10대와 20대 시청자의 이탈이 두드러지고 있다. 코로나 확산 시기에 TV 이용 시간이 늘었지만, 이를 역행하는 세대층이 발견됐다.

사실상 필수매체로 자리를 잡은 모바일에서도 연령에 따른 차이를 보인다. 네 명 중 세 명은 안드로이드 환경을 이용하는 가운데, 안드로이드 OS 이용자의 44% 가량이 50대 이상이다. 반면 iOS 이용률은 20%에 못 미치지만 20대와 30대가 전체 이용자의 63%에 달한다. 세대 별로 즐기는 모바일 엔터테인먼트 환경도 차이를 보인다. 전 연령대에서 유튜브가 가장 많이 이용하는 가운데 10대와 20대는 네이버웹툰 이용자 수가 두드러진다. 30대부터 50대까지는 넷플릭스 이용자가 많은 편이다.

이처럼 다양한 이용자 환경에 따라 어느 한 곳에만 캠페인을 진행하면 공백이 생긴다. 비용을 추가로 집행하더라도 광고효과를 얻는데 제한적일 수밖에 없는 이유다.

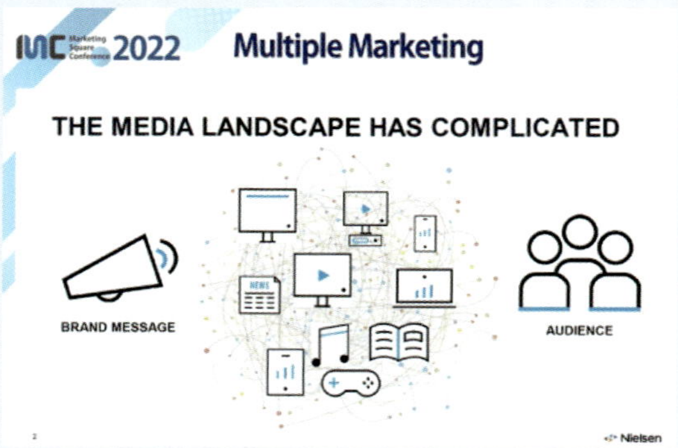

광고 캠페인 소재는 물론 집행 광고비 규모, 캠페인 진행 기간 등을 고려해 반복 노출은 줄이면서 도달률을 최대한 비용 효율적으로 높이는 방법을 위해 디지털 비중을 고려한 미디어믹스가 필요하다.

출처: 박수형 (2022. 05. 19.). Zdnet Korea. https://zdnet.co.kr/view/?no=20220518223747

3) 광고 노출빈도

노출빈도(frequency)란 주어진 캠페인기간 동안 광고가 매체를 통해 동일한 표적 소비자(특정 가구나 개인)에게 노출된 횟수를 뜻한다. 노출빈도는 매체나 매체비히클에 대한 반복노출에 기인하여 노출 강도(intensity)를 나타낸다고 할 수 있다.

실제로 사용되는 노출빈도는 평균 노출빈도(average frequency)를 의미한다. 평균 노출빈도는 개별적으로 각 매체 프로그램을 통해 표적 소비자(가구나 개인)에게 노출된 개별 노출 빈도를 합하여 평균을 낸 것이다.

예를 들어, 인구 100,000명인 시장에서 10,000명이 한 달 동안 특정 TV의 연속극을 보면서 2번의 광고노출기회를 갖고 다른 10,000명은 4회 노출기회를 갖는다고 할 때, 이 프로그램을 통한 평균노출빈도는 총노출수나 총노출률을 도달률(비중복노출수)로 나누어 구해진다. 여기서 총노출수는 중복노출수를 포함하므로 (10000×2)+(10000×4)=60000번이고, 도달수는 한 사람이 광고에 여러 번 노출되어도 1회만 계산에 포함시키므로 20000번이 된다.

따라서 광고노출빈도 계산 과정은 다음과 같이 얻어진다.

먼저, 총노출수로 계산하면,

$$\frac{(10{,}000\times2)+(10{,}000\times4)}{20{,}000}=3.0$$

회와 같이 구해지고 총노출률로 계산하면,

$$\frac{\left(\frac{10{,}000}{100{,}000}\times100\right)\times2+\left(\frac{10{,}000}{100{,}000}\times100\right)\times4}{\left(\frac{20{,}000}{100{,}000}\times100\right)}=\frac{20+40}{20}=3.0$$

이다. 즉, 두 방법으로 계산된 평균노출빈도는 동일한 결과를 얻는다.

이를 요약하여 삼자 간의 관계를 나타내면 도달률(reach)×평균노출빈도(frequency)=총노출률(GRPs)와 같이 공식이 성립된다. 이 공식은 중복노출을 제외한 도달률(순노출)에 광고가 반복적으로 노출된 개념으로 볼 수 있는 노출빈도를 곱하면 중복노출을 포함한 개념인 GRP와 같아진다는 의미이다.

위의 예에 이 공식을 적용하여 GRP를 구한다면 도달률은 전체시장 인구 대비 비중복노출비중을 뜻하므로 20((20,000/100,000)×100)이 되고 평균 노출빈도는 위에서 계산한 대로 3이므로 도달률에 평균노출빈도를 곱하면 20×3.0=60GRPs와 같이 계산된다.

GRP를 다시 총노출수(gross impression)로 바꾼다면 전체 시장인구가 100,000일 때, GRP가 이것의 60%라는 뜻이므로 총노출수는 60,000이 된다. 이와 같이, 전체 시장인구를 안다면 숫자를 뜻하는 '노출수'와 비율을 뜻하는 '노출률' 간의 전환이 얼마든지 가능하다.

이 공식을 이용하면 동일한 60GRP를 위해 다양한 도달률과 노출빈도 간의 조합이 가능한데 예를 들면 〈표 10-3〉과 같다.

표 10-3 광고노출 빈도 분포표(Frequency distribution table)

노출빈도	도달률
1	60
2	30
3	20
4	15
5	12
6	10
⋮	⋮

위의 〈표 10-3〉에서와 같이 동일한 GRP를 위해 다양한 노출빈도와 도달률 간의 조합이 가능하다. 또 노출빈도가 높을수록 도달률은 낮아지고, 도달률이 높을수록 노출빈도가 낮아지는 반비례 관계가 있음을 알 수 있다. 도달률과 노출빈도간의 관계

를 좌표평면상에 나타내고 그 점들을 선으로 이어보면 [그림 10-3]에서 보는 바와 같이 반비례 곡선으로 나타난다. 이것은 동일한 GRP라는 것이 동일한 예산 한도 안에서 노출빈도와 도달률을 조절한다는 뜻이기 특정 숫자로 GRP가 고정될 때, 노출빈도와 도달률의 움직임은 서로 반비례 관계를 그리게 된다. 이는 고정된 예산하에 GRP가 고정된 상황에서 노출빈도와 도달률을 동시에 증가시킬 수 없고 둘 중 하나를 증가시키면 다른 하나는 감소하는 관계이므로 캠페인의 최적의 효과를 위해 미디어 플래너는 이 둘 간의 절충점을 찾아야 함을 시사한다.

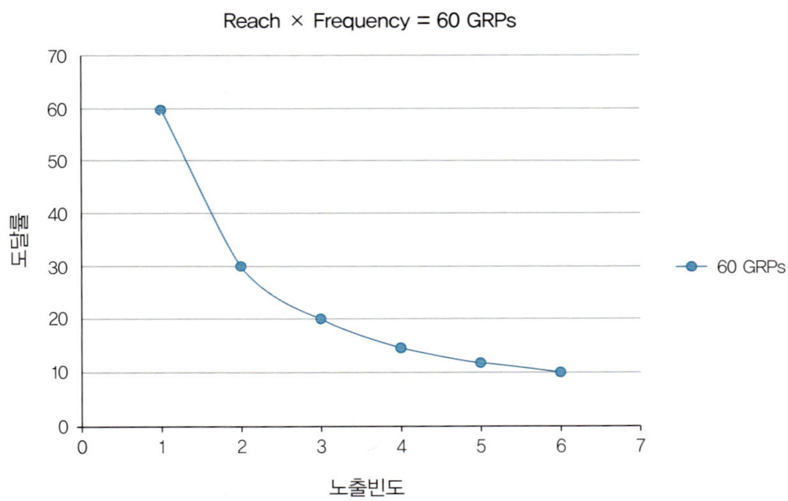

그림 10-3 노출빈도, 도달률, GRP 간의 관계

평균노출빈도를 계산하기 위해서는 매체를 통한 노출횟수 별로 노출되는 청중의 수나 그 퍼센트를 요약하여 나타낸 데이터가 필요한데 이를 빈도분포표라 하고 다음과 같이 나타낸다.

표 10-4 빈도분포표(frequency distribution)

빈도분포	퍼센트(전체시장 대비 청중비율)	누적 퍼센트
0	80%	100%(0회 혹은 그 이상)
1	0%	20%(1회 혹은 그 이상)
2	10%	20%(2회 혹은 그 이상)
3	0%	10%(3회 혹은 그 이상)
4	10%	10%(4회노출)

* 총도달률 = 20
평균 노출빈도 = 3.0
GRP = 60

4) 유효도달률과 유효노출빈도

도달률에서 한 가지 간과하고 있는 것은, 노출의 질적인 부분(특히 노출 강도 측면에서)을 놓치고 있다는 점이다. 예를 들어 1회 이상 노출된 사람들의 비율이 45%, 3회 이상 노출된 사람들 비율이 15%인데 3회 이상 노출이 요구되는 시장상황이라면, 15%가 광고효과를 유발하는 데 충분한 노출률로 봐야 할 것이다. 이처럼 메시지 노출의 질적인 측면까지 고려한 것이 유효도달률(effective reach)의 개념이다. 결국 광고효과를 위해 유효한 도달률의 수준은 광고를 몇 번 노출해야 그러한 효과가 유발되느냐에 근거한 유효노출빈도(effective frequency)에 의해 결정된다.

(1) 유효노출빈도의 개념

유효노출빈도는 광고효과를 유발하기 위해 요구되어지는 평균 노출횟수를 의미한다. 유효노출빈도가 있다는 말은 이론적으로 유효하지 않은 노출빈도도 가정하는 것으로 이 둘을 구분하는 것이 핵심적인 개념이다.

유효노출빈도의 의미를 이해하는 데 중요한 것은 소비자에게 메시지가 몇 번 반복 노출되어야 효과가 있는지에 대한 질문에 관하여 그 "효과가 있는 노출 횟수"가 몇

번이냐는 것이다. 아래의 반응곡선에서 보듯이 S-자형 곡선은 효과가 있기까지 넘어야 할 문턱(threshold)을 상정하고 있으며, 그 문턱을 넘지 못하면 효과가 없다고 본다. 반면에 볼록형 곡선은 그러한 문턱을 가정하지 않는데, 실제로는 광고노출 횟수에 대한 반응관계가 S자 곡선보다 볼록형 곡선처럼 나타나는 경우가 더 많아서 볼록형이 보다 잘 현실을 반영하는 것으로 알려져 있다.

이론적으로 노출빈도가 너무 적으면 광고효과가 없고 너무 많으면 예산낭비와 함께 과도한 노출로 소비자에게 지겨움과 짜증감을 일으키게 된다. 그러므로 그 사이에서 적절한 노출빈도를 결정해야 한다. 현실적으로 유효노출빈도 수는 1에서 9까지 발생할 수 있다. 통상적으로 4주 동안을 기준으로 캠페인을 펼칠 때, 3회 미만의 노출빈도는 효과가 없고 10회 이상은 지겨움을 유발한다면, 매체기획자는 3~10회 사이의 노출빈도 중 시장상황과 매체목표를 고려하여 적절한 빈도수를 선택해야 할 것이다. 여기서 말하는 시장상황이란 시장에서 제품이 상위권 브랜드인지, 제품수명주기 상으로 도입기의 신제품인지, 경쟁이 치열한 성숙기 시장인지, 타깃의 범위가 넓은지 좁은지 등의 요소들을 포함하며, 브랜드 인지도가 낮거나, 도입기나 경쟁이 치열한 성숙기 제품인 경우 더 많은 노출빈도를 필요로 한다.

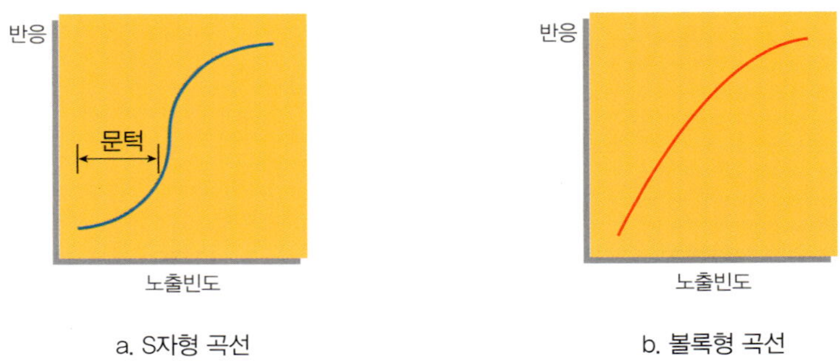

그림 10-4 광고 반응곡선

(2) 유효도달률의 개념

유효도달률은 각 유효빈도수에서 노출되는 매체사용자(순노출 기준)의 비율이다.

만약에 총 7회 반복노출이 가능한 매체 계획에서 유효빈도가 2~7회 반복노출이라 한다면, 유효도달률은 1회 노출횟수를 제외하고, 나머지의 각 노출수에 대응한 도달률의 합이 될 것이다.

예를 들어, 〈표 10-5〉의 왼편을 보면 1회부터 8회이상 까지의 노출수와 각 노출수에 대응되는 도달률이 나타나 있고 오른편에는 유효노출빈도와 그에 따른 유효도달률을 나타내고 있다. 여기서 유효빈도가 3회 이상이라고 한다면 빈도분포표에서 3~8회 이상의 빈도수에 대응되는 도달률을 모두 합한 값(30.4%)이 유효도달률이 될 것이다. 이 결과는 모든 빈도별 도달률을 합한 값(64.9%)에서 유효하지 않은 노출빈도수준의(1회와 2회) 도달률(20.6% + 13.9%)을 제외한 값과 같다(64.9% - 34.5% = 30.4%).

표 10-5 빈도분포표: 유효빈도와 유효도달률

노출빈도	각 빈도별 도달률	유효노출빈도	제외되는 빈도	유효도달률
1	20.6	1+		64.9
2	13.9	2+	1	44.3
3	9.7	3+	1~2	30.4
4	6.8	4+	1~3	20.7
5	4.7	5+	1~4	13.9
6	3.3	6+	1~5	9.2
7	2.3	7+	1~6	5.9
8+	3.6	8+	1~7	3.6
TOTAL	64.9			
평균 노출빈도	3.1			

3 광고매체의 비용효율성

1) CPM(cost per thousand)

매체기획자는 매체 계획을 세울 때 각 매체에 투입되는 예산이 그 효과대비 비싼지 혹은 저렴한지 등을 분석할 필요가 있다. 이러한 목적으로 가격의 효율성을 분석하는 몇 가지 단위가 있는데 그중 가장 기본적이고 가장 많이 쓰이는 것이 CPM(cost per thousand: 천 명 혹은 천 회당 노출비용)이다. 그 계산 방식은

(광고비용/매체접촉자 수) × 1000 = CPM과 같이 구해진다.

예를 들면 독자가 500,000명인 잡지에 300만 원짜리 전면광고를 싣는 경우와 시청자수가 800만 명인 TV 프로그램에 1000만 원에 광고를 한다 했을때 어떤게 더 비용적인 면에서 효율적인가? CPM을 구해보면 잡지광고는 (3,000,000/500,000)×1000=6000CPM이므로 천 명당 6,000원을 지급하고 있다는 말이고 TV광고는 (10,000,000/8,000,000)×1000=1250CPM이어서 천 명당 1,250원을 지출하게 된다. 따라서 천 명당 노출비용으로 봤을 때, TV광고가 잡지광고 보다 훨씬 저렴하다.

만약, 위의 두 매체를 믹스하면 평균 CPM은 어떻게 구할 것인가? 그것은 먼저 비용과 접촉자수를 더한 후 원래 공식을 따르면 된다. 즉 (13,000,000/8,500,000)×1000=1,529.4원이 두 매체를 합한 평균 CPM으로 구해진다. 각 매체별 CPM을 더하여 평균을 내는 것이 아님을 기억하자.

주의할 점은, 매체의 비용효율성은 동일한 타깃 그룹을 대상으로 비교되어야 한다는 점이다. 예를 들어, 두 개의 프로그램 간 비용효율성을 비교한다면 프로그램 A의 CPM이 여성 18~34세에 대한 것일 때, 프로그램 B의 CPM도 여성 18~34세를 대상으로 계산된 것을 서로 비교해야지 남성이나 다른 연령층을 대상으로 계산한 것과 비교하는 것은 의미 없는 일이 될 것이다.

CPM은 또한 타깃의 범위와 매체별 특성에 따라 영향받는 점도 기억할 필요가 있다. 예를 들어, 타깃의 범위가 너무 좁게 설정될 경우, 이들에 도달하는 비용은 증가하게 마련이다. 하지만 매체별 특성에 따라 이러한 비용적 측면이 상쇄될 수 있다. 예를 들어, 지상파 TV와 케이블 TV를 비교하면, 지상파 TV는 채널별 프로그램 장르가 세분화되지 않은 특성으로 인해 넓은 타깃(예: 40대 이상 소비자)을 대상으로 이점을 갖고, 타깃 범위가 넓을수록 노출 단위당 매체 노출비용이 줄어드는 반면, 케이블 TV는 채널별로 특성이 차별화되고 세분화 되어(예: 영화채널, 뉴스채널, 스포츠 채널 등), 타깃범위가 좁을 때(예: 다이어트에 관심 많은 20대 직장여성) 이점을 갖고 매체비용이 줄어드는 경향을 갖는다. 이처럼 타깃의 범위에 따른 이점은 다른 유형의 매체에서도 비슷하게 나타난다. 예를 들면, 신문은 지상파 TV처럼 넓은 타깃을 지향하며, 채널별로 프로그램이 세분화된 라디오나 잡지, 온라인 매체의 경우는 케이블 TV와 같이 좁은 타깃에 대한 이점을 공유한다. 따라서 이러한 매체 특성과 반대되는 방향으로, 잘못된 타게팅을 한다면(예: 지상파 TV로 세분화된 넓은 타깃을 지향하거나 온라인 매체로 넓은 타깃을 지향할 때) 단위 당 매체 비용이 상승하는 결과로 나타날 것이다.

표 10-6 타깃 범위에 따른 매체 CPM의 효율성

타깃	TV	케이블	라디오	신문	잡지	옥외매체	온라인
넓은 타깃	*****	**	*	*****	*****	*****	*
↑	****	**	**	****	****	****	**
↕	***	***	***	***	***	***	***
↓	**	****	****	**	****	**	****
좁은 타깃	*	*****	*****	*	*****	*	*****

* CPM 척도: ***** 매우 효율적인, * 효율적이지 않은

출처: Kelly, Jugenheimer, & Sheehan (2015).

2) CPRP(cost per rating point)

CPRP는 1 노출률(rating point)를 구매하는 데 드는 비용을 뜻한다. CPRP는 CPM

과 계산식은 다르지만, 계산방법이 유사하고 서로 연관되어 있지만 특히 방송매체의 비용비교에 주로 쓰인다. CPRP는 광고단위별 비용(예: TV의 30초, 15초 광고 등)을 프로그램 노출률(rating)으로 나누어 계산된다. 즉, CPM과 달리 CPP는 분모가 퍼센트 개념임을 알 수 있다.

예를 들면, 시청률이 20%인 드라마C에 가격이 1,000만 원인 30초 광고를 노출하는 경우와 시청률이 15%인 드라마 D에 가격이 650만 원인 30초 광고를 노출하는 경우를 비교한다고 했을 때 드라마 C의 CPRP는 10,000,000/20 rating=500,000원이고 드라마 D의 CPRP는 6,500,000/15=433,333.3원이므로 드라마 D에 광고를 노출하는 게 더 저렴함을 알 수 있다.

CPM과 CPRP 모두 비용개념이므로, 그 수치가 낮을수록 광고비용이 저렴하다는 의미이다. 하지만 비용의 효율성은 단순히 가격의 높고 낮음 뿐 아니라 매체 비히클과 브랜드 특성 및 광고와의 적합성, 프로그램의 타깃 점유율 등 다양한 시장요인들을 함께 고려하는 것이 더 현실적이라 할 것이다.

3) CPC(cost per click)와 CPA(cost per action)

인터넷, 모바일, 소셜미디어 등 상호작용성(interactivity)을 겸비한 새로운 매체가 나오면서 기존의 CPM, CPP처럼 단순 노출 개념에 기반하여 매체 비용을 산출하는 것은 새로운 매체가 유발하는 광고효과의 행동적 측면(예: 웹사이트에서 사용자의 클릭이나 구매행위)을 제대로 반영하지 못하는 문제점이 있었다. 이에 사용자가 광고에 쌍방향적으로 반응할 수 있는 매체의 상호작용성을 반영하여 CPC와 CPA 개념이 등장하였다. 이들은 실제로 사용자의 행동(예: 클릭, 웹사이트 방문, 웹사이트에 등록, 구매 등)을 반영한다하여 붙여진 이름이다.

이와는 달리 광고가 노출되는 기간을 기준으로 책정하는 CPT(cost per time) 방식은 광고가 노출되는 기간을 기준으로 책정하는 방식으로 해당기간 동안 얼마나 많은 노출이 이뤄지는가를 기준으로 비용을 산출하기 때문에 CPM과 유사한 측면이 있다.

CPC는 1회 클릭당 요금을 말하는 것으로 웹사이트에 게시된 배너광고나 검색엔진 광고, 소셜미디어 광고 등에 대한 비용을 결정하는 방식으로 두루 쓰인다. CPC와 혼용하여 PPC(pay per click)도 자주 쓰이는데, CPC가 클릭당 지불해야할 요금을 뜻한다면, PPC는 광고주가 클릭당 수수료를 지불하는 지불방식을 의미한다. 이 지불방식에 의하면 광고에 대한 클릭수에 따라 비용이 결정되므로 클릭수가 많으면 광고비가 올라가고 클릭수가 적은만큼 광고비도 낮아진다.

예 한 웹사이트에 배너광고를 게재할 때 CPC가 클릭 당 10센트라고 할 때, 배너광고가 1,000회의 클릭을 받았다면 광고주가 웹사이트에 지불하는 비용은 100달러(0.1달러× 1,000회)가 될 것이다.

CPC에서 광고의 클릭수행능력을 나타내는 개념으로 CTR이 있다. CTR은 노출대비 클릭률(click-through rate)의 약자로 광고에 대한 노출수 대비 몇 번의 클릭이 이뤄졌는지를 나타내는 단위이다. 다시 말해, 광고를 본 사람 중 몇 명이 실제로 광고를 클릭했는지를 나타낸다. CTR은 %로 나타내며 클릭수를 노출수(impression)로 나눈 뒤 100을 곱하여 얻어진다. CTR이 높을수록 광고가 효과적으로 소비자로부터 클릭행동을 이끌어낸다는 말이 된다.

예 배너광고의 노출수가 1,000회이고 그중 클릭이 15회 일어났다면 CTR은 1.5%가 될 것이다 {(15/1,000)×100}.

CPP는 구매 1건당 요금을 뜻하며 소비자가 게시된 배너광고를 클릭하여 인터넷 쇼핑몰로 이동했을 때 일어나는 구매횟수에 기반하여 비용을 산정하는 방식이다. 따라서 단순한 클릭행위는 비용에 반영되지 않고 실제 구매가 일어났을 때만을 고려하여 비용에 포함시키는 계산 방식이다. 이와는 덜 보수적으로 실제 구매보다 구매에 가까운 행동(예: 무료샘플을 받기 위해 사이트에 등록)도 CPP에 포함시키기도 한다.

4 광고 캠페인의 성과 측정단위들(metrics)

① 전환율(conversion rate)

전환율은 방문자수, 방문횟수, 평균 체류시간 등과 함께 널리 이용되는 가장 중요한 성과지표 중 하나이다. 여기서 전환이란 사이트를 방문한 고객이 캠페인에서 의도한 특정행동을 취하는 것을 뜻한다. 특정행동은 구체적으로 매출과 매출에 관련한 행위를 뜻하며 온라인 쇼핑몰에서의 행동을 예로 들면, 구매 및 결제, 장바구니에 담기, 회원가입, 서비스 구독 등이 포함된다. 따라서, 전환율이란 사이트 방문자 중 특정행위를 한 방문자의 비율을 뜻한다. 전환율을 계산하기위해서는 먼저 전환행동에 대한 정의가 이뤄져야하고 특정기간 동안의 전환수를 집계한 후 다음의 공식에 대입한다.

전환율(%) = (전환이 일어난 수/방문자 수)×100

예 콘서트를 위한 티겟구매 웹사이트에 한 달 동안 15,000명이 방문하였다. 이때 티켓구매자 수가 1,000명일 때 전환율을 알고자 한다면 다음과 같이 공식에 대입하여 구할 수 있다.

티켓구매 전환율 = (1,000/15,000)×100= 6.66%

② 투자수익률(ROI: return on investment)

ROI는 투자의 효율성이나 수익성을 평가하는 데 사용되는 성과 척도로 특정 투자에 대한 수익금액을 측정하여 구한다. 계산방식은 ROI={(현재투자가치-투자비용)/투자비용}×100와 같다.

③ 광고투자수익률(ROAS: return on ad spend)

ROAS는 광고를 통해 발생한 매출을 광고비로 나눈 것으로 광고투자 대비 수익을 거둔 비율을 나타낸다.

> **예** 1,000만 원의 광고비를 지출하고 단가가 1만 원인 제품 2,000개가 판매되었다면 ROAS는 (10,000×2,000)/10,000,000=2와 같이 계산되는데 이는 광고투자 대비 2배 또는 200%의 수익을 거뒀다는 뜻이 된다.

④ 매출대비 광고비(ACOS: advertising cost of sales)

ACOS는 ROAS와 함께 사용되는 지표로 ROAS와 반대로 광고비를 광고로 인한 매출로 나누어 구한다.

> **예** ROAS의 예를 적용하면 광고비로 1,000만 원을 지출하고 수익이 2,000만 원 발생했으므로 ACOS는 (10,000,000/20,000,000)×100 = 50%가 된다.

위에서 보는 바와 같이 ROAS와 ACOS는 달리 보이지만 광고캠페인이 수익을 창출하는지 여부를 나타내는 동일한 목적을 수행하는 지표이다. 또한 이 둘 간의 관계는 ACOS=1/ROAS 와 같다. 위의 예에 적용하면 50%=(1/2)×100과 같이 표현된다.

⑤ KPI(key performance indicator)

핵심 성과 지표(KPI)는 중요한 비즈니스 목표 대비 팀이나 조직의 진행 상태를 나타내는 정량적인 지표이다. 효과적인 KPI를 설정하면 전략적인 목표 달성을 향해 계획대로 진행 중인지 파악할 수 있는데, 이를 위해 KPI는 구체적이고 측정 가능하게 설정되어야 한다. KPI를 설정하는 목표는 기업이 성취하고자 하는 것이 무엇이며 언제까지 성취할 것인지와 그 성과를 어떻게 측정할 것인지를 명확하게 파악할 수 있도록 하는 데 있다.

광고에서 KPI는 디지털 광고 캠페인의 방향 지표라 할 수 있다. 캠페인 담당자는 이를 사용하여 중요한 비즈니스 목표를 향한 진행 상황을 계량화한다. 광고 KPI의 충족, 초과 또는 누락은 종종 광고 캠페인의 성공 또는 실패 여부를 나타낸다.

캠페인이 효과가 있는지 확인하기위해 추적해야할 중요한 광고 KPI는 앞서 언급한 ROAS, 전환율, CTR(클릭률), CPC(클릭당 비용) 등을 포함하여 성과를 나타내는 모든 수치적 데이터가 KPI가 될 수 있다.

중간 사례

전환 당 광고비를 반으로 낮추어 ROAS를 3배 늘린 PPC(pay per click) 사례

Rocket Industrial은 미국 전역에 걸쳐 포장 장비, 자재 및 소모품을 판매하는 유통업체이다. PPC 설정과 관련하여 Rocket Industrial의 주요 문제점은 성과추적을 위한 잘못된 설정으로 광고 성과를 제대로 이해할 수 없다는 점이었다. 그들은 PPC 캠페인 ROAS를 높이고 일회성 구매자를 반복 고객으로 전환하고 싶었다. 하지만 그들은 경쟁, 높은 지출, 성과 추적의 어려움으로 인해 유료 광고에서 많은 매출을 얻는 것이 거의 불가능하다고 믿고 있었다.

▶ 목표

캠페인의 주요 목표는 유료 광고의 전환율 추적 및 성과를 향상시키는 것이었다. 이를 위해 도달률과, 리드 및 견적 요청, 웹에서의 매출 및 ROAS 값을 4 이상으로 끌어올릴 필요가 있었다.

▶ 전략

목표달성을 위해서는 먼저 전환 추적을 개선해야 했다. 이전 설정에서는 온라인 구매 전환 추적에 문제가 생겼고 CRM(customer relationship management)과의 통합이 부족했다. 이로인해 PPC 캠페인 성과를 제대로 측정할 수 없었다.

문제 해결을 위해, Google Ads와 Hubspot CRM을 통합적으로 설정하였고, PPC 캠페인의 전환을 정확하게 추적하고 정보에 입각한 전략적 결정을 내려야 했다.

이전 데이터는 신뢰할 수 없고 의사 결정에 사용할 수 없었기 때문에 계정을 재구성하고 처음부터 새 캠페인을 만들기로 결정했다. 이에 따라, 고객 웹사이트의 대부분의 제품과 제품 카테고리를 테스트하고 주로 검색 광고와 쇼핑 광고에 초점을 맞춘 캠페인 유형을 실험했다. 몇 달 간의 테스트 끝에 실적이 가장 저조한 캠페인을 제외하고 캠페인 성과를 끌어올리기 위한 최적화 작업을 진행하였다.

▶ 결과

이러한 접근으로 Rocket Industrial은 ROAS 가치 4 이상의 목표를 성공적으로 달성하였고, 광고 성과, 웹 판매 및 더 낮은 비용으로 목표한 도달률을 성취하는 등 눈에 띄게 향상된 효과를 거두었다.

새로운 캠페인을 시작하기 3개월 전 ROAS는 3.11, 전환(conversion)당 비용은 165.2달러, 평균 CPC는 2.41 달러였다. 새로운 캠페인을 시작한 지 3개월 후 Rocket Industrial의 데이터가 어떻게 개선되었는지를 보면 다음과 같다.

- ROAS: 8.51
- 전환 당 비용: 92$
- 평균 CPC: 2.38$

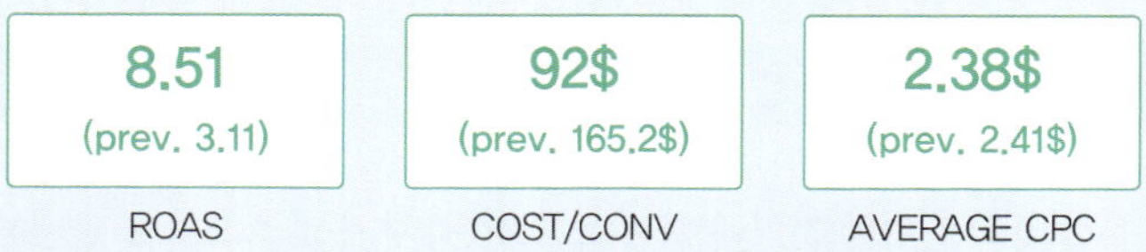

출처: https://scandiweb.com/blog/ppc-case-study-tripled-roas-with-lower-cpc

5 매체 스케줄링 전략

광고예산을 계획된 매체에 배정하고 집행할 때 고려할 또 하나의 이슈는 특정 매체에 대한 노출량을 캠페인 기간 동안 어떻게 유지할 것인가에 관한 것이다. 즉, 같은 예산이라도 제품과 시장상황에 따라서 캠페인 내내 동일한 광고노출량을 유지할 수도 있고, 특정한 기간 동안 광고량을 높게 유지하고 특정 기간은 광고량을 낮추거나 광고 없이 가는 전략으로 노출량을 구성할 수 있다.

광고에 대한 기억은 시간이 지남에 따라 감소하기 때문에 지속적이고 반복적인 광고 노출이 필요하다. 이때 함께 고려해야 할 요인이 이월효과(Carry-over)와 소멸효과(wearout)이다. 전월에 집행된 광고효과가 다음 달 혹은 그 이후에 나타나는 것이 이월효과라면 지나친 광고노출로 인하여 오히려 부정적 반응을 유발하는 것이 소멸효과라 할 수 있다. 따라서 주어진 예산 한도 안에서 캠페인 기간 동안 브랜드에 대한 회상과 태도를 최적의 상태로 유지할 수 있도록 노출량을 조절하는 것이 스케줄링 전략의 목표라 할 것이다.

구체적으로 매체 스케줄링 전략은 다음과 같이 세 가지 유형으로 나뉜다.

1) 지속형(continuous)

지속형 스케줄링은 캠페인 기간 동안 동일한 광고량을 유지하는 전략이다. 장기간 동일한 노출량을 끌고 가야 하기 때문에, 임팩트는 약하지만, 메시지의 연속성을 보장하는 장점이 있다. 예를 들어 10억 원의 광고비로 12개월 동안 캠페인을 진행한다고 했을 때 선택된 매체들에 월 8천3백만 원씩 동일한 광고비로 동일한 광고량을 노출하는 방법이다.

이 방법은 계절에 따른 소비량에 변화 없이 연중 꾸준한 수요를 보이는 제품(예: 치약, 칫솔 등)과 내구재처럼 구매 사이클이 긴 제품군에 유용한 전략이며 만약에 계절별 차이나 특정한 달에 소비가 집중되는 경향이 있다면 비지속형(discontinuous) 전략을 생각해 봐야 할 것이다. 또한, 브랜드를 지속적으로 상기시킬 필요가 있는 성숙기 제품에도 적합한 방법이다.

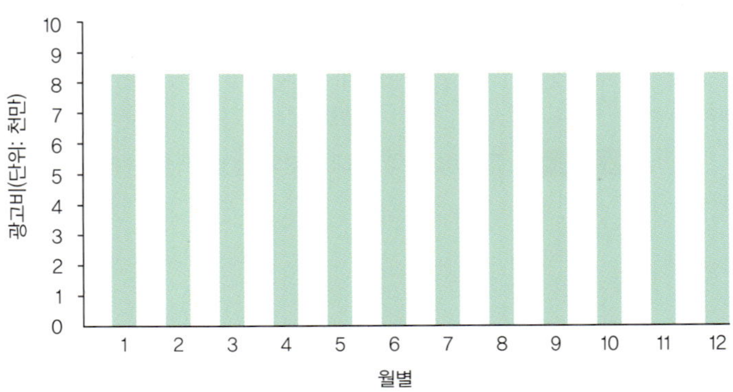

그림 10-5 지속형 전략의 광고비의 월별 지출 형태

2) 집중형(flighting)

캠페인 기간 중 특정한 기간에 예산을 많이 배정하여 노출을 강화하는 대신, 또 다른 기간에는 제로 예산으로 유지하여 광고를 전혀 하지 않는, 기간별 차별성을 강조하는 전략이다. 즉, 제한된 예산으로, 광고 없는 기간의 예산을 제품 수요가 높은 특정 기간에 몰아서 노출하여 임팩트를 강화하는 전략으로 볼 수 있다.

'아이스크림, 스노우보드, 크리스마스트리 장식물' 등 계절성이 특히 강한 제품에 주효하다. '스노우보드'를 예로 들면, 4월~9월 동안은 광고를 하지 않고 10월~3월 사이에 월 1억 6천6백만 원씩 10억 원의 예산을 지출할 수 있다.

집중형 스케줄링은 계절성 외에도 짧은 기간 동안 상대적으로 많은 광고 시간이나 지면을 구입함에 따른 매체가격 할인을 받을 수 있고, 장기간 낮은 수준의 노출로 끌고 가는 지속형 전략에 비해, 제한된 예산으로 단기간에 임팩트를 끌어올릴 수 있는 장점이 있는 반면에, 광고 비노출 구간에서는 광고의 연속성이 없어져 경쟁사의 광고 노출에 뒤처질 우려가 있다.

하지만, 단기간 극대화된 임팩트로 신제품을 런칭할 때, 그리고 광고 혼잡도가 심한 기간에 효과를 높일 수 있다.

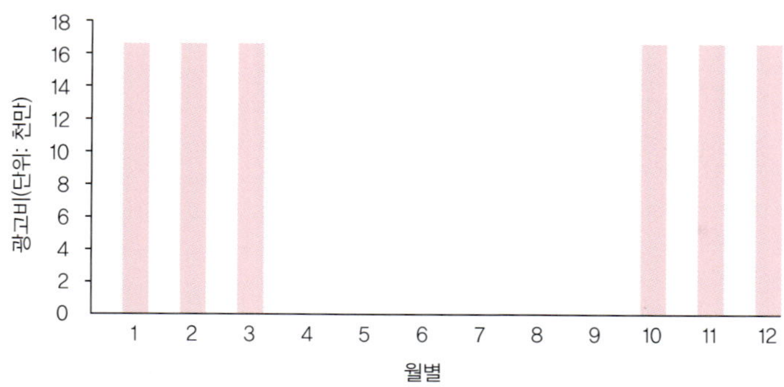

그림 10-6 집중형 전략의 광고비의 월별 지출 형태

3) 파동형(pulsing)

파동형 스케줄링 전략은 지속형과 집중형 방식의 절충형으로 장기간 낮은 수준의 매체 노출도를 유지하면서 매출이 높게 일어나는 특정 기간에 광고량을 높은 수준으로 증가시키는 전략이다. 특정 기간을 제외한 나머지 기간은 광고량을 줄이지만, 광고가 전혀 없는 기간 없이 노출량을 조절하면서 캠페인 기간 동안 광고를 끊김 없이 노출시킨다는 장점이 있다. 연중 꾸준한 수요가 있지만, 특정 기간에 매출액이 높아지는 제품에 적합하며 제품의 계절성과도 관련이 있다.

샴푸나 바디워시를 예로 들면, 총 10억 원의 예산으로 5월~9월 동안 월 1억 2천만 원씩 지출하고, 10~12월 사이에 월 8천만 원, 1월~4월 동안은 월 4천만 원씩 지출하면서 땀이 많이 나는 여름철에 노출을 많이 하고 겨울에 적게 하는 등 노출량의 높낮이를 조절하면서 연중 광고캠페인을 연속성 있게 유지하는 방법이다.

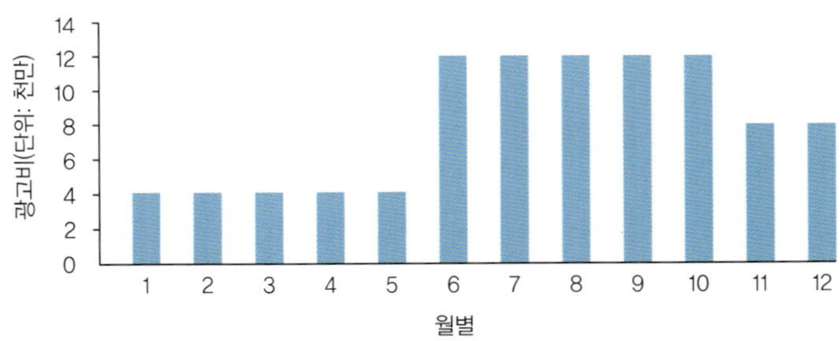

그림 10-7 파동형 전략의 광고비의 월별 지출 형태

4) 플로우차트(flow chart)

캠페인 기간 동안 어떤 매체가 사용되고 각 매체를 통해 언제 광고메시지를 노출하는지, 스케줄링 방법은 무엇인지, 또 이를 위해 얼마의 예산이 사용되고 또 예산 투입으로 유발되는 총노출률(GRPs)는 얼마가 되는지 등 일정기간동안의 매체 집행 일정을 한눈에 알아 볼 수 있도록 차트화한 것을 매체기획 플로우차트, 줄여서 플로우

차트라고 부른다. 일반적인 모양은 다음과 같다.

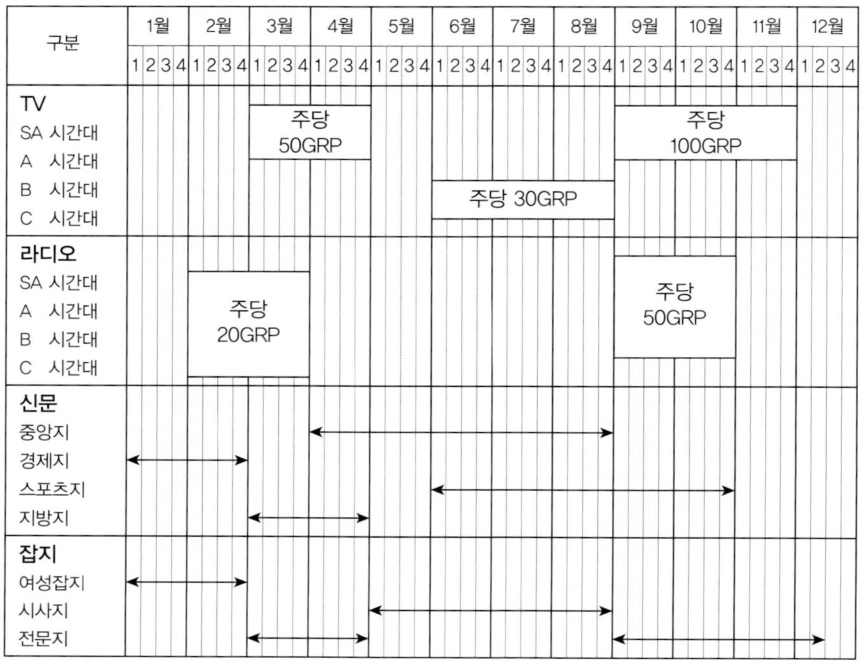

그림 10-8 플로우 차트의 구성요소

마무리 사례

지속형과 집중형 스케줄링 기법의 차이

광고 캠페인은 미디어 계획의 최종 목표뿐 아니라 광고 일정에 따라 분류될 수 있다. 광고 일정은 상품이나 서비스 판매가 연간 지속적으로 이루어지는지, 아니면 단기적으로 발생할 필요가 있는지에 따라 결정된다. 매체 스케줄링은 브랜드 인지도, 예산, 소비자 시장 상태 등 다양한 요인의 영향을 받는다.

맥도널드와 같은 글로벌 브랜드는 세계에서 두 번째로 큰 레스토랑 체인임에도 불구하고(WorldAtlas, 2018) 지속형 스케줄링 전략을 선택하고 매년 광고 예산에 수억 달러를 지속적으로 할당하고 있다(Statista, 2018). 그런데 왜일까? 지속형 스케줄링은 소비자에게 브랜드 요소를 지속적으로 나타냄으로써 끊김없이 이어지는 브랜드 인지도 구축에 도움이 되기 때문이다. 지속형 스케줄링은 또한 소비자에게 최근 메뉴에 대해 알리는 동시에, 이전의 스페셜 메뉴를 지속적으로 상기시켜 고객 충성도를 높이고 구매를 촉구한다. 지속형 스케줄링을 성공적으로 실행하는 데 중요한 요소는 브랜드 언어, 가치, 전반적인 메시지 측면에서의 일관성이다. 따라서 효과적인 지속형 스케줄링 전략은 확실히 소비자의 마음속에 제품 메시지가 자리잡게 할 것이다.

집중형 스케줄링 전략을 따르는 브랜드는 최적의 기간에만 광고를 게재하고 중간중간 광고가 없는 기간이 존재하게 된다. 집중형 스케줄링은 일반적으로 텔레비전 광고와 연관되며, 계절성 있는 제품이나 서비스를 제공하는 브랜드에서 자주 쓰는 전략이다. 대표적인 예는 스타벅스가 미국에서 대중화한 호박 스파이스 라떼(pumpkin spice latte)로, 2015년 가을에 집중적인 캠페인으로 무려 1억 달러의 수익을 올렸다. 이처럼 집중형 스케줄링은 신제품 런칭시에 제한된 시간 동안 제한된 예산으로 광고할 때 유효한 전략이지만 반복적으로 발생하는 광고 비노출 구간으로 인해 전반적인 브랜드인지도가 저하될 수 있는 단점도 갖고 있다.

출처: Tips to design your media plan: continuous vs. Flighting schedule.
https://www.linkedin.com/pulse/tips-design-your-media-plan-continuous-vs-flighting-esmeralda

생각해 볼 문제

01. 미디어믹스 전략이란 무엇이고 매체 기획에 있어서 그 역할은 무엇인가?

02. 각각의 시청률이 20%인 세 개의 TV 프로그램에 광고를 하나씩 노출할 때 기대되는 총노출률(GRP)은?

03. 전체 인구가 60만 명인 A라는 도시에 광고를 하고 남성을 대상으로 200GRPs를 노출하려 한다. 이 도시의 반이 남성이라 한다면, 남성에게 노출될 것으로 예상되는 총노출수(impressions)는 얼마인가?

04. 여성독자에 대한 노출률이 각각 20%인 두 개의 잡지에 광고지면을 사들인다고 했을 때 기대되는 도달률의 최대치와 최소치는 얼마인가?

05. 당신은 A, B 두 개의 라디오 방송국에 광고를 하고자 한다. A는 시청자수가 50,000명, B는 20,000명의 시청자수를 갖고 있고, 두 방송사를 다 시청하는 시청자수의 중복률은 10%라고 한다면, 두 방송사로부터 기대되는 도달률은 얼마인가?

06. 한 광고주의 매체기획을 통해 기대되는 GRPs가 800이고 도달률은 50이라 한다면, 평균노출빈도는 얼마인가?

07. 매체기획을 통해 남성 인구가 100,000명인 도시에서 20,000명의 남성에게 평균 5회씩 광고를 노출하였다면, 이때 도달률과 평균 노출빈도는 각각 얼마인가?

08. 유효도달률과 유효빈도의 개념에 대해 설명해 보시오.

09. 인구가 백만 명인 시장에서 시청률이 5%인 TV 프로그램이 있고 15초 광고를 노출할 때 비용은 천만 원이라 하자. 이때 CPM은 얼마인가?

10. 한 광고주가 광고비로 백만 원을 썼고, 그로부터 수익이 2백만 원이 발생했다면, ROAS(return on ad spend)는 얼마인가?

11. 계절성이 뚜렷한 제품에 효과적인 매체 스케줄링 전략은 무엇인가?

12. 플로우차트에 대하여 설명해 보시오.

참고문헌

1. Kelly, L., Jugenheimer, D., & Sheehan, K. (2015). *Media Planning: A Brand Management Approach* (4th ed.), New York, NY: Routledge.
2. https://www.audienceproject.com/cases/kia-denmark-extends-net-reach-in-target-audience-with-redistributed-ad-budget
3. https://www.ezoic.com/how-ad-sizes-affect-adsense-earnings
4. https://blog.naver.com/juhee100101/220384783384
5. https://zdnet.co.kr/view/?no=20220518223747
6. https://scandiweb.com/blog/ppc-case-study-tripled-roas-with-lower-cpc
7. https://www.linkedin.com/pulse/tips-design-your-media-plan-continuous-vs-flighting-esmeralda

뉴미디어와 광고

11

CHAPTER 11

▶▶▶ CONTENTS

SUMMARY

인터넷의 발전으로 촉발된 뉴미디어는 상호작용성과 함께, 실재감, 소비자 인게이지먼트 등 소비자 반응을 유발하면서 우리 생활 전반에서 광고효과에 대한 영향력을 증가시키고 있다. 뉴미디어 광고는 사물인터넷과 가상현실, 증강현실, 네이티브 광고, 온라인 게임, 소셜미디어 등에서 소비자에 대한 새로운 접근을 시도하고 있다. 본 장에서는 이러한 매체별 특성과 광고유형, 광고효과 등에 대해 논의할 것이다.

TERMINOLOGY

상호작용성, 실재감, 인게이지먼트, 사물인터넷, 가상현실, 증강현실, 네이티브 광고, 온라인 게임, 소셜 미디어, 마이크로 vs. 매크로 인플루언서

도입 사례

맥도널드의 개인화 전략과 디지털 캠페인

▶ 선구적인 AI 의사결정 기술

2019년에 McDonald's는 빅 데이터 스타트업인 Dynamic Yield사를 인수하여 레스토랑에 의사결정 기술을 통합한 최초의 글로벌 레스토랑 브랜드 중 하나가 되었다.

McDonald's는 AI 기술을 활용하여 날씨, 시간대 또는 지역 선호도와 같은 요소를 기반으로 관련 항목을 표시함으로써 드라이브 스루(Drive-through) 메뉴와 매장 내 키오스크 디스플레이에서 개인화를 가능하게 했다. 하지만, 주문을 여러 번 넣거나, 잘못 이해하는 등 AI 기술의 시행착오도 있었다.

▶ 고객 충성도

'My Rewards' 앱은 매우 성공적이어서 2021년 한 해에만 주요 로열티 경쟁자인 스타벅스보다 100% 더 많은 다운로드를 기록하였다.

자동화된 기술을 기반으로 응집력 있는 생태계를 개발함으로써 브랜드는 기존 고객의 충성도를 더욱 높이는 동시에 디지털 메뉴, 음식 컬렉션 지점 및 모바일 앱 상호 작용에서 주요 통찰력을 추적하여 훨씬 더 맞춤화된 경험을 만들 계획이다.

McDonald's의 CEO는 이 계획에 대해 다음과 같이 설명했다.

> "디지털은 모든 것을 변화시킨다. 당장은 우리 매장을 찾는 손님의 90%가 누구인지 모르고 이전 구매내역과 구매패턴도 모른다. 하지만, 디지털 기술을 이용하여 시간이 지남에 따라 고객의 선호도를 실제로 추적하고 식별할 수 있다."

여기서의 아이디어는 엄청난 수준의 개인화를 추진할 뿐만 아니라 결과를 향상시키는 방식으로 운영 효율성을 향상시킨다는 것이다. 서비스 속도도 마찬가지이다.

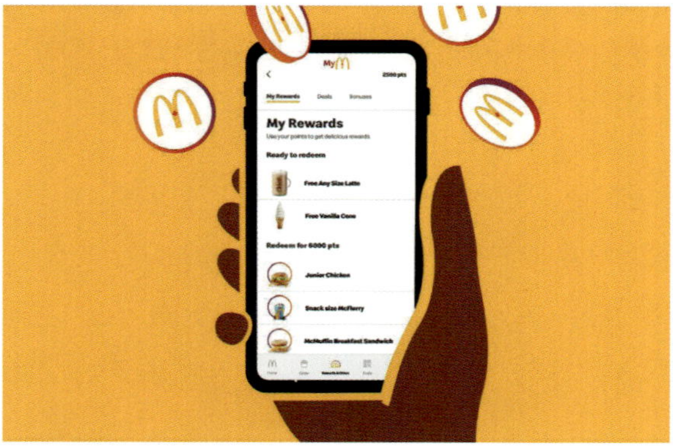

▲ 맥도널드의 리워드 앱

▶ 집중화

McDonald's는 소셜미디어 계정에 대한 디지털 전략을 중앙 집중화하여 전체 소셜 운영을 단순화하고 개인화된 방식으로 고객에게 응답할 수 있도록 했다.

전 세계에 지사를 두고 있는 McDonald의 글로벌 브랜드 허브의 출범은 지속적이고 실시간으로 고객을 추적하고 상호작용하는 참여 모델을 지향한다. 하루에 수천 건의 브랜드 언급량을 처리해야하기 때문에 이 참여모델은 디지털 전략의 핵심 분야이다.

▶ 영감을 주는 광고 캠페인

최근 광고 캠페인은 고객 경험의 발전과 디지털 혁신에 초점을 맞춰 브랜드가 어떻게 고객의 삶을 더 편리하게 만들고 있는지 강조했다. 브랜드의 가장 최근 창의적인 캠페인에는 수많은 스타가 참여하고 인플루언서가 주도하는 'Wanna Go To McDonald's?(맥도날드에 갈래?)'와 기발한 'Raise Your Arches' 캠페인이 있다.

해시태그 #raiseyoureyebrows로 증폭된 이 캠페인은 다양한 채널에서 많은 참여를 이끌어 냈다. 인기 있는 유명인과 협력함으로써 McDonald's는 Z세대의 의식을 깊이 파고드는 동시에 최근 몇 년 동안 브랜드 앱에서 충성도를 기하급수적으로 높였다. 실제로 대규모 BTS Meal 프로모션이 시작된 첫 주 동안 앱 설치 수가 23% 급증했다. 이처럼 성숙지에 접어든 산업에서 이것은 결코 작은 성과가 아니다.

그러나 McDonald's는 광고비 지출에서 더 많은 가치와 효율성을 얻기 위해 광고 예산의 우선순위를 재설정했다. 전체 광고비를 줄이면서도(2014년 9,870만 달러에서 2022년 6,380만 달러로 감소) 더욱 집중적인 캠페인을 진행하여 성공적인 결과를 얻을 수 있었다.

출처: Digital Marketing Institute (2023. 06. 07). https://digitalmarketinginstitute.com/resources/case-studies/mcdonalds-through-the-golden-arches-to-global-dominance

11 CHAPTER 뉴미디어와 광고

1 뉴미디어의 개념과 뉴미디어 광고의 특성

뉴미디어란 인터넷, 스마트폰, 소셜미디어, IPTV, 온라인 게임, 디지털 빌보드 등의 예에서 보듯이, 디지털 정보와 상호작용성(Interactivity)을 매체의 주요특성으로 하는 매체를 뜻한다. 매체의 디지털화란 전통적인 아날로그 매체와 달리 정보가 디지털 데이털(0과 1의 이진수) 전송, 처리, 저장되는 것을 뜻하며 이에 따라 사용가능한 정보의 형태가 텍스트, 그래픽, 오디오, 비디오 등으로 자유롭게 변환될 수 있다. 이러한 매체특성을 기반으로, 소비자와의 일대일 대화를 가능케 하며 개인에게 특화된 맞춤형 광고를 노출할 수 있고 소비자와 기업 간의 관계마케팅을 가능케 하는 등 TV, 신문, 라디오 등 기존의 전통적 매체에 비해서 다양한 장점들을 갖는다.

뉴미디어 광고란 이처럼 디지털화되고 상호작용성을 갖는 매체를 통해 노출되는 광고를 지칭한다. 예를 들면, 배너광고나 검색광고, 모바일 웹에서 노출되는 모바일 배너광고, 소셜미디어의 인피드 광고, 온라인 게임에서 노출되는 인게임 광고, 가상 환경에서 노출되는 AR/VR을 이용한 광고 등이 이에 해당한다. 매체를 이용하는 소비자들의 구매 관련 정보가 디지털로 수집, 저장, 분석되면서 소비자의 니즈에 맞는 개인화된 광고캠페인의 시대가 본격적으로 열리게 되었다. 이 장에서는 뉴미디어의 유형별 속성과 구체적인 광고형태에 대해 살펴보기로 한다.

2 디지털 광고시장의 비중과 성장

2020년 코로나 판데믹 이후 고전했던 광고시장은 2024년 들어 디지털매체와 전통적 매체 모두 성장세를 보일 것으로 예상된다. 특히, 2023년 10.7% 성장했던 디지털 광고는 24년에 13.2% 성장할 것으로 예측되고 있다([그림 11-1] 참조). 이유는 빅테크 기업으로부터의 생성형 AI 광고와 디지털과 소매매체(예: 아마존, 알리바바, 쿠팡 등) 부문 광고비의 강한 성장세가 시너지를 일으킬 것으로 예상되기 때문이다. 그 이후로도 성장률은 다소 하향되지만 27년까지 지속적으로 성장할 것으로 eMarketer는 내다봤다.

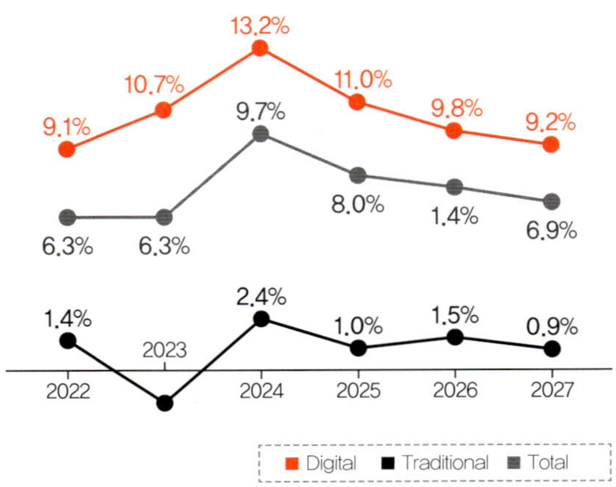

그림 11-1 세계 디지털 광고와 전통적 광고 지출 성장추이(2022~2027)

출처: Insider Intelligence.
https://www.insiderintelligence.com/content/worldwide-digital-ad-spending-forecast-2024

광고유형별 성장추이를 보면, 2023년 기준 검색광고가 가장 많은 비중을 차지한 가운데 배너광고와 동영상광고가 그 뒤를 이었고([그림 11-2] 참조) 이러한 추세는 앞으로도, 지속될 것으로 예상 된다(statista.com, 2023). 한편, 소셜미디어에 대한 소비자들의 꾸준한 이용률 증가와 인플루언서 광고가 대세로 자리 잡으면서 소셜미디어 광고는 2024년 광고유형별 가장 높은 성장률을(13.8%)을 기록할 것으로 예상되고 있고 조만간 검색광고 비중을 추월할 것으로 전망 된다(Forbes, 2023).

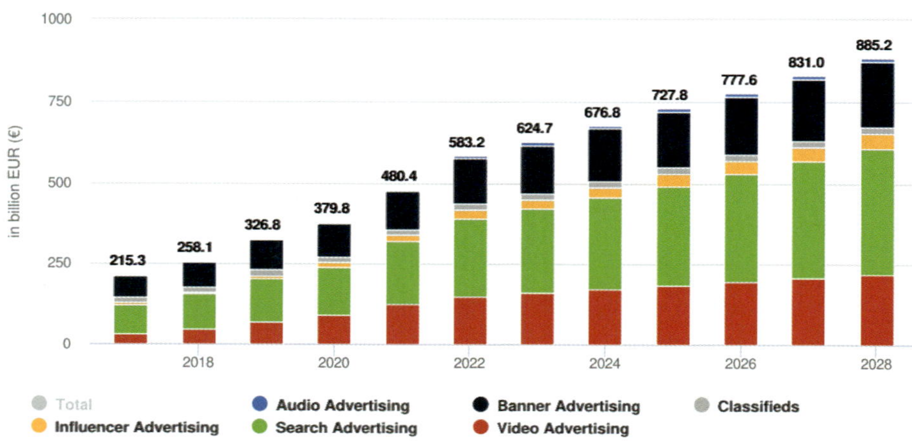

그림 11-2 디지털 광고 유형별 성장 추이(2017~2028)

출처: Statista Market Insights (2023).
https://fr.statista.com/outlook/dmo/digital-advertising/worldwide#ad-spending

주목할 점은 16~64세 사이의 인터넷 사용자 중 91.8%가 스트리밍 서비스를 통해 콘텐츠를 시청하고 있으며 이 때문에 광고예산이 기존의 전통적인 TV에서 CTV(인터넷으로 연결된 Connected TV)와 유튜브로 이동하고 있다는 것이다. 2020년과 2021년에 스트리밍 서비스 사용이 급증한 반면 전통적 TV에서의 광고비는 감소하면서 CTV 광고 지출은 2019년 이후 400% 증가하였다. 전통적 TV를 대체하면서 CTV는 30%를 넘는 성장률로 조만간 가장 빠르게 성장하는 광고매체가 될 것으로 전망된다(Forbes, 2023).

한편, 스트리밍 서비스를 제공하는 주요 OTT업체들이 광고를 시작하면서 2024년에는 넷플릭스가 50.3%, 디즈니 플러스가 16.1% 등 가파른 성장세를 보일 것으로 예상된다([그림 11-3] 참조).

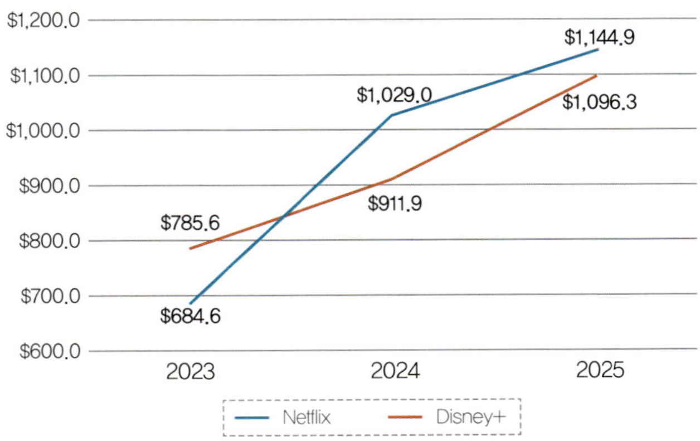

그림 11-3 넷플릭스와 디즈니 플러스의 광고 수익 전망

인터넷 사용자당 기업이 지출한 광고비를 따져봤을 때, 2018년에는 검색광고에 가장 많은 비중을 썼고 그 다음이 모바일 앱 안에 노출하는 인앱(in-app)광고였는데 이러한 추세는 2020년 역전되어 2023년 기준 인앱광고에 가장 많은 지출을 하였고 그 다음으로 검색광고와 소셜미디어 광고가 많은 비중을 차지하였다([그림 11-4] 참조). 이는 판데믹 이후 실내생활이 증가하였고 모바일 앱 사용량이 늘면서 인앱 광고 비중도 자연스럽게 늘린 결과로 추정된다.

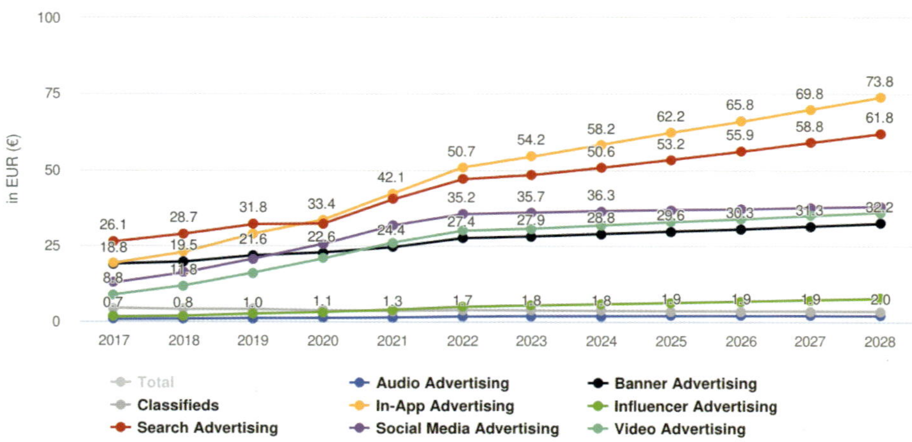

그림 11-4 인터넷 이용자 당 평균 광고비 지출 추이(2017~2028)

출처: tatista Market Insights (2023).
https://fr.statista.com/outlook/dmo/digital-advertising/worldwide#ad-spending

국내 광고시장은 코로나 상황에서 부진했던 성장률을 털어내고 2023년 디지털 광고시장규모가 9.7% 성장하고 2024년에도 활기를 이어갈 것으로 예상된다(아이보스, 2023). 특히 모바일 광고는 광고계 불황속에서도 호조를 보였는데 매년 평균적으로 5% 수준으로 상승했고 2024년에도 검색광고를 중심으로 5.1%대의 성장이 예상된다.

모바일 광고를 배너형태의 디스플레이 광고와 검색광고로 나누어보면 2021년까진 디스플레이 광고비가 검색광고비보다 많았으나, 2022년 역전됐다. 2022년 검색광고비는 30% 성장한 반면 디스플레이 광고비는 6.9% 줄었다. 앞으로도 검색광고비가 디스플레이 광고비를 앞서가는 추세는 지속될 것으로 보인다. PC 광고비는 2022년 1조 9026억 8200만 원에서 지난해 1조 8469억 1900만 원으로 2.9% 하락했고 2024년에도 지난해 대비 0.2%p 하락할 것으로 예상된다(미디어오늘, 2024. 01. 17.).

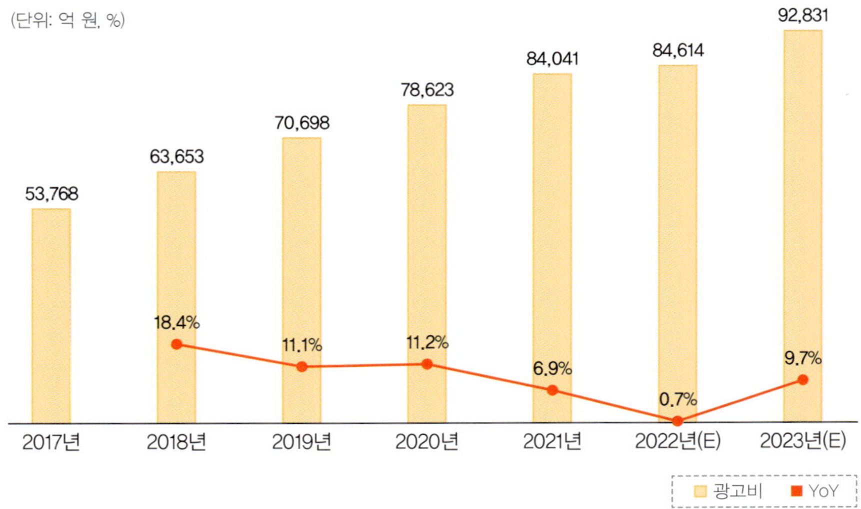

그림 11-5 2023 국내 디지털 광고시장 규모

출처: KOBACO (2023).

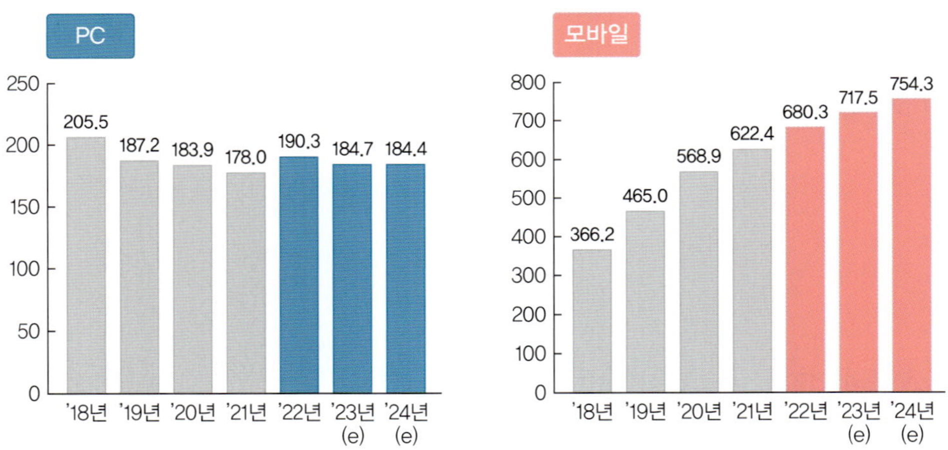

그림 11-6 PC광고와 모바일 광고비 변화추이

출처: 미디어오늘.

3 디지털 광고시장 트렌드

앞으로의 디지털 광고시장 상황은 다음과 같이 몇 가지로 특징 지어진다(아이보스, 2023).

1) 생성형 AI 광고

간단히 말하면 생성형 AI가 검색엔진에 접목되면서 소비자가 원하는 제품을 검색하는 단계에서 AI가 적당한 제품을 찾아주고 추천하는 서비스가 증가하고 이러한 특성을 반영한 새로운 검색광고가 등장할 것으로 예상된다. 블룸버그 자료에 따르면, 생성형 AI 기반의 광고 시장 규모는 2027년 643억 5800만 달러(약 84조 500억 원)에 달하며, 2032년에는 1,924억 9200만 달러(251조 4천억 원)로 전체 디지털 광고에서 13%의 비중을 차지할 것이라 예상한다.

2) 숏폼

숏폼의 인기는 지속될 전망이다. 지난 2분기 메타의 릴스 하루 시청수는 2천억 건 이상으로 집계돼 전년 대비 42.8% 증가했고 연간 매출 전망치도 100억 달러에 이를 것으로 예상된다.

글로벌 숏폼 동영상 광고는 올해 전년 대비 20% 성장할 것으로 보이고, 이것은 전체 동영상 광고비 지출의 50%를 차지할 것으로 예상된다. 숏폼 동영상 광고 시장 규모는 올해 약 980억 달러에서 2025년에는 1,440억 달러 규모에 이를 전망이다.

3) 맞춤형광고에서 쿠키 없는 대안 찾기: 리테일 미디어와 OTT 시장

개인정보 보호법이 강화되면서 애플과 구글 같은 빅테크 기업들은 개인정보를 보호하고 사용자 정보 추적을 차단하기 위해 제3자 데이터를 이용하는 쿠키 사용 제한 정책을 이미 시행하거나 준비하고 있다. 이러한 맥락에서 애플이 앱 사용자 추적을 차단할 수 있는 ATT 정책을 발표했고, 브라우저 점유율이 가장 높은 구글의 크롬은 2024년 상반기부터 쿠키 정보를 더 이상 수집하지 못하게 할 것이라고 밝히면서 맞춤형 광고에 쿠키를 사용하지 못하는 시대가 본격적으로 도래할 전망이다.

이에 따른 대안으로 리테일 미디어가 주목받고 있다. 아마존이나 쿠팡, 신세계 등의 리테일러들은 자체 고객 데이터와 거래 데이터, 온오프라인의 고객 행동 데이터를 보유하고 있으며 이처럼 자사가 소유한 데이터(1자 데이터)를 이용하는 것은 개인정보법의 제한을 받지 않기 때문이다. 따라서 타사 쿠키가 없어도 자체 고객정보를 기반으로 정확하고 개인화된 광고를 진행할 수 있는 리테일 미디어를 기반으로 하는 광고가 쿠키리스 시대의 새로운 대안으로 떠오르고 있는 것이다.

OTT 시장도 동일한 맥락에서 주목받고 있다. 매년 꾸준히 동영상 시청 시간이 증가하고 있으며, 각 OTT 플랫폼 시청자들의 시청 데이터를 활용한 맞춤형 광고 상품을 운영하고 있다. 선두주자는 넷플릭스로 광고요금제를 출시하고 1년 만에 구독자 1500만 명을 달성했고, 이어서 디즈니플러스, 훌루 등도 광고 요금제를 출시했다. 국내에선 티빙이 2024년에 광고 요금제를 출시한다고 밝힌 상태다.

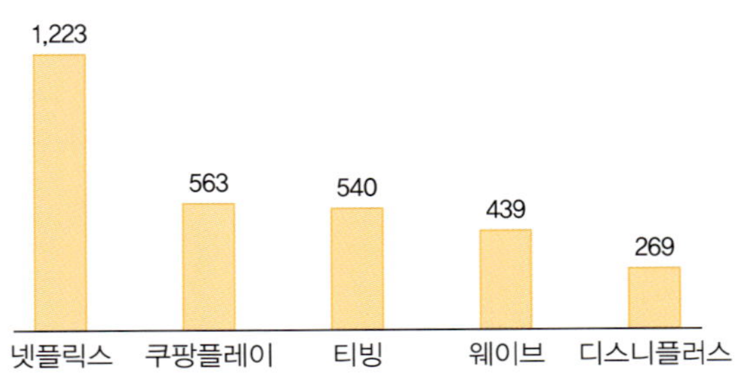

그림 11-7 2023년 8월 OTT월간 이용자 수(단위: 만 명)

출처: 미디어오늘. https://www.i-boss.co.kr/ab-6141-63112

4 온라인 광고 생태계와 프로그래머틱 바잉

매체 환경이 디지털 매체 위주로 재편되면서, 광고거래 방식도 프로그래머틱(programmatic) 거래방식이 대세로 자리 잡고 있다. 프로그래머틱 방식이란 컴퓨터 알고리즘을 이용하여 온라인 광고 인벤토리를 최적화된 조건으로 구매와 판매가 실시간으로 자동으로 이뤄지도록 하는 거래 시스템을 뜻한다. 이러한 거래방식을 통해 광고주는 데이터를 기반으로 원하는 고객을 정확하게 타게팅할 수 있고 효율적인 광고 집행이 가능하다.

구체적인 프로그래머틱 거래는 그림에서 보는 바와 같이, 광고를 노출할 지면(인벤토리)을 원하는 광고주와 광고 지면을 판매하여 수입을 올리는 매체사를 연결해 주는 다양한 애드테크(ad tech) 회사들로 구성된 거래생태계를 통해 이뤄진다.

먼저, SSP(supply-side platform: 공급자 플랫폼)는 매체사가 가진 광고 지면을 판매하기 위해 시장에 내놓는 역할을 한다. 이때 판매자와 구매자가 만나는 시장을 애드익스체인지(ad exchange)라 부르며 일종의 거래중개소 역할을 한다. 이때 애드익스체인지에서 판매할 지면들은 광고주가 연관된 여러 인벤토리들을 한꺼번에 구매할 수 있도록 애드네트워크라는 패키지 형식으로 판매된다.

애드익스체인지가 광고가 거래되는 마켓플레이스로 작동하는 플랫폼의 개념이라면 애드네트워크는 매체이용자의 인구통계나 온라인 행동특성 등의 기준에 따라 광고 인벤토리를 분석하여 타깃에 대한 도달률을 높일 수 있도록 다양한 인벤토리들을 하나로 연결해 놓은 것이다. 이러한 측면에서, 애드네트워크는 인벤토리 판매를 원하는 매체사와 구매를 원하는 광고주 사이를 이어주는 중개자로도 볼 수 있다. 따라서 애드익스체인지에는 각 특성에 따라 광고주가 선택할 수 있는 다양한 애드네크워크가 존재하며, 광고주가 이 중 하나(또는 그 이상)의 애드네트워크를 구입하면 네트워크로 연결된 모든 인벤토리에 광고가 노출될 기회를 얻게 된다.

한편, DSP(demand-side platform: 수요자 플랫폼)는 인터넷, 모바일, 어드레서블 TV 등 애드익스체인지에 나와 있는 다양한 온라인 매체들 중 광고주가 원하는 타

것에 맞는 매체를 선택하고 구매하는 것을 돕는 자동 구매 플랫폼이며 이 과정에서 DMP(data management platform: 데이터 관리 플랫폼)가 소비자의 인구통계적 특성, 온라인 행동, 구매 기록 등 다양한 데이터를 분석하고 평가하여 올바른 타게팅을 위해 어느 매체의 지면을 구입하고 언제 광고를 노출할지를 결정한다.

구매할 매체가 결정되면 DSP가 원하는 매체를 구매하기 위해 실시간 경매(RTB: real time bidding)에 나서게 되고 가장 높은 액수를 써낸 광고주에게 광고 지면이 주어진다. 그리고 이 모든 거래 과정은 0.01초 만에 이뤄지며 거래가 이뤄짐과 동시에 구매자의 애드서버에 저장된 광고가 판매자의 애드서버를 통해 구입한 광고 지면에 노출된다.

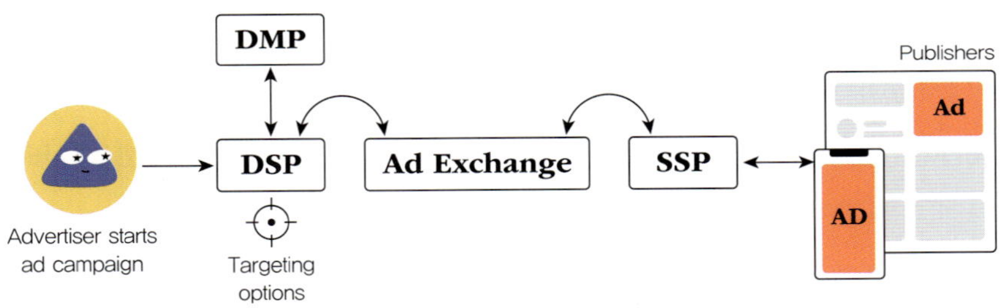

그림 11-8 프로그래머틱 광고 구매와 판매과정의 흐름도

출처: https://epom.com/blog/programmatic/what-is-a-white-label-DSP-and-how-it-helps-you-scale

5 디지털 마케팅 패러다임

높은 상호작용성을 갖는 디지털 매체들이 대세로 자리잡으면서 메시지를 노출하는데 있어서 광고주와 고객 간의 관계는 일방향적 관계에서 양방향적 관계로 변화하였고 이에 따라 마케팅 패러다임도 급변하게 되었다. 이는 정보에 대한 통제력이 마케터로부터 소비자 편으로 이동하면서 기존에 구사하던 다양한 광고 및 마케팅 기법

들에 대한 전면적인 수정이 필요하게 되었고 소비자에게 효과적으로 어필하기 위해 새로운 접근이 요구된다는 뜻으로 해석할 수 있다.

소비자들이 스마트폰을 기반으로 한 소셜미디어, 모바일 앱 등 수많은 채널에 자발적으로 참여하면서 이들의 눈길을 사로잡고 관심을 지속시킬 수 있는 흥미로운 동영상광고나 숏폼광고, 네이티브광고, 증강현실광고, 소셜미디어 인플루언서 광고 등 새로운 방식이 부각되었고, 기존의 TV광고나 인쇄광고 또는 배너광고처럼 소비자에게 일방적으로 노출되는 푸쉬형(Push) 광고는 노출도 이외에 소비자의 행동반응을 동기화하는 측면에서는 더 이상 효율성을 담보할 수 없는 상황이 되었다.

이에 마케터들은 온라인에서의 소비자 행동을 추적하고 이를 통한 리타게팅(re-targeting, 예: 소비자가 온라인 쇼핑몰에서 열어봤던 제품의 광고를 소비자가 방문하는 웹사이트에 배너형식으로 지속적으로 노출하는 기법)과 빅데이터에 기반한 소비자 세분화 및 메시지 노출로 소비자에게 관심 있는 제품 메시지를 개인화하여 제공하는 맞춤형 광고 방식으로 대응하고 있다. 이처럼 소비자의 행동을 추적하고 데이터에 기반하여 개인화된 메시지를 노출하는 접근방식은 다른 한편에서는 소비자의 프라이버시에 대한 우려를 자극할 수 있어, 메시지 노출횟수나 노출상황에 대해 더욱 주의가 필요하다. 본 장에서는 디지털화된 매체환경에서 광고의 새로운 접근 방식을 중심으로 그 특징과 함께 관련된 개념과 이론, 용어 등을 소개할 것이다.

1) 상호작용성의 개념

상호작용성이란 메시지 전달자와 수신자 간에 양방향으로 의사소통이 이뤄지는 것을 뜻하는 개념으로 이는 다시 사람과 사람 간의 상호작용, 사람과 매체 간의 상호작용으로 나뉜다. 소셜미디어에서 친구관계를 맺은 사람과 상호작용할 때나 브랜드와 소비자 간에 소통할 때가 전자에 해당하고 사용자가 스마트폰 앱에 나타나는 버튼을 터치하며 사용할 때나 온라인 쇼핑몰에서 브라우저를 이용하여 제품을 검색하거나 구매할 때가 후자에 해당한다.

개념적으로 상호작용성은 다음과 같이 양방향성, 능동적 통제, 동시성 등 3가지 요소로 구분할 수 있다(Liu & Shrum, 2002).

(1) 양방향 의사소통

개인 간에 오프라인에서 얼굴을 마주하고(face-to-face) 일대일로 대화하듯이 메시지 전달자와 수신자 간에 정보의 흐름이 양방향으로 이뤄진다. 수신자는 항상 메시지 발신자에게 피드백할 수 있는 기회가 주어지고 수신자가 반응하는 순간 수신자는 발신자로 이들 듣는 처음 발신자는 수신자로 역할 교환이 이뤄지며 대화가 끝날 때 까지 이러한 역할 교환이 반복된다.

(2) 능동적 통제

매체 사용자가 원하는 정보를 원하는 시간에 선택하고 가공할 수 있는 정보의 통제권을 쥔다. 예를 들면, 웹사이트에서 인터페이스에 나타난 메뉴의 구성이나 탐색순서를 선택할 수 있고, 선택할 수 있는 메뉴의 수가 많을수록 정보에 대한 통제력이 높아지고, 상호작용성도 높게 느끼게 된다.

(3) 동시성

상호작용할 때 발생하는 정보흐름의 속도를 뜻한다. 예를 들면, 온라인 메신저나 전화할 때처럼 발신자와 수신자간의 상호작용이 동시에 일어나기도 하고 이메일처럼 비동시적으로 일어나기도 한다. 웹사이트를 열 때 열리는 속도에 따라 사용자가 기다리기도 하고 아예 포기하고 다른 사이트를 방문하는 것처럼, 대체로 동시성이 높을수록 상호작용성이 더 높게 인지된다고 볼 수 있다.

다음의 [그림 11-9]에서 보이듯, 이 세 가지 구성요소가 연합하여 매체에 대한 상호작용성이 높게 혹은 낮게 인지된다. 예를 들면 온라인 쇼핑몰은 세 가지 요소의 상호작용성이 매우 높은 반면, 스팸메일의 경우는 세 가지 상호작용성이 모두 낮은 모습을 보여준다.

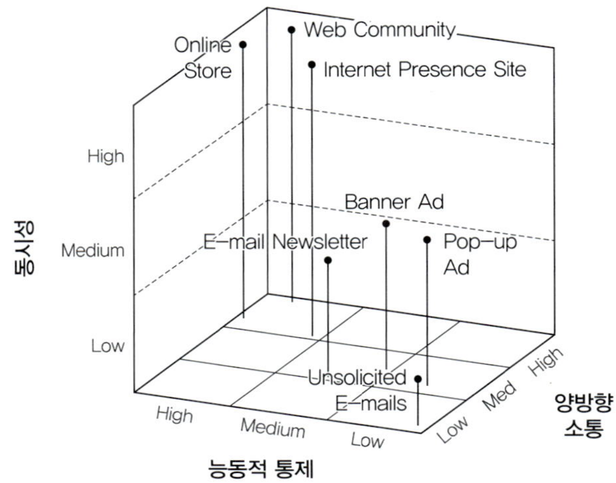

그림 11-9 온라인 마케팅 수단의 상호작용성에 따른 비교

출처: Liu & Shrum (2002).

2) 소비자 인게이지먼트

최근 들어, 소비자 인게이지먼트(engagement)는 기업이 고객과의 관계를 설정하고 브랜드 인지도와 충성도를 쌓을 수 있는 수단으로 주목받고 있다.

소비자 인게인지먼트란 한마디로 정의하기 어렵지만 "기업이 제공하는 것과 소비자의 선택이 만나면서, 기업과 고객 간에 일어나는 지속적이고 상호적인 경험"이라 정의된다(e.g., Brodie et al., 2011; Hollebeek, 2011). 인게이지먼트는 또한 "소비자가 특정 브랜드에 관심을 두는 심리적인 상태"(e.g., Brodie et al., 2011; Hollebeek, 2011)를 뜻하기도 하는데 시간이 감에 따라 인지적, 감정적, 행동적인 측면에서 그 강도와 수준이 달라질 수 있다.

예를 들어, 페이스북의 브랜드 팬 페이지의 경우를 보면 브랜드 및 제품 관련 정보를 지속적으로 방문자에게 업데이트 하면서 프로모션 이벤트 및 소비자의 주의를 끌 만한 콘텐츠를 올리면서 브랜드와 고객 간의 관계구축에 활용하고 있다. 여기서 팬 페이지는 고객이 브랜드와 친구관계를 맺으면서 올라온 콘텐츠를 읽고 이에 댓글을 달거나 또 다른 친구와 공유하는 과정을 거치면서 브랜드에 대한 인게이지먼트를 활성화하는 중요한 역할을 하고 있다.

소비자 인게이지먼트는 브랜드에 대한 관심 증가(예: 팬 페이지 방문자 수, 체류 시간 증가), 긍정적인 WOM(좋아요 수, 공유 수, 댓글 수 증가), 개인과 브랜드간의 연계성, 브랜드 사용의도, 브랜드 신뢰도와 충성도, 소비자 만족도 등에서 긍정적 효과를 유발한다.

중간 사례

나이키+ 앱을 통해 소비자 인게이지먼트 증대

나이키는 소비자 인게이지먼트에 초점을 맞춘 Nike+ 앱을 통해 눈 깜짝할 사이에 단순한 스포츠 의류 브랜드에서 스포츠 및 피트니스 공급원으로 한발 더 나아갔다. 이는 Nike의 마케팅 전략이 Nike+ 앱을 통해 고객 참여를 유도하는 새로운 단계로 진입했음을 뜻한다.

나이키는 이 앱을 통해 기술, 피트니스 추적 및 개인화된 기능을 하나의 패키지에 혼합하였다.

Nike+ 앱은 브랜드와 고객 사이에 다리 역할을 하였다. 소비자는 앱을 통해 자신의 운동실적을 추적하고, 목표를 설정하고, 맞춤형 추천을 받을 수 있다.

또한 앱을 통해 Nike의 다른 사용자들과 소통할 수 있다. 이러한 브랜드 경험은 일회성으로 끝나는 것이 아니라 지속적으로 사용자의 피트니스 여정에 함께 하여 운동 목표 달성을 위한 도구와 지원을 제공하게 된다.

Nike+ 앱은 소비자 인게이지먼트의 중심이 단순한 제품 판매를 넘어 고객과의 진정한 관계 구축에 있으며 이를 위해 어떻게 접근할지를 보여주고 있다.

출처: https://taggbox.com/blog/customer-engagement-examples

3) 사물 인터넷(IoT)

사물인터넷(internet of things: IoT)이란 기기나 센서 등의 다양한 사물과 장치를 인터넷에 연결해 데이터 전송이 가능하도록 함으로써, 정보 수집, 장치 제어, 운영 및 관리 방법을 개선하고 효율성을 높일 수 있는 네크워크를 뜻한다. 수없이 다양한 센서나 장치에 IoT 기술을 접목하고 애플리케이션을 상호 연결해, 새로운 비즈니스 기회를 창출하는 것은 물론 작업 및 업무 효율성 높이는 등 다양한 효과를 기대할 수 있다. IoT 기술은 제조, 농업, 석유/가스, 차량관리, 헬스케어 등 다양한 산업에 활용되고 있다.

스마트폰, 컴퓨터, 자동차, 가전제품, 의료기기 등 각종 전자기기들이 인터넷으로 연결된 네트워크를 통해 정보가 수집, 공유, 통신되면서 거실이나 집 전체, 버스, 지하철, 교실, 아파트 단지 등 다양한 공간에 적용이 가능하다. 예를 들면, 소비자가 선호하는 온도와 에너지 효율성 관련정보가 데이터로 저장되어 집안의 온도가 자동으로 조절되거나 스마트 자동차가 운전자의 상태를 감지하면서 졸음 운전 시에 속도를 줄이면서 경보음을 내는 경우를 생각해 볼 수 있다. 아마존의 알렉사(Alexa)처럼, 인공지능 스피커를 이용하여 온도나 습도, 조명, TV 등을 제어하는 스마트 시스템도 우리나라 이통사에서 서비스하고 있다.

IoT 기술은 의료, 제조업, 소매업, 에너지 및 농업 분야에서 혁명적인 변화를 이끌고 있으며 많은 기업들이 경쟁 우위를 확보하기 위해 IoT 기술을 채택하고 있다. IoT 기기는 업무자동화와 원격제어를 지원하며 실시간 데이터 관리 및 작업 자동화를 통해 운영 효율성을 높이는 데 주력하고 있다.

이러한 기술이 확산되면서 사물인터넷 솔루션 및 서비스의 글로벌시장 규모는 2022년 2,431억 달러에서 2027년 5,750억 달러로 증가하며, 18.8%의 연간 성장률을 기록할 전망이다(Market & market, 2022).

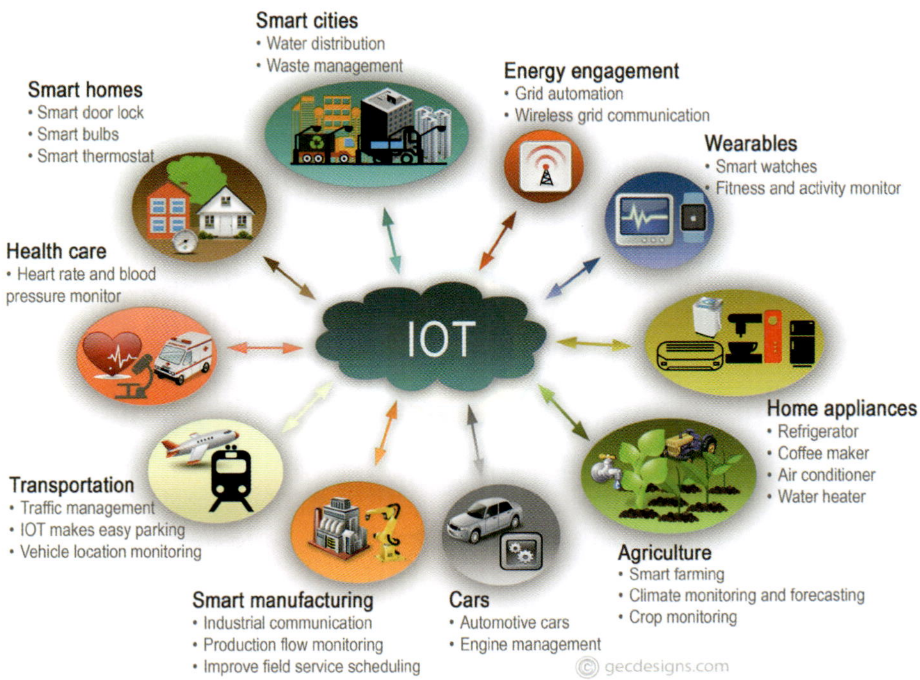

그림 11-10 IoT 기술의 산업적 적용

출처: https://gecdesigns.com/blog/role-of-iot-in-digital-marketing

(1) 스마트 홈

스마트 홈이란 통신네트워크가 구축된 주거환경에서 사물인터넷 기능이 포함된 기기와 서비스를 통해 생활수준 향상을 추구하는 시스템 전반을 의미한다. 즉 TV, 냉장고, 세탁기 등 가전제품, 전기, 수도 등의 에너지 소비장치, 보안서비스 등이 네트워크로 연결되어 사용자가 원하는 대로 기기가 자동으로 관리되고 가정으로의 보안접근, 온도, 조명, 홈시어터 등의 기능 등에 대한 원격제어가 가능하다.

스마트홈 개념도

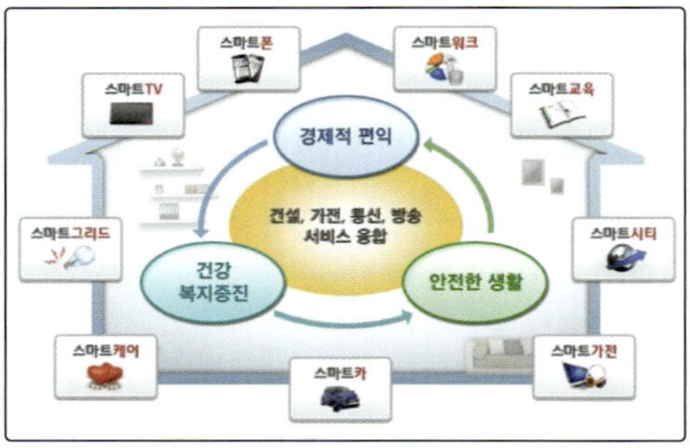

스마트홈의 세부 구성요소

구분	내용
홈플랫폼	• 스마트홈 기기 및 서비스 구현기반
유무선 네트워크	• 정보생활기기 접속기반
정보가전	• 맞춤형 융합서비스 제공 가능제품
그린홈 서비스 등	• 쾌적하고 경제적인 생활환경 유지기반(원격검침, 보안 등)

그림 11-11 스마트 홈의 개념

(2) 스마트 카

스마트카란 전통적인 자동차에 IT기술을 융복합하여 자율주행이 가능하고 커넥티드카 기술을 이용하는 지능형 차량으로 정의된다. 이를 위해 데이터가 공유되면서 다양한 기기들이 자동차와 네트워크로 연결된다.

자율주행 기술은 자율주행에 필요한 인공지능, 차량 내 운전자 음성 또는 행태에 대한 분석기술, 클라우드 기반의 데이터 분석 및 실시간 추론을 위한 인공지능 컴퓨팅 등 자율주행차고도화 지원을 위한 시스템으로 정의된다. 현재 자율주행차의 수준이 점차 고도화(미국 자동차 공학회(SAE) 기준 레벨3, 레벨4 또는 그 이상)됨에 따라 정밀한 제어기술과 함께 주변 주행 상황에 대한 실시간 주행 상황 인지 및 판단 기술에 대한 요구사항이 증가할 것으로 예상한다. 또한, 자율주행 시스템을 구성하는 서라운드 센서의 융합기술도 점차 커넥티비티를 기반으로 클라우드 환경, 빅데이터 분석, 인공지능 학습, 실시간 추론 등으로 관련 기술의 범위가 점차 확대될 전망이다(혁신성장품목분석보고서, 2020).

커넥티드카 기술은 LTE/5G 등 초고속 통신망을 이용하여 차량과 스마트 홈, 스마트오피스 등이 연결된 서비스기술, 자율협력주행 서비스기술, 차량 내 인포테인먼트를 활용한 스마트폰 앱, 무인 상점 · 무인 택시 · 무인 택배 등 자율주행과 커넥티드를 활용한 각종 서비스기술로 정의된다. 커넥티드카 서비스 구현을 위해 통신사와 삼성, 애플 등 스마트폰 제조사들도 스마트카와 스마트폰을 연결하는 서비스 개발에 주력하고 있다. 여기에 AI 기술이 단순한 음성인식을 넘어 사용자의 데이터 클라우드 분석, 차량용 AI, 차량용 사물인터넷으로 융합되어 사용자 편의성을 더욱 발전시킬 것으로 예상된다. 현재 가장 선호되는 스마트카 서비스로는 지능형 주행 안내를 들고 있다. 지능형 주행 안내란 차량 내부에 부착된 센서와 실시간 교통 및 상황 정보를 종합해 실시간 최적 경로, 주행속도, 교통상황, 지형 · 지물을 인식해 운전자에게 안내 해주는 기능을 말한다.

스마트카의 핵심 기술은 배터리 기반의 전동화(electrification), 완전 자율주행, 소프트웨어 기반 커넥티드카(connected car) 서비스를 위한 무선소프트웨어 업그레이드가 가능한 소프트웨어 중심 자동차(SDV: software defined vehicle)이다. SDV는 스마트폰처럼 차량의 소프트웨어를 자동 업데이트하여 자동차의 주행 성능, 편의 기능 등을 지속적으로 관리할 수 있는 자동차를 말하여 테슬라가 SDV의 시제품을 개발하여 자동차의 혁신을 시작하였다. 이러한 추세는 스마트카를 단순한 이동 수단에 그치지 않고 스마트폰처럼 이동 중에 콘텐츠를 소비하는 중심 매체로 떠오르게 할 가능성을 키우고 있다.

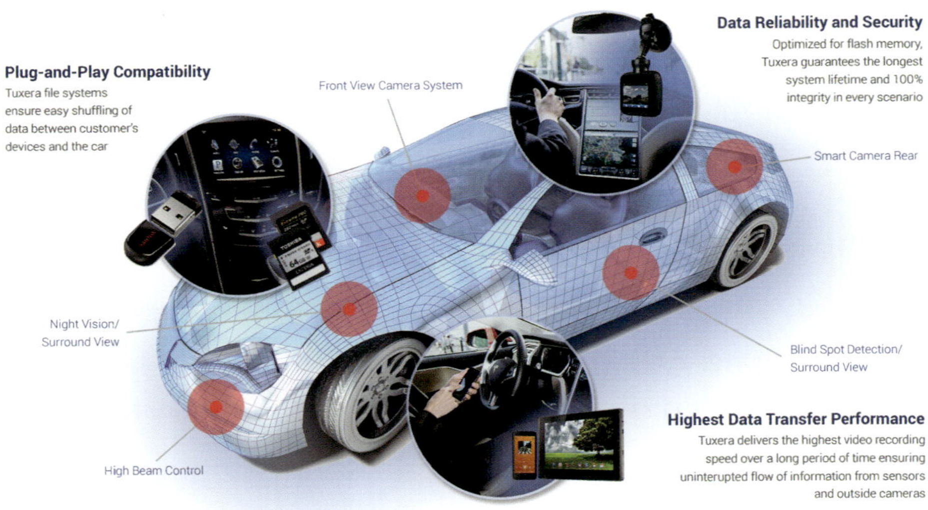

(3) 마케팅적 적용

① 개인화

빅데이터로 축적된 소비자의 라이프스타일 등 보다 심도 있고 다양한 정보들은 소비자가 처해 있는 환경에 따라 보다 관련성 있는 정보를 실시간으로 전달할 수 있게 한다. 예를 들면, 운동에 관심 많은 직장인이 일과 후 퇴근하는 길에 근처의 체육관에서 할인된 가격에 회원 모집 광고를 보낸다거나, 운동 후 귀가하는 소비자에게 운동량을 알려주는 스마트 워치를 통해 과일이나 야채의 다이어트 식단을 할인쿠폰과 함께 전송할 수 있다.

② 인스턴트 서비스

원하는 제품이나 서비스를 원하는 시간에 쉽게 받는 기능을 뜻한다. 예를 들면, 사물인터넷으로 연결된 냉장고에서 우유가 떨어져갈 때 냉장고가 재고 상태를 파악하고 스스로 근처의 상점에 주문을 넣어 소비자의 퇴근 시간에 맞추어 물건이 배달되도록 할 수 있다.

③ 광고기회의 확대

인터넷을 통해 다양한 기기에 연결된다는 것은 광고주에게 소비자를 몰입시킬 수 있는 새로운 채널이 생겼음을 뜻한다. 예를 들면, 특정 세탁기에 최적화된 세제 관련 정보를 세탁기에 직접 전송할 수 있고 세탁기에 부착된 모니터에 이 정보가 저장되어 세제가 떨어질 무렵에 고려대상품목으로 뜨고 버튼 한 번으로 주문도 가능하다. 또한 추후, 소비자의 설정에 따라 구매필요시 재구매의 기회도 갖게 된다. 앞으로 완전 자율주행시스템이 스마트카에 장착된다면 스마트카가 이동 중 콘텐츠 소비의 주요 채널로 자리 잡으면서 광고매출의 새로운 창구로 떠오를 가능성이 있다.

④ 마케팅 애널리틱스의 활용

사물인터넷은 엄청난 양의 데이터를 생성하며 생성된 데이터는 클라우드 인프라에서 저장되고 분석, 관리되면서 실시간으로 효율적인 의사결정이 이뤄질 수 있다.

디지털 지문(개인이 인터넷을 사용할 때 남기는 데이터 흔적을 뜻하는 말로 방문하는 사이트나 좋아요 클릭, 공유, 댓글 등을 통해 자신의 취향이나, 관심분야, 거래현황 등을 파악함), 기기 활용패턴 등 보다 많은 데이터의 생성과 분석을 통해 광고주는 소비자가 가장 잘 반응할 수 있는 캠페인 방식을 선별해 낼 수 있다. 예를 들어, 멀티스크린 TV 플랫폼인 어도비 프라임타임은 고객데이터를 분석하여 특정 고객 군을 겨냥한 광고 캠페인을 실행할 수 있다. 이를 기반으로 광고주는 여러 플랫폼에 걸쳐 개인화된 광고를 전달하는 것은 물론, 여러 기기를 쓰는 사용자가 같은 광고를 반복해서 보지 않도록 조정할 수도 있다.

또한, 헬스케어 시장에서 인터넷을 이용한 실시간 진단과 치료로 병원 진료에 대한 지리적 문제나 인프라적 문제를 해결하고 저렴한 비용으로 고품질 서비스를 제공할 수 있다. 환자 치료 데이터나 치료 기록 및 의료 연구데이터의 수집이 자동화되고 의사가 필요로 할 때 멀리 떨어진 지역에서도 치료 관련 의사결정을 내릴 수 있다.

⑤ 사물인터넷의 단점

사물인터넷은 일상생활부터 시작해서 사무실, 자동차까지 인간에게 엄청나게 편리함을 제공하지만 역시 단점도 있다. 모든 기기들이 인터넷으로 연결되어 있기 때문에 해킹이 될 경우 심각한 보안상의 문제점이 발견되는 것이다. 스마트홈을 예로 들면, 집안의 기기들이 대부분 주인의 스마트폰과 연결되어 있기 때문에, 이 스마트폰 하나가 해킹을 당하면 집전 체의 보안이 무장해제되는 것과 같은 위험에 빠지게 되는 것이다. 또한 스마트홈과 연결된 자동차, 각종 금융정보, 의료기기 등도 고스란히 위험에 노출된다. 센서나 카메라가 장착되어 있는 제품이 인터넷과도 연결되어 있는 상황에서 해킹을 당했다면 사생활까지 유출되는 위험을 피할 수 없을 것이다.

또 다른 문제는 보다 본원적인 것으로 데이터의 저장과 처리에 관련된 것이다. 즉, 사물인터넷을 가능케 하는 핵심 요인이라 할 수 있는 데이터의 생성 및 획득, 전송과 해석 과정에서 수많은 개인정보들이 필수적으로 관여하게 되는데 이러한 정보들의 안전성을 지켜주기 위한 새로운 기술과 알고리즘의 개발이 요구된다.

(4) 사물인터넷을 이용한 마케팅 사례

① 월그린의 디지털 쿨러도어

미국의 마트를 겸한 약국 체인인 월그린(Walgreens)은 광고를 통해 매장 방문객을 타깃팅하는 디지털 쿨러도어를 테스트하기 시작했으며 자사 제품을 테스트할 의향이 있는 MillerCoors 및 Nestle와 같은 브랜드와 제휴했다.

작동 방식은 쿨러 내부에 있는 센서와 카메라를 얼굴 감지 기술과 결합하여 고객의 연령과 성별을 식별하고 날씨 정보 등을 추가하여 고객에게 추천할 제품을 결정하는 것이다.

예를 들어, 젊은 층에게는 탄산음료를 보여주고 더 나이든 고객에게는 맥주를 보여주며, 여름철 옷을 입은 고객에게는 아이스크림을 추천하는 식이다.

이와 같은 타깃 광고를 통해 매출이 크게 증가하였고 소비자 행동에 대한 더 많은 통찰력을 얻을 수 있었다. 이처럼 IoT 기술을 활용한 마케팅 전략은 구매 시점에 소비자에게 직접 어필할 수 있는 독특한 기회를 제공한다.

② 조니워커의 스마트 병

2015년 3월 MWC(Mobile World Congress)에서 블루라벨 위스키에 전자센서가 내장된 스마트병(smart bottle) 시제품을 공개한 조니워커(Johnnie Walker)는 2020년에는 NFC(near field communication: 근거리 무선통신)기술을 이용, 스마트폰으로 병을 탭한 소비자에게 직접 다양한 제품정보를 보내고 있다.

술병이 마트 진열대에 있을 때는 조니워커 병을 탭한 소비자에게 할인 쿠폰을 보낼 수 있고, 이 병이 구매한 소비자의 집으로 이동해서 병이 열리면 칵테일 레시피를 보낼 수 있다. 제조사를 떠난 술이 매장을 거쳐 소비자의 집에 도착하기까지 제품 추적이 가능해지고 가짜 술 제조나 술에 물 타는 등의 사기행위도 적발할 수 있고 제품이 진품인지 가짜인지도 확인할 수 있다. 또 다른 주류 회사인 말리부(Malibu)는 2019년에 "IoT로 연결된 병(connected bottle)"을 디지털 접점으로 사용하여 콘텐츠를 제공하기 시작했다. 예를 들어, 병의 QR코드를 찍거나 NFC 태그를 탭하면 고객에게 관련 링크를 보내주고, 게임을 통해 상품이나 레시피를 받을 수 있다.

IoT를 이용한 광고는 아직 시작 단계이며 이러한 시도가 어떻게 진화할지 지켜보는 것은 매우 흥미로운 일이 될 것이다.

4) 몰입형 기술: VR, AR, MR 광고

(1) 몰입형 기술의 분류

VR(가상현실), AR(증강현실) 등 몰입형 기술(immersive technology)이 발전하면서 현실과 가상의 구분도 점점 더 모호해지고 있다. 이러한 몰입형 기술의 특징은 가상의 경험을 현실처럼 느껴지도록 하는 새로운 경험을 제공한다는 것이다. 아래 그림에서 보는 바와 같이 몰입적 경험을 구분하면 VR에서는 모든 것이 가상인 환경을 뜻하고, AR은 현실정보를 바탕으로 가상정보가 합성된 형태, AV(증강가상)은 가상정보를 바탕으로 현실정보가 합쳐진 형태를 뜻한다. VR이 PC 플랫폼의 온라인 게임에서 마주하는 게임 환경이나 HMD라는 장치를 머리에 쓰고 흔들리는 의자에서 놀이기구의 롤러코스터를 경험하는 경우를 예로 들 수 있다면, AR은 포켓몬고 게임에서 경험하는 것처럼 현실 환경을 배경으로 게임캐릭터 등의 게임요소가 함께 나타나는 환경이 이에 해당한다. AV는 가상현실 기반으로 콘텐츠를 만들지만 거기에 실제요소가 추가되어 이와 상호작용이 가능한 기술을 뜻한다. 예를 들면, 당신이 HMD를 쓰고 의자에 앉아 가상현실로 구성된 축구경기를 보다가, 실제로 칩이 내장된 공을 집어서 가상 경기장 안으로 던지면, 그 공이 골대 안으로 들어가 골대의 그물을 흔드는 공의 모습이 보이는 것이다. 즉, 현실과 가상이 혼합되는 효과를 유발한다. 이처럼 몰입형 기술은 현실과 가상 중 어디에 좀 더 중심이 가 있는냐에 따라 분류되는데 현실과 가상의 연속선상에 존재하는 몰입형 기술을 다 포괄하는 것이 혼합현실(mixed reality)의 개념이다.

몰입형 경험은 게임, 방송, 영상과 같은 콘텐츠 사업은 물론이고 국방, 교육, 의료, 제조 등 산업 전 분야에 다양하게 응용되고 있다. 여기에 자연어처리 및 컴퓨터비전과 같은 인공지능이 접목되면서 몰입형 기술은 더욱 역동적이고 사실적인 몰입감을 제공하며, 편리한 인터페이스를 통해 작업효율을 극대화시킬 수 있다. 그러나 이러한 장점에도 불구하고 하드웨어 및 사용자 인터페이스 기술의 한계, 콘텐츠 개발비용, 프라이버시 침해문제 등이 관련 시장의 확산을 늦추는 저해요인으로 작용하고 있다.

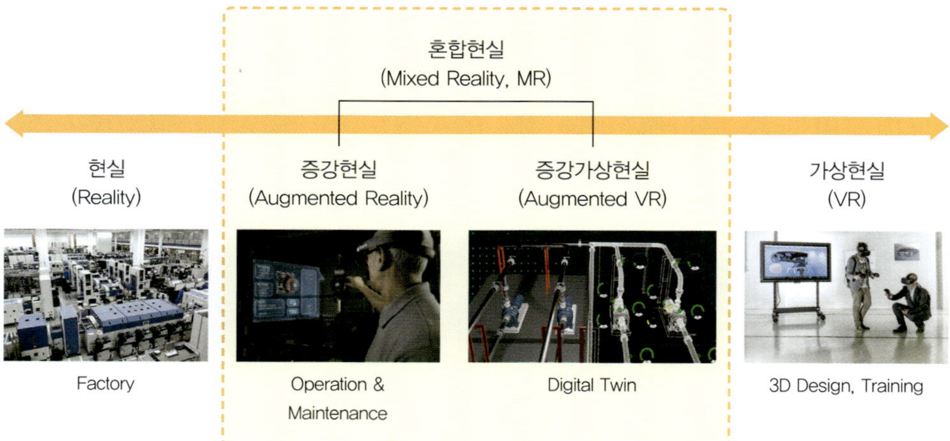

그림 11-12 몰입형 기술의 분류

출처: ETRI Insight (2019).

(2) 몰입형 기술의 경험: 실재감

몰입형 기술의 경험을 설명하는 핵심적 개념은 실재감(presence)이다. 실재감이란 미디어에 의해 매개된 환경에서 보여 지는 콘텐츠에 대해 사용자가, 매체를 통하지 않고, 실제로 그 콘텐츠 안에 존재한다고 느끼는 것(sense of being there)을 의미한다. 예를 들면, 전쟁 영화를 볼 때 마치 포탄이 자신에게 날아오는 것처럼 느끼거나, 슬픈 TV 드라마를 보며 눈물을 흘리는 경우 등이 실재감을 강하게 느낄 때 나타나는 현상이라 할 수 있다. 실재감의 수준은 전통적 아날로그 매체인 라디오나 TV에서 경험하는 낮은 수준에서 가상현실, 온라인 게임, IMAX 영화 등과 같은 상호작용성과 매체풍요성이 겸비된 미디어에서 경험하는 높은 수준까지 다양하게 나타날 수 있다. 소비자가 실재감과 함께 제품정보를 접할 때 실재감을 통해 직접경험과 유사한 실감나는 경험을 얻게 되기 때문에 제품에 대한 설득력을 더욱 높이게 된다(Li, Daugherty, & Biocca, 2002). 여기서 직접경험이란 매체에 의해 매개되지 않고, 오프라인 환경에서 상호작용 대상과 시각, 청각, 미각, 후각, 촉각 등 오감을 이용하여 경험하는 것을 말한다(Gibson, 1966). 결국, 몰입형 기술을 통해 구현된 실재감은 소비자에게 온라인 상황에서도 제품을 실제로 접하는 것처럼 느끼게 함으로써 제품태도와 구매의도에 긍정적 영향을 미치게 된다.

실재감의 수준은 다음의 매체풍요성과 상호작용성의 두 가지 요소에 의해 결정된다.

① 매체풍요성

매체풍요성(vividness)이란 풍부한 메시지를 전달할 수 있는 매체의 정보전달 능력을 뜻하는데, 쉽게 표현하면 이는 커뮤니케이션 매체로부터 사용가능한 감각채널의 수(넓이)나 감각채널의 충실도(깊이)에 따라 결정된다. 예를 들면 TV에서는 음성과 동영상 화면을 사용하는 반면 신문은 활자가 주로 사용되고 잡지는 활자와 함께 그래픽 위주로 구성되므로 TV, 잡지, 신문의 순서로 매체 풍요성이 높다고 할 수 있다. 하지만 같은 수의 감각을 경험한다 하더라도 그 감각의 충실도가 얼마나 높게 표현되느냐에 따라 느껴지는 매체풍요성의 정도는 달라진다. 즉, 화질이나 음질 등 경험하는 감각이 질적 측면이 감각의 양적 요소와 함께 매체 풍요성에 영향을 주는 것이다. 이렇게 본다면, 가장 높은 수준의 매체풍요성은 오프라인상태에서 촉각, 후각 등 오감의 표현이 가능한 면대면(face-to-face) 커뮤니케이션 상황이 가장 높다고 할 것이다.

② 상호작용성

현존감을 좌우하는 또 다른 요소는 매체에서 느끼는 상호작용성인데 개념적으로는 매체 사용자가 매개된 환경에서 실시간으로 매체의 형태나 내용적 요소에 변화를 주거나 선택, 통제할 수 있는 정도를 뜻한다. 상호작용성은 다시 속도(speed), 범위(range), 대응성(mapping) 등 세 가지 차원으로 나뉜다. 먼저 속도는 사용자의 인풋에 대한 매체의 반응이 얼마나 빠르게 일어나느냐에 관한 것이다. 속도가 빠를수록 인지되는 상호작용성 또한 높다고 할 수 있다. 범위는 사용자가 미디어 인터페이스에서 선택할 수 있는 옵션의 종류가 많고 적음에 관한 것이다. 예를 들면, 메뉴의 공간적 구성, 시간적 순서, 색채 또는 강도의 다양성에 따라 범위가 커지고 느껴지는 상호작용성 또한 높아진다. 대응성은 매개된 환경에서의 행동이 얼마나 현실에서의 행동과 닮아있는가 하는 것이다. 게임공간에서 캐릭터의 행동이 게임스토리에 반영되는 방식이 현실에서의 행동과 맞닿아 있다면 게임에 대한 상호작용성을 높게 느끼고 현존감도 더 높게 느낄 것이다. 예를 들어, 레이싱 게임에서 핸들을 오른쪽으로 돌리면 게임속 자동차가 오른쪽으로 가고 왼쪽으로 돌릴 때 왼쪽으로 간다면 대응성 디자인이 잘된 게임으로 평가할 수 있다.

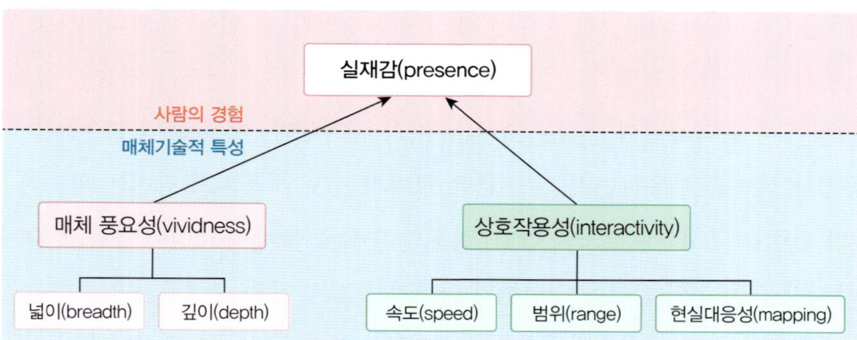

그림 11-13 실재감의 기술적 영향요인들

출처: Steuer (1992).

(3) 몰입형 기술의 마케팅적 적용

몰입형 기술은 가상세계에서의 경험을 현실처럼 느껴지도록 전달함으로써 소비자를 브랜드에 몰입시키고, 설득 및 학습에 긍정적 효과를 일으키는 것으로 알려져 있다. 따라서 마케팅과 광고에 대한 적용가능성도 매우 크다. 증강현실 기술의 경우 마케팅적으로 적용되는 몇 가지 예를 유형별로 살펴보면 다음과 같다(Javornik, 2016).

① 자아 증강(Augmentation of self)

가상 피팅룸의 경우에서 보는 바와 같이 자신이 현실공간의 실제요소로서(예: 자신의 몸 또는 얼굴) 등장하고 이에 가상의 요소들(예: 가상의 옷)이 덧입혀지는 형태로 나타난다. 즉, 자신이 증강현실의 주인공으로 등장한다.

그림 11-14 가상 피팅룸의 사용 예

② 배경 증강(Augmentation of surrounding space)

이케아 가구(Ikea)의 증강현실 앱에서 스마트폰 카메라를 비추면 가상의 가구가 집안이 실제 공간속에 나타난다. 이를 통해 실제 가구를 들여놓으면 어떤 모습일지를 짐작케 하고 어떤 가구를 어떻게 배치할지에 대한 아이디어를 얻을 수 있다. 이처럼, 실제의 배경 속에 가상의 사물이 보여 지는 가운데 사물과 배경간의 조화에 초점을 맞춘다.

그림 11-15 가구가 증강현실로 나타나는 경우

③ 사물 증강(Augmentation of an object)

마트의 진열대에 진열된 제품 로고에 카메라를 비추면 미리 저장된 증강현실 요소가 카메라에 나타난다. 예를 들어, 토마토 케찹의 로고에 카메라를 비추면 케찹을 이용한 다양한 요리법이 가상의 이미지로 나타난다. 이처럼, 증강의 대상이 제품인 경우가 사물 증강의 예에 해당한다.

그림 11-16 제품을 이용한 레서피가 증강현실로 보이는 경우

(4) AR 광고 캠페인 사례

Pizza Hut은 과거에 대한 향수와 혁신적인 기술을 결합하기 위해 과거의 상징적인 비디오 게임 PAC-MAN을 대상으로 매력적인 증강 현실(AR) 캠페인을 시작하였다. 온라인 배달 서비스가 지배하는 경쟁이 심한 시장에서 혁신의 필요성을 인식한 Pizza Hut은 AR을 활용하여 고객 참여를 유도하고 과거의 향수를 활용하여 먹는 경험과 연결하였다.

캠페인은 스마트폰으로 스캔하면 상자가 플레이 가능한 PAC-MAN 게임으로 변하는 QR 코드가 장착된 한정판 PAC-MAN 피자 상자를 이용하여 진행되었다. 이는 피자 경험에 인터랙티브 요소를 추가했을 뿐만 아니라 게임이 과거와 현재를 연결하는 가교 역할을 하여 소비자의 향수를 불러일으켰다.

이 캠페인과 관련하여 PAC-MAN 제작사는 "PAC-MAN의 디자인과 창조는 피자에서 떼어낸 조각 모양에서 영감을 얻었다"고 말하면서 시너지 효과를 강조하였다. 이러한 계획을 통해 게임과 피자의 파트너십은 혁신적일 뿐만 아니라 문화적으로도 연관되었다.

캠페인 결과는 인상적이었다. AR 게임은 조회수 150만 회 이상, 세션당 평균 참여시간 6분을 기록하였고, Pizza Hut이 인쇄판 구독자에게 PAC-MAN 브랜드가 찍힌 Google Cardboard(저가의 가상경험도구) 세트 130만 개를 배포하면서 캠페인은 디지털 영역을 넘어 오프라인으로도 확장되었다. 또한 게임플레이 시간 11,260시간, 미디어 노출 수 7억 4,100만 건, 팩맨 박스 1,060만 개 판매라는 성과를 거두었다, 3월 한 달간 피자헛 박스는 기술적으로 Nintendo Switch, Playstation 5, Xbox Series X의 총 판매량을 넘어 전 세계적으로 가장 많이 팔린 게임 콘솔이 되었다.

피자헛은 과거의 인기 메뉴를 부활시키겠다는 '향수(Newstalgia)' 캠페인을 지속하면서 고객의 피자헛에 대한 사랑을 자극하였고 AR과 게임을 통해 젊은 세대와 새로운 관계를 구축할 수 있었다. 이 사례는 AR 기술을 활용하여 소비자와 연결을 강화하고 브랜드 이미지를 향상시키며 매출을 촉진하는 효과를 보여준다.

5) 네이티브광고

(1) 네이티브광고의 개념

예전에 신문에서 기사와 비슷한 형식을 취하면서 광고기능을 수행했던 기사식 광고(advertorial)는 소셜미디어가 대세로 잡으면서 네이티브광고란 이름으로 다시 태어나게 되었다. 네이티브광고란 콘텐츠와 비슷한 형식을 취하면서 독자의 시선을 방해하지 않으며 얼핏 보기에 (실제론 광고이지만) 광고 같지 않아 보이기 때문에 소비자에게 거부감 없이 받아들여지는 장점을 갖는다. 예를 들면, 인피드 형식으로 타임라인에 게재되는 페이스북의 광고는 웹상에 게재되는 배너광고보다 덜 성가시게 느껴지고 콘텐츠 같은 착각을 불러일으키면서 더 높은 설득효과를 누릴 수도 있다. 인피드 외에도 검색엔진에 표시되는 유료검색광고, 제품목록을 보여주는 형식으로 포털이나 온라인 쇼핑몰에 나타나는 프로모션 목록 등도 콘텐츠와 닮은 모습을 취하고 있다는 점에서 네이티브광고의 범주에 포함된다. 네이티브광고는 주로 포털사이트나 소셜미디어 플랫폼에서 활발하게 진행되고 있는데 네이버 파워컨텐츠, 카카오스토리 포스트, 페이스북/인스타그램 스폰서드 콘텐츠 등을 예로 들 수 있다.

하지만, 콘텐츠와 광고의 구분이 모호해 보이는 것은 장점인 동시에 단점도 된다. 예를 들면, 기사인줄 알고 읽었다가, 광고임을 뒤늦게 알았을 때 독자가 속았다고 느낀다면 광고에 등장하는 제품이나 브랜드에 대해서 좋지 않은 감정이 형성될 수 있다. 이러한 이유로 현재 네이티브광고에는 광고임을 명시하는 수식어를(예: 프로모션 중, 스폰서 콘텐츠, 광고 등) 함께 노출해야 한다. 그럼에도 불구하고, 네이티브광고를 접한 수용자의 50% 이상이 이를 기사라고 인지하고, 80% 이상이 광고인지 기사인지 혼동을 느낀다는 조사결과도 있다. 따라서 네이티브광고의 성공을 위해서는 소비자에게 광고임을 충분히 인지시키는 가운데 소비자의 눈길을 끌만한 콘텐츠로 자연스럽게 소비자의 시선을 유도하는 전략이 주효할 것이다.

▲ 인피드 광고

▲ 스폰서 콘텐츠

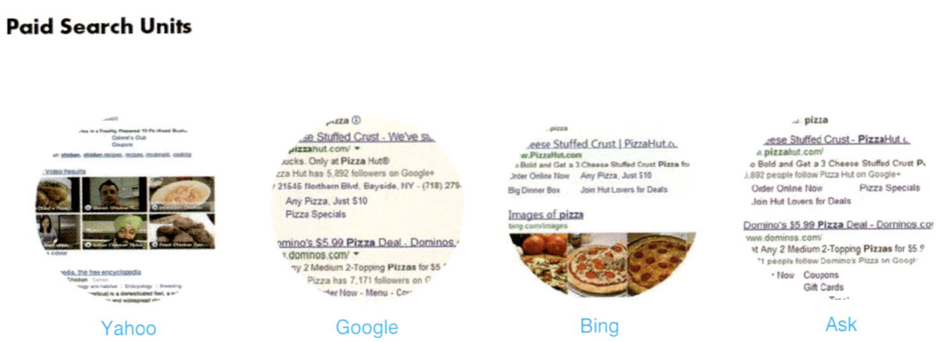

▲ 검색광고

그림 11-17 네이티브광고의 예

출처: open.ads (2023. 01.31).

(2) 네이티브광고 캠페인 사례

① 삼성 에어드레서 캠페인[1]

삼성은 정보 기술 분야의 글로벌 리더로서 세상에 영감을 주고 미래를 창조한다는 비전을 가지고 웹 전반에 걸쳐 보다 퀄리티 있고 관심도 높은 타깃을 대상으로 삼성의 지능형 에어드레서에 대한 프리미엄 브랜드 인지도를 구축하고자 하였다.

- 해결책

목표를 달성하기 위해 삼성은 기사형식으로 제품을 알리는 네이티브광고 캠페인을 시작하였다. 삼성은 Facebook에서 조회 가능성이 높고 브랜드 안전이 보장되는 매체 인벤토리에서 관심있는 타깃에 노출할 수 있었다. 또한 소셜미디어 게시물에 회사 로고, 구매 버튼, 제품설명 등을 강화하여 캠페인의 임팩트를 높일 수 있었다.

- 결과

달성된 결과는 다른 형식에 비해 삼성의 기대치를 뛰어넘었다.

- 미디어의 조회수: 75% 증가
- 평균 CTR(클릭률): 0.34%
- 표준 네이티브광고 CTR(클릭률) 대비: 240% 증가

1 출처: outbrain.com. https://www.outbrain.com/case-studies/samsung-increases-brand-awareness-with-outbrains-native-awareness

② 현대자동차의 지속가능한 미래를 위한 캠페인[2]

BBC StoryWorks는 그리스 이타카 주변 해역에 있는 버려진 양어장 청소 과정을 기록한 감동적이고 유익한 영화를 제작했다.

버려진 양어장은 환경과 지역 어부들의 생계를 파괴하고 있었다. 분실, 방치 또는 폐기된 어망, 우리 및 함정과 같은 '유령 장비'는 내구성이 뛰어난 나일론 플라스틱 원사로 만들어지며 분해되어 해류를 타고 먼 거리를 이동하는 데 수십 년이 걸릴 수 있다. 이동하는 동안 장비는 원래 설계된 대로 해양 생물을 잡아 죽이게 된다.

다큐멘터리는 주로 NGO 단체인 Healthy Seas의 활동에 초점을 맞추며 순환 경제 발전을 위한 현대자동차의 노력과 함께 환경적 목표와 연결하였다.

현대차의 사회적 책임에 대한 헌신은 영화 전반에 걸쳐 엮여 있으며, 지속 가능한 미래를 위해 싸우라는 전 세계적인 요구에 부응하는 동시에 현대차가 자사 제품에 유령 장비를 사용하는 모습을 보여준다.

BBC Story Works은 이와 관련하여 다음과 같이 말했다. "이것은 브랜드 콘텐츠로서 네이티브광고가 할 수 있는 최상의 모습을 보여주는 사례이다.", "이것은 진정으로 변화를 만들어 내는 브랜드이고 카 인테리어에도 폐기물을 사용하고 있다."

이처럼 네이티브광고 형식을 통해 현대자동차는 더 길고 복잡한 스토리를 전달하고 고객과 파트너십을 구축할 수 있었다.

2 출처: Native advertising Institute.com. https://www.nativeadvertisinginstitute.com/blog/the-best-native-advertising-of-the-2020s-so-far

6) 온라인 게임광고

광고를 온라인 게임에 노출할 때, 가장 큰 특징은 사람들이 게임에서 즐거움을 느끼는 가운데 브랜드를 노출함으로써 보다 호의적인 감정을 불러일으킴으로써 긍정적인 브랜드 태도를 불러일으킬 수 있다는 것이다. 게임 광고는 유형별로 게임 내 광고, 애드버 게임, 소셜 게임 등으로 나눌 수 있다.

(1) 게임 내 광고(in-game ads)

TV나 영화 속의 간접광고(PPL)와 유사한 형식으로 게임하는 도중 브랜드에 노출되게 하는 방식이다. 최근연구에 따르면 게임 내 광고에 노출시킴으로써 광고태도와 구매의도 등에 호의적인 반응을 일으키는 효과가 있다. 특히 실제브랜드에 노출됨으로써 게임에서의 실재감을 높여주는 것으로 알려져 광고에 대한 게이머들의 반응도 비교적 호의적인 것으로 나타나고 있다.

다만, 게임이라는 콘텐츠 자체가 몰입도가 매우 높기 때문에 주변적 단서(peripheral cue)로 노출된 광고(예: 레이싱게임에 삽입된 현수막이나 빌보드 광고 등)에 대한 주목도가 떨어지기가 쉬운 단점이 있다.

이는 제한용량모델(limited capacity theory)에 의해 설명된다. 이 이론에 따르면 특정 과업에 대한 사람의 인지적 용량(cognitive capacity)은 한정되어 있는데, 이러한 인지 능력의 대부분이 1차적 과업에 사용되기 때문에 2차적이고 부수적인 과업에는 매우 제한적인 인지능력만 할당된다는 것이다(Kahneman, 1973). 이를 온라인게임 상황에 적용하면, 게이머는 1차적 과업(primary task)인 게임행위에 인지용량의 대부분을 쓰게 되기 때문에, 2차적 과업(secondary task)이라 할 수 있는, 게임할 때 마주치는 광고판이나 브랜드 등의 정보를 받아들이고 처리하는 데는 아주 제한적인 일부 용량만 주어지게 된다. 따라서 사용자가 게임에 몰입하면 할수록, 게임 내 광고를 식별하고 주목하기란 더욱 어렵게 된다.

따라서 이러한 문제를 보완하기 위해서는 게임 내 광고를 단순한 후면배경으로 위치시켜 수동적으로 노출하기 보다는, 브랜드를 게임스토리의 일부로 연결시키는 등 게임에서 브랜드가 보다 중심적인 역할(예: 레이싱게임에서 자동차에 그려진 브랜드로고 등)을 하는 방향으로 유도하여 2차적 과업을 1차적 과업의 맥락으로 끌어들이는 (integration to the primary task) 노력이 필요하다.

또 다른 요인은 게임과 브랜드 간의 조화(또는 부조화) 효과이다. 일반적인 연구결과는 브랜드 태도의 경우는 게임스토리와 브랜드 컨셉이 서로 조화를 이룰 때(예: 레이싱게임에 윤활유 등 자동차 용품을 광고할 경우) 긍정적인 감정이 형성되고 브랜드의 기억은 서로 부조화를(예: 레이싱 게임에 애완견 사료를 노출할 경우) 이룰 때 더 잘 기억된다는 결과를 보고하고 있으나, 또 그 반대인 경우도 있어서 브랜드를 노출할 게임을 선택하는 데 있어서 시장상황에 대해 보다 면밀한 검토가 필요하다.

그림 11-18 게임 내 광고: 수동적 노출과 게임 스토리 일체형 노출의 예

(2) 애드버 게임(Advergame)

애드버 게임이란 하나의 특정한 브랜드를 위해 맞춤형으로 제작된 게임으로 게임 내 존재하는 모든 요소가 로고 또는 캐릭터 등 브랜드나 제품특성과 관련되어 있고 브랜드를 알리는데 사용된다. 사용자는 게임을 즐기는 가운데 자연스럽게 브랜드 관련 요소들에 노출되고 게임이 끝난 후에는 이를 더 잘 기억하고 브랜드에 대해 호의적인 감정을 형성하게 된다. 따라서 브랜드가 주 스토리로 등장하는 게임을 즐기다 보면 높은 브랜드 충성도로 이어질 가능성이 있다. 소비자는 광고라는 거부감 없이 게임에 자연스럽게 몰입하면서 브랜드와 더 긴밀한 관계를 형성하게 되고, 게임을 통해 고객 취향을 파악하는 등 고객 데이터를 손쉽게 획득할 수 있다는 것도 장점으

로 꼽힌다.

애드버 게임은 해당 브랜드의 웹사이트에서 다운 받을 수 있고 보통 무료로 제공되며 쉽게 짧은 시간에 마칠 수 있도록 디자인 되어있다. 산업별로는 어린이를 주타깃으로 하는 식품업계에서 많이 쓰는 전략이다.

그림 11-19 애드버 게임의 예

(3) 소셜네트워크 게임(game in social network)

소셜네트워크 게임은 페이스북, 카카오 등 소셜네트워크에서 제공되는 게임을 말한다. 소셜네트워크가 친구관계로 맺어진 커뮤니티인 만큼, 게임하는 도중에 친구에게 도움을 요청하거나 친구와 상호작용하는 가운데 함께 게임을 진행할 수 있다. 따라서, 이러한 특성을 갖는 게임에 제품이나 브랜드를 노출할 경우 친구와 함께 게임을 즐기는 가운데 좀 더 브랜드에 몰입할 수 있는 기회를 갖게 되고 게임 후 바이럴 효과도 기대할만 하다.

이외에도 소액거래(microtransaction)를 통해 게임에 필요한 장비나 아이템을 구입하는데 소요되는 비용을 브랜드가 후원하여 무료로 제공함으로써(sponsorship on downoladable contents) 브랜드에 대해 긍정적 감정을 형성할 기회도 갖는다.

그림 11-20 소셜네트워크 게임에서의 광고 방식

7) 소셜미디어 광고

소셜미디어는 웹 2.0에 기반하여 사용자가 자신의 콘텐츠를 만들어 배포하거나 사용자간의 콘텐츠 교환을 가능하게 해주는 인터넷 기반 애플리케이션 서비스를 의미한다. 소셜미디어는 우리가 일반적으로 떠올리는 페이스북이나 비즈니스 니즈가 강한 링키드인, 비디오를 공유하는 유튜브와 사진공유 성격이 강한 인스타그램, X(구트위터)와 같은 마이크로 블로깅 사이트와 일반적인 블로그, 집단 지성의 공동협업으로 구성되는 위키피디어, 모바일 메신저 기능의 카카오톡 등 다양한 기능을 포함한다. 소셜미디어 플랫폼은 인포그래픽, 라이브 스트리밍, 스토리와 같은 기능을 포함하는 등 점점 더 기능을 확장하고 있다.

(1) 프로모션 믹스에서 소셜미디어의 역할

사용자가 메시지 생성 및 전파의 주도권을 갖는 디지털 마케팅 환경에서 소셜미디어는 기업이 소비자와 소통할 수 있는 중요한 통로이다. 소셜미디어를 통해 기업은 고객으로부터 실시간으로 메시지를 수신하고 또한 이들에게 상호적으로 기업의 메시지를 다양한 포맷으로 전달할 수 있다(예: 동영상, 사진, 오디오 메시지 등). 예를 들면, 기업이 소셜미디어에 올라온 소비자의 댓글과 리뷰를 모니터링하면서 고객이 원하고 필요로 하는 것에 대한 통찰력을 얻고 이를 마케팅 전략에 적용할 수 있다.

소셜미디어를 통한 마케팅 캠페인은 다음과 같은 몇 가지 장점을 갖는다.

① '좋아요', '공유', '댓글' 등 소비자가 반응하는 다양한 기능을 활성화하여 소비자의 반응을 즉각적으로 체크하고 이를 통해 바이럴 효과를 활성화 시킬 수 있다.
② 소셜미디어의 콘텐츠를 다양한 플랫폼에 활용할 수 있다.
③ 통합마케팅 관점에서 전체적인 마케팅 목표와 전략을 위해 소셜미디어가 촉매제 역할을 할 수 있다.
④ 브랜드를 개인화(personalize)하기 위해 소셜미디어 페이지를 다양하고 융통성 있게 디자인할 수 있다.
⑤ 소셜미디어의 브랜드 콘텐츠를 지리적 문화적 특성에 맞게 관리하여 소비자의 인게이지먼트를 높일 수 있다.

(2) 소셜미디어의 브랜드 팬 페이지 관리

브랜드 팬 페이지란 소셜미디어 환경에서 브랜드가 개설한 커뮤니티로 방문자에게 브랜드 관련 정보와 이벤트를 제공하는 플랫폼으로서의 역할을 수행한다.

관계마케팅 관점에서 고객과 브랜드 간의 긴밀한 관계형성을 위해 브랜드와 제품 관련한 새로운 콘텐츠가 인피드 형식으로 지속적으로 업데이트 되며 중간 중간 소비자의 눈길을 끌만한 프로모션 행사도 진행한다. 예를 들면, 제품관련 동영상 제작 콘테스트를 개최하고 온라인 투표를 통해서 상을 주거나, 소비자가 자신만의 제품을 디자인하고 이를 상품화 하는 것 등이 좋은 반응을 얻고 있다. 또한 고객과 고객 간의 상호작용도 자유롭게 형성되어 좋은 정보는 브랜드 팬들의 소셜네트워크를 통해 퍼져나가는 바이럴 효과도 누릴 수 있다. 팬 페이지 관리를 위한 몇 가지 팁을 요약하면 다음과 같다.

① **명확한 목표설정**: 팬 페이지를 통해 무엇을 달성하고 싶은지를 명확히 한다. 예를 들어, 브랜드 인지도를 높이고, 웹사이트 트래픽을 유도하고, 리드를 생성하

고, 판매를 늘리기 위한 것 중 단기목표와 장기목표를 설정한다. 명확한 목표를 설정하면 노력을 집중하고 성공 여부를 측정하는 데 도움이 된다.

② 타깃 고객의 이해: 청중을 효과적으로 참여시키려면 그들이 누구인지, 무엇을 원하는지 이해해야 한다. 이러한 관점에서 인구통계적 특성, 선호도, 문제점을 파악하기 위해 철저한 조사를 수행한다. 타깃을 파악한 후, 청중의 공감을 불러일으키고 의미 있는 참여를 유도하는 콘텐츠를 만들 수 있다.

③ 참여 콘텐츠: 매력적인 콘텐츠는 성공적인 팬 페이지의 핵심요소이다. 타임라인에 업데이트 되는 콘텐츠는 고객의 관심을 자극할 수 있는 몇 가지 특성을 갖춰야 한다. 예를 들면, 소비자에게 재미를 주는 오락성이나 제품의 활용에 관련한 정보성, 오감을 자극하는 정보의 생동감요소, 소비자의 선택 옵션을 제공하는 상호작용성 등의 요소를 고객의 니즈에 맞게 제공하려는 노력이 필요하다. 또한, 제품 컨셉에 따라 제공하는 콘텐츠의 성격을 실용적 또는 쾌락적 측면에서 구성할지를 결정해야 한다. 예를 들면 Ikea 가구는 가구 디자인 및 공간구성 등 실용적인 성격으로 Redbull 음료는 극한의 스포츠 경기 중심의 쾌락적 측면에서 콘텐츠를 구성하고 있다.

④ 일관된 브랜딩: 소셜미디어 팬 페이지 전체에서 일관된 브랜딩을 유지하는 것은 브랜드 인지도와 신뢰를 구축하는 데 필수적이다. 동일한 색상, 글꼴, 로고를 일관되게 사용하고 브랜드 목소리가 게시물 전체에서 일관되게 유지되도록 하여 청중이 쉽게 인식하고 공감할 수 있는 응집력 있는 브랜드 아이덴티티가 드러나도록 한다.

⑤ 전략적 게시일정: 소셜미디어 팬 페이지 관리에서는 타이밍이 매우 중요하다. 다양한 게시 시간과 요일을 실험하여 잠재고객이 가장 활동적인 시기를 파악한다. 도달 범위와 참여도를 극대화하려면 그에 따라 게시물을 예약하는 것도 필요하다. 짧은 시간에 업데이트를 여러 개 정기적으로 게시하면 가시성을 높이고 팔로어들 사이에서 흥미를 유발할 수 있다.

⑥ 청중과의 소통: 소셜미디어는 관계구축에 가장 노력을 기울여야 한다. 팬 페이지의 댓글, 메시지, 멘션에 즉시 응답하는 것도 도움이 된다. 방문하는 고객들

이 자신의 목소리를 표현할 수 있는 기회를 최대한 제공하고 이를 피드백삼아 팬 페이지 관리 및 마케팅 캠페인에 반영할 수 있어야 한다. 예를 들면, 콘텐츠에 대한 '좋아요 수'와 '공유 수', '댓글의 긍정적, 부정적 반응' 등을 분석하여 소비자들이 원하는 것이 무엇인지를 파악하고 고객 성향에 맞는 메시지를 제공할 수 있다.

⑦ **지표 분석:** 소셜미디어 측정항목을 정기적으로 분석하여 팬 페이지의 성과를 평가한다. 참여율, 도달 범위, 클릭률, 전환율과 같은 지표에 주의를 기울이고, 이러한 데이터로부터 소비자 반응에 대한 통찰력을 얻고 팬 페이지의 성과를 최적화하기 위한 의사결정을 해야 한다.

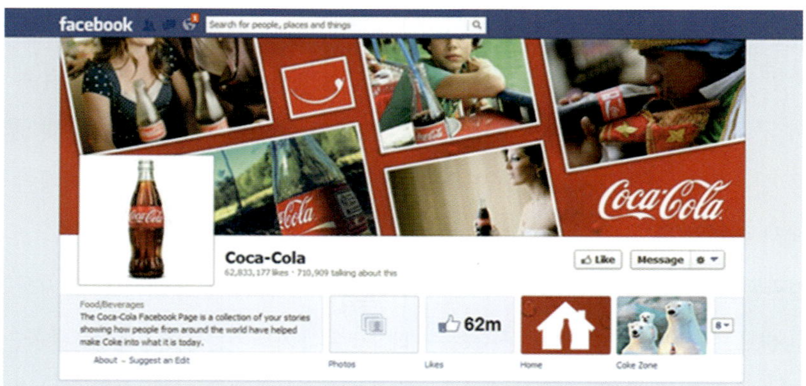

그림 11-21 소셜미디어의 브랜드 팬 페이지

(3) 소셜미디어의 인플루언서(Influencer) 마케팅

소셜미디어 환경에서 말하는 인플루언서란 '소셜미디어에서 활동하며 특정한 분야(예: 미용, 요리, 패션, 헬스, 게임 등)의 전문성을 기반으로 많은 수의 팔로워를 (또는 팬) 거느리면서 유명세를 얻고 대중에 영향력을 행사하는 사람'을 뜻한다(Hudders, Jans, & De Veirman, 2021). 기업이 인플루언서를 매개로 덜 직접적이면서도 친숙한 방식으로 잠재 고객과 소통할 수 있기 때문에, 다양한 성격과 규모의 인플루언서를 통한 '자연스러운 침투' 방식은 기업들에게 새로운 마케팅 접근으로 주목받고 있다.

인플루언서의 예를 든다면, 인스타그램에서 유명한 패션 사진가나 유투브 채널에서 유명한 화장품, 요리, 또는 운동 분야에서 전문성을 가진 파워 블로거 등이 있다. 인플루언서는 온라인 커뮤니티에서 형성된 자신에 대한 신뢰와 진정성, 권위, 충성도를 바탕으로 자신을 따르는 팔로워들에게 영향력을 행사하고 그들의 구매결정에도 영향을 미친다.

인플루언서의 유형은 그들의 전문 분야, 소셜미디어에서의 활동 내용 등 다양하게 분류할 수 있지만, 그들의 영향력을 반영하는 팔로워 수에 따라 유형을 나누는 것이 가장 보편적이다. Campbell & Farrell(2020)은 인플루언서를 유명인(celebrity) 인플루언서, 메가 인플루언서, 매크로 인플루언서, 마이크로 인플루언서, 나노 인플루언서 등 다섯 가지로 분류하였다. 유명인 인플루언서의 유명인은 소셜미디어 시대 이전의 전통적인 매체에서의 유명인을 뜻하므로 이를 제외하면 소셜미디어 인플루언서를 팔로워가 갖는 수의 영향력에 따라 네 가지로 분류했다. 메가 인플루언서는 1백만 명 이상의 가장 많은 팔로워를 갖는 유형이고, 매크로 인플루언서는 10만 명에서 1백만 명 사이, 마이크로 인플루언서는 1만에서 10만 명 사이의 팔로워를 가지며, 나노 인플루언서는 1만 명 미만으로 가장 적은 팔로워를 갖는 유형이다. 많은 수의 팔로워는 인플루언서의 인기도를 반영하여 도달률에 이점이 있고, 팔로워가 적은 인플루언서로 도달률은 낮지만 친밀도에서 강점을 갖는다.

닐슨의 연구에 따르면 한국 소비자들은 같은 소비자 입장의 광고에 대해 가장 높은 신뢰를 나타내는데, 가장 많이 신뢰하는 광고 유형은 지인 추천이 78%, 그다음으로는 온라인에 게시된 소비자 의견이 61%로 높은 응답률을 기록한 것을 볼 수 있다. 그만큼 구전 커뮤니케이션은 고객에게 다가가는 데 있어 중요한데, 특히 디지털 환경에서 소셜미디어 채널과 인플루언서는 구전 커뮤니케이션의 핵심을 이룬다. 한 보고서(HubSpot, 2023)에 따르면 ROI면에서 인플루언서 마케팅(7%)이 숏폼 콘텐츠(10%) 다음으로 높게 나타나 소셜미디어 DM(direct message, 6%), 검색엔진 최적화(SEO: search engine optimization, 6%), 브랜드 컨텐츠(4%)보다 더 우월한 결과를 보였다.

마케팅 채널에서 인플루언서 마케팅은 이미 오래 전부터 활용되고 있다. 2016년 마케터의 86%가 이미 인플루언서 마케팅을 이용하고 있고, 많은 브랜드에서도 유명 인사를 이용한 마케팅에서 인플루언서로 이동하고 있다. 인플루언서를 마케팅에 활용했을 때 기대되는 장점은 다음과 같다.

① 전문성

유명인 모델은 그 명성을 빌려 대중에게 친근하게 다가가기 쉽지만, 정작 제품과 브랜드에 대한 내용을 발전시키는 것은 해당분야의 지식과 경험을 겸비한 인플루언서의 몫이라 할 수 있다. 신제품을 시장에 출시할 때도 마찬가지이다. 아직 제품이 소비자의 신뢰를 얻지 못한 경우, 인플루언서가 제품을 리뷰하여 보증하게 되고 팔로워들은 이 조언을 바탕으로 구매를 결정한다.

② 진정성

인플루언서는 브랜드와 달리 고객들과 감정적인 맥락을 형성할 수 있다. 이는 단순히 사용자가 제작한 콘텐츠 이상의 의미가 있는데, 인플루언서가 실제 자신의 경험을 나눔으로써 개인적이고 진정성 있는 콘텐츠로 받아들여지는 것이다. 진정성 있는 콘텐츠는 제품에 대한 인사이트를 제공하고, 팔로워 참여를 유도해 고객과 의미 있는 관계를 형성하는 데 도움이 된다.

팔로워들은 인플루언서에게 브랜드와 제품에 대한 진실한 의견을 기대하는데, 인플루언서들은 곧 일상적인 소비자이기 때문에 그들에게 듣는 조언은 마치 친구, 동료, 가족 구성원에게 추천받는 느낌이 들어 더욱 진정성 있게 전달된다.

③ 소비자 인게이지먼트

연예인이나 스포츠맨, 정치인 같은 유명인들은 그 자신이 하나의 브랜드로서 많은 팔로워들을 몰고 다니는데 비해 마이크로-유명인들은 유투브 채널의 패션 블로거나 요리 블로거처럼 온라인상에서 스스로의 노력을 통해 유명해진 경우가 많다. 매크로 인플루언서(팔로워수 100,001명~1,000,000명 사이)보다 팔로워수가 적은 마이크로 인플루언서(팔로워 수 10,000명~100,000명 사이)는 팔로워가 적은 만큼 자신의 지리적 활동

반경 안에서 온-오프라인으로 팬들과 가깝게 소통한다.

이 때문에, 캠페인의 목적에 따라 인플루언서의 선택이 달라질 수 있다. 예를 들어, 브랜드 인지도처럼 높은 도달률을 목표로 한다면, 팔로워 수가 많은 메가 또는 매크로 인플루언서가 효과적이겠지만, 브랜드 신뢰도나 진정성, 친밀도를 강조하고 싶다면 마이크로 인플루언서나 나노 인플루언서가 더 나은 선택이 될 수 있다.

그림 11-22 유튜브 채널의 뷰티 인플루언서

마무리 사례

Quiz의 인플루언서 캠페인 사례

영국에서 설립되고 250개 오프라인 매장을 운영 중인 글로벌 패션 브랜드 퀴즈(Quiz)는 주로 매장 내 경험에 중점을 두었다. 그러나 코로나19 팬데믹으로 오프라인 매장이 문을 닫기 시작하자 Quiz는 고객 참여도를 높이기 위해 소셜 및 이커머스 전략에 더 집중해야 한다는 것을 깨달았다.

이를 위해 Quiz는 고객이 생성한 콘텐츠(UGC) 이미지를 소셜미디어 피드에 더 많이 게시하기 시작했다. 이러한 유형의 게시물은 항상 퀴즈에 대해 높은 소비자 인게이지먼트를 보여주었다. 또한 관심 있는 소비자를 소셜 피드에서 Quiz 사이트의 제품 페이지로 이끌기 위해 이러한 이미지를 쇼핑과 연결할 필요가 있었다. 그러나 그들은 거기서 멈추지 않았다.

▶ 팔로워수에 따른 인플루언서 믹스 전략

Quiz의 새로운 소셜미디어 전략의 독특한 측면 중 하나 는 고객 참여도(인게이지먼트)를 높이기 위해 마이크로와 매크로 인플루언서를 사용한 것이다.

최근 겨울 파티 컬렉션을 위해 Quiz는 해당 컬렉션에 대해 UGC를 생성하고자 마이크로와 매크로 인플루언서 목록을 작성하였다. 그 다음 Quiz는 신상품으로 부터 인플루언서를 위한 의상을 배송했고, 인플루언서들은 해당 의상을 입은 자신의 사진을 찍고 이미지에 Quiz를 태그했다. 이로부터 Quiz는 컬렉션이 공개되자마자 갤러리 피드를 살펴보고 가장 강력한 이미지를 홈페이지 갤러리로 가져와 신상품을 입은 다양한 인플루언서들을 선보일 수 있었다.

Quiz는 팔로워수가 다른 유형의 인플루언서를 혼합해서 사용하여 캠페인의 영향력을 극대화하였다. 메가나 매크로 인플루언서는 팔로워가 많기 때문에 그들의 게시물이 더 많은 청중에 미치는 높은 도달률을 제공하는 반면, 마이크로나 나노 인플루언서는 팬층이 작지만 그 때문에 그들의 팔로어가 충성도가 더 높으며 게시물에 더 높은 인게이지먼트를 보인다. Instagram의 8000,000개의 계정에 대한 자체 조사결과는 이것이 사실임을 입증하였다.

ENGAGEMENT RATE
by number of followers

MEGA-INFLUENCERS 1M+ followers	NANO-INFLUENCERS 1K- followers
1.6%	8.8%(5.5x)

조사결과 팔로워 1백만 명 이상의 메가 인플루언서는 1.6%의 인게이지먼트 수준을 보인 반면, 팔로워수 1만 명 이하의 나노 인플루언서는 이보다 5.5배가 많은 8.8%의 인게이지먼트를 기록하였다. 이 결과는 캠페인의 성공을 위해서는 도달률에 이점이 있는 많은 팔로워수를 보유한 인플루언서와 팔로워수가 적지만 높은 참여율이 장점인 인플루언서를 적절히 혼합하여 활용할 필요성을 제기한다.

Quiz는 웹사이트와 소셜미디어 채널에서 인플루언서 콘텐츠를 사용하여 고객이 사이트에 머무는 시간을 276% 늘렸고, 평균 주문 금액은 23%, 전환율은 154% 증가하는 대성공을 거둘 수 있었다.

출처: The Bazaar Voice (2023. 02. 24.). https://www.bazaarvoice.com/blog/influencer-marketing-case-studies

생각해 볼 문제

01. 상호작용성 개념을 이루는 구체적 차원 3가지는 무엇인가?

02. 상호작용성과 소비자 인게이지먼트는 어떻게 다른가?

03. 사물인터넷(IoT)이 마케팅적으로 적용된 예를 들어보시오. 이러한 기술의 장점과 단점은 무엇인가?

04. 몰입형 기술을 유형별로 분류하고 이러한 기술이 실재감(presence)과 마케팅 효과에 어떠한 영향을 미치는지 논의하여 보시오.

05. 네이티브광고란 무엇인가? 광고효과 측면에서 그 장점과 단점은 무엇인가?

06. 온라인 게임을 유형별로 분류하고 각각의 광고특성에 대해 논의하여 보시오.

07. 제한적 용량모델이 게임내 광고효과에 대해 시사하는 바는 무엇인가?

08. 소셜미디어를 통한 마케팅의 장점은 무엇인가?

09. 소셜미디어의 브랜드 팬 페이지는 어떻게 관리하는 것이 좋은가?

10. 마이크로 인플루언서와 매크로 인플루언서를 마케팅에 활용할 때 이들이 갖는 장점과 단점은 각각 무엇인가?

참고문헌

1. 혁신성장품목분석보고서 (2020.7). 스마트카: 자율주행과 커넥티드카 기술의 융합으로 다가올 스마트 시대, 2020-5. 한국 IR 협의회.
2. Brodie, R. J., Hollebeek, L. D., Juric, B., & Ilic, A. (2011). Customer engagement: Conceptual domain, fundamental propositions, and implications for research. *Journal of service research*, *14*(3), 252-271.
3. Campbell, C., & Farrell, J. R. (2020). More than meets the eye: The functional components underlying influencer marketing. *Business horizons*, *63*(4), 469-479.
4. Forbes (2023.12.27). Ad spending growth to accelerate in 2024. https://www.forbes.com/sites/bethkindig/2023/12/27/ad-spending-growth-to-accelerate-in-2024/?sh=174d1d0a6758.
5. Gibson, J. J. (1966). The senses considered as perceptual systems.
6. Hollebeek, L. D. (2011). Demystifying customer brand engagement: Exploring the loyalty nexus. *Journal of marketing management*, *27*(7-8), 785-807.
7. Hudders, L., Jans, S., & De Veirman, M. (2021). The commercialization of social media stars: a literature review and conceptual framework on the strategic use of social media influencers. *International Journal of Advertising*, *40*(3), 327-375.
8. Li, H., Daugherty, T., & Biocca, F. (2002). Impact of 3D advertising on product knowledge, brand attitude, and purchase intention: the mediating role of presence. *Journal of Advertising*, *31*(3), 43-57.
9. Liu, Y., Shrum, L. (2002). What is interactivity and is it always such a good thing? implications of definition, person, and situation for the influence of interactivity on advertising effectiveness. *Journal of Advertising*, *31*(4), 53-64.

광고조사와 효과측정

12

CHAPTER 12

▶▶▶ CONTENTS

SUMMARY

광고조사는 광고기획 및 제작, 효과측정 등 광고캠페인을 위한 의사결정을 돕기위해 데이터를 수집하고, 분석, 해석하는 체계적이고 과학적인 과정이다. 광고조사는 연구자가 자신의 조사 목적을 위해 직접 데이터를 수집하는 1차 조사와 기존의 다른 조사기관이나 조사자에 의해 수행된 결과를 활용하는 2차 조사로 나뉜다. 1차 조사는 다시 조사형태에 따라 수치가 중요한 의미를 갖는 서베이, 실험 등 양적조사와 응답자의 반응이 나오는 배경과 감춰진 심리상태를 중시하는 질적 조사로 나뉜다. 질적 조사로는 사례조사, 표적집단 면접, 투사법 등이 있다. 광고효과를 위한 광고조사는 캠페인전 완성도를 높이기 위한 사전조사와 캠페인 결과 평가를 위한 사후조사로 나뉜다.

TERMINOLOGY

광고조사 과정, 1차 vs. 2차 조사, 양적 vs. 질적 조사, 서베이, 측정수준, 실험, 표적집단 면접, 투사법, 사례연구, 생리적 반응조사, 사전 vs. 사후조사

도입 사례

"광고가 정말 효과 있을까?" 성과 측정 기준 "여전히 부족"

호주 IAB(Interactive Advertising Bureau)가 '광고 주목도 측정 환경 보고서(Ad Attention Measurement Landscape Report)'를 발표했다. 이 보고서는 미디어, 데이터 에이전시, 미디어 에이전시, 리서치 회사, 기술 벤더, 광고 회사 등에 소속된 180명을 대상으로 한 설문조사 결과를 정리했다. 보고서는 광고 주목 정도와 비즈니스 성과 사이의 상관관계를 발견했지만 주목도 측정이 만병통치약은 아니며, 다양한 측정 지표를 검토하라고 권고했다.

다시 말해, 주목도 측정은 광고 효과를 파악하는 데 중요한 요소이지만 현재 사용되는 여러 방법론 및 지표에 관한 이해 수준이 낮기 때문에 업계 표준으로 취급되어서는 안 된다고 보고서는 밝혔다. 아울러 보고서는 주목도 측정에 대한 합의나 일관성도 부족하다고 덧붙였다. 광고 주목도를 측정한다고 말한 응답자의 13%만이 동일한 주목도 지표를 일관되게 사용한다고 언급했다.

IAB에서 정의한 바와 같이, 광고 주목도 측정은 광고를 보고 관심을 두는 사람에게 광고 메시지가 전달됐는지 그리고 얼마나 주목했는지에 관한 데이터를 제공한다. 하지만 궁극적으로 해당 메시지가 기억에 남았는지는 확인하지 않는다. 구체적으로 살펴보면, 이번 설문조사 응답자의 44%는 광고 주목도 측정을 디지털 광고 효과를 평가하는 중요한 도구라고 평가했다. 이는 디지털 브랜드 상승 서베이(69%), 캠페인 도달 지표(60%), 마켓 믹스 모델링(51%), 뷰어빌리티[1](48%), 멀티-터치 어트리뷰션 모델링(47%)에 이어 6위를 차지했다.

가장 효과적인 광고 주목도 측정 방법으로는 조회 시간(47%), 조회 시간당 비용/광고에 주목한 시간당 비용(44%), 광고에 시선이 고정된 시간(42%)순이었다. 이어 광고 주목도 측정에서 얻은 인사이트를 바탕으로 취한 조치에는 미디어 계획 결정 또는 변경(63%), 프로그래밍 방식 최적화(49%), 광고 타기팅 결정 또는 변경(36%), 크리에이티브 디자인 조정(34%)이 있었다.

IAB에 따르면 광고 대행사의 82%는 내년 캠페인의 광고 주목도를 측정할 의향이 있다고 답했고, 이 가운데 55%는 이 개념을 어느 정도 알고 있다고 밝혔다. 아울러 전체 응답자의 76%는 미디어 계획에 관한 통찰력을 얻는 것이 광고 주목도 측정의 목표라고 말했다. 전체 응답자의 30%는 광고 주목도 측정을 '조금 알고 있다', 34%는 '적당히 알고 있다', 23%는 '매우 잘 알고 있다'라고 말했다. 한편 30%는 광고 주목도를 측정하는 대체 방안을 어느 정도 알고 있다고 답했으며, 26%는 전혀 모른다고 말했다.

호주 IAB의 측은 "효과적인 광고를 위해서는 많은 재료가 필요하고, 성공에 필요한 레시피는 광고주와 캠페인마다 다르다"라며, "퍼즐의 모든 조각이 어떻게 맞물리고 영향을 미치는지 측정하는 것은 광고 시

1 화면에 광고형태의 50% 이상, 시간상으로 1초 이상 노출된 것을 의미함. 즉, 실제로 해당 광고가 사용자의 눈에 띄었는지 아닌지를 판단하는 지표

장, 미디어 옵션, 소비자 행동, 마케팅 믹스가 계속 진화함에 따라 지속적으로 검토해야 할 영역이다"라고 언급했다. 이어 사용자 프라이버시가 강화되고, 소비자에게 데이터 통제권 및 선택권을 제공하는 데 초점을 맞추는, 즉 디지털 광고 산업에서 일어나고 있는 변화로 인해 마케터가 마케팅 효과 측정 기법을 조정하는 것은 필수적이라고 IAB는 강조했다.

출처: IT World (2022. 09. 26.). https://www.itworld.co.kr/news/257068

12 CHAPTER

광고조사와 효과측정

1 광고조사의 정의 및 목적

광고에서 조사란 광고 캠페인 기획단계에서부터 효과측정에 이르기까지 광고주 혹은 광고제작자의 의사결정을 돕기위해 데이터 수집부터, 문헌조사, 자료분석, 결과의 해석 등을 포괄하는 체계적이고 과학적인 일련의 과정이라 정의할 수 있다.

기본적으로는 소비자의 필요와 욕구를 파악하여 적합한 타깃을 정하고 타깃에게 어필할 수 있는 포지셔닝 전략에 따라 광고콘셉트 및 메시지를 개발하는데 조사가 필요하다. 예를 들면, 제품을 위한 광고소구가 유머 등 감성적 어필이 적절한지, 제품 특성을 충실히 알리는 이성적 어필이 더 나을지 등에 대한 의사결정을 하는 데 조사가 필요하다.

다음으로, 소비자가 즐겨보는 매체에 노출하여 소비자에 대한 노출을 최대화할 수 있도록 캠페인을 기획하는 데 필요한 의사결정과정에 개입하여 광고기획자 및 광고주가 올바른 선택을 할 수 있도록 돕는다. 또한 광고캠페인 종료 후 브랜드 인지도,

브랜드 태도 등 광고효과 측면에서 캠페인이 의도한 목표가 성취되었는지 평가하는 것도 조사자의 몫이다. 전반적으로 광고 조사는 기존캠페인에서 비효과적인 광고 전략, 크리에이티브, 메시지 및 매체전략을 방지하거나 수정하여 브랜드가 비용을 절약하는 데 도움을 준다.

광고캠페인을 위한 조사는 캠페인 기획부터 종료 후 평가까지 5가지 주요단계로 나뉜다. 각 단계별 조사과정은 다음과 같다.

(1) 시장 상황분석

브랜드가 직면한 시장을 제품(예: 기능, 차별화 속성, 브랜드 포지셔닝 등), 소비자(예: 타깃 특성, 구매동기, 제품가치인식 등), 경쟁사(예: 경쟁수준, 경쟁사의 광고콘셉트 등), 환경적 요인(예: 문화적, 규제적, 사회적 요인) 등의 상황으로 분석하고 이를 SWOT(강점, 약점, 기회, 위협요인) 으로 정리한다.

(2) 광고 목표 설정

캠페인을 통해 달성할 커뮤니케이션 목표를 목표설정 4 원칙에 맞추어 설정한다. 즉, 커뮤니케이션 목표(예: 브랜드 인지도, 호감도, 구매 관련 행동 등)가 무엇인지 세부적으로 명시하고 목표 달성여부를 판단할 수 있도록 측정 가능한 방식으로 목표를 수량화하고(예: 15%, 20% 상승 등), 그 목표를 언제까지 달성할 것인지 기간을 설정하며(예: 1년 이내), 시장상황에 비추어 그 목표가 달성한 현실적인 목표를 설정한다.

(3) 타깃 설정

브랜드구매 가능성이 가장 큰 시장을 타깃으로 설정하기 위해 의미 있는 변수로 시장을 나누고, 나눠진 시장별 구매력을 파악하기 위한 조사를 진행한다.

(4) 광고콘셉트 및 크리에이티브 전략

정해진 타깃에 어필하기 위한 브랜드 포지셔닝 전략에 따라 광고콘셉트와 콘셉트를 구체화한 광고를 완성하는 데 필요한 조사를 시행하고 제작에 관련한 의사결정을 하게 된다.

① 이를 위해 시장조사를 통해 광고전략을 수립하고 캠페인 아이디어를 브레인스토밍하면서 통찰력을 얻는다.
② 광고콘셉트와 크리에이티브 전략이 결정되면 구체적인 메시지, 전반적인 톤이 타깃에게 어필하고 광고 목표를 달성할지를 가늠하기 위해 캠페인 시작 전에 청중의 반응을 사전에 테스트하여 그 효과를 확인한다.

(5) 매체 계획

정해진 광고 목표를 달성하기 위해 미디어믹스 전략을 세우는데 이때 어느 매체에 얼마의 비중으로 광고예산을 분배할 것인지를 결정하기 위한 조사를 실시한다. 이후 광고노출 일정, 순서, 횟수, 시간 등에 대해서도 필요한 조사를 시행한다.

(6) 캠페인 효과 분석

캠페인이 종료된 후에는 마지막 단계로 설정한 목표의 달성 여부를 파악하기 위한 조사를 실시한다. 조사는 광고 목표가 무엇인가에 따라 잠재고객을 대상으로 설문조사를 실시하여 브랜드인지도, 도달률, 리드생성(잠재고객을 관심고객으로 전환), 고객획득, 매출, 수익 등 다양한 측정항목을 활용하여 캠페인 효과를 확인한다.

2 조사의 유형별 분류

방법론적 측면에서 조사의 첫 번째 단계는 조사의 대상과 범위, 그리고 조사목적을 정하는 것이다. 이에는 조사목적이 성취되었을 때 그 결과가 어떤 도움을 주고 어떻게 활용될 것인지에 대한 고려가 뒤따른다.

조사목적이 정해지면 그 목적을 위한 자료를 수집하는 단계로 접어든다. 자료의 성격에 따라 1차 자료와 2차 자료로 나뉘는데 2차 자료는 조사자의 목적과 다른 목적을 갖는 다른 조사자에 의해 이미 수집된 자료를 뜻한다. 시장점유율이나 매출액 등 각종 간행물이나 전자DB에 포함된 자료들이 이에 해당된다. 1차 자료는 조사자의 목적을 위해 조사자가 직접 수집하는 자료를 뜻한다. 1차 자료는 1차 조사를 통해 얻어진 자료를 뜻하고 1차 조사는 조사성격에 따라 다시 양적 조사와 질적 조사로 나뉜다. 양적 조사는 서베이와 실험연구, 질적 조사는 일대일 심층 인터뷰, 포커스그룹 인터뷰, 투사법(Projective technique), 관찰조사 등을 그 예로 들 수 있다([그림 12-1] 참조).

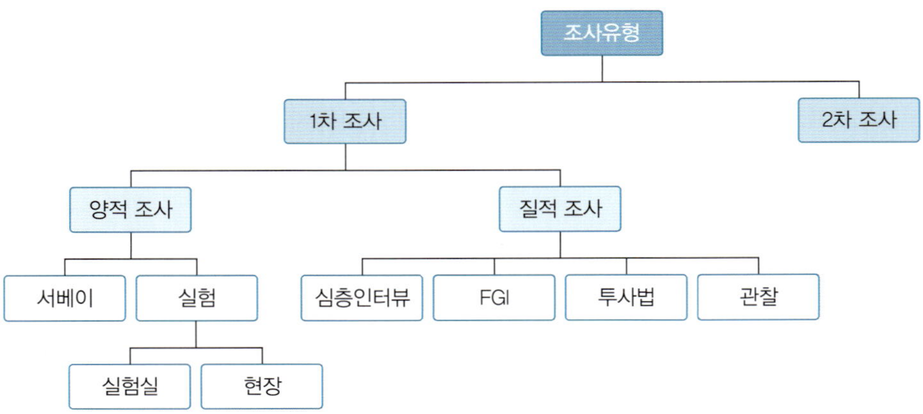

그림 12-1 조사의 유형별 분류

3 광고조사 과정

조사계획을 세우는 데 있어서 조사를 준비하고 실행하여 데이터를 수집하고 수집된 데이터의 분석을 거쳐 결과를 도출한 후 적용하는 일련의 조사 과정(research process)을 요약하면 다음과 같다.

① 연구주제에 있어서 문제점 파악(defining research problem)

예 특정 브랜드를 소구하는데 유머소구와 온정광고 중 무엇이 더 효과적인 선택이 될 것인가?

② 문제해결을 위한 연구목적 설정(setting research purpose)

예 본 조사는 브랜드 A에 대해 유머소구와 온정광고의 광고효과를 비교하고 더 효과적인 소구를 파악함을 목적으로 한다.

③ 문헌조사

2차 조사로서 문제에 관련된 이론이나 기존의 조사결과를 분석한다.

④ 연구문제나 연구가설 설정

연구목적을 달성하기 위해 필요한 내용을 연구문제나(예: 유머소구와 온정광고가 브랜드태도에 미치는 영향은 어떠한가?) 가설형태로(예: 유머소구가 온정광고보다 브랜드태도에 더 긍정적인 영향을 줄 것이다) 정리한다. 여기서 가설이란, 예에서 보는 바와 같이, 영향요인(예: 광고소구)과 결과변수(예: 브랜드태도) 간의 관계를 테스트할 목적으로 가설의 채택 또는 기각을 결정할 수 있는 형태로 설정한 임시적인 진술문이라 할 수 있다. 가설은 변수(variable) 간의 관계로 정의할 수 있는데 변수란 변하는 값을 갖는 모든 대상물을 뜻한다. 특히 영향을 주는 변수를 독립변수(independent variable)라 하고 독립변수로부터 영향을 받는 변수를 종속변수(dependent variable)이라 한다. 따라서 위의 가설의 예에서 독립변수는 광고소구의 유형(유머소구 vs. 온정광고)이고 종속변수는 브랜드 태도이다.

⑤ 조사방법 결정

이것은 1차 자료를 수집하기 위한 구체적인 계획을 뜻한다. 즉, 연구목적에 부응하고 연구문제나 가설에 대한 답을 구하기 위해 어떤 조사유형을 사용하는 게 적절할지 판단하고 선택하는 것이다. 즉, 연구목적을 위해 양적 조사와 질적 조사 중 적합한 조사유형이 무엇인지 판단하고 양적 조사를 선택한다면 서베이와 실험조사 중 더 적합한 유형의 조사는 무엇인지 선택하고, 응답자는 몇 명으로 어떻게 선정하여 샘플을 구성할지, 질문지에 들어가는 질문이나 응답항목들은 어떻게 구성할지 등에 대한 구체적인 내용을 포함한다.

⑥ 데이터 분석 및 결과 도출

데이터 분석이란 결과를 도출하기 위해 통계적인 분석툴을 사용하여 수집된 데이터를 분석하는 것을 의미한다. 예를 들면, 빈도분석과 평균과 표준편차의 계산, 평균값 차이를 비교하는 T검정과 분산분석, 변수 간 관계를 분석하는 교차분석, 상관분석, 회귀분석을 SPSS나 SAS와 같은 통계 패키지를 사용하여 실행하는 것이다. 그러고 나서 이와 같은 통계분석으로 부터 결과를 도출하여 해석하고 광고 캠페인을 위해 적용가능한 시사점을 찾는 것이다.

구체적인 조사방법이 수립되면 조사원을 선정하고 조사시간, 조사장소 등을 결정하여 데이터 수집에 나설 채비를 갖춘다. 이에 따라 데이터를 수집하고 수집된 데이터는 데이터 분석을 위한 코딩작업을 거친다. 여기서 데이터 코딩이란 통계적 프로그램을 이용한 다양한 분석을 위해서 분석단위별로 사용한 척도로부터 얻은 자료를 수치화하는 과정을 뜻한다. 예를 들면 7점 척도로 태도를 측정할 때 설문지 상으로 가장 좋다는 쪽에 동그라미가 쳐져 있으면 "7", 그 반대이면 "1" 등으로 데이터를 읽어 들임으로써, 척도에서 얻은 결과를 해석할 수 있도록 수치화하는 것이다.

내용분석 등 질적 조사에서도 코딩계획서(coding scheme)에 따라 데이터를 코딩하는 과정을 필요로 하지만, 수치적 의미가 특히 중요한 양적 조사에서는 코딩작업이 실수 없이 실행되는 것이 매우 중요하다. 코딩된 데이터는 통계 프로그램이 설치된 컴퓨터에 입력되고, 필요한 데이터 분석 과정을 거쳐 결과를 도출한다.

통계적인 분석결과가 나오면, 이에 대해 의미를 부여하는 결과의 해석 과정이 뒤따르게 되는데 이때 문헌조사에서 과정에서 사용되었던 선행연구 결과나 이론들이 올바른 해석을 위한 가이드 역할을 한다. 결과도출과 분석결과에 대한 해석이 마무리되면, 그 최종적인 결과물과 함께 조사과정도 보고서에 포함된다.

4 광고조사의 유형별 분류

1) 2차 조사의 특징과 장단점

2차 조사는 1차 조사에 비해 보다 빠르게 적은 비용으로 수행할 수 있는 장점이 있는 반면에 다른 연구자의 목적에 의해 얻어진 자료이므로 조사를 수행하는 연구자의 목적과의 관련성과 자료의 정확성, 시의성 등에서 단점을 갖는다. 따라서 일반적으로 2차 조사는 1차 조사를 위한 사전조사 성격을 갖는다고 할 수 있다. 광고기획서를 작성하기위해 수행하는 상황분석은 시장과 브랜드에 관련하여 이미 나와 있는 자료에 근거하여 진행되므로 2차 조사의 한 유형으로 볼 수 있다. 2차 조사를 위해 필요한 자료들은 인터넷에 공개된 자료나 도서관의 책과 온라인 DB, 신문, 잡지 등 각종 매체의 정기간행물, 기업의 연차보고서, 각종 협회자료, 통계청 등 정부자료, 전문 학술자료 등 다양한 정보원으로 부터 얻어진다. 이는 특히 일반에게 공개되지 않고 상업적 연구기관으로부터 유료로 제공되는 자료들도 포함한다.

표 12-1 1차 조사와 2차 조사의 비교

1차 조사	2차 조사
복잡한 단계를 거침	단순하고 쉬움
깊은 탐구	폭넓은 이해
응답자 개개인으로부터 개별적 데이터 수집	공개된 정보원으로부터 자료 수집
자료수집을 위한 샘플에 집중	시장에 집중
	1차 조사를 위한 준비 성격으로 실시함

1차 조사 vs. 2차 조사의 예

시장 조사는 비즈니스 결정의 위험을 줄이고 신제품을 출시하기 전에 위험요소를 파악하는 데 도움이 된다. 다음은 기업이 시장 조사를 통해 실제로 비즈니스 과제를 식별하고 해결하는 방법을 보여주는 몇 가지 사례를 제시한다.

◆ 스타벅스

세계적으로 유명한 커피 회사는 소비자 피드백, 매장 내 제품 테스트, 소셜 미디어 모니터링과 같은 1차 조사 방법을 포함하여 다양한 방법으로 시장 조사를 수행했다. 2008년에 스타벅스는 고객이 새로운 제품이나 기존 제품의 변경 사항에 대한 아이디어를 제공할 수 있는 전문 플랫폼인 My Starbucks Idea를 만들었다.

또한 스타벅스는 소셜 미디어 모니터링 방법을 적용하고 Facebook, Twitter, Instagram, Reddit 등 다양한 플랫폼에서 피드백을 수집하여 제품을 개선한다. 스타벅스는 공식 제품출시 전에 몇 가지 변경 사항을 적용할 수 있는 가능성을 파악하기 위해 일부 매장에서 새로운 아이디어를 테스트한다.

스타벅스는 새로운 제품 라인을 형성하기 위해 2차 시장 조사 방법을 적용하였다. 스타벅스는 시장 조사 회사로부터 데이터를 수집하고 매장의 데이터를 분석한다. My Starbucks Idea에 대한 피드백과 결합된 시장 조사 덕분에 스타벅스는 유럽과 미국 매장에서 유제품 없는 우유의 대안 제품을 성공적으로 출시했다.

- 1차 조사방법: 소비자 피드백, 매장 내 제품 테스트, 소셜미디어 모니터링
- 2차 조사방법: 시장 조사 제공업체의 기존 데이터

◆ 신제품 출시를 위한 전자상거래 시장 조사

전자 상거래 플랫폼을 출시하거나 기존 매장에 신제품을 출시하려는 경우 시장 조사를 수행하면 비즈니스 결정을 진행하기 전에 필요한 투명성을 확보할 수 있다. 첫째, 비즈니스 또는 제품의 시장 규모를 결정하는 것이 중요하다. 그런 다음 업계의 통계 및 동향, 소비자 행동, 제품에 대한 현재 수요에 관한 몇 가지 정보가 필요하다.

업계 규모, 추세 및 성장률에 대한 정보를 찾으려면 2차 시장 조사 방법을 적용하고 업계 기사를 자세히 살펴보고 사람들이 온라인에서 구매하는 경향이 있는 물건에 대한 마케팅 회사의 정보를 검색할 수 있다. 또 다른 유용한 소스는 시장 조사 보고서이다.

다음 단계는 잠재 고객의 요구 사항, 사회 경제적, 지리적 조건을 이해하는 것이다. 이 정보를 얻는 가장 좋은 방법은 기본 조사를 수행하고 고객 설문 조사를 수행하는 것이다. 전문 포럼, Facebook 그룹 또는 기타 소셜미디어 채널로 시작할 수 있다.

예를 들어 온라인 의류 매장을 출시하는 경우 Google Forms, Google Surveys 또는 TypeForm을 사용하여 온라인 설문조사를 수행 하고 특정 고객 세그먼트를 타깃팅할 수 있다. 연령, 위치, 소득, 좋아하는 브랜드, 이러한 사람들이 일반적으로 옷을 구매하는 상점에 대한 질문을 포함할 수 있다.

또한 설문조사에 참여한 고객 중 일부가 심층 인터뷰에 참여할 의향이 있는지 문의하기 위해 질문 양식을 사용할 수도 있습니다. 심층 인터뷰를 위해서는 각 인터뷰 대상자와의 토론을 촉진할 수 있는 개방형 질문 목록을 준비해야 한다.

- 1차 조사방법 : 고객설문조사, 설문조사, 심층인터뷰
- 2차 조사방법: 업계 기사, 경쟁사 조사, 시장조사 보고서.

출처: awware (2021. 06. 09.). https://awware.co/blog/primary-vs-secondary-research

2) 1차 조사의 종류: 양적 조사 vs. 질적 조사

1차 조사는 크게 양적 조사(quantitative research)와 질적 조사(qualitative research)로 나뉜다. 조사 성격에 따라서 보면, 양적 조사는 어떤 상황을 있는 그대로 나타내주는 기술적 조사(descriptive research)와 어떤 현상에 대한 원인과 결과 관계를 조사하는 인과관계조사(causal research) 목적으로 주로 사용되는 반면, 질적 조사는 알려진 바가 거의 없는 분야에서 양적 조사를 위한 기초단계로 탐험적 조사(exploratory research) 성격으로 많이 쓰인다. 광고조사에서 질적 조사는 소비자 특성을 파악하고 새로운 광고 콘셉트나 제품 콘셉트, 브랜드 콘셉트를 찾기위한 목적으로 주로 사용되고 있다.

주요 차이점으로는 양적 조사가 객관적 실제(objective reality)를 상정하고 수치적인 의미를 중시하는 데 반해서 질적 조사는 실제를 관찰자에 의해 파악되는 주관적인 세계로 보며, 수치적인 개념보다는 직관과 심층적인 깊이를 지향한다. 질적 조사는 깊이 있는 정보를 얻을 수 있고 양적 조사보다 빠르고 적은 비용으로 데이터를 모을 수 있는 장점이 있지만 보통 적은 샘플을 대상으로 진행하기 때문에 결과의 일반화 가능성(generalizability)을 담보할 수 없는 한계가 있다. 이러한 한계는 양적 조사를 추가함으로써 보완할 수 있다.

3) 양적 조사의 유형별 분류

(1) 서베이(survey)

가장 흔한 양적 조사의 형태로 설문조사와 같은 말이다. 서베이는 표본으로 선정된 일정한 수(양적 조사이므로 상당수의 응답자가 샘플로 확보되어야 한다)의 응답자들에게 설문지를 전달하고 응답자가 이에 답하는 방식으로 진행하여 필요한 정보를 얻는다. 따라서 설문지가 필요한 정보를 얼마나 충실하게 담을 수 있는지가 가장 중요하며 설문지를 통해 연구목적에 맞는 정형화되고, 표준화된 질문들과 응답형식을 응답자에게 제시하고 이에 대한 반응을 분석함으로써 그 결과물을 조사목적을 위해 활용하게 된다.

응답자에 대한 설문지 전달방식에 따라 서베이 유형은 직접 응답자를 방문하여 면대면으로 진행되는 '개인서베이', 전화를 걸어 구두로 문제를 불러주고 답을 듣는 '전화서베이', 설문지를 우편봉투에 담에 주소지로 배달하는 '우편서베이', 설문지나 응답링크가 응답자의 이메일로 전달되는 온라인 서베이 등으로 나뉠 수 있다.

설문조사 진행 단계

① **연구 목적 설정**: 연구자가 설문조사를 수행하는 데 제일 먼저 할 일은 연구목적을 설정하는 것이다. 연구 목적은 설문지에 들어가는 설문 항목의 내용 등 설문 조사의 전체 경로를 결정한다.

② **설문조사 대상 샘플 선정**: 설문조사의 적합한 대상은 누구인가? 먼저 이들 전체가 포함된 모집단을 결정하고 모집단으로부터 샘플을 선정할 샘플링 방법을 결정하고 이로부터 얻어질 샘플의 수를 확정한다. 예를 들면, 20대를 타깃으로 하는 스마트폰을 위한 서베이를 할 때 전체 20대 모집단에서 200명을 샘플로 선정한다면 샘플구성을 무작위표집과 같은 확률적 표집을 할지, 편의표집(예: 쇼핑몰 표집)과 같은 비확률적 표집을 할지 등 샘플링 방법을 정해야한다. 서베이와 같은 양적 조사는 선정한 샘플이 모집단에 대한 대표성을 얼마나 갖느냐가 중요하기 때문에 샘플을 무작위로 정하는 확률적 표집을 권장한다.

③ **설문지 디자인**: 연구목적이 정해지면 조사자가 목표로 하는 이슈를 연구문제나 연구가설 형식으로 기술하고 이에 대한 답을 찾는 단계로 나아간다. 연구문제에 대한 답을 찾기 위해서는 샘플에 설문지를 배포하고 응답자로부터 데이터를 수집하며, 이를 분석하여 답을 찾게 된다. 이때 설문지에 어떤 질문이 들어가느냐가 수집된 데이터의 충실도를 결정하게 된다. 양질의 데이터를 수집하기 위해서는, 연구목적과 연구문제에 충실한 질문들과 응답자가 손쉽게 답할 수 있는 응답항목들로 설문지가 구성되어야 한다.

④ **데이터 수집 및 결과 분석**: 설문지를 디자인하고 나면 이를 선정한 응답자들에게 보내 서베이 조사를 실시한다. 요즘은 서베이 플랫폼을 사용한 온라인 서베이가 가장 많이 사용되는 서베이 방식이다. 온라인 서베이는 질문지를 디자인하는 플랫폼이 완비되어 있고 응답자의 응답값이 자동으로 저장되어, 데이터 코딩이 수집과 동시에 이뤄지는 등 여러 가지 장점이 있다. 설문조사에서 코딩된 데이터를 통계적으로 분석하여 원래 의도한 연구목적에 맞게 제품이나 광고 캠페인, 또는 마케팅 관련 의사결정을 내리게 된다.

서베이 측정척도

서베이 질문지에는 각종 변수를 측정하기 위해 다양한 척도들이 사용되는데 변수의 측정척도는 측정수준에 따라 다음과 같이 네 가지로 분류된다.

① 명목척도(nominal scale)

이는 4가지 측정 수준 중 가장 기본적인 수준의 측정척도로 명목척도의 숫자는 수치적인 의미 없이 단순히 이름을 지정해 주는 역할을 한다. 명목척도에는 이분법적 질문, 선다형 질문 등이 포함된다. 예를 들어, 어떤 질문에 대해 '예' 또는 '아니요'라고 답하는 이분법적 질문의 경우 1을 예, 2를 아니요에 지정한다면 이때의 숫자는 예와 아니요라는 답변을 구분하는 역할을 하는 데 그친다.

예 당신의 성별은?
1. 남성　　2. 여성

② 순위척도(ordinal scale)

순위 척도의 숫자는 명목척도의 이름을 지정하는 역할에 더하여 순서의 의미를 갖는다. 즉 올림픽에서 금메달을 1 은메달을 2라고 한다면 금메달이 은메달보다 순위가 앞서는 의미를 갖는다. 하지만 금메달과 은메달 간의 실력차이가 얼마나 되는지는 알 수 없다.

예 다음의 자동차 브랜드에 대해 당신이 선호하는 순서대로 번호를 매겨주십시오.
□ 소나타　□ 그랜저　□ K5
□ 아이오닉　□ 쏘렌토　□ 스포티지

③ 등간척도(interval scale)

등간 척도의 숫자는 순위와 이름을 설정하는 것에 더하여 두 변수 간의 차이도 알려준다. 하지만, 아무것도 없는 상태인 절대 0의 값이 없다. 예를 들면, 온도계의 온도가 있는데, 온도계에서 0도는 온도가 없다는 뜻이 아니고 0도에서의 온도 수준을 0으로 지정한 것이다. 등간척도의 예로는 주가지수 등 각종 지수(index)들이 포함되며 등간척도에서는 사칙연산 중 덧셈과 뺄셈은 가능하지만 곱셈, 나눗셈은 불가능하다.

예 저희 고객센터의 서비스에 대해 평가해 주십시오.

	전혀 그렇지 않다 1	별로 그렇지 않다 2	보통이다 3	약간 그렇다 4	매우 그렇다 5
대기시간이 짧다.					
문의를 신속하게 처리한다.					
친절하게 응대한다.					
문의 내용을 해결할 수 있다.					
처리비용이 적절하다.					

④ 비율척도(ratio scale)

비율척도는 가장 높은 수준의 측정 척도로, 등간척도에 절대 0점이 추가된 것으로 볼 수 있다. 등간척도와 달리 비율 척도에서 0은 실제 아무것도 없는 0을 뜻한다. 비율척도의 예로는 무게, 속도, 길이 등을 들 수 있으며, 모든 사칙연산이 가능하다.

> **예** 당신은 체중이 어떻게 되십니까?
> ______ kg

중간 사례

[한경 ESG] 2023 ESG 브랜드 조사: LG, 2년 연속 최고 ESG 브랜드…포스코 · GS에너지 톱 10 진입

ESG 브랜드 조사는 각 기업의 ESG 활동이 일반 소비자에게 어떻게 평가되고 있는지 알아보는 의미 있는 지표다. 올해 세 번째로 실시한 조사에서 ㈜LG는 점수 하락에도 불구하고 1위를 수성했다. LG그룹 계열사 LG생활건강, LG전자도 모두 지난해에 이어 톱 5에 이름을 올렸다

ESG(환경 · 사회 · 지배구조) 경영 중심의 브랜드 포지셔닝 전략이 늘고 있다. ESG 경영을 주제로 한 광고캠페인, 보도 자료 배포, 소셜미디어 플랫폼 운영 등 홍보 활동이 증가하고 있다. 기업들이 ESG 경영 내재화 단계를 넘어 구체적 성과를 내기 시작하면서 브랜딩 과정에서 자연스럽게 ESG를 포함하고 있다.

일부 기업은 고객과 첫 대면 공간인 홈페이지 전면을 ESG 경영 현안으로 채우는 등 ESG 브랜딩에 적극적이다. 밀레니얼 세대가 ESG에 많은 가치를 부여하는 만큼 ESG 경영에 입각한 브랜드 구축 전략은 더욱 중요해질 것으로 전망된다.

종합 순위 톱 10

순위	순위 변동	기업명	점수
1	-	LG	105.7
2	-	삼성전자	103.1
3	▲2	LG생활건강	84.7
4	▼1	LG전자	81.7
5	▲5	삼성SDI	69.8
6	-	네이버	69.2
7	-	신세계	69.1
8	▲5	포스코	65.8
9	신규	GS에너지	64.7
10	▼6	LG에너지솔루션	64.5

자료: 글로벌리서치. 〈한경ESG〉

〈한경ESG〉는 창간 2주년을 맞아 '2023 ESG 브랜드 조사'를 실시했다. 총 4,000명의 소비자를 대상으로 한 설문조사를 통해 소비자들이 관심을 갖고 있는 ESG 현안이 무엇인지 조사했다. 국내 매출액 상위 150대 기업에 대해 지닌 ESG와 관련한 브랜드 이미지도 확인했다.

올해 ESG 브랜드 1위는 지난해에 이어 LG그룹 지주회사인 ㈜LG가 차지했다. ㈜LG는 환경(E), 사회(S), 지배구조(G) 등 모든 평가 부문에서 고르게 높은 점수를 받았다. 특히 지배구조 부문에서는 '경영진이 높은 윤리 의식을 갖고 있다', '이사회가 제 역할을 다하고 있다', '기업활동 정보를 투명하게 공개한다' 등에서 1위에 올랐다. ㈜LG 외에도 LG생활건강(3위), LG전자(4위), LG에너지솔루션(10위) 등 LG그룹 계열사가 높은 순위를 차지했다. 다만, ㈜LG는 올해 종합 점수가 14.3점 하락해 삼성전자와 2.6점 차이로 근소하게 앞섰다.

종합 2위는 지난해와 마찬가지로 삼성전자가 차지했다. 지난해 9월 신환경 경영전략을 발표하고 7조원을 투자해 2050년까지 탄소중립을 달성하겠다고 선언한 삼성전자는 ESG 모든 부문에서 점수가 소폭 상승했다. 사회 부문에서는 '사회 · 지역 공헌 활동에 적극적이다'. '조직 문화 혁신에 노력한다', '직원의 안전과 인권을 배려한다' 등에서 1위에 올랐다. 삼성전자를 포함한 삼성전기, 삼성SDI, 삼성SDS 등 삼성그룹 주요 계열사의 종합 점수가 대부분 상승했다.

LG생활건강은 지난해 3위인 LG전자와 4위인 LG에너지솔루션을 앞지르고 종합 3위를 차지했다. 사회 부문 점수는 3.3점 하락했으나 환경 부문 점수가 5.4점, 지배구조가 1점 상승하며 3위에 올랐다. '에너지절약에 노력한다', '재활용에 적극적이다' 등 환경 부문 점수가 전반적으로 상승했다. 다만 '조직 문화 혁신에 노력한다' 등 사회 부문 항목 점수는 3.3점 하락했다.

LG전자는 ESG 부문 모든 점수가 하락하며 4위에 머물렀다. 특히 '법과 원칙을 준수한다', '다양한 이해관계자의 의견을 경영에 반영한다' 등 지배구조 항목 점수가 5.6점 하락했다. 환경과 사회 부문에서는 '여성 인재 육성에 적극적이다' 항목을 제외한 모든 항목이 부진해 종합 점수가 92.8점에서 81.7점으로 전년 대비 11.1점 하락했다.

삼성SDI는 지배구조와 사회 부문 점수가 큰 폭으로 상승해 5위에 올랐다. '경영진이 높은 윤리 의식을 갖고 있다', '직원의 안전과 인권을 배려한다', '기업활동 정보를 투명하게 공개한다' 등 항목이 1점 이상 상승했다. 네이버는 종합 점수가 2.3점 하락하고, 신세계는 0.9점 상승하는 등 소폭 변동하며 지난해에 이어 올해도 6위와 7위를 차지했다.

지난해 13위에 머물렀던 포스코는 올해 점수가 10.6점 상승하며 8위에 안착했다. ESG 모든 부문에서 점수 상승이 이뤄졌다. 특히 '기업활동 정보를 투명하게 공개한다', '법과 원칙을 준수한다', '직원의 안전과 인권을 배려한다' 등 항목이 1점 이상 상승했다. 지주회사 체제 전환으로 물적분할되며 출범한 포스코홀딩스는 올해 신규 평가 대상으로 편입하며 58위를 기록했다.

올해 신규 평가 대상으로 편입한 GS에너지는 9위를 차지했다. LG에너지솔루션은 올해 톱 10 브랜드 중 가장 큰 폭으로 점수가 하락하며 지난해 4위에서 올해 10위로 추락했다. 사회 부문 점수가 6.9점, 지배구조 부문 점수가 4.5점 하락했으나 환경 부문 점수는 36.4점으로 전체 기업 중 1위를 차지해 10위권에 머물 수 있었다.

출처: 한국경제 (2023. 08. 07.). https://www.hankyung.com/article/202307302393i

(2) 실험(experiment)

실험조사는 어떤 현상에 대한 인과관계를 조사하는 데 가장 적합한 방법이다. 질문지를 사용하여 응답자의 자료를 모은다는 점에서는 서베이와 유사하나 중요한 차이점은 질문 전에 자극물(stimulus)을 응답자에게 노출하고 이에 대한 반응을 중심으로 답하게 한다는 점이다. 보통 자극물의 유무나 자극물의 강도를 달리하여 실험 처치(treatment)를 하며 자극물을 노출한 조건을 실험집단(혹은 처치집단)이라 하고 자극물을 노출하지 않은 조건을 통제집단이라 한다.

예를 들면, 유머광고에 대한 실험연구에서 유머 있는 광고(혹은 유머가 강한 광고와 약한 광고로 처치함)와 유머 없는 광고(다른 요소는 동일하다는 전제하에)를 응답자에게 노출하고 그 반응의 차이를 비교함으로써 유머광고의 효과를 분석하는 식으로 진행된다. 이때 응답자에게 노출된 광고가 실험에 사용된 자극물이다. 이처럼 서로 조건을 달리하여 그 차이를 알 수 있도록 노출하는 것을 실험조건의 조작(manipulation)이라 하는데 연구자는 본 실험에서 피험자에게 자극물을 노출하기 전에 실제로 자극물이 의도한대로 만들어졌는지 사전조사(pretest)를 통해 자극물에 대한 반응을 측정함으로써(예: 유머소구의 강약 또는 유무) 반드시 수치적으로 확인해야 한다. 이를 조작점검(manipulation check)이라 한다.

실험디자인은 처치조건과 통제조건의 수, 측정횟수 등에 따라 다양하게 구성될 수 있다.

실험은 특히 다양한 외생변수(조사자가 결과에 영향을 줄 것으로 상정한 원인변수 이외의 다른 변수들)들이 처치하는 변수(혹은 독립변수)외에 종속변수에 영향을 줄 수 있으므로 이 영향 가능성을 통제함으로써 어떤 원인이 어떠한 결과를 유발하는지, 그 인과관계를 밝히는 데 이점이 있다.

실험디자인의 예

X	O_1
	O_2

위의 도식에서 X는 실험 처치를 의미하고 O_1은 이에 대한 반응 측정을 의미한다. 또한 X가 O보다 먼저 위치하는 것은 시간적인 순서를 의미하는 것으로 실험 처치한 자극물을 노출 한 후 측정이 일어났다는 뜻이다. 그리고 그 다음 줄에 O_2만 있는 것은 실험 처치한 자극물 없이 O_1과 같은 시점에서 측정만 하였다는 뜻이다. X를 유머소구라고 하고 O를 브랜드에 대한 태도라고 한다면 결국 O_1 - O_2의 값이 유머광고가 브랜드태도에 미치는 효과로 해석할 수 있다.

중간 사례

숙지성의 법칙(Mere exposure effect)을 마케팅 전략으로 적용하는 방법

'눈에서 멀어지면 마음에서도 멀어 진다', '멀리 있는 친척보다 가까운 이웃이 낫다'라는 속담이 있다. 가까이서 자주 보면 호감을 갖게 되고, 친근해지게 되는 원리를 '숙지성의 법칙'이라고 한다.

기업 혹은 상품이나 서비스의 광고메시지도 소비자들에게 자주 비쳐야 관심과 흥미를 갖고 주목한다. 짧은 시간 내에 임팩트를 주는 광고제작과 매체전략 수립을 위해서 숙지성의 법칙을 마케팅 전략으로 적용하는 연구가 필요하다.

'숙지성의 법칙'이란 상대방과의 만남을 거듭할수록 호감을 갖는 현상을 말한다. 미국의 사회 심리학자, Robert Zajonc가 심리학 이론으로 정립했다.

그의 실험에 의하면 미시간주립대의 오래된 졸업 앨범에서 12장의 사진을 골라 실험 참가자들에게 1초당 2장 꼴로 보여 주면서 기억력 테스트를 할 것이라고 이야기하면서 사진 속 사람들을 최대한 많이 기억하라고 요구했다.

물론 사진 속 인물들은 실험 참가자들이 전혀 모르는 사람이다. 연구팀은 실험 참가자들에게 사진을 보여주는 횟수를 0번, 1번, 2번, 5번, 10번, 25번 5개 그룹으로 나누어 달리해 보여주었다. 그리고 사진을 얼마나 잘 기억하는지 테스트하는 척하면서 사진 속 인물들에게 느끼는 호감도를 조사했다.

그 결과, 적게 보여 준 사진보다는 많이 보여 준 사진일수록 호감도가 높게 나왔다. 25번 보여 준 사진의 호감도는 한 번도 보여 주지 않은 사진에 비해 1.5배 이상 높았다. 사람마다 좋아하는 얼굴이 있음에도 불구하고 많이 봤다는 이유 하나만으로도 인물에 대한 호감도가 높아졌다. 즉, 대인관계에 있어서 첫인상이 비록 좋지 못해도 접촉이 잦아지면 잦아질수록 좋지 않았던 인상이 점차 완화되는 원리와 같다.

숙지성의 법칙을 주위에서 혹은 마케팅 커뮤니케이션 등에서 어떻게 적용하는지 사례를 들어본다.

전동차 내부에 게재된 SK매직 직수정수기 광고. 전동차 내부를 네 가지 크기의 광고로 도배했다. 승객이 고개만 돌리면 모든 방향에서 광고물과 접촉하게 되므로 친근감을 갖는다.

이러한 광고 게재 방식은 '숙지성의 법칙 혹은 단순 접촉의 원리, 단순 접촉 효과, 반복효과를 적용한 광고'라고 한다.

최고경영자(CEO)가 직접 광고에 출연하는 사례도 눈길을 끈다. 권위를 내려놓고 최고 전문가이자, 리더로서 소비자에게 브랜드나 상품과 서비스 이미지를 각인시키는 것이다. 'CEO가 품질을 책임진다.'라는 메시지를 통해 신뢰감을 높이고 언론 노출 등 이슈몰이 효과가 큰 것이 장점이다.

정치 · 언론계 적용의 예로써 특정 현안이나 정책을 대중들에게 자주 알리고 노출시킴으로써 대중을 설득하는 경우이다. 또 정치인들은 선거철만 되면 유권자들과 악수하면서 선거운동을 한다. 어떻게 해서든지 많은 유권자들에게 자신을 노출시킴으로써 눈도장 찍으려는 의도이다. 그래야만 유권자들이 정치인을 보다 친근하게 느끼게 되고 투표로 이어진다.

위의 세 가지 사례는 모두 숙지성의 법칙을 적용한 사례이다. 우리 상품이나 서비스를 소비자들에게 자주 노출시킴으로써 냉담한 반응을 일으키지 않도록 주의를 기울이는 동시에 친숙하게 느끼도록 해야 한다. 방송의 PPL(product placement; 방송 중, 상품 노출을 통한 간접광고)도 이에 포함된다. 소비자들에게 환심을 사고 많이 판매하려면 광고메시지들을 동에 번쩍 서에 번쩍 자주 마주치게 하는 숙지성의 법칙 적용에 고심해야 한다.

출처: 우먼컨슈머 (2019. 03. 19.). https://www.womancs.co.kr/news/articleView.html?idxno=50600

4) 질적 조사의 유형별 분류

(1) 사례조사(case study)

사례조사는 조사자의 연구문제에 부응하는 하나 혹은 수개의 마케팅 사례를 집중 분석하여 시사점을 도출하는 조사이다. 예를 들면, 기업의 브랜드 포지셔닝을 위한 사례조사에서 최근 기업은행의 광고 캠페인 사례를 정밀 분석하여 메시지 전략, 매체전략, 브랜딩 등 구체적인 성공요인을 추출하여 브랜드 포지셔닝을 위한 실무적 시사점을 제안할 수 있다.

사례조사의 장점은 전체조직을 대상으로 하여 디테일을 심도 있게 분석할 수 있다는 것인데, 연구자는 조사에서 사태의 시간적 흐름을 분석하고 조직의 기능, 조직구성원, 회사전체 등 영향요인들 간의 관계를 파악하는 데 집중할 수 있다.

주의할 점은 사례조사도 질적 조사의 한 유형인 만큼 조사 결과를 어떤 현상이나 상황에 대한 인사이트(insight)를 얻거나 이를 바탕으로 후속 연구를 기획하는데 주력하는 것이 바람직하고, 한두 가지 사례를 가지고 이를 전체 시장에 대입하려 한다면 무리가 따를 수 있다는 것이다.

중간 사례

CJ제일제당 'K-푸드 세계화' 성공 사례, 하버드 경영대학원 교재로 쓰인다

CJ제일제당은 식품사업의 글로벌 확장 노력과 성과가 하버드 경영대학원의 연구 사례로 선정, 강의에 사용됐다고 14일 밝혔다. 세계 최고 경영대학원으로 꼽히는 하버드 비즈니스 스쿨이 한국 식품 기업을 연구 사례로 다룬 것은 이번이 처음이다.

'CJ제일제당: 글로벌 식품 리더십을 향한 여정(CJ Foods: The Path to Global Food Leadership)'이라는 제목으로 발간된 이번 연구 사례에는 비비고(bibigo) 브랜드의 만두, 치킨, 가공밥, K-소스, 김치, 김, 롤 등 7대 GSP(Global Strategic Products, 글로벌 전략제품) 품목을 앞세워 해외 시장을 개척한 CJ제일제당의 경영 전략과 성과, 비결 등이 상세히 담겼다.

이번 사례집은 하버드 경영대학원의 포레스트 라인하르트(Forest L. Reinhardt) 교수와 소퍼스 라이너트(Sophus A. Reinert) 교수, 슈 린(Shu Lin) 연구원이 공동 집필했으며, 이선호 CJ제일제당 식품성장추진실장도 참여해 사업 현황과 성장 전략 등을 소개했다. 지난 10일(미국 시간), 세계 각국의 기업 CEO 및 관리자 180여 명이 참석한 경영자 교육 프로그램에서 사례집이 처음 공개됐다.

이선호 실장은 사례집을 통해 "한국 문화에 대한 관심이 전 세계적으로 확산되면서 CJ제일제당은 글로벌 사업 확장에 속도를 낼 수 있게 됐다"면서, "K-푸드를 즐기는 것이 일시적인 유행을 넘어, 하나의 문화로 자리잡도록 '한국 식문화 세계화'를 더욱 가속화할 것"이라고 밝혔다.

특히, 사례집은 이재현 CJ그룹 회장의 경영철학인 '온리원(OnlyOne) 정신'이 담긴 햇반에 주목했다. '온리원 정신'의 최초, 최고, 차별화 전략을 통해 CJ제일제당의 사업, 상품, 서비스가 어떻게 발전해 왔는지를 이야기했다.

이와 함께 해외 시장의 트렌드를 면밀히 분석한 후 GSP 품목을 선정하여 사업을 확장한 내용을 다뤘다. GSP의 대표 제품인 만두는 한식의 정체성을 지키면서도 국가별로 소비자의 입맛에 맞춘 '현지화 전략'을 통해 더 많은 성과를 낳고 있다고 소개했다. 비비고 만두는 2020년 단일 품목으로 글로벌 연 매출 1조 원을 돌파, 2021년부터 미국 만두 시장 점유율 1위로 올라섰다.

또, 미국 기업 슈완스를 인수한 뒤 2019년 23억 달러였던 매출을 2022년 30억 달러까지 성장시킨 성과를 담았다. 이어 지난해 슈완스의 대표 제품인 '레드바론(Red Baron)'이 미국 냉동피자 시장에서 2019년 14%였던 점유율을 21%까지 끌어올리며 리딩 브랜드로 성장했다고 강조했다.

세계 최대 규모의 K-컬처 축제인 KCON을 비롯해 2017년부터 개최하고 있는 PGA 투어 'THE CJ CUP', 2021년부터 시작된 NBA 최고 인기팀 LA 레이커스와의 글로벌 파트너십 등 문화 마케팅을 통해 전세계의 젊은 층을 비비고의 새로운 고객으로 끌어들였다는 내용도 다뤘다.

글로벌 사업 확대를 위한 국가별 전략도 실었다. △미국에서 슈완스 유통 채널과 통합해 비비고 제품을 월마트(Walmart), 크로거(Kroger) 등 메인스트림 채널에 입점시키고 △베트남에서 킴앤킴(Kim&Kim), 민닷(Minh Dat Food), 까우제(Cau Tre) 등 현지 업체 인수를 통해 김치 및 냉동 간편조리 분야 1위로 올라섰으며 △K-푸드에 익숙하지 않은 유럽에서는 현지 레스토랑 체인과 협업해 제품을 선보인 점에 주목했다.

특히 국가별 인구, 소득 수준, 아시안 푸드 시장 규모, 한식당 수, 콜드체인 인프라 등 다양한 요소를 면밀히 검토한 뒤 'K-푸드 신영토 확장'에 적합한 시장을 전략적으로 선정하고 있다고 소개했다.

하버드 경영대학원은 대부분 수업을 케이스 스터디 방식으로 진행하며, CJ제일제당의 경영 사례집은 이 대학원뿐 아니라 세계 각국의 경영대학원에서 수업 교재로 활용될 것으로 보인다.

출처: EBN 산업경제신문 (2024. 01. 14.). https://m.ebn.co.kr/news/view/1608625

(2) 표적집단 면접법

표적집단 면접법(focus group interview: FGI)은 광고조사에서 특히 많이 쓰이는 대표적인 질적 조사방법 중 하나이다. 일반적으로 6~10명 내외인 소수의 응답자를 한자리에 모아놓고 사회자(moderator)가 질문을 던지면 이에 대해 참석한 응답자들이 주어진 이슈나 질문을 놓고 서로 대화하는 분위기로 진행된다. 때문에, 사회자는 적극적인 질의응답에 참여한다기 보다는, 응답자들 간의 토론을 활성화 시키는 역할에 주력한다. 사회자는 사전에 토론에 사용할 질문들을 정리한 사회자 가이드(moderating guide)를 준비하여 토론에 차질이 없도록 한다.

참여자들 간에 융통성 있고 자유로운 대화형식으로 진행되는 만큼, 브랜드나 광고, 신제품 관련 콘셉트를 도출하는 데 유용한 툴로 사용될 수 있다. 여러 명이 편안한 분위기에서 대화를 나누기 때문에 응답자의 반응이 새로운 반응을 유발하면서 그만큼, 신선한 아이디어가 추출될 가능성이 더욱 높아지는 장점이 있다. 반면에, 사회자에 대한 의존도가 높고 그룹에서 말을 많이 하는 응답자와 침묵하는 응답자가 있을 경우 고르게 데이터를 모을 가능성을 저해하는 것은 약점으로 볼 수 있다.

이에 비해 심층인터뷰(in-depth interview)는 응답자가 한 명이기 때문에 사회자와 응답자간의 일대일 대화로 진행된다.

인터뷰 동안 나온 모든 대화 내용은 녹음 또는 녹화되어 추후에 데이터 분석 과정을 거쳐 보고서로 나오게 된다. 분석단계에서는 FGI가 질적 조사인 만큼, 질문에 대해 어떤 응답이 나왔는지 뿐만 아니라 그 대답이 어떤 맥락에서 왜 나왔는지에 각별한 주의를 기울이며, 수치적인 의미에 크게 관심을 두지 않는다.

중간 사례

광고 · 홍보 전문가들 "정부광고 품질 좋아졌다"

정부기관 및 공공법인 등의 광고시행에 관한 법률'(이하 정부광고법)이 시행된 이후의 변화와 개선 방향을 모색하는 내용의 한국언론진흥재단 지정주제 연구보고서 '효율적인 정부광고 기획과 대국민 소통 전략'을 작성한 이희복 · 홍문기 연구팀은 민간 광고회사와 PR회사 등의 공공커뮤니케이션 최고책임자와 본부장 등 20년 이상 임원급 전문가 13명을 대상으로 전문가 초점집단면접(FGI)을 진행했다.

▶ 홍보회사 대표 A "광고주 취향 우선되면 안돼"

정부광고의 틀을 깨는 다양한 시도가 이루어진 것은 평가되지만 표현의 한계와 메시지의 비차별성은 아쉬워요. 전달하고자 하는 메시지는 수년간 유지하면서 표현만 트렌드를 반영하는 식으로 정부광고를 집행해야 효과를 이어갈 수 있다고 봅니다.

현재는 IMC(통합마케팅커뮤니케이션) 보다 광고물 한편 제작에 힘을 쏟게 되면서 매출은 줄고 일은 늘어난 상황인데, 특히 매체 수수료 감소가 아쉬운 부분입니다. 10억 이하 광고에 AOR을 적용하지 않는 것도 개선되어야 하고, 궁극적으로 홍보대행의 경우에는 별도의 수수료(사업비의 3~5%)를 책정하는 등 보다 과감한 개선 노력이 필요 합니다.

특히 광고주의 취향이 우선되어서는 안되고, 내부 담당자가 권한을 발휘하면서 외부 전문가의 의견을 존중해야 효율적이고 효과적인 정부광고가 가능해집니다.

▶ 홍보회사 본부장 B "부처간 경쟁 … 실력있는 회사에 기회 늘어"

정부광고의 퀄리티가 많이 올라갔습니다. 부처간 보이지 않는 경쟁이 생기면서 공공기관 같지않은 광고가 늘었고, 언론재단이 매체를 담당하면서 중소광고회사들에게 기회가 늘었어요. 아이디어가 중요해진 것은 큰 변화입니다.

매체를 재단이 담당하기 때문에 수수료 수익이 줄었는데, 다만 긍정적으로 평가되는 것은 경쟁의 기회가 많아졌다는 점입니다. 아이디어와 실력있는 회사에게 기회가 늘어난 것이죠.

정부광고는 민간광고에 비해 PT가 비교적 공정하게 진행, 결정된다는 장점이 있지만 시간이 짧고 심사위원의 이해도가 낮고 예산이 적다는 단점이 있습니다. 기존의 성과가 고려되지 않고 연장계약이 불가하다는 점도 부정적이지요.

정확한 방향성과 내부 문제의식 공유, 평가자들의 사업과 정책 · 기관에 대한 충분한 이해, 솔루션 중심의 접근, 성과를 거둔 제안사 우선 재계약 제도개선이 필요하고, 공익성과 공정성을 해치지 않는 수준에서 솔루션 아이디어 중심의 효과성과 일관성이 고려되어야 합니다.

▶ 홍보회사 대표 C "절차 투명화 … 재단 독점은 여전히 쟁점"

정보광고법 시행 이후 효율적인 정책홍보로 질적 향상이 가능해졌고, 미디어 플래닝을 언론재단에서 담당하면서 다양한 대행사가 참여하게 되면서 절차적으로 투명해졌습니다.

다만 재단의 독점은 여전히 쟁점인 대행계약이 광고주-재단-대행사 3자로 진행되어 번거로워졌고, 수수료 분할의 경우도 이윤이 낮아져 참여율이 떨어지게 됐습니다. 결국 긍정과 부정 두 가지로 평가되는데, 긍정적인 부분이 더 크다고 봅니다.

민간광고에 비해 참여기회가 열려 있는 PT에서 큰 차이가 있는 정부광고는 효과보다 리스크 관리에 신경을 쓰고 과감한 크리에이티브 수용이 어려운 반면 민간광고와 달리 가격점수가 있다는 특징이 있습니다. 정부광고 개선을 위해서는 가격점수 폐지와 AOR 구조 현실화가 필요합니다. 광고 목표 달성을 위한 효과성이 전략과 크리에이티브의 기준이 돼야 합니다.

▶ 홍보회사 소장 D "홍보대행사는 기회 줄어"

이제 정부광고들도 일반 민간의 광고라고 느껴질 정도로 자연스럽고 독특한 표현이 늘어났고 영상콘텐츠가 다양해지면서 재미 요소도 늘어났습니다. 다만 기존 대형 광고회사가 일정한 점유율을 유지하는 반면 홍보대행사는 기회가 줄었다는 점은 아쉬운 부분입니다.

특히 수수료 변화가 수익 감소로 연결되다보니 일선 회사들 입장에서는 상대적으로 수익률이 높은 민간 프로젝트를 선택하게 되고, 용역사 풀에서 대행사를 선택하다보니 커뮤니케이션 대행업계 인력들이 이직하는 원인이 되고 있습니다.

정부광고에도 민간 광고처럼 수주과정과 갑을관계의 문제가 있는데, 수수료는 더 작아서 인력투입 수준에 차이가 생깁니다. 그러면서도 민간광고라면 고민하지 않을 감사 문제를 기획부터 생각해야하지요.

▶ 홍보회사 대표 E "노력 보이지만 여전히 복잡하고 불편"

정부광고가 민간기업의 기법을 활용하는 노력이 보이지만 일반 기업의 광고와는 많은 차이가 있고, 여전히 일반 기업보다는 프로세스가 복잡하고 불편합니다.

정부광고는 특히 비광고부문에 저가 입찰이 많은데, 이는 광고와 홍보 프로젝트 영역이 명확하지 않아 일어나는 일입니다. 광고는 재단이, 비광고 부문은 공공기관이 직접 발주하는 방법이 효과적일 것입니다.

프로세스적으로 보면, 정부광고는 공익성이 우선되고 외부 심사위원이 결정하지만 일반기업은 목표가 분명하고 우수회사 위주로 경쟁시켜 주체적 의사결정을 합니다. 심사위원회를 구성할 때 업무를 잘 아는 담당자 비중을 높여야 제안요청에 적합한 제안사를 선정할 수 있습니다.

▶ 광고회사 대표 F "제작비 적어 혁신적 아이디어 어렵다"

정부광고의 수준은 과거에 비해 높아졌지만 아직도 크리에이티브가 부족하고 진부한 표현이 많습니다. 아무래도 제작비가 민간기업의 60% 수준이라 혁신적이고 획기적인 아이디어를 실현하기 어렵습니다.

정부광고법이 시행될 때부터 시장의 왜곡이 발생할 수 있다는 의견이 많았고 업계에서도 법 시행 이후에 상황이 좋아졌다는 의견은 드문 편입니다. 대행 수수료가 6~7%로 민간의 절반 수준이라 우수 인재 투입이 어렵다보니 메시지와 기법 중심의 무난한 제작물이 선택됩니다.

특히 정부광고는 제작비의 입찰 점수 때문에 최소 비용으로 진행되다보니, 혁신적인 기법 활용이 어렵고 무난한 캠페인이 제시되는 편인데, PT에서는 대형 광고회사에 의한 쏠림도 나오고 있습니다.

장기적인 브랜드 자산 구축을 위한 기획과 전략이 필요하고, 광고산업 발전을 위한 진흥과 배려가 필요하다고 보는데, 광고산업 진흥 차원에서 입찰시 가격점수제 폐지, 중소광고회사 인센티브, 대행 수수료 현실화, 장기 캠페인을 위한 장기계약, 크리에이티브 향상을 위한 배려 등의 개선방안이 요구됩니다.

출처: The PR 더피알 (2023. 01. 17.). https://www.the-pr.co.kr/news/articleView.html?idxno=49622

(3) 투사법(projective technique)

응답자들은 명시적으로 질문을 받았을 때 깊은 내재적 동기와 태도를 표현하지 않는 경우가 많다. 응답자는 이러한 특정 태도를 인식하더라도 표현을 못하거나 자신의 의도가 바람직하지 않다고 생각할 수도 있다.

투사법은 기존의 임상심리학에서 유래한 것으로 이처럼 응답자가 질문을 받았을 때 의도적으로 감추거나 혹은 스스로도 알 수 없는 생각이나 마음을, 의도적으로 설정된 어떤 애매한 대상물에 투영하게 함으로써 응답자 자신의 솔직한 생각이 드러나게 해주는 방법이다. 그 반응을 해석하여 조사자는 직접적인 질문으로 얻을 수 없는 응답자의 내면에 숨겨진 실제 감정이나 생각, 동기, 의도 등을 유추하게 된다.

3자 투사법을 예로 들면 "당신의 친구가 최근 로렉스 시계를 구입했습니다.", "당신은 친구가 그 브랜드를 구입한 이유가 무엇이라 생각하십니까?"라고 물었을 때, 응답자를 대상으로 직접 물었을 때(예: 당신이 로렉스 시계를 구입한다면 그 이유가 무엇이라 생각하십니까?) 보다 더 진솔한 대답을 들을 수 있다는 것이다.

그 이유는 투사법이 제품에 대한 생각이나 구매 이유를 제3자 또는 애매한 어떤 대상물(예: 그림이나 만화 형식)에 투영하여 물음으로써 응답자의 부담을 덜어주고 방어기제를 낮춰줌으로 써 태도나 동기, 생각, 본인도 모르는 무의식적인 감정 등을 더 쉽게 드러내도록 해주기 때문이다.

투사법은 무의식의 사고와 감정에 접근할 수 있고, 응답자의 반응을 끌어내는데 효과적이며 질적인 통찰을 얻을 수 있고, 응답자의 창의력과 상상력을 자극할 수 있다는 장점이 있다. 하지만, 응답과 해석의 주관성, 표준화가 불가능하고, 제한된 결과의 실용성 등 질적 조사가 갖는 한계도 있는 만큼, 주로 아이디어와 통찰력을 얻는 수단으로 활용하고 양적 조사에서 실증적 데이터를 수집하기 위한 사전조사 성격으로 간주하는 것이 바람직하다.

마케팅조사에서 자주 쓰이는 것으로 단어연상법, 문장완성법, 상상기법, 3자 테크닉, 주제통각검사(thematic apperception test) 등이 있다.

투사법의 예

① 단어연상 테스트

단어 연관 테스트는 다양한 상황에 적용될 수 있다. 적용방법은 응답자에게 일련의 단어나 문구를 무작위 순서로 제시한 다음, 가장 먼저 떠오르는 단어나 문구를 말하거나 쓰도록 요청하는 것이다. 예를 들면, 응답자들에게 특정 브랜드 이름을 들었을 때 즉시 어떤 단어나 문구가 떠오르는지 질문한다. 또는 응답자에게 슬로건과 슬로건이 암시하는 내용에 관해 질문할 수도 있다.
이 과정에서 응답자들에게 "사람의 속성"을 얘기해보도록 하거나 이를 설명하기 위해 무생물 또는 제품의 특징을 연결하도록 요구할 수도 있다.

> **예** "귀하의 서비스 제공업체를 생각할 때 가장 먼저 떠오르는 것은 무엇입니까?"
> "고객 서비스라는 말을 들으면 무엇이 떠오르나요?"
> "브랜드 X를 보면 어떤 단어가 떠오르나요?"

② 문장 완성형 테스트

문장 완성 방법은 응답자에게 완료되지 않은 문장을 완성하도록 요청한다. 여기 사용되는 문장은 일반적으로 3인칭으로 작성되며 모호성을 갖는다. 예를 들어, 휴대폰에 대한 응답자들의 다양한 인식을 알고자 한다면, 다음과 같은 문장을 완성하도록 응답자에게 질의할 수 있다.

> **예** "내 휴대폰은 마치..."

이에 대해 응답자들이 다음과 같이 답했다면,

> **예** "휴대폰은 가장 친한 친구와 같습니다."
> "내 휴대폰은 내 몸의 일부입니다."
> "휴대폰은 지갑과 같아요. 나는 그것 없이는 결코 집을 떠나지 않을 것입니다.
> "휴대폰은 이제 생명선과 같습니다. 그냥 놔두면 산소 공급이 끊기는 것과 마찬가지다."

결과는 휴대폰이 일부 소비자에게 필수품임을 보여준다.

일반적으로 문장 완성형 테스트는 제공된 답변이 더 구체적이기 때문에 단어 연상 테스트보다 이해하기가 더 간편하다. 그러나 응답자는 질문의도를 더 쉽게 알 수 있으므로 덜 성실한 답변으로 이어질 수 있다.

응답자에게 말이나 영상으로 이야기를 제시한 다음 자신의 말로 마무리하도록 요청하는 이야기 완성형(story completion) 테스트는 이 질문유형의 변형된 형태이다. 단어연상이나, 문장완성형, 이야기 완성형 등 텍스트를 이용한 수사법의 공통된 핵심사항은 글로 표현된 응답자의 반응이 긍정적인지, 중립적인지, 부정적인지 판단하는데 있다.

③ 주제통각 검사(thematic apperception test)

주제 통각 검사(TAT)는 참가자들에게 어떤 장면이나, 잠재적인 등장 인물의 대화 또는 하나 이상의 사진을 본 후 이야기가 어떻게 전개될 수 있는지 설명하도록 요청한다. 그렇기 때문에 TAT는 사진해석기법이라 불리기도 한다. TAT는 다양한 제품의 특성을 도출하는 것부터 특정 상품이나 서비스를 사용할 수 있는 사람들의 유형에 대한 의견을 형성하는 것까지 다양한 맥락에서 활용될 수 있다.

예를 들어, 응답자들에게 샘플 로고를 보여준 후 이를 사용할 목적지의 성격과 관광객이 그곳에서 무엇을 찾을 수 있는지에 대해 질문하였다. 응답자들의 반응 중에는 다음과 같은 내용이 있었다.

예 "정원이 생각나네요."
"그것은 틀림없이 전국에서 가장 큰 도시입니다."
"바로 옆에 엠파이어 스테이트 빌딩이 있어서 뉴욕 분위기가 물씬 풍깁니다."
"진정되고 긴장이 완화되는 느낌입니다. 나무가 시골의 시야를 가리고 배경에서 도시와 건물을 볼 수 있기 때문에 지역에 초점을 둡니다."

그림을 이용한 투사법은 TAT 외에도 응답자에게 제품이나 브랜드를 사진 및 이미지와 연관시키도록 요청할 수도 있다. 혹은 그림을 그려달라고 요청할 수도 있다. 응답자들의 내면의 반응을 이끌어내는 또 다른 방법은 응답자에게 스토리보드를 완성하도록 요청하는 것이다. 브랜드와 이미지를 연관시키는 투사법의 예는 다음과 같다.

예 "제품 X를 가장 잘 나타내는 사진을 선택하십시오. 사진은 제품 X에 대해 어떻게 말합니까?"
"이미지는 제품 X를 어떻게 설명하나요?"
"이 사진 속 사람들은 브랜드 Y에 대해 어떻게 생각하나요?"

④ 3자 기법(third person technique)

3자 기법은 밖에서 잘 파악되지 않는 응답자의 깊은 믿음과 태도를 얻기 위해 다른 어떤 투사기법보다 더 자주 사용된다. 이는 제3자를 통해 자신의 생각을 드러내도록 하는 방식이다. 예를 들어, 질문을 응답자가 모르는 제3자가 알래스카 크루즈를 선택하는 이유가 뭔지 묻는다면, 그 대답은 높은 경치, 흥미로운 사람들과 교류할 수 있는 기회 또는 새로운 문화를 경험할 수 있는 기회 때문이라 답할 것이다. 그러나 같은 질문을 당신의 이웃이 왜 그러한 크루즈 여행을 하는가하고 묻는다면, 그 대답은 아마도 "잘난척하려고"나 "자랑하려고"라고 답할 것이다.

응답자들은 이웃, 친척, 친구 등 다른 사람에 대해 이야기할 기회가 주어졌을 때 스스로 인정하려 하지 않는 생각을 드러낼 수 있다.

예 "당신의 친구는 브랜드 X에 대해 어떻게 생각하나요?"
"X회사는 당신에 대해 어떻게 생각하나요?"
"브랜드 X를 사용하는 사람은 누구입니까? 그들이 그것을 사용하는 진짜 이유는 무엇입니까?"

3자 기법은 역할극(role playing)이나 시나리오를 포함함으로써 더욱 역동적일 수 있다. 이 시나리오에서 응답자는 제3자의 행동을 흉내내거나 제3자의 감정을 표현하라는 지시를 받는다. 이 전략은 특히 다른 사람들이 어떻게 행동할지 "알지만" 항상 말로 표현할 수는 없는 아이들을 대상으로 할 때 매우 유익한 방법이다.

응답자들에게 역할을 맡기고 그 역할을 수행하도록 하는 예는 다음과 같다.

예 "당신이 제품 관리자라면 제품을 개선하기 위해 무엇을 하시겠습니까?"
"만약 당신이 이 회사의 CEO라면 고객 불만을 줄이기 위해 무엇을 하겠습니까?"
"만약 당신이 크리에이티브 디렉터라면 당신의 광고에는 어떤 내용이 적혀 있을까요?"
"당신이 친구의 입장이라면 어떻게 하시겠습니까?"

⑤ 상상기법

상상기법의 하나로 의인화 기법을 예로 들 수 있다. 의인화란 응답자들에게 제품이나 서비스, 브랜드에 인간적 특성을 부여하도록 하여 내면의 생각이나 감정을 파악하는 투사법의 일종이다.

예 "볼보가 사람이라면 어떤 성격을 가졌을까요?"
"브랜드 X가 사람이라면 그 사람은 어떤 모습일까요?"
"당신의 디지털 카메라는 배우로 치면 누구의 이미지와 비슷한가요?"

중간 사례

네스카페와 시장조사

투사법은 자신의 내면적 동기를 자신도 잘 모르는 경우에 이를 측정하기 위해 사용하는 방법이다. 예를 들어, 1940년대 후반 네스카페 인스턴트 커피를 개발한 네슬레는 판매가 부진하자 주부 대상으로 인스턴트 커피 구입을 꺼리는 이유를 질문하였는데, 주부 대부분의 응답자들이 향기와 맛 때문이라고 답했으나 실제 테스트 결과 큰 차이가 없었다. 그래서 보다 내면적인 이유를 조사하기 위해 투사법을 사용하였다. 100명의 주부들을 두 그룹으로 나누어 각 그룹의 주부들에게 가상 부인의 쇼핑목록을 보여주었는데 한 쇼핑목록에는 네스카페 인스턴트 커피, 다른 쇼핑목록에는 맥스웰 하우스 그라운드 커피(원두커피)를 보여주었다. 이후 가상의 부인에 대해 묘사하라고 한 결과 네스카페 인스턴트 커피 목록이 있는 부인은 맥스웰 하우스 그라운드 커피를 사려는 부인에 비해 상대적으로 게으르고 낭비가 심한 사람이라고 묘사하였다. 네슬레는 투사법을 통해 주부들이 인스턴트 커피를 구매하지 않는 이유가 남들에게 자신이 부정적으로 보일지 모른다는 것이라는 것을 알고 커뮤니케이션 전략을 편의성보다는 여성의 당당함으로 바꿈으로써 인스턴트 커피를 성공적으로 시장에 진출시킬 수 있었다.

또한 미국 주부들이 선호하는 바퀴벌레 약 중에서 스프레이형이 가장 많이 팔린다는 보고서가 있었다. 그 이유를 알아보기 위해 주부들을 대상으로 죽은 바퀴벌레의 모습을 그리라고 한 결과 거의 대부분의 여성이 남자와 비슷한 모습의 바퀴벌레를 그렸다고 한다. 또한 바퀴벌레에 대해 느끼는 감정과 남편에 대한 감정이 유사하다는 흥미로운 사실도 발견했다.

출처: 광고계동향 (2006. 03. 28.).

5 광고효과의 측정

광고효과 측정은 광고가 일으키는 커뮤니케이션 효과에 따라 정의될 수 있다. 즉 광고의 목표가 브랜드를 소비자에게 인식시키고 브랜드에 대한 호감을 일으키며, 그 제품을 사고자하는 욕구를 유발하여 구매로 이어지게 한다고 본다. 광고효과에 따른 커뮤니케이션 모델은 다양하게 정의될 수 있는데, AIDA 모델에 따르면, 주의

(attention)-흥미(interest)-욕망(desire)-행동(action)의 경로를 거치는 것으로 정의되고, 위계적 효과모델에 따르면, 광고효과는 인지(awareness)-지식(knowledge)-호감(liking)-선호(preference)-확신(conviction)-구매(purchase)로 이어진다고 설명한다. 이들 모델들의 공통점은, 효과과정을 인지적 측면과 감정적 측면의 효과를 거쳐서 행동단계로 이행하는 것으로 본다는 점이다.

이러한 논의를 바탕으로 광고효과를 측정하는 주요변수들은 다음과 같이 나뉠 수 있다.

1) 주의

광고가 소비자에게 커뮤니케이션 효과를 일으키기 위해서는 먼저 그것이 소비자의 눈에 띄고 주목을 받아야 할 것이다. 이에 대한 측정은 기존의 설문지를 이용하여 광고에 얼마나 주의를 기울였는지를 묻고 답하게 할 수 있다. 하지만 최근에는 시점추적 장치(eye-tracking)를 이용하여 광고에 노출되는 동안 소비자의 눈이 어디를 보고 있는지를 직접적으로 측정할 수 있다. 최근들어 뇌과학의 발전과 함께 생리적(physiological) 측정방법이 각광을 받으면서 근전도(skin conductance)나 심박수(heart rate) 등을 이용하여 노출된 광고에 대한 소비자의 각성(arousal) 정도를 측정하는 방법도 많이 쓰인다.

2) 인지

광고를 보고 소비자가 광고를 본 것을 기억하는지, 그리고 광고 속에 등장하는 브랜드를 기억하는지 등이 인지효과의 중심을 이루며 브랜드 자산(brand equity)을 측정하는 가장 기본적 차원을 구성한다. 브랜드의 기억효과를 측정하기위해서는 다시 브랜드 회상(recall)과 재인(recognition)으로 나뉘는데 회상은 기억에 도움되는 힌트

없이 브랜드를 기억으로부터 인출할 수 있는지 보는 방식으로 시험유형으로 보면 주관식 시험과 비슷하고 재인은 4지선다 시험처럼 일련의 브랜드 목록이나 브랜드 로고, 브랜드가 나오는 광고 등을 보여주고 자신이 본 브랜드를 식별할 수 있는지 보는 방식이다.

실제로 보여준 광고를 피험자에게 다시 보여준 후 그것을 본 것을 기억하는지 아닌지를 묻는다면 그것은 재인을 측정하는 것이다. 특정 제품군을 주고 생각나는 브랜드를 말해보라고 한다면 브랜드 회상을 측정하는 것으로 볼 수 있다. 이때 제품범주에서 가장 먼저 떠올린 브랜드를 최초 회상브랜드(top of mind: TOM)라고 하며 이 브랜드는 인지도가 상대적으로 높은 만큼, 시장에서 경쟁하는데 커다란 이점을 갖는다.

3) 태도

태도란 어떤 대상에 대해 후천적으로 느끼며, 방향성을 갖는 좋거나 나쁜 정도를 뜻하며 여기서 대상이란 사람, 동물, 무생물, 이슈 등 세상의 거의 모든 것을 포함한다. 따라서 광고나 브랜드에 대한 태도를 측정할 때는 각각에 대한 좋거나 나쁜 정도를 묻기 위해, 반대되는 형용사 쌍(예: 호의적인/비호의적인, 긍정적인/부정적인 등)으로 구성된 몇 개의 척도를 주고 응답자의 느낌에 가까운 번호를 선택하도록 한다. 예를 들면 광고를 보여준 후

나쁘다	1	2	3	4	5	좋다

의 척도에서 "3"번을 선택한다면 광고에 대한 응답자의 태도가 좋지도 나쁘지도 않은 중립임을 뜻한다.

4) 구매의도

소비자가 제품에 대해 구매하고자 하는 의지의 정도를 뜻하는 것으로 측정방법을 예로 들면, "만일 당신이 물건을 구입할 기회가 있다면 이 물건을 구입하시겠습니까?"라고 묻고

그럴 것 같지 않다	1	2	3	4	5	그럴 것 같다

중 본인의 의사에 가까운 번호를 선택하도록 하는 것이다.

주의할 점은 구매의도는 실제 일어나는 구매행동과 다를 수 있으며 구매의도가 높으면 당장 구매가 일어나지 않더라고 잠재적으로 향후 구매할 가능성이 높다고 판단한다는 점이다.

6 사전조사와 사후조사

광고에 대한 효과측정은 광고제작 및 매체 집행을 기준으로 광고실행 전 완성도를 높이기 위한 사전조사와 실행 후 캠페인 효과를 평가하기 위한 사후조사로 나눌 수 있다. 사전조사는 광고제작시에 광고디자인이나 메시지 크리에이티브 관점에서 발견될 수 있는 약점이나 오류들을 수정하는 것을 포함하여 제작관련한 의사결정을 하기 위해 실행되기도 하고, 완성된 광고를 매체에 비용을 지불하고 집행하기 전에 효과를 예측하기 위한 일종의 시뮬레이션 관점에서 실행되기도 한다. 사후조사는 실제로 광고를 매체에 집행한 결과를 추적 평가하기 위한 것으로 메시지가 원하는 매체를 통해 의도된 특성을 가진 타깃에 도달하고, 투입된 광고비에 대비하여 목표한 효

과를 달성하고 있는 지를 사후적으로 평가하기 위한 조사를 의미한다. 사후조사 결과는 광고주의 광고콘셉트와 광고비 지출 등 추후 캠페인 계획에 반영된다.

1) 사전조사 방법

광고 집행 전에 시행되는 사전조사는 양적 조사와 질적 조사, 생리적 반응 조사 등 필요에 따라 다양한 조사기법이 동원되는데 매체의 종류별로 다르게 적용될 수 있다.

(1) 인쇄광고의 사전조사

인쇄광고의 가장 대표적인 사전조사는 '직접질문법'으로 앞에서 언급한 질적 조사의 일대일 인터뷰 방식으로 광고에 대해 세부적인 질문을 던지는 것이다. 예를 들면, 소비자로 구성된 심사단에 대해 광고가 전하는 메시지는 무엇인가? 광고에 대해 어떤 느낌인가? 그 광고는 신뢰할만한가? 등 광고메시지에 대한 이해도나 느낌, 광고에 대한 주목도, 정서적 강도, 행동강도 등을 테스트해 볼 수 있다. 이는 제작 초기단계에서 여러 대안들을 만들어 놓고 나은 것을 선택할 때 흔히 쓰이는 방법이다. 이를 여러 명을 놓고 '포커스그룹 인터뷰' 방식으로 물어보기도 한다.

이외에도 응답자에게 둘 이상의 광고를 보여주고 감정이나 이해도, 선호도 등을 일정 기준에 따라 순위를 매기게 하는 '순위부여법(order of merit rating)', 광고를 두 개씩 쌍으로 보여주고 일대일로 서로 비교하게 만드는 '쌍대 비교법(paried comparison)', 두 집단으로 나누어 한 집단은 다른 광고와 기사 사이에 테스트 광고를 삽입한 포트폴리오를, 다른 집단은 테스트 광고 없이 포트폴리오를 보여주고 광고물에 대한 회상도를 비교하는 '포트폴리오 테스트', 테스트 광고를 잡지 안에 끼워 넣어 일정 시간 읽게 하는 '모의잡지 실험', 여러 대안 광고들 중 가장 많은 제품주문을 유도하는 광고를 파악할 때 실시하는 '직접우편 테스트'가 있다. 이는 예상고객을 여러 그룹으로 나눈 후, 그룹별로 각기 다른 대안광고를 우송하여 실제로 주문이 들어온 결과를 비교한다는 점에서 실험디자인 관점에서 볼 수 있으며, 포트폴리오 테스트도 자극물의 유무에 따른 효과를 비교하기 때문에, 동일하게 볼 수 있다.

(2) 방송광고의 사전조사

위의 모든 방법들은 방송 매체에도 적용 가능하지만 방송광고를 사전 테스트하는 몇 가지 특별한 방법이 있다.

'극장테스트'는 TV와 라디오 등 방송광고를 위한 사전조사 방법으로 타깃 청중에게 무료 티켓을 발송하는 것으로 시작된다. 그리고 영화관에서 광고물을 노출하고 관객에게 미리 지급된 기록기를 통해 소비자 반응을 조사한다. 조사내용은 광고에 대한 이해도와 흥미, 인지도와 회상도 등 필요에 따라 다양하게 측정된다. 비슷한 방식으로 '라이브 TV 테스트'가 있는데 이는 보통 케이블 TV에 실제로 광고를 노출한 후 회상도나 태도, 판매량 등 광고효과를 보다 직접적으로 측정하는 방식이다. 보통은 전화 인터뷰 방식을 통해 이루어진다. 이와는 달리 '중심지 테스트'는 쇼핑몰 등 소비자가 많은 장소에 실험용 광고물을 노출하고 오프라인에서 의견을 구하는 방식이다.

실험유형 중 하나로 볼 수 있는 '판매실험기법'은 여러 개의 대안 광고들을 서로 분리되어 있는(예: 지역 TV 채널 등) 복수의 시장에 노출한 후 고정된 기간 동안(예:1개월에서 4개월) 제품 판매량을 비교하는 방식으로 이뤄진다. 이는 특히 즉각적인 세일즈 프로모션을 목표로 하는 광고에 효과적인 기법이다.

'트레일러 테스트'는 먼저 소비자를 두 그룹으로 나눈 후 할인쿠폰을 주고 백화점, 쇼핑센터 등 실제 쇼핑환경에서 쇼핑하게 한다. 이때 한 그룹에는 테스트 광고가 표시되고 다른 그룹에는 테스트 광고가 표시되지 않는다. 이후 두 그룹에 대한 쿠폰 사용률을 측정하여 테스트 광고의 효과에 대한 아이디어를 얻는다.

(3) 생리적 반응 조사

이는 시선의 움직임, 근전도, 뇌파 등 광고에 대한 소비자의 생리적 반응을 측정하여 광고효과를 평가하기 위한 방법으로 최근, 뇌과학이 발달하면서 뉴로 마케팅이란 이름으로 그 사용도가 점차 증가하고 있는 추세이다.

'시점추적법'은 광고노출 시 시선의 움직임을 통해 광고의 특정 요소에 대한 소비자의 관심도나 시선의 움직이는 순서나 경로를 파악하기 위한 기법으로 점차 보편화되고 있다. 비슷한 맥락에서 피험자의 동공 크기의 확장 등 변화량을 측정하는 '동공측정법'이 있다. 동공이 커질수록 특정 요소에 대한 피험자의 관심을 반영하는 것으로 본다. 반면에 동공 수축은 응답자의 혐오를 나타낸다.

'피부 전기 반응검사(galvanic skin response test: GSR)'는 광고 자극물에 대한 피부의 전기전도 정도를 측정하는 방법으로 피부 땀샘이 교감신경계 통제 아래 있으므로 GSR은 피험자의 심리적, 신체적 각성상태(arousal)를 측정할 때 주로 쓰인다. 땀을 많이 흘리면 저항이 감소하고 전류가 더 빨리 흐르게 된다. 이로부터 긴장이 형성되어 GSR로 나타나는데, 광고를 보고 흥분할수록 GSR도 더 높아진다. 이 기법은 공포소구처럼 민감한 성격의 광고에 제한적으로 사용된다.

'뇌파(EEG) 측정법'은 뇌의 전기적 신호를 머리 표면에 부착한 전극을 통해 측정하는 기법이다. 뇌파는 진동하는 주파수의 범위에 따라 깊은 수면시 나타나는 델타파, 정서안정, 수면 등과 관련된 쎄타파, 안정되고 편안한 상태에서 발견되는 알파파, 불안, 긴장 시 나타나는 베타파, 초조감, 고도의 인지처리 등과 관련된 감마파 등으로 구분된다. 알파파는 특히 광고정보에 대한 관심도와 처리정도를 반영하는 것으로 추정되고 있다.

이에 비해 뇌의 활동을 보다 직접적으로 관찰하는 '자기공명영상기법(fMRI)'도 많이 쓰인다. 이는 광고를 보여주고 뇌의 어떤 부위가 활성화되는지를 촬영하고 관찰함으로써 광고효과를 분석한다.

중간 사례

소비자의 무의식 공략, 뇌를 현혹하는 뉴로 마케팅

최근 기업들은 뇌과학을 통해 인간의 심리를 바탕으로 마케팅을 펼치는 뉴로 마케팅(neuromarketing)을 적극적으로 활용하고 있다. 뉴로 마케팅은 뇌 속에서 정보를 전달하는 뉴런(neuron)과 Marketing(마케팅)을 합친 용어로, 소비자가 자각하지 못하는 무의식적 반응 같은 두뇌 자극 활동을 분석해서 마케팅에 접목한 새로운 마케팅 방식이다.

인간의 모든 행동이 의식의 지배를 받는 것은 아니지만 특정 브랜드 상품을 자주 사용한다든지, 호감이 가는 이성을 보면 저절로 시선이 따라가는 등의 경험이 있을 것이다. 즉 사람들은 무의식 속에서 자신이 끌리는 어떤 것을 선택하는 경향이 있다는 것인데, 여기서 영감을 받아 뇌과학의 영역까지 넘나드는 이것이 바로 뉴로 마케팅(neuro marketing)이다. 그렇다면 성공적인 뉴로 마케팅의 사례는 무엇이 있을까?

▶ 이름 속에 숨은 비밀, 기아의 K7

뇌 과학의 최신 기법을 이용하여, 출시될 제품에 대한 반응을 예측하는 '뉴로마케팅'은 국내 마케팅에서도 활발히 사용되고 있다. 대표적인 예가 바로 기아자동차의 중대형 승용차 K7이다. 기아 자동차는 출시하기에 앞서, 국내외 200여 명의 소비자를 대상으로 설문으로 조사한 뒤, 추가적으로 소비자의 시선 추적과 fMRI(기능적 자기공명영상)를 활용하여 신차 이름을 결정했다. 소비자들은 알파벳 K와 승리를 뜻하는 7의 조합에 대해 무의식적 반응을 나타냈고 기아자동차는 신제품 차명을 K7이라고 결정했다. 이후 소비자들은 의식과 무의식에서 K7이란 이름에서 세련되고 혁신적이며 고급스러운 이미지를 떠올렸다.

▶ 오렌지 색의 유혹, 치토스

'치토스'로 유명한 펩시그룹의 프리토레이의 뉴로 마케팅도 한 사례로 꼽힌다. 프리토레이는 2008년에 치토스 광고를 제작하면서 실험 참가들에게 치토스를 먹게 한 뒤 뇌파를 측정했다. 과자를 먹다 보면 겉에 양념이 묻어 있어 손이 지저분해지지만 측정 결과, 과자를 집을 때 손에 묻은 끈끈한 오렌지색의 치즈 양념에 뇌가 강렬하게 반응한 것을 발견했다. 실험 참가자들은 더럽고 찝찝한 것을 싫어할 것이라는 일반적인 예상과 달리 손에 묻는 것을 즐기고 있었다. 이후 치토스는 광고뿐만 아니라 제품 포장지도 오렌지색으로 바꿔 출시했다.

▶ 실패 사례

하지만 뉴로 마케팅이 늘 성공한 것만은 아니다. 나이키는 세계적인 테니스 선수 마리야 샤라포바와 세리나 윌리엄스를 광고모델로 내세웠다. 특히 샤라포바는 실력에 미모까지 겸비해 인기가 높았고 나이키는 2010년 샤라포바와 거액의 종신계약을 맺었다. 단순히 생각하면 예쁘고 인기 많은 샤라포바가 더 놓은 광고효과를 낼 것으로 예상한다. 하지만 시청자들은 샤라포바가 나오는 광고에 대부분 얼굴로 시선이 집중되었고 나이키 로고는 시선을 받지 못했다. 반면, 윌리엄스가 나오는 광고는 샤라포바와 비교했을 때 나이키 로고에 시선점유율이 높았다. 결국 브랜드를 효율적으로 홍보한 광고모델은 윌리엄스인 셈이다.

▶ 소비자 반응

실제로 뉴로 마케팅을 경험했던 소비자들을 만나 이야기를 들어봤다.

이○○ 씨는 "저는 코카콜라만 마시는데 얼마 전 실수로 친구 컵에 있는 콜라를 마시고 펩시 콜라가 더 맛있다고 느꼈어요.(웃음) '코카콜라와 펩시 블라인드 테스트'를 직접 경험한 것 같아 신기했네요. 펩시 콜라도 맛은 있지만, 제가 직접 브랜드 상표를 보고 콜라를 고른다면 변함없이 코카콜라를 고를 것 같네요" '코카콜라와 펩시 블라인드 테스트'는 브랜드를 알 수 없는 상태에서 두 브랜드의 콜라를 마셨을 때는 뇌에서 두 음료 모두 동일하게 반응했지만 브랜드가 표시된 용기로 시음한 경우 코카콜라에 대한 선호도가 월등히 높았던 실험이다. 결국, 맛 차이보다는 브랜드가 뇌에 영향을 더 많이 미친다는 결론을 내릴 수 있다.

출처: 한국연예스포츠신문 (2020. 08. 03). https://www.koreaes.com/news/articleView.html?idxno=359113

2) 사후조사방법

사후조사는 실제 시장조건 하에서 광고효과를 분석하므로 사전조사에 비해 더 많은 시간과 비용이 소요되는 특성을 갖는다. 사후조사 역시 질적 조사와 양적 조사가 모두 동원될 수 있는데, 조사 방법은 크게 측정 단위 또는 변수에 따라 다음과 같이 구분할 수 있다.

(1) 기억에 관한 조사

먼저 "재인(또는 보조회상: recognition)"은 응답자의 광고 기억 여부를 측정하기 위해 대상광고를 포함한 여러 광고물을 보여주고 그것을 보았는지 아닌지를 묻는 방식으로 진행된다. 이에 반해 "비보조회상(recall)"은 응답자에게 어떤 단서도 제시하지 않은 채, 광고를 기억하는지 여부를 테스트하는데 크기, 색깔, 주제나 스토리 등 소비자가 광고에 대해 무엇을 기억하느냐에 따라 광고 구성요소별 효과를 감지할 수 있다는 장점이 있다. 재인이 객관식 시험이라면 비보조회상은 주관식 시험에 비유할 수 있다.

(2) 태도 테스트

의미분별척도나 리커트척도 등 구조화된 질문이나 비구조적 질문들을 사용하여 캠페인 이후 응답자의 브랜드에 대한 태도 변화를 측정함을 주목적으로 한다. 태도는 회상보다 제품구매와 더욱 밀접하게 연결되어 있어서 소비자의 태도 변화가 확인되면 광고주는 광고캠페인에 대해 더욱 확신을 갖고 의사결정을 할 수 있다.

(3) 문의(inquiry) 테스트

광고를 노출한 후 소비자의 제품에 대한 문의 정도를 측정하기 위한 것으로, 문의는 쿠폰 회수율과 함께 광고에 대한 일종의 피드백으로 볼 수 있으므로, 문의가 많을수록 광고효과가 높은 것으로 간주 된다. 실험방식을 적용하여 각기 형태가 다른 복수의 광고를 만들어 종류별로 문의의 정도를 비교 파악할 수도 있다. 이때, 소비자는 제품에 대한 추가정보 또는 무료 샘플을 얻기 위해 문의에 참여하게 된다.

(4) 판매 테스트

광고캠페인의 궁극적 목표라 할 수 있는 판매량을 근거로 광고의 효과를 측정하는 방식이다. 캠페인 전과 후의 소매점의 판매량이나 재고량을 비교 조사하는 방식 등 광고로 인해 발생한 추가 판매량을 측정하는 데 목적이 있다. 소비자 구성이 비슷한 복수의 테스트 마켓을 취하면 광고예산이나 미디어믹스의 적절성 등 캠페인 구성 요소를 다양하게 비교 분석해 볼 수 있는 장점이 있다. 반면에 판매량은 광고효과가 영향을 미치기까지 시일이 오래 걸리고, 광고캠페인 외에도 경쟁사의 추이, 계절성, 날씨 등 외생적 요인도 같이 영향을 줄 수 있으므로, 캠페인의 효과만을 따로 분리하여 추정하기 어렵다는 한계가 있다.

마무리 사례

캐릭터 선택을 위한 사전조사

▶ 배경

전국 규모의 한 제과류 회사는 광고에서 브랜드를 가장 잘 표현할 수 있는 방법을 찾아야 했다. 그들은 광고에 등장하는 가족 역할에 어떤 배우들의 조합을 캐스팅할지에 대한 해결책이 필요했다. 그들은 표적 소비자인 주요 식료품 구매자들로부터 캠페인 접근에 대한 검증을 받기 원했다.

본 연구의 주요 목적은 TV 광고의 매력도을 높이고 돌파구를 마련하기 위해 호감도와 공감도가 가장 높은 캐릭터 조합을 결정하는 것이었다. 이 연구는 실제 광고에 투자하기 전에 가장 최적의 출연진을 결정하는 데 도움이 될 것이며, 결과적으로 많은 시간과 비용을 절약할 수 있을 것이다. 이 정량적 연구는 광고에 출연할 배우를 조사하기 위해 실시된 포커스 그룹 인터뷰에 뒤따라 수행되었다. 광고주의 최우선 목표는 어떤 주연 배우와 조연 배우의 조합이 가장 매력적이고 호감이 가며 공감할 수 있는지 그 답을 찾아내는 데 있었다.

▶ 조사

조사는 식료품 구매고객 중 25~54세 사이의 여성 300명을 대상으로 이루어졌다. 이들은 가구 내 6~12세 사이의 자녀가 한 명 이상 있었고 지난 3개월 동안 제과류를 구매한 경험이 있었다. 설문조사용 샘플은 소셜 미디어에서 샘플링 방법을 사용하여 모집되었다. 각 응답자에게는 가능한 주연 배우 조합이 담긴 4개의 동영상이 노출되었다. 응답자들은 각 동영상을 시청한 후, 호감도를 평가하였고, 모든 동영상을 시청한 후에는 가장 매력적인 것부터 가장 덜 매력적인 것까지 순위를 매겼다. 그런 다음 응답자들은 조연 배우의 추가 동영상 9개를 노출하고 다시 호감도를 평가하고 동영상의 순위를 매겼다.

▶ 결과

연구 결과는, 주요 캐릭터와 조연 캐릭터 중 1순위를 식별하여, 표적소비자가 생각하는 가장 최적의 캐릭터 조합이 무엇인지 명확하게 보여주었다. 테스트 결과, 광고주는 광고의 매력과 돌파력에 긍정적인 영향을 미칠 가능성이 가장 높은 배우를 섭외할 수 있었고, 이는 결과적으로 최종 광고를 보다 효율적이고 효과적으로 개발하는 데 도움이 되었다.

출처: https://www.lab42.com/blog/lab42-client-case-study-character-test

생각해 볼 문제

01. 광고조사에서 가장 첫 번째 순서는 무엇인가?

02. 독립변수와 종속변수는 서로 어떻게 다른가? 그리고 서로 어떻게 관련되는가?

03. 1차 조사와 2차 조사의 차이는 무엇인가?

04. 양적 조사에서 서베이와 실험의 차이는 무엇인가?

05. 서베이 질문지(questionnaire)에 들어가는 척도에는 질문 목적에 따라 4가지 측정수준이 존재한다. 서로 다른 측정수준들 간에는 어떤 차이가 있는가?

06. 실험에서 조작(manipulation)이란 무슨 뜻인가?

07. 질적 조사에서 표적집단 면접법과 심층인터뷰의 차이는 무엇인가?

08. 마케팅 관련 사례조사(case study)를 찾아 읽어보고 타 방법론에 비해 어떠한 장점이 있는지 논하여 보자.

09. 투사법을 이용하여 브랜드에 대한 소비자의 속마음을 알아보자.

10. 광고효과 변수들 중 상기(brand recall)와 재인(brand recognition)은 서로 어떻게 다른가?

11. 사전조사와 사후조사의 다양한 예를 열거하고 그 목적과 테스트 방식에 있어서 서로 어떤 차이가 있는지 논하여 보자.

12. 최근 마케팅 사례에서 생리적 반응조사의 예를 들어 보시오.

참고문헌

1. 광고계동향 (2006. 03. 28.).
2. 우먼컨슈머 (2019. 03. 19.). [위경환의 심리마케팅⑬] 숙지성의 법칙을 마케팅 전략으로 적용하는 방법. https://www.womancs.co.kr/news/articleView.html?idxno=50600에서 인출.
3. 한국경제 (2023. 08. 07.). LG, 2년 연속 최고 ESG 브랜드…포스코 · GS에너지 톱 10 진입. https://www.hankyung.com/article/202307302393에서 인출.
4. 한국연예스포츠신문 (2020. 08. 03.). https://www.koreaes.com/news/articleView.html?idxno=359113에서 인출.
5. awware (2021. 06. 09.). [요즘 뜨는 마케팅 트렌드] 소비자의 무의식 공략하라, 뇌를 현혹하는 뉴로 마케팅. https://awware.co/blog/primary-vs-secondary-research에서 인출.
6. EBN 산업경제신문 (2024. 01. 14.). CJ제일제당 'K-푸드 세계화' 성공 사례, 하버드 경영대학원 교재로 쓰인다. https://m.ebn.co.kr/news/view/1608625에서 인출.
7. IT World, (2022. 09. 26.). "광고가 정말 효과 있을까?" 성과 측정 기준 "여전히 부족". https://www.itworld.co.kr/news/257068에서 인출.
8. lab42. LAB42 CLIENT CASE STUDY: CHARACTER TEST. https://www.lab42.com/blog/lab42-client-case-study-character-test에서 인출.
9. The PR 더피알(2023. 01. 17.). 광고 · 홍보 전문가들 "정부광고 품질 좋아졌다". https://www.the-pr.co.kr/news/articleView.html?idxno=49622에서 인출.

그린마케팅과 그린워싱

13

CHAPTER 13

▶▶▶ CONTENTS

SUMMARY

그린 마케팅은 "고객과 사회의 요구를 이윤과 지속가능성 측면에서 예측하고 충족시키는 전체적인 관리 프로세스"로 정의된다. 그린 마케팅은 전통적인 마케팅 관행과 오늘날의 생태적, 사회적 현실 사이의 격차를 줄이려는 목적을 가지고 있으며, 기업, 소비자, 사회의 니즈를 수익성 있고 지속 가능한 방식으로 충족시키며, 자연환경 및 생태계와 상호 공존할 수 있어야 한다. 기후 위기와 같은 환경 문제가 점점 심각해짐에 따라, 그린 광고는 소비자 행동을 지속가능성으로 이끄는 데 중요한 역할을 하고 있다. 이 장에서는 제품의 환경적 이점을 강조하는 전략인 그린 마케팅의 개념과 전략에 대해 탐구하고, 기업이 자사의 환경 관련 실천에 대해 소비자를 오도하는 그린워싱의 어두운 면을 살펴본다.

TERMINOLOGY

그린마케팅, 지속가능성, 친환경 광고, ESG 경영, 그린워싱

도입 사례

그린마케팅, 지속가능성, 친환경 광고, ESG 경영, 그린워싱

분리배출을 하기 편리한 '친환경 포장재' 상품에 대한 소비자의 선호도가 높아졌다. 제주삼다수의 경우, 무라벨 생수 판매 비율이 오프라인 판매량 전체의 30%를 돌파했다. 라벨프리(label-free) 포장 방식은 생수에서 시작되어 그 적용 범위가 점차 확장되고 있다.

▶ 생수에서 시작된 라벨프리 포장 방식, 적용 범위 점차 확장

동원 F&B는 '소와나무 비피더스 명장' 요구르트 용기에 부착하던 플라스틱 라벨지를 없앤 이후 2021년 기준으로 연간 약 60톤 이상의 플라스틱을 줄이는 효과를 보고 있다.

종이로 만든 친환경 배송패키지도 다양하게 도입되고 있다. 삼성전자는 2022년 7월부터 제품 수리용 서비스 자재를 배송할 때 사용하는 배송용 상자와 테이프, 완충재를 모두 종이 소재로 바꿨다.

알뜰폰 브랜드 LG U+ 미디어로그 역시 지속가능한 삼림에서 생산된 목재제품인 FSC(forest stewardship council) 인증을 받은 종이로 'U+알뜰모바일' 배송패키지를 교체하면서 제로웨이스트를 실천하고 있다.

종이 포장재에서 더 나아가 친환경 잉크를 사용해 탄소 배출량을 절감하려는 노력도 이어지고 있다. 오리온은 지난 2021년 120억 원을 투자해 도입한 친환경 인쇄기로 유해 화학물인 유기용제 대신 알코올 타입의 수성잉크를 사용하며 환경오염을 최소화했다.

▲ 삼성전자 에코 패키지의 예

▲ 무라벨 페트병의 예

▶ '친환경 포장재' 상품에 대한 소비자 선호도 증가

친환경 포장 제품이 많아진 이유는 MZ세대를 필두로 '필환경' 소비트렌드가 확대됐기 때문이다. MZ세대을 대상으로 실시한 대한상공회의소의 설문조사 결과에 따르면, 41.4%가 지구에 영향을 덜 끼치는 친환경 제품으로 '무라벨 페트병'을 꼽았다.

너무나 익숙하게 소비해오던 플라스틱 포장재를 아예 제거한 기업들의 움직임이 친환경 소비의 필요성에 공감하는 소비자의 마음을 움직인 것으로 풀이된다.

▲ 동원 F&B '소와나무 비피더스 명장'의 예

▶ 그린워싱 행태 지양하고 다채로운 시도 필요

반면 라벨을 없애면서 음료의 제품명, 유통기한, 생산지 등을 확인하기 어려워져 어쩔 수 없이 바깥 비닐포장재에 일괄표시하여 판매하기도 하는데, 이러한 포장 방식이 친환경 포장재로 평가받는 것이 맞느냐는 문제 제기도 있다.

소비자의 죄책감만을 덜어주는 '무늬만 친환경 포장'인 소위 그린워싱(green-washing) 행태는 지양되어야 할 것으로 지적된다. 보다 실질적으로 플라스틱 사용량을 줄일 수 있는 방법을 계속해서 고안할 필요가 있다.

환경 문제가 전 세계적인 화두로 떠오른 만큼 앞으로 소비자가 지속가능한 친환경 소비를 실천할 수 있도록 기업들의 다채로운 시도가 이어질 것으로 전망된다.

출처: 시사통신 (2024. 07. 02). http://www.sisats.com.

13 CHAPTER

그린마케팅과 그린워싱

1 그린마케팅

탄소배출량의 증가와 함께 찾아온 기후위기와 환경오염은 대규모 산불, 가뭄과 홍수, 사막화 등 인류를 기존에 경험하지 못한 새로운 위기에 직면하게 하였다. 이러한 현상의 원인에 세계 100대 기업이 전 세계 배출량의 71%를 차지한다는 사실이 있고 소비자들이 이러한 위기에 대해 기업에 대한 사회적 책임을 묻기 시작했다는 점은 최근 기업들이 왜 저마다 ESG(environmental, social, governence) 경영을 외치고 있는지를 설명한다. ESG란 기업의 비재무적 요소인 환경적, 사회적 활동과 지배구조를 뜻하는 말로 기업이 중 · 장기적 관점에서 친환경적 경영 및 사회적 책임경영과 투명한 지배구조를 유지하는 경영을 통해 지속가능한 발전을 추구하는 것을 의미한다.

환경적 우려가 커지면서 기업들은 소비자의 기대에 부응하고 마케팅 전략을 지속 가능성 목표에 맞추기 위해 그린마케팅에 많은 재원을 투자하고 있다. 한 조사결과에 따르면, 2023년부터 2030년 사이에 글로벌 친환경 기술과 지속가능성 시장은 620억 달러(미화기준) 규모로 성장할 것으로 예상되며, 응답자의 49%가 안전성과 지속가능성이 높은 관행을 갖춘 기업이 만든 제품에 더 높은 가격을 지불할 의향이 있다고 답하였다. 또한 Forbes의 조사에 따르면, 소비자의 87%가 사회적 환경적 혜택을 제공하는 제품을 구매할 것이라 응답하였다.

그린마케팅은 에코 및 환경 마케팅이라고도 하며, 시장세분화, 타게팅, 포지셔닝 등 마케팅 전략에서부터 친환경 제품 디자인과 광고 제작에 이르기까지 마케팅 전 과정에 걸쳐 기업 및 제품의 친환경성과 지속가능성을 홍보한다. 지속 가능성을 장려하고 환경 의식이 높은 소비자에게 친환경적 노력을 효과적으로 어필하는 기업은 브랜드 평판과 고객 충성도를 향상시킬 수 있다. 그린마케팅을 통해 마케팅 목표를 달성하기 위해서는 장기적인 계획 아래 지속적인 혁신과 개선을 위한 헌신이 필요하다. 환경에 대한 진정한 헌신을 보여주는 기업은 그렇지 않은 기업에 비해 경쟁 우위를 얻을 수 있는 만큼, 환경을 위한 지속가능경영을 기업이 얼마나 잘 계획하고 실천하느냐가 오늘날 기업의 성공을 위해 무엇보다 중요한 의미를 갖는다.

1) 그린마케팅의 주요 개념

그린마케팅(green marketing)의 개념은 처음 Hennion과 Kinnear(1976)가 생태적 이슈와 마케팅의 연관성을 논의한 이후 크게 발전하기 시작했다. 초기의 생태적 마케팅 개념은 주로 광업이나 화학산업 등 환경 문제(예: 대기 오염이나 자원 고갈)를 유발하는 특정 산업에 초점을 맞추고 있었고 그러한 문제를 유발하는 원인과 과정에 대한 고려가 없었다. 이들 산업 중 실제로 생태적 원칙을 채택한 경우도 매우 드물었다.

1980년대 후반부터 전 세계적인 환경 문제에 대한 인식이 높아지고, 환경, 사회, 경제 간 상호 의존성이 인식되면서 마케팅은 단순히 환경 피해를 줄이는 것뿐만 아니라 지속 가능성을 달성하는 방향으로 전환되었다. 이 시기는 이른바 "환경적" 그린

마케팅의 시기로 불리운다(Peattie, 2001b). Peattie(1995)는 새로운 그린마케팅 개념을 "고객과 사회의 요구를 이윤과 지속가능성 측면에서 예측하고 충족시키는 전체적인 관리 프로세스"로 정의했다. 이 시기의 특징은 생태계 및 종의 파괴, 마케팅 전반에서 발생할 수 있는 비의도적 해악 등 광범위한 문제를 다루어 초기의 생태학적 마케팅이 지속가능성 마케팅으로 발전했다는 점이다.

오늘날 환경 문제는 제품 시장에서 중요한 경쟁 요소가 되었다. 이전에 오염이 심한 특정 산업에만 초점을 맞췄던 것과 달리, 이제는 다양한 산업에서 환경친화적 관행이 더 널리 채택되고 있다. 1990년대 이후, 그린마케팅은 의류, 전자제품, 관광 같은 서비스 등 소비재 산업 전반에 폭넓게 적용되고 있다. 그린마케팅은 전통적인 마케팅 관행과 오늘날의 생태적, 사회적 현실 사이의 격차를 줄이려는 목적을 가지고 있으며, 기업, 소비자, 사회의 니즈를 수익성 있고 지속 가능한 방식으로 충족시키며, 자연환경 및 생태계와 상호 공존할 수 있어야 한다(Dangelico & Vocalelli, 2017).

2) 시장세분화, 타게팅, 포지셔닝 전략

그린마케팅은 브랜드의 친환경성을 소비자에게 어필해야 하므로 환경문제에 대한 인식과 환경보호에 기여하려는 의지가 높은 소비자를 타깃으로 캠페인을 펼치는 것이 효과적일 것이다. 이러한 관점에서 소비자를 '충성도 높은 친환경 소비자', '덜 헌신적인 친환경 소비자', '친환경으로 발전하는 소비자', '변하려 하지 않는 보수적인 소비자', '변화를 전혀 원하지 않는 소비자' 등 다섯 가지 그룹으로 나눌 수 있다(Ottman & Reilly, 1998).

소비자를 친환경 제품에 대해 가지는 인식(그린 제품 구매의 이익 또는 위험을 인식하는지 여부)과 그 접근 방식(의식적인지 여부)에 따라 나누면, 전통적인 소비자(그린 구매의 이익을 인식하지 못하고 무의식적으로 접근하는 비그린 소비자), 새로운 그린소비자(그린 제품의 이익을 인식하지만 구매 동기가 부족한 소비자), 가격에 민감한 그린소비자(환경 라벨을 알고 있지만 더 높은 가격을 지불하기를 원하지 않는 소비자), 친환경적 그린소비자(환경에 대한 관심이 있으며, 그린 제품을 구매할 준비가 되어 있는 소비자) 등 네 그룹으로 나눌 수 있다(D'souza et al., 2006).

이와 같은 맥락에서, Forrester Research는 소비자들을 지속가능성을 추구하는 성향에 따라 네 가지 유형으로 세분화하여 제시하였다.

- 비그린소비자(non-greens): 이 소비자들은 주로 비용에 초점을 맞추고 사회에 미치는 기후 변화의 영향에 대해서 거의 관심이 없으며, 환경을 위해 어떤 종류의 타협도 하지 않는다.
- 휴면 중인 그린소비자(dormant greens): 이 소비자층은 환경 정보나 지속 가능한 제품을 적극적으로 찾지는 않지만, 친환경 메시지로 설득이 가능한 부류이다. 이들은 제품 가격이 그들이 예상한 범위 안에 있을 때 친환경적 제품을 선택할 가능성이 있다.
- 편리한 그린소비자(convenient greens): 이 소비자들은 환경에 대한 의식이 있지만, 대부분의 경우 편의성을 더 우선시한다. 그들은 바쁘고 가격에 민감하며, 이러한 요구를 충족시킬 때 친환경 제품에 긍정적으로 반응한다.
- 적극적 그린소비자(active greens): 이들은 가장 환경 의식이 강한 소비자이며 친환경 제품에 대해 프리미엄 가격을 지불할 의향이 있다. 이들은 공급업체의 관행을 면밀히 살피고 제품이 환경에 미치는 영향을 고려한다.

친환경 제품은 경쟁사와 차별화하기 위해 제품이 기능적 또는 감성적 제품 속성에 기반하여 포지셔닝할 수 있다(Hartmann et al., 2005). 기능적 특성에 기반한 포지셔닝 전략은 생산 과정이나 제품 사용에서 중 발생하는 환경적 이점을 강조할 수 있다. 그러나 기능적 속성만으로 포지셔닝 전략이 성공하는 데 한계가 있고, 제품의 친환경성이 구매자에게 직접적인 이익을 보장하지 않기 때문에, 그린마케팅은 친환경적 품질 개선과 소비자의 니즈 충족이라는 두 가지 목표를 동시에 달성해야 한다. 또한, 제품의 기능적 특성에만 의존한 전략은 쉽게 모방될 수 있고, 소비자가 오직 합리적으로 행동할 것이라는 가정하에, 유연성이나 브랜드 차별화가 줄어들 수 있다(Aaker,

1996). 반면, 감성적 포지셔닝 전략은, 이타적 행동과 연관된 “따뜻함”과 웰빙 감각, 그린브랜드의 소비를 통해 얻어지는 상징적 의미, 그리고 자연과의 접촉을 통해 경험하는 감정적 혜택 등을 강조하여 소비자로부터 긍정적인 감정 반응을 이끌어낼 수 있다. 그린마케팅에서 기능적 포지셔닝과 감성적 포지셔닝은 모두가 브랜드 태도에 긍정적인 영향을 미치며, 두 가지 유형의 포지셔닝을 결합할 때 가장 강력한 효과가 나타난다(Hartmann et al., 2005).

3) 그린마케팅의 4P 전략

(1) 제품

친환경 제품이란 “생산, 사용 및 폐기 과정에서 환경 및 사회적 성능이 기존 제품이나 경쟁 제품에 비해 크게 향상된 제품”(Peattie, 1995), 또는 일반적으로 “에너지를 보존하고 자원 사용을 최소화하며, 독성 물질, 오염 및 폐기물의 사용을 줄이거나 제거하려는 제품”(Ottman et al., 2006)이라 정의할 수 있다.

친환경 제품은 사용 전, 사용 중, 사용 후 등 다양한 제품수명 주기 단계에서 친환경적 특성을 나타낼 수 있다. 유럽공동체위원회(2001)는 제품이 처음부터 ‘친환경’으로 설계되어야 한다고 주장하였다. 친환경 제품을 생산하기 위한 일반적인 전략으로는 재활용, 제품 또는 부품의 재사용, 포장 축소, 내구성 향상, 수리 가능성, 퇴비화 가능성, 건강 및 운송 중 안전성 향상 등이 있다.

① 친환경 제품 생산 사례

전통적인 에너지원과 비교하여, 태양광, 풍력, 수력, 지열, 바이오매스 등 재생 가능 에너지는 온실가스를 배출하지 않기 때문에, 기업의 기후변화에 대응하려는 탄소 배출 감소 노력에도 크게 기여할 수 있고, 친환경적 기업이라는 이미지를 제고하여 소비자로부터 긍정적 효과를 얻을 수 있다. 이러한 관점에서, LG에너지솔루션은 태양광 설비를 통해 전력을 생산하고, 생산 전력으로 인한 수익을 취약 계층 청소년

지원에 활용하는 사회공헌 활동을 펼치고 있다. 해당 기업이 2020년 겨울부터 시작한 '희망그린발전소' 사업은 2040년까지 지속될 경우, 온실가스 감축량이 약 4,900톤 정도로 예상된다.

출처: LG에너지솔루션 홈페이지.

현대백화점그룹은 2050년까지 연간 탄소 배출량을 현재보다 60% 이상 감축하겠다는 목표로, ESG 환경 브랜드와 슬로건을 '리그린'과 '다시 그리는 지구'로 각각 정하고 탄소중립경영을 실천해 나가고 있으며, 계열사인 (주)현대리바트는 폐기물 관리 프로세스를 갖추어 기업의 지속가능성을 위한 ESG경영에 앞장서고 있다. 이를 위해, 자사 홈페이지를 통해 지역사회 환경 관련 리스크 대응 활동을 펼침과 더불어 환경/안전 법규 관리 및 준수 평가를 위한 프로세스 맵을 구축하고 연간 폐기물 발생량을 공개하고 있다. 또한 폐기물의 종류에 따라 상세 처리방법과 처리 절차를 메뉴얼화하여 관리하고 있으며, 해당 자료는 유사 산업체에서 벤치마킹하여, 해당 폐기물 관리 생태계를 활성화하는 데에도 기여하고 있다. 뿐만 아니라, 친환경 물류 인프라 구축과 배송차량의 전기차 전환율 20%를 달성하는 등 재생에너지 사용을 확대하고 16개 제품의 환경표지를 획득하고 자원순환성 향상, 유해물질 감소, 생활 환경오염 감소 등 친환경 제품 생산을 위한 노력을 기울이고 있다.

출처: 현대리바트 홈페이지.

아모레퍼시픽은 재활용 플라스틱 적용 신제품을 22년 대비 6배로 늘렸고, 전력 사용량의 51.4%를 재생전력으로 전환하였으며, 25년까지 전 사업장에 재생에너지 사용량을 100%로 끌어올리는 것을 목표로 RE100을 달성하고자 한다. 이외에도 글로벌 생산 사

출처: 아모레퍼시픽 홈페이지.

업장의 매립처리 폐기물을 제로화하였으며 생물자원 보전 및 기후변화 적응기술 도입에 대한 투자를 늘려나가고 있다.

② 지속가능한 포장 사례

포장은 제품의 중요한 구성요소 중 하나로 친환경 제품에서 요구되는 지속 가능한 포장은 효과적이고(기능적 요구 사항을 최소한의 환경 및 사회적 영향으로 달성), 효율적이며(제품 수명 주기 동안 에너지 및 재료를 효율적으로 사용하도록 설계), 순환적이며(재생 가능하고 재활용 재료 사용), 안전한(오염 및 독성이 없는) 요건을 갖추어야 한다(Finisterra Do Paco et al., 2014). 지속가능한 포장은 재활용과 재사용이 가능하며, 환경친화적인 재료로 만들어져 천연자원 사용 감소에 도움이 되는 등 환경을 위해 다양한 이점을 갖는다. 또한, 포장을 줄임으로 해서 기업홍보와 브랜드 이미지에도 긍정적인 영향을 끼칠 수 있다.

출처: 식품음료신문(www.thinkfood.co.kr).

지속가능한 포장의 예로는 풀무원과 배달앱의 사례를 들 수 있다. 풀무원은 플라스틱 사용량을 줄이고(reduce), 재활용이 쉬운 포장재를 사용하고(recycle), 포장재의 잔여 화학물질을 제거(remove)하는 3R활동을 지속하고 있으며, 출시 제품 전 라인에 친환경 소재로 이뤄진 포장재를 사용한다. 그 중 돋보이는 것은 바이오 페트인데, 이는 석유에서 추출한 일반 페트(PET)와 달리 사탕수수 추출물을 약 30% 함유하여, 제조와 유통, 소각 전 과정에서 이산화탄소 발생량을 20% 줄일 수 있는 효과가 있는 소재로 100% 재활용이 가능하다.

배달앱 서비스사인 배달의 민족은 코로나 이후 증가된 배달에서 발생하는 일회용품 소비량의 증가가 환경오염에 미치는 영향에 대처하기 위해 앱에서 일회용 수저와 포크를 안 받는 선택기능과 김치, 단무지 등 기본반찬 안 받기 기능을 추가하여 친환경 배달문화 조성에 힘썼다. 그 결과, 고객들이 일회용품을 안 받기로 선택한 횟수는 2억 회를 넘어 일회용기 사용량이 20~30% 줄었고, 음식물 쓰레기 감량에도 상당한 효과를 거두어 폐기물 수거비용을 58억 원 이상 줄일 수 있었다. 또다른 서비스인 요기요도 스테인리스 다회용기 주문을 매장에 도입하였고, 앱내에 일회용 수저와 포크 안 받기를 기본 값으로 적용하여 이에 동참하는 소비자가 72%로 늘었다.

출처: 배달의 민족(www.baemin.com).

(2) 가격

소비자들은 환경적 영향에 대해 점점 더 의식하고 있으며, 이러한 인식은 쇼핑 습관으로까지 확대되고 있다. 제품의 가격은 제품의 품질과 밀접한 관련이 있으며, 소비자의 지불 의사를 고려하여 결정해야 한다. 친환경 제품의 가격은 소비자의 가격에 대한 민감도와 제품의 환경적 가치에 대해 더 많이 지불할 의사를 상쇄하여 가격을 설정하는 것으로 정의할 수 있다(Grove et al., 1996). 친환경 제품의 가격은 더 비싼 재료, 더 제한된 제약 조건하에서 발생하는 더 높은 생산 비용, 세금 증가에 따른 환경 비용의 내재화등 다양한 이유로 상승할 수 있다. 대체로 친환경 제품은 소비자가 환경적 가치가 더 높은 제품을 얻기 위해 전통적인 대안에 비해 지불해야 할 추가 비용을 의미하는 "프리미엄 가격"을 포함한다(Peattie, 2001a).

유럽 국가들을 비롯한 대부분의 선진국에서는 소비자들이 친환경 제품에 대해 더 높은 가격을 지불할 의사를 보이고 있으나 소비자 특성과 제품 유형, 지각된 혜택에 따라 지불의사가 달라지기도 한다. 예를 들어, 소비자가 재사용된 제품 또는 재활용된 부품으로 제작된 제품에 대해 제대로 작동할지에 대한 기능적 위험을 느낄 때 지불의사가 낮아질 수 있다. 소비자들은 친환경 제품의 혜택에 비해 위험도가 과도하게 높아지는 윤리적 한계점 전까지 더 많은 비용을 지불하려한다. 반면에 윤리적 소비자라고 자처하는 사람들도 때로는 제품의 윤리적 특성보다 가격에 더 민감하게 반응한다.

친환경 가격책정은 제품이나 서비스의 환경적 영향을 고려한 가격 책정 전략으로 이를 통해 구매결정시 제품이나 서비스의 친환경성을 우선시하는 소비자를 대상으로 기업의 지속가능성과 투명성을 위한 노력을 어필할 수 있다.

① 탄소중립 가격책정(carbon-neutral pricing)

기업이 친환경 제품의 가격 책정을 위해 취할 수 있는 가장 중요한 단계 중 하나는 탄소 배출량을 계산하고 상쇄하는 것이다. 탄소 중립 가격 책정은 제품의 생산, 운송 및 폐기와 관련된 탄소 발자국을 정량화한 다음 다른 곳에서 동일한 양의 탄소를 줄이거나 포집하는 계획에 투자하는 것을 포함한다.

탄소중립 가격을 책정함으로써 기업은 기후위기 완화를 위한 기업의 노력을 알리고 친환경성이 강한 브랜드를 지원하고자 하는 소비자에게 공감을 얻을 수 있을 것이다. 이 전략은 부정적인 환경적 영향을 미칠 수 있는 제품을 구매하여 느끼는 죄책감을 상쇄하는 데에도 도움이 될 수 있다.

② 오프셋(offset) 프로그램

오프셋 프로그램은 환경친화적 가격 책정의 필수적인 부분이다. 이러한 프로그램을 통해 기업은 온실가스 배출을 줄이거나 지속가능한 관행을 촉진하는 프로젝트에 투자할 수 있다. 일반적인 오프셋 프로젝트에는 파괴된 숲을 복원하는 재산림화 노력, 재생 에너지 이니셔티브, 폐기물 감소 프로그램 등이 포함된다.

기업이 결제 과정에서 고객에게 이러한 상쇄 프로그램에 기여할 수 있는 옵션을 제공하면 탄소 발자국(carbon footprint)[1]을 상쇄하는 데 도움이 될 뿐만 아니라 소비자들에게 환경적 책임감을 어필할 수 있다. 소비자는 이러한 프로그램에 참여함으로써 자신의 구매가 환경 변화에 직접적이고 긍정적으로 기여한다는 자부심을 느낄 수 있다.

---

1 개인을 비롯해 기업이 직 간접적으로 배출하는 온실가스의 총량을 뜻하며 대체로 일년 동안 발생한 이산화탄소의 양으로 측정된다.

③ 친환경 가격정책 성공사례

아웃도어 의류 브랜드인 파타고니아는 친환경 가격 책정의 선구자이다. 파타고니아는 고객이 사용한 파타고니아 의류를 중고로 사고 팔 수 있는 "Worn Wear" 프로그램을 제공하여 제품의 수명을 연장할 뿐만 아니라 새로운 제품 제조의 필요성을 줄여 전반적인 탄소 발자국을 줄이고 있다.

테슬라는 전기 자동차의 환경적 이점을 강조하여 친환경적 가격 정책을 수립하고 있다. 또한 테슬라를 구매할 때 탄소 오프셋을 구매할 수 있는 옵션을 고객에게 제공하여 구매자가 운송 관련 탄소 배출량을 줄이는 데 참여할 수 있도록 하고 있다.

(3) 유통/물류

친환경 유통은 환경 피해를 최소화하는 물류 관행을 말한다. 유통은 포장에서 운송에 이르기까지 지구에 상당한 영향을 미치는 많은 활동으로 구성되는데, 친환경 유통을 통해 보관, 주문 처리, 포장, 최종 마일 배송을 포함하여 공급망 전반에 걸쳐 환경에 더 이로운 선택을 할 수 있다. 이는 또한 제품의 유통 과정에서 발생하는 폐기물과 탄소 배출을 줄이는 노력을 포함한다. 친환경 유통을 위해서는 생산부터 소비, 그리고 역물류에 이르기까지 유통에 관련된 전 과정에서 치밀한 관리가 이루어져야 한다.

역물류(reverse logistics)란 최근 환경문제가 심각하게 대두되면서 부각되는 개념으로, 공급자에서 소비자로 이어지는 물류흐름과 반대로 고객에게 제품이 더 이상 필요치 않은 상황이 발생했을 때, 공급자가 그 제품을 소비자로부터 회수하여 처리하는 프로세스를 말한다. 역물류는 반품(고객이 구매한 제품을 교환, 환불, 수리 등 이유로 공급자/판매자에게 되돌려 보내는 경우), 회수(신제품을 구입한 고객의 구제품을 돌려보내는 경우), 폐기(방치 또는 버려진 제품을 처리하는 경우) 등 세 가지 과정으로 나뉜다.

① 친환경 유통의 구성 요소

- 물류창고

물류창고는 제품 보관을 위해 난방과 냉방 비용이 많이 들고 상당한 탄소 배출을 유발한다. 또한 창고 위치가 어디인지, 유통 센터가 몇 개인지 등도 탄소 배출량에 영향을 끼친다. 환경친화적인 창고를 건설한다면, 낭비되는 공간을 최소화하고 자연광을 극대화하여 에너지 소모를 줄일 수 있다. 기존의 창고라 하더라도, 태양광 패널을 설치하고 필요한 에너지원을 수력이나 풍력으로 돌림으로써 화석연료에 대한 의존도를 낮춰 탄소 발자국을 줄이고, 운영 비용도 절약할 수 있다.

- 포장

플라스틱 같은 재생 불가능한 포장재는 매립지에서 더 많은 폐기물을 발생시킬 뿐만 아니라, 재료 조달에서 운송, 폐기에 이르기까지 수명 주기의 모든 단계에서 환경에 악영향을 미친다. 폴리스티렌 폼으로 만든 포장재는 생분해성이 없고 이를 먹는 물고기와 야생 동물에게 해를 끼쳐 특히 악명이 높다.

최근에는 옥수수 전분, 버섯 등 많은 생분해성 포장재가 시장에 출시되고 있다. 친환경 포장은 다음의 몇 가지 요건을 충족해야 한다. 첫째, 포장이 재료 조달, 제조, 운송 및 폐기 등 제품수명 주기의 모든 단계에서 재생 에너지를 이상적으로 사용해야 한다. 둘째, 최적화된 포장은 재생 가능하고 재활용이 가능한 재료를 사용해야 한다. 셋째, 친환경 포장은 모든 단계에서 폐기물을 최소화하고 운송을 위한 하중도 최적화할 수 있도록 최대한 효율적으로 설계해야 한다.

- 운송

대부분, 운송은 유통 작업에서 환경에 가장 큰 영향을 미치는 영역이다. 가솔린과 디젤처럼 재생 불가능한 화석원료로 작동하는 차량은 지구 온난화 및 산성비와 같은 환경문제의 주요 원인인 탄소를 배출한다. 지상 운송 외에, 항공 및 해상 운송도 환경적 위험을 초래한다. 선박은 석유와 화학물질을 바다로 방출하여 수질과 해양 생물에 해를 끼칠 수 있고, 항공기는 제트 연료와 기타 화학 물질을 배출하여 해를 끼치게 된다.

친환경 운송을 위해서는 지상 운송의 경우 전기나 수소 등 대체 연료로 작동하는 차량을 사용하거나, 철도와 같은 다른 친환경 운송 수단의 사용을 늘릴 필요가 있다. 항공 또는 해상 운송 시, 주어진 시간에 운송 횟수를 최소화하기 위해 최대한 상품을 통합하여 적재하고, 효율적인 포장으로 적재무게를 줄이는 등 탄소배출량 저감을 위해 노력해야 한다.

② 친환경 유통의 기준

- **낮은 유해물질 배출량:** 제조 및 운송에서 발생하는 화학물질 배출 외에, 제품 자체도 휘발성 유기화합물과 포름알데히드를 배출할 수 있다. 소비자는 실내와 실외에서 좋은 공기 질을 촉진하는 제품을 선택해야 한다.
- 오래 사용할 수 있도록 제작된 제품과 장비를 선택하면 궁극적으로 폐기물을 줄일 수 있다. 그러나 포장재와 같은 소재를 선택할 때 필요 이상으로 내구성이 너무 높은 것을 선택하여 폐기물 발생을 증가시키지 않도록 주의해야 한다.
- **재활용 콘텐츠:** 재활용 콘텐츠를 사용하는 제품은 더 환경친화적인 선택이 될 것이다.
- **재사용된 콘텐츠:** 사용된 제품을 단순 회수되거나 업그레이드하여 가치를 높인(upcycling) 콘텐츠를 포함한 제품을 말한다.
- **제조 공정:** 목재나 옥수수와 같은 천연 또는 재생 가능한 자원을 통해 만들어진 제품은 석유와 같은 재생 불가능한 자원으로 만든 제품보다 높은 지속 가능성을 가지며 제조 공정에서 환경에 해를 끼칠 수 있는 독성 부산물이 발생할 가능성도 낮다.
- **공급업체 위치:** 장거리로 운송해야 하거나 수입 재료를 사용하는 제품은 공급망 전체에 걸쳐 더 많은 에너지를 필요로 한다. 가능하면 현지 조달을 통해 지속 가능한 공급망을 갖추도록 노력해야 한다.
- **오존 친화성:** 에어로졸 스프레이, 폼 및 포장재용 발포제, 냉매 등 오존층 파괴 물질이 포함되지 않은 제품을 말한다.

(4) 광고, 프로모션

① 친환경 메시지

광고는 지속가능성과 관련된 생산 및 소비 패턴의 변화에 중요한 영향을 미칠 수 있다. 대부분의 소비자는 제품의 친환경성을 강조하는 인쇄 및 TV 광고에 대해 긍정적인 태도를 가지고 있으며, 제품에 대한 긍정적인 태도를 통해 소비자의 구매 의도를 높일 수 있다. 실제로는 제품의 친환경성에 대한 정보를 얻는 것이 소비자에게 비용이 많이 들고, 시간이 많이 걸려 정보 비대칭[2]이 발생할 수 있으며, 이로 인해 친환경 제품의 구매에 방해가 될 수 있으므로, 친환경 광고는 제품의 환경적 이점을 강조하고, 지속가능한 라이프스타일을 홍보하며, 브랜드의 친환경 이미지를 개선하고, 제품의 친환경성에 대한 정보 비대칭을 줄일 수 있어야 한다(D'souza et al., 2007).

환경적 주장은 구체적이고 실제적이며 유용할수록 모호한 메시지보다 효과가 크며, 환경적 주장에서 강조하는 이점이 실제로 발생해야 하고, 제품의 특정한 이점을 보여주는 구체적인 데이터를 제공하는 것이 효과적이다(Davis, 1993). 이를 위해, 관련 메시지는 명확하고, 기억하기 쉽고, 이해 가능하며, 타깃 소비자에게 맞춤화하여 표현하는 것이 필요하다(Bickart & Ruth, 2012). 친환경성 주장은 정직하고 투명하게 신뢰할 수 있어야 하며, 이를 통해 기업이 소비자와 장기적인 신뢰관계를 구축할 수 있다.

친환경 메시지는 소비자의 연상 네트워크인 스키마(schema)의 일부로 편입되어 소비자의 기억 속에 저장된다. 따라서 소비자가 친환경적 제품을 선택하려 할 때 브랜드와 함께 스키마에 저장된 친환경성 정보가 중요한 역할을 한다. 그럼에도 "에코프렌들리(eco-friendly)", "그린", "자연" 등 모호하고 여러 해석이 가능한 용어의 사용은 표시 · 광고법에서 허위, 과장, 기만 등 부당한 표시 · 광고 행위로 규제하는 그린워싱에 해당할 수 있으므로 지양해야 하고, 특정한 제품속성에 관련하여 구체적이고

2 시장에서 각 거래주체가 보유한 정보에 차이가 있을 때, 그 불균등한 정보구조를 뜻하는 말로, 여기서는 소비자가 공급자에 비해 제품의 친환경성에 대한 정보를 적게 가짐으로 해서 발생하는 정보의 불균형을 뜻한다.

입증 가능한 방식으로 표시함이 바람직하다. 명확한 근거 없이 모호한 환경성 표현의 무분별한 사용은 친환경 메시지의 신뢰성을 떨어뜨리게 된다.

② 에코라벨

에코라벨은 제품 포장이나 전자 카탈로그에 부착된 마크로, 친환경 마케팅의 중요한 프로모션 도구 중 하나이다. 에코라벨은 소비자와 기관 구매자가 특정한 환경적 성과 기준을 충족하는 친환경적 제품을 빠르고 쉽게 식별하는 데 도움을 줄 수 있으며, 정부 기관, 비영리 환경 옹호 단체 또는 민간 부문 단체가 소유하거나 관리할 수 있다. 그린마케팅이 확산되면서, 에코라벨은 제품 차별화 도구로서의 중요성이 커졌고, 소비자에게 제품의 친환경성에 대한 보증을 제공하며, 기업의 지속가능성 철학을 반영하는 중요한 역할을 하게 되었다(D'Souza, 2000).

에코라벨은 제품의 판매와 이미지를 개선하고, 제조업체가 제품의 환경 영향을 고려하도록 장려하며, 소비자에게 환경 문제에 대한 인식을 높이고, 환경 보호에 도움을 줄 수 있다. 한 설문 조사결과에 따르면, 소비자의 70%가 구매 결정시 광고와 제품 라벨링에 포함된 친환경 메시지에 의해 영향을 받는다고 답하였고(Chase & Smith, 1992), 일부 연구는 소비자가 지속 가능성 차원을 완전히 이해하기 위해 제품에 대한 더 많은 정보공개를 선호하며, 소비자가 단일영향 범주(예: 사용 또는 배출단계)보다 제품 전체 수명주기(예: 제조, 사용, 유지관리, 폐기)에 관한 정보를 선호한다고 밝혔다(Andrews et al., 1998). 에코라벨은 모호하고 오해의 소지가 있는 제품관련 주장들을 방지함으로써, 제조업체의 신뢰와 신뢰성에 의존하는 소비자들의 구매 선택을 도울 수 있다.

에코라벨의 종류는 법정인증마크, 업계자율마크, 기업자가마크 등 세 가지로 구분할 수 있다. 법정인증마크는 법령에 근거해 정부가 인증하는 환경마크를 의미한다. 업계자율마크는 법적 근거 없이 업계에서 자체적으로 평가절차와 인증과정을 거쳐 부여한 마크이고 기업자가마크는 법적 근거 없이 사업자의 자발적 의사에 따라 부여한 마크이다. 따라서 법적인증마크가 아닌 마크를 사용할 때 법정인증마크와 유사하게 도안하고 표기하면서 인증기관을 밝히지 않는 경우 기만적 표시·광고인 그린워싱에 해당하여 법적 제재의 대상이 될 수 있다.

최근 몇 년 동안, "친환경" 제품에 대한 시장 수요가 증가하고 친환경 제품에 대한 인증기관과 표준의 수가 증가함에 따라 "그린워싱"에 대한 우려가 커지고 있으며, 표준 및 라벨과 관련된 어떤 환경적 주장을 신뢰할 수 있는지에 대한 불확실성도 커지고 있다. 이러한 변화에 대응하기 위해 미국의 연방거래위원회(FTC)와 한국의 공정거래위원회 등 규제기관들은 제품의 환경적 속성에 대한 주장이 진실되고 입증할 수 있도록 그린 가이드라인을 만들어 관리하고 있다.

▲ 법정인증마크 ▲ 업계자율마크 ▲ 기업자가마크

그림 13-1 다양한 에코라벨의 종류

2 그린워싱

1) 그린워싱의 정의

그린워싱(greenwashing)은 '그린(친환경)'과 '화이트워싱(덧칠하여 문제나 결함을 숨기거나 속이는 행위)'의 합성어로, 실제로는 친환경적이지 않은 제품이나 서비스를 마치 친환경인 것처럼 꾸며 광고하거나 포장하는 것을 말한다. 예를 들어, 어떤 회사가 주식 가격을 올리거나 매출을 늘리기 위해 제품이나 서비스에 대해 친환경적인 것처럼 과장하거나 거짓으로 홍보하는 경우가 이에 해당한다. 이런 행위는 소비자를 속여 경제적 이득을 얻는 것으로, 실제로는 환경에 도움이 되지 않는 제품이나 서비스에 친환경 이미지를 부당하게 사용하는 것이라 할 수 있다.

최근에는 기업들이 ESG(환경, 사회, 지배구조) 경영을 강화하고, 사람들이 친환경 제품을 더 많이 소비하면서 친환경 마케팅이 늘어나고 있는 상황에서 그린워싱의 문제점도 커지고 있어 이에 대한 규제도 강화되는 추세에 있다.

2) 그린워싱의 유래

그린워싱(greenwashing)이란 단어의 유래는 1980년대로 거슬러 올라간다. 이 용어는 미국의 환경운동가인 제이 웨스터벨트(Jay Westerveld)가 처음 사용했다. 웨스터벨트는 호텔업계가 사용하는 환경보호 캠페인에 대해 비판하면서 이 용어를 생각해냈다. 당시 많은 호텔들이 타월 재사용 프로그램을 도입하며 이것이 환경 보호에 기여한다고 홍보했지만, 웨스터벨트는 이러한 캠페인이 실제로는 환경보호보다는 비용 절감에 더 중점을 두고 있다고 지적하면서 그린워싱이란 용어를 처음으로 쓰기 시작했다. 이 용어는 시간이 지남에 따라 점점 더 널리 사용되었으며, 오늘날에는 기업의 사회적 책임과 지속 가능한 발전에 대한 관심이 높아지면서 더욱 중요한 개념으로 자리 잡았다. 그린워싱은 소비자들을 오도할 뿐만 아니라 진정한 환경 보호 노력을 약화시킬 수 있기 때문에, 이에 대한 인식과 규제의 필요성이 지속적으로 제기되고 있다.

3) 그린워싱의 유형과 특성

그린워싱의 유형은 마케팅회사인 테라초이스(Terra Choice)에서 개발한 7가지 유형이 가장 많이 언급된다. 그린워싱 유형은 일곱 가지 죄악으로 구체화되는데, 이 죄악들은 기업들이 제품이나 서비스의 환경적 이점에 대해 소비자들을 오도하고 환경 친화적으로 보이기 위해 사용하는 흔한 방법들을 설명하고 있다. 친환경 비즈니스 협회(green business bureau) 웹사이트[3]에 올라와 있는 각 죄악에 대한 설명과 예시들을 참고하여 설명하면 다음과 같다.

(1) 숨겨진 이율배반의 죄(sin of the hidden trade-off)

이는 환경 문제가 해결된 듯 보이지만 그 해결책이 또 다른 문제를 일으키는 상황을 뜻한다.

> **예** 2019년 맥도날드의 종이 빨대 스캔들에서, 그 예를 찾을 수 있다. 맥도날드는 플라스틱 오염 문제를 해결하기 위해 종이 빨대로 교체했지만, 재활용이 가능한 플라스틱 빨대에 비해, 이 새로운 종이 빨대는 재활용이 불가능했다. 교체된 종이 빨대도 여전히 쓰레기 문제를 유발하게 되는 것이다. 쓰레기의 양을 줄이지 않고는, 플라스틱 소비를 조금 줄였다 해서 완전히 지속가능한 시도로 간주할 수 없다.

(2) 증거 없음의 죄(sin of no proof)

이는 사실적인 증거나 신뢰할 수 있는 제3자의 인증 없이 환경 주장을 하는 것을 뜻한다.

> **예** 어떤 회사가 제품의 일정 부분이 소비자의 사용 후 재활용품으로 만들어졌다고 주장하지만 이를 뒷받침하는 증거나 인증을 제공하지 않는 경우가 이에 해당한다.

3 친환경 비즈니스 협회(Green Business Bureau). https://greenbusinessbureau.com/green-practices/the-seven-sins-of-greenwashing/#seven_sins_of_greenwashing

(3) 모호함의 죄(sin of vagueness)

이는 환경 관련 주장이 구체성이 없고 너무 넓게 정의되어 의미가 모호하거나 불분명한 경우를 뜻한다. 'Non-toxic'이나 'All natural'처럼 명확한 기준 없이 친환경으로 비치는 용어를 과도하게 사용하는 것은 그 뜻을 희석시키고 의미 없게 만들어 환경 관련 이슈에 대한 대중의 이해력을 떨어뜨린다.

> **예** **"친환경" 또는 "지속 가능"이라는 용어의 사용**: 많은 제품들이 '친환경', '지속 가능', '에코'와 같은 용어를 사용하지만, 이러한 용어들이 구체적으로 무엇을 의미하는지, 어떤 기준에 따라 이러한 주장이 이루어지는지 명확하지 않을 때가 많다. 예를 들어, 어떤 제품이 '친환경'이라고 광고되지만, 그 제품의 생산 과정, 사용된 재료, 폐기 방법 등에 대한 구체적인 정보가 제공되지 않는 경우, 이는 모호함의 죄에 해당한다.

> **예** **"자연에서 온"이라는 주장**: '자연에서 온'이라는 표현은 매우 모호한 주장의 하나에 속한다. 왜냐하면, 모든 것이 어떤 식으로든 자연에서 유래했을 수 있으나, 이것이 반드시 환경에 덜 해롭거나 지속 가능하다는 것을 의미하지는 않기 때문이다. 예를 들어, 어떤 화장품이 '자연에서 온 성분'을 사용했다고 광고할 수 있지만, 그 성분이 환경에 미치는 영향에 대한 구체적인 정보 없이는 이러한 주장은 의미가 없어진다.

(4) 거짓 인증 · 라벨 숭배의 죄(sin of worshiping false labels)

이는 소비자를 기만할 목적으로 정식인증마크와 비슷한 거짓 인증서나 라벨을 만들어 환경성 인증을 받은 것처럼 위장하는 것을 뜻한다. 가짜 인증서는 제품이나 서비스가 엄밀한 친환경 심사과정을 거쳤다고 믿도록 소비자를 현혹하게 된다.

> **예** 합법적인 환경 인증을 가장한 가짜 인증마크를 만드는 것이 이에 해당한다.

(5) 친환경과 관련 없음의 죄(sin of irrelevance)

이는 제품이나 서비스가 친환경적 노력이라고 말할 수 없는 정보를 이용하여 광고하는 경우를 뜻한다.

> **예** CFC는 오존층을 파괴하는 성분으로 이미 법적으로 금지되어있는 상황에서 광고에서 'CFC-free'라는 단어로 친환경적 이미지를 위장하는 경우가 이에 해당된다. 이처럼 친환경 제품과 무관한 주장으로 인해 소비자에게 제품이 친환경적이라는 잘못된 인상을 줄 수 있고 친환경성 면에서 차이가 없는 다른 경쟁사에도 피해를 끼치게 된다.

(6) 유해상품 정당화의 죄(sin of lesser of two evils)

'두 악 중 작은 악의 죄'라는 뜻은 태생적으로 환경에 이익이 없는 제품이나 서비스의 환경적 이점을 주장하는 것을 말한다.

> **예** 유기농 담배는 특정 농약이 없을 수 있지만, 여전히 담배이며 심각한 건강 위험을 초래하는 환경에 유해한 제품으로 분류된다.

> **예** 버거킹은 2020년 7월에 "메탄 배출 감소 소고기"를 광고했지만, 소의 방목은 메탄을 다량으로 배출하여 환경에 해로운 산업이며 미미한 배출 절감으로 유해상품의 정당화를 시도한 예로 볼 수 있다.

(7) 거짓말의 죄(sin of fibbing)

명백히 거짓인 환경 관련 주장을 뜻한다.

> **예** 제품의 성분, 에너지 등급, 자동차 연비 등 제품에 대한 정보를 임의로 조작하는 경우가 이에 해당한다.

> **예** 2008년 시작된 Shell의 타르 샌드 프로젝트는 대중의 지지를 얻기 위해 "우리는 오늘의 이익을 내일의 해결책에 투자한다"는 슬로건을 내세운 광고캠페인을 전개하였다. 이 프로젝트는 캐나다 북부의 타르 샌드를 개발하여 전통적인 석유보다 8배 많은 배출을 일으켜 오일을 얻는 것으로 내일의 해결책이라는 주장은 설득력을 잃게 된다.

이러한 죄악들을 명확하게 이해함으로써, 소비자들은 기업의 환경 관련 주장을 더 비판적이고 주의 깊게 살펴볼 수 있고, 기업들이 환경 관련 주장을 하는 마케팅에서 더 투명하고 정확하게 행동하도록 촉진하는 효과를 기대할 수 있다.

4) 그린워싱 사례

(1) BP(British Petroleum)의 'Keep advancing' and 'Possibilities everywhere' 광고 캠페인 사례

2019년 12월, 기후변화에 대응하는 법적 단체인 ClientEarth 변호사들은 BP의 연간 지출의 96% 이상이 석유 및 가스에 사용되고 있는 상황에서, BP의 글로벌 'Keep Advancing' and 'Possibilities Everywhere(전진합시다 그리고 기회는 모든 곳에 있어요)' 광고 캠페인이 BP의 저탄소 에너지 제품에 초점을 맞추어 대중을 오도했다고 주장하며 불만을 제기하였다.

2020년 2월, BP는 광고를 철회했으며 CEO 버나드 루니는 '기업 광고'의 종료를 약속하는 회사의 새로운 정책에 따라 다른 광고로 대체되지 않을 것이라고 말했다. 그는 또한 BP가 광고 재원을 진보적인 기후 정책을 옹호하는 방향으로 전환하겠다고 약속하였다.

다국적 기업을 위한 OECD 가이드라인에 대해 영국 국가 연락처(NCP)는 BP가 광고 캠페인을 종료함에 따라 불만에 대한 법적과정이 진행되지 않았음에도 불구하고 ClientEarth의 불만 사항이 실질적이며 세계 최초로 입증되었다고 평가하였다. 영국

국제 무역부 내에 있는 NCP는 그들의 결정에서 ClientEarth가 불만에 정당한 이해관계를 가지고 있으며, 그것이 실질적이고 입증되었다고 판단하였다.

ClientEarth 변호사 소피 마르자낙은 다음과 같이 말했다.

> "석유 및 가스 회사들은 자신들의 사회적 운영 허가를 대중에게 설득하고 지구 온난화에 대한 자신들의 역할에서 벗어나기 위해 수백만 달러를 지출하고 있다. 우리의 불만은 BP가 광고를 철회하도록 촉구했으며, 그들이 그렇게 결정한 것을 환영한다. 우리는 BP가 재생 가능 에너지로의 전환을 서두르고 있으며, 그들의 가스가 더 깨끗하며, 기후 해결의 일부라는 인상을 주는 것에 문제를 제기하였다. 실제로 그들 대부분의 지출은 여전히 화석 연료에 쓰이고 있다."[4]

이 사례는 태생적으로 환경에 해로운 화석연료를 생산하는 정유회사가 미미한 비중을 차지하는 저탄소 에너지 제품을 이용하여 유해상품 정당화(sin of lesser of two evils)를 시도한 그린워싱 사례로 분류할 수 있다. 이처럼, 화석연료회사를 포함한 많은 공해 배출 기업들은 기후 위기 시대에 대중들에게 작은 저탄소 시대를 위한 노력을 부각하고, 대중들의 시선을 오도하기도 한다.

그림 13-2 BP의 그린워싱 광고 캠페인 사례

4 https://www.clientearth.org/latest/latest-updates/news/bp-greenwashing-complaint-sets-precedent-for-action-on-misleading-ad-campaigns

(2) 코카콜라의 해양 플라스틱 그린워싱 사례[5]

코카콜라는 수백만 달러를 들여 자사의 병이 25% 해양에 버려진 플라스틱으로 만들어졌다는 혁신을 홍보하고 있지만, 이 회사가 세계 최대의 플라스틱 오염원이라는 사실은 언급하지 않고 있다. 환경단체들은 기업이 환경오염 위기에 대응한다는 명분으로 재활용 가능한 플라스틱이나 해양 플라스틱을 사용한다는 마케팅을 진행하는 것이 가장 흔한 그린워싱 사례라고 설명한다.

글로벌 친환경 캠페인 기구 '변화하는 시장 재단(CMF)'에 따르면 "코카콜라가 해양 플라스틱으로 제품을 만든다는 것을 홍보하는 것이 가장 큰 아이러니"라고 말한다. 그 이유로 코카콜라의 병들이 가장 흔하게 발견되는 해양 쓰레기 중 하나이며, 코카콜라가 2018~2021년 4년 연속으로 미국 환경운동 단체인 '플라스틱에서 벗어나기(BFFP)'의 브랜드 감사에서 세계 최악의 플라스틱 브랜드로 선정되었다는 것을 든다. 아울러 2020년 BFFP 조사에 따르면, 13,834개의 플라스틱 폐기물이 모두 코카콜라로, 오히려 2년 동안 플라스틱 폐기물이 2배 넘게 늘었다.

사람들은 가치가 있는 곳에 돈을 투자하고, 이로 인해 윤리적인 제품의 시장은 크게 성장하고 있다. 게다가, 회사들은 더 친환경적인 제품에 대해 가격 프리미엄을 부과한다. 하지만 이러한 주장의 대부분이 거짓이라면 소비자의 가치있는 선택은 결국 무의미한 것이 된다. 영국 시장데이터 분석 회사인 YouGov에 따르면 2021년 영국 소비자의 절반 이상(52%)이 브랜드의 친환경 자격에 따라 구매 결정을 내린 것으로 나타났다.

이러한 그린워싱은 또한 진짜 친환경 기업들에게도 문제가 된다. 소비자들이 점점 더 환경 친화적인 제품을 찾고 있기 때문에, 진정으로 변화를 시도하는 기업들까지 불이익을 받을 수 있기 때문이다.

이에 최근엔 스위스의 소비자보호단체가 코카콜라를 그린워싱 혐의로 고소하였다. 스위스 일간지 TA에 따르면 지난 6일 스위스 소비자보호재단(SKS)은 그린워싱을 이유로 들어 코카콜라를 스위스경쟁법 위반 혐의로 스위스경제사무국에 제소했다. SKS 이사는 "소비자들이 속고 있다"라며 제소 이유를 밝혔다. SKS는 "실제로 몇 가

5 이코리아(https://www.ekoreanews.co.kr).

지 사례를 분석한 결과, 많은 친환경 광고가 과장되거나 심지어 근거가 없는 것으로 나타났다"라며 "자세히 설명되거나 입증되지도 않았다"라고 밝혔다.

SKS는 이번 제소와 함께 스위스 정부에 그린워싱 관련 법률 강화를 촉구하면서 "스위스 소비자들이 잘못된 환경 관련 광고에 대해 유럽연합(EU) 소비자들보다 덜 보호받아야 할 이유가 없다"라고 밝혔다.

유럽연합(EU) 의회는 최근 기업이 탄소 배출권을 구매했을 때 탄소 중립이라는 표현을 쓰지 못하도록 결정했다. 다른 기업이 감축한 탄소 감축량을 돈을 주고 구매한 후 자사 제품에 탄소 중립 표현을 할 수 없도록 만든 것이다. 또한, '친환경'을 주장하는 판매 제품에서 그에 걸맞지 않은 결과로 그린워싱이 확인되면 해당 기업에 과태료 등을 부과하는 방안을 추진하고 있다.

앞서 언급한 코카콜라가 해양 폐기물 플라스틱을 이용하여 병을 만든다는 사실을 홍보한 사례는 숨겨진 이율배반의 죄(sin of the hidden trade-off)를 범하고 있는 것으로 보인다. 왜냐하면, 코카콜라가 25%의 용기를 재생 플라스틱으로 만든다 해도, 그것은 여전히 플라스틱이며, 최대 플라스틱 폐기물 배출에 대한 궁극적인 해결책이 없다면 플라스틱 해양 쓰레기 배출은 늘어날 수밖에 없기 때문이다. 이러한 상황에서, 용기의 일부가 친환경적이라고 홍보하는 것은 마치 플라스틱 문제가 해결되는 것처럼 착시현상을 일으켜 소비자를 오도하는 그린워싱의 특성을 보여준다.

그림 13-3 코카콜라의 해양 플라스틱 재생용기 그린워싱 사례

(3) H&M의 비건의류 그린워싱 사례

H&M은 2019년 '컨시어스(Conscious)'라는 자체 비건 의류 라인을 출시했다. 컨시어스(Conscious) 라벨 인증을 받기 위해서는 옷에 유기농 면이나 재활용 폴리에스터와 같은 친환경 소재가 50% 이상 포함돼야 한다.

이에 많은 소비자들은 H&M의 행보를 칭찬하며 다른 라인에 비해 비싼 가격에도 '컨시어스(Conscious)' 라벨이 붙은 제품을 구매했다. 특히 파인애플 폐기물에서 재생한 피나테스로 만든 비건 재킷과 재활용 폴리에스터로 만든 인조 가죽 등은 매진을 기록했다.

그러나 환경 단체들로부터 H&M의 컨시어스 컬렉션은 '그린워싱'이라며 비난했다. 컨시어스 컬렉션의 청바지가 50%는 친환경으로 구성됐을지 몰라도 50%는 비스코스를 사용하기 때문이다. 합성섬유인 비스코스는 물과 공기를 심각하게 오염시키는 유독물질이다. H&M은 이미 여러 차례 중국 · 인도네시아 등 8곳에서 비스코스를 납품받는다는 사실이 드러나 물의를 빚었다.

이에 지난해 노르웨이 정부는 H&M에 보낸 성명서에서 "컨시어스 컬렉션과 관련해 지나치게 지속가능성을 주장해 소비자를 오도하고 있다"고 비난했다. 국가기후평가(National Climate Assessment: NCA)도 "H&M 웹 사이트의 정보가 각 의류에 사용된 재활용 물질의 양을 정확하게 명시하지 않았다"고 지적했다.

국내에서는 2023년 공정위가 그린워싱 방지를 위해 "환경 관련 표시 · 광고에 관한 심사지침" 개정안을 내어 표시 · 광고법상의 기본 법리를 바탕으로 환경 관련 부당한 표시 · 광고를 판단하는 세부 심사기준을 구체화하고 용어 · 표현별 구체적인 사례를 제시하였다. 한국소비자원의 조사 자료에 따르면 녹색 관련 표시 마크 제품 중 46%가 허위 표현, 중요 정보 누락된 것으로 확인됐다. 심지어 국내 제품 중 천연 성분이 1% 미만인 상품들도 천연 제품으로 분류된다. 이렇듯 정부가 인증하는 녹색 마크라고 해도 종류가 다양하고 기준이 제각각이기 때문에 제품의 정확한 정보를 확인하기 어렵다. "환경 관련 표시 · 광고에 관한 심사지침" 개정안을 계기로 친환경 인증마크에 대한 관리도 제자리를 잡을 것을 기대해본다.[6]

6 비건뉴스(https://www.vegannews.co.kr/news/article.html?no=10525)

그림 13-4 H&M의 컨시어스 라벨인증 그린워싱 사례

H&M의 컨시어스 라벨 인증에 관련한 그린워싱 유형은 거짓 라벨 숭배의 죄(sin of worshiping false labels)에 해당한다. 컨시어스 라벨 인증이 친환경적인 비건의류임을 증명하려는 용도로 쓰였지만 실제로는 인증받은 제품들이 50%는 친환경 소재로 제작됐지만, 나머지 50%는 오히려 환경에 더욱 해로운 합성섬유로 만들어진 의류임이 드러났기 때문이다.

5) 바람직한 친환경 마케팅 사례

그렇다면 그린워싱의 죄를 짓지 않고 진심으로 환경을 위하는 마케팅이란 어떤 것인가? 파타고니아의 사례를 통해 그 답을 찾아보기로 한다.

(1) 파타고니아의 "Don't budy this jacket" 캠페인 사례[7]

'Don't buy this jacket(이 재킷을 사지 마세요)'. 2011년 블랙프라이데이, 패션 브랜드 파타고니아가 《뉴욕타임스》에 개제한 광고다. 옷을 파는 회사가 옷을 사지 말라니 이 얼마나 도발적인 카피인가. 그것도 미국 리테일시장에서 가장 빅시즌이라는 블랙프라이데이에 말이다.

> "깊게 생각하고 적게 소비하세요."
> "재킷이든 어떤 것이든 사기 전에 깊게 생각하고 적게 소비하기를 바란다."

7 사례뉴스(https://www.casenews.co.kr/news/articleView.html?idxno=3925)

파타고니아는 이 세상을 우리 아이들이 좀 더 살만한 곳으로 만들고 싶은 기업이다. 이 광고에 사용된 R2재킷을 생산하려면 많은 자원이 소모된다. R2재킷 한 벌을 생산하는 데에 물 135리터가 소비되는데, 이는 45명이 하루 3컵씩 마실 수 있는 양이다. 원산지에서 창고까지 배송 과정에서는 20파운드 가까이 되는 이산화탄소가 배출된다. 이는 완제품 무게의 24배에 해당한다. 창고로 오는 길에 이 재킷 무게의 3분의 2만큼 쓰레기가 버려진다. 보다시피 R2 재킷은 친환경 제품임에도 불구하고 많은 자원을 소모하고 있다.

옷 한 벌을 소비할 때의 환경 파괴에 집중한 파타고니아는 원료를 재활용하는 기업으로 유명하다. 파타고니아는 모든 제품을 재활용하기 위해 고객들에게 더이상 입지 않게 된 자사 제품을 다시 매장으로 보내라고 권고한다. 고객들은 자신이 입던 파타고니아 제품이 소각되거나 땅에 매립되어 환경을 오염시키지 않고 재활용된다는 것에 자부심을 느낀다. 파타고니아는 폐제품에서 나오는 오리털을 재활용하고 겉면의 재질도 재활용해 매우 훌륭한 옷을 만들어 낸다. 여기서 훌륭한 옷이란 오래 입는, 튼튼한 옷을 의미한다.

이들의 철학은 슬로우패션이다. 튼튼하고 질이 좋은 옷을 만들어 고객이 오래 입을 수 있도록 하자는 것이다. 패스트 패션을 추구하는 비즈니스 제품 사이클의 일반적인 통념과는 다른 콘셉트이다. 빠른 재구매 사이클을 통해 수익 창출하지 않는 것이다. 이러한 이들의 철학은 자사 제품의 중고품을 다루는 온라인 사이트를 운영하는데서 더욱 확실히 들어난다.

사후 서비스 부문에서도 마찬가지로 파타고니아의 철학이 반영되어 있다. 파타고니아는 북아메리카 지역에서 가장 큰 수선 시설을 갖추고 있고 별도로 수선 키트도 판매하고 있다.

시장은 통념적으로 더 많은 제품을 팔아야 더 많은 수익을 거둔다는 공식을 가지고 있지만 파타고니아는 더 많은 옷을 사는 것은 환경에 이롭지 않다는 것을 주장하며 자신들의 뜻에 동참하는 고객을 찾는다. 이러한 파타고니아의 노력에 공감하는 고객들은 강력한 커뮤니티를 형성하면서 높은 브랜드 충성도를 보인다.

파타고니아의 파격적인 광고와 철학에 누군가는 '위선적'이라고 했고 누군가는 '고

그림 13-5 파타고니아의 친환경 마케팅 사례

도의 상술 혹은 마케팅'이라고 평가절하하기도 했다. 하지만 파타고니아의 제품을 오래 쓰고 덜 버리게 하는 시스템에 고객은 진실성을 느낀다. 그렇기에 40년의 세월을 우직하게 진심으로 지켜온 파타고니아가 파타고니아가 그 재킷을 사지 말라고 해도 소비자에게는 그 말이 말장난이나 상술로 보이지 않는다.

장사도 별반 다르지 않다고 믿는다. 내가 진심으로 고객을 대할 때, 내 진심이 목소리에서, 손짓에서, 눈빛에서 모두 드러나고, 결국 진심이 전달된다. 수시로 연락해 진심으로 내 안부를 물어 봐주는 사람들을 떠올려보면 그 진심을 느낄 수 있다.

결국, 파타고니아 사례는 친환경 마케팅이란 단순히 그린워싱 논란을 피하면서 환경 친화적인 이미지를 기업의 마케팅에 활용하는 수준에 머무르는 것이 아니라, 기업이 얼마나 진정성 있게 환경을 고려하며 적극적이고 지속적으로 행동하는지가 중요하다는 것을 보여주고 있다.

6) 그린워싱에 대처하는 법적 동향

2023년 6월 공정거래위원회는 표시 · 광고의 공정화에 관한 법률('표시광고법')상 환경과 관련된 부당한 표시 · 광고에 대한 구체적 심사기준인 「환경 관련 표시 · 광고에 관한 심사지침」 개정안을 마련하였는데, 이는 심사기준을 구체화하고 다양한 예시를 추가함으로써, 법 집행의 일관성과 예측 가능성을 높여 그린워싱을 방지하고자 추진되었다.

이번 개정안에서는 '진실성', '명확성', '상당성', '실증성', '구체성' 등 기존의 일반 원칙에 '전과정성'과 '완전성' 원칙을 구체적인 사례의 예시와 함께 추가하였다. 그 내용을 살펴보면 다음과 같다.

(1) 환경 관련 표시 · 광고에 관한 심사지침 개정안의 일반원칙

① 진실성

환경 관련 표시 · 광고는 그 내용이 객관적인 사실에 근거하여야 하고 사실과 다르게 표시 · 광고하여 직접적 또는 간접적으로 소비자를 기만하거나 오인시킬 우려가 없어야 한다.

- 구체적인 사례 예시

> **예** 휘발성유기화합물(VOCs) 한 가지 사항만 미검출된 접착제의 시험성적서를 가지고 "친환경", "무독성" 등 포괄적 · 절대적인 표현을 사용하여 표시 · 광고하는 경우

② 명확성

환경 관련 표시 · 광고는 문구 · 도안 · 색상의 위치와 크기 등 표현 및 방법이 정확하고 명료하여야 하며, 모호하게 표시 · 광고하여 소비자를 오인시킬 우려가 없어야 한다.

- 구체적인 사례 예시

> **예** 울창한 숲과 나무 등 자연의 이미지와 함께 녹색 글씨로 자신의 제품을 이용하라고 표시 · 광고하는 경우, 제품이 환경에 이점이 있다고 명시적으로 주장하지 않더라도 텍스트와 이미지가 제품을 환경적 측면에서 긍정적으로 바라보게 할 수 있음.

> **예** 제품에 "환경적으로 바람직함"으로 표시하는 경우, "주요 브랜드의 경우 재활용 함량이 20%인 것과 비교하여 본 제품은 50%의 재활용된 함량을 포함" 등으로 비교 대상과 내용 등을 명확하게 기재해야 함.

③ 상당성

환경 관련 표시·광고는 환경에 영향을 미치는 정도가 상당하다고 인정되는 사항이어야 하고, 전체적으로 적절한 표현과 수단을 통하여 제시되어야 하며, 소비자가 이를 실제보다 과장되게 인식할 수 있도록 하여서는 아니 된다.

- 구체적인 사례 예시

> **예** 의류의 재활용 섬유 함량을 2%에서 3%로 늘린 경우 "재활용 함량 50% 증가"로 표시하게 되면 기술적으로 해당 표시는 사실이나, 재활용 섬유 1%를 더 사용한 것이 실질적인 환경 개선을 했다고 보기 어려움.

④ 실증성

환경 관련 표시·광고는 정확하고 재현 가능한 최신의 객관적·과학적 근거를 바탕하여야 하고 사실과 관련한 사항에 대하여 실증할 수 있어야 한다. 어떤 상품에 있어 특정 유해물질이 없다고 주장하는 경우 그 특정 유해물질은 일반적으로 인정되는 기준에 비추어 무시될 수 있을 정도로 환경에 미치는 영향이 작거나 없어야 한다.

- 구체적인 사례 예시

> **예** 제품에 "생분해 가능"이라고 표시하는 경우, 이러한 주장을 하기 위해서는 해당 제품의 분해 조건, 시간, 비율 등 분해능력을 객관적·과학적으로 증명할 수 있어야 하며, 시험결과 등 그 근거를 포함해서 광고하는 것이 바람직함.

⑤ 전과정성

환경 관련 표시 · 광고는 상품의 원료 획득, 생산, 유통, 소비, 폐기 등 전과정(라이프사이클)에 걸쳐서 자연환경에 미치는 영향이 고려되어야 한다. 만약, 환경 관련 표시 · 광고가 주장하는 내용이 상품의 전과정 중 일부 단계에만 해당되는 경우에는 소비자가 그 사실을 알 수 있도록 표시 · 광고하여야 한다.

- 구체적인 사례 예시

> **예** 생산과정에서 발생하는 탄소 배출량이 3분의 1로 감소한 것을 근거로 자사의 개선된 제품이 "탄소 배출을 33% 더 줄였다"고 표시 · 광고하면서 작은 글씨로 '운송 제외'라고 표시함. 그러나, 상품의 탄소 발생은 운송 부분에서 가장 많이 발생하며 이러한 표시 · 광고는 소비자가 오인할 수 있는 주장임.

⑥ 구체성

환경 관련 표시 · 광고는 그 대상이 제품이나 포장 중 어디에 관한 것인지를 명확히 구별되어야 하며, 만약 그것이 제품이나 포장의 전체가 아닌 일부분에 관한 것일 경우에는 그 일부분이 어디인지를 명확히 하여야 한다.

- 구체적인 사례 예시

> **예** 샤워커튼을 담은 비닐 포장에 추가 설명 없이 "재활용 가능(recyclable)"이라고만 표시되어 있는 경우, 재활용이 가능한 것이 비닐 포장인지 혹은 샤워커튼인지 분명하지 않기 때문에 재활용이 가능한 부분을 특정하여 표시해야 함.

> **예** 병뚜껑은 제품의 사소하고 부수적인 구성요소이기 때문에 음료수병이 재활용 재료로 만들어졌다면 병뚜껑이 그렇지 않다고 하더라도 음료수병에 "재활용 가능"이라고 표시할 수 있음.

⑦ 완전성

환경 관련 표시 · 광고를 할 때에는 소비자의 구매 선택에 중요한 영향을 미칠 수 있는 사실이나 내용의 전부 또는 일부를 누락 · 은폐 또는 축소하여서는 아니 된다.

- 구체적인 사례 예시

> **예** 침대(헤드레스트, 프레임, 매트리스로 구성)의 매트리스 부분에 대해서만 친환경 인증을 받았음에도 이러한 사실을 밝히지 않고 제품 전체에 대해 인증받은 것처럼 "친환경 침대"라고 광고한 경우, 기만적일 수 있음.

(2) 환경 관련 부당한 표시 · 광고 행위의 세부유형

부당한 환경 관련 표시 · 광고 행위에 대해서는 표시 · 광고법 제3조 제1항 및 같은 법 시행령 제3조에 제시되어 있는데 세부 위반행위를 유형별로 구분하면 거짓과 과장, 기만, 부당한 비교, 비방 등 네 가지로 나뉜다.

① 거짓 · 과장의 표시 · 광고

실제 환경적 속성 또는 효능이 개선되는 효과가 거의 없음에도 불구하고 개선 효과가 있는 것으로 표시 · 광고하는 행위, 환경 관련 수상 · 인증 · 선정 · 특허 등을 획득한 사실이 없음에도 획득한 것처럼 또는 사실과 다르게 과장하는 행위 등 거짓과 과장에 관한 유형이 이에 해당한다.

② 기만적인 표시 · 광고

환경적 속성 또는 효능에 관한 정보가 상품 또는 포장재 중 구체적으로 어디에 관한 것인지 표기하지 않거나 그 정보의 전부 또는 일부를 누락, 은폐, 축소시키는 행위, 해당 상품에 포함될 가능성이 거의 없는 유해한 성분 · 특성이 존재하지 않는 점을 들어 환경적 속성 또는 효능이 개선된 것으로 표시 · 광고하는 행위 등 필요한 정보를 고의로 누락, 은폐, 축소하는 행위가 이에 해당한다.

③ 부당한 비교 표시 · 광고

환경적 속성 또는 효능에 대해 비교 대상에 대한 구체적인 설명이 없거나 비교 대상과 동일한 조건하에서 비교하지 않고 사실과 다르게 표시 · 광고하는 행위, 환경 관련 표시 · 광고에서 소비자 선택에 중대한 영향을 미치는 기준임에도 불구하고 구체적인 비교 내용 또는 기준을 명시하지 않아 소비자를 속이거나 잘못 알게 할 우려가 있는 행위 등 부당한 방식으로 비교하는 경우가 이에 해당한다.

④ 비방적인 표시 · 광고

환경적 속성 또는 효능에 관한 구체적인 비교 기준 근거를 제시하지 않은 채 타사 상품에 관하여 비방하는 행위, 타사 상품의 환경적 속성 또는 효능에 관한 단점을 부각시켜 실제보다 현저히 열등하거나 불리한 것처럼 소비자가 오인할 수 있도록 비방하는 행위 등 타사 상품을 부당한 방식으로 비방하는 행위가 이에 해당한다.

마무리 사례

그린워싱 소송, 정유사에서 소비재기업, 항공사까지 전방위 확산

아직 국내에서는 그린워싱에 대한 소비자들의 이슈 제기나 소송, 이에 대한 규제당국의 대응과 같은 해외의 사례가 크게 부각되지는 않고 있다. 하지만 해외에서는 그린워싱에 관한 소송의 빈도와 종류 등이 매우 다양해지고 있는 추세이며, 이러한 흐름은 앞으로도 계속될 것으로 보인다.

단적으로 2023년 이뤄진 그린워싱 소송 사례를 보면 이런 흐름이 엿보인다. 영국의 셸(6월), 말리이시아의 페트로나스(Petronas, 6월), 스페인의 메이저 정유사 렙솔(Repsol, 10월) 등의 광고는 지난해 영국 광고표준국(ASS)에 의해 광고 금지 처분을 받았다. 렙솔의 경우 아직 재생가능한 그린 수소를 생산하고 있지 않으며 빠르면 2024년 생산이 가능한 상태이지만, 렙솔의 광고를 본 사람들은 렙솔의 전체 에너지 생산량 중 상당 부분을 재생가능 수소가 차지한다고 착각할 가능성이 높다고 판단할 위험이 있다는 것이 금지 이유였다. 나머지 두 곳도 비슷한 이유로 광고가 금지당했다.

12월에는 에어프랑스, 루프트한자, 에티하드항공 등 3개 항공사의 광고에 대해 영국 광고표준청(ASA)가 그린워싱이라며 금지시키는 일이 발생했다. 블룸버그에 따르면, 루프트한자의 경우 유럽 항공편 승객을 위한 '그린 운임' 옵션을 언급하면서, '지속가능한 비행한 비행'이라는 단어를 광고에 활용했다. 이 요금은 지속가능 항공연료(SAF)를 사용해 온실가스 배출량을 20% 감소시키고, 나머지 배출량에 대해서는 탄소 상쇄를 이용하는 방식이었다.

전통적으로 화석연료를 향했던 그린워싱이나 기후 소송 움직임이 항공사를 넘어 소비재, 기업의 넷제로 주장, 금융사까지도 향하고 있다. 가장 대표적인 사례는 지난해 12월 지속가능성 브랜드의 대명사인 유니레버 도브(Dove) 비누에 대해 영국 경쟁시장국(CMA)가 그린워싱 조사를 하고 있다는 사실이 알려진 것이다. 유니레버가 자사의 친환경 주장을 검증하기 위한 추가 데이터를 제공하지 않고, 제품 포장과 광고에 모호하고 광범위한 주장과 이미지를 사용해 소비자를 오도할 수 있도록 한다는 게 당국의 입장이다.

▲ 지난해 12월 지속가능성 브랜드의 대명사인 유니레버 도브(Dove) 비누에 대해 영국 경쟁시장국(CMA)가 그린워싱 조사를 하고 있다는 사실이 알려졌다(출처: 언스플레시).

▶ 그린워싱 이슈의 첨예한 부문 … 탄소상쇄 품질 논란, 금융기관 그린워싱, 넷제로 선언 모니터링도

특히 근래 가장 첨예하게 논쟁적이었던 분야는 '탄소상쇄'의 품질과 관련한 그린워싱 이슈였다. 지난해

1월 영국 가디언은 "세계 최대 탄소감축 인증기관인 베라(Verra)의 열대우림 보존프로젝트(REDD+) 중 90% 이상이 환경보호 효과가 없는 유령 크레딧이었다"고 보도해, 전 세계에 큰 파장을 던졌다. 가디언은 뒤이어 지난해 9월 비영리단체인 '기업책임(corporate accountability)'과 함께 세계 50대 탄소상쇄 프로젝트를 분석한 결과, 78%에서 탄소 감축 효과가 거의 없었다는 폭로를 이어갔다.

이러한 주장의 여파로 지난해 11월에는 세계 최대의 탄소 크레딧 제공 컨설팅기업인 사우스폴(Southpole)의 CEO가 사임하기도 했다. 사우스폴은 2006년 설립된 이래 50개국 이상에서 850개 프로젝트에 기후금융을 지원하고 탄소상쇄 프로젝트를 진행해왔으나, 폭스바겐, 구찌, 네슬레, 포르셰, 델타항공 등이 연관된 '카리바 REDD+' 프로젝트의 탄소 감축 효과가 과대평가되었다는 언론 보도가 잇따르면서, 평판에 큰 손상을 입었다.

이뿐 아니라 또 하나의 그린워싱 이슈의 복병은 금융기관이다. 가장 대표적인 그린워싱 케이스인 도이체방크 자산운용사의 자회사인 DWS의 경우 ESG 투자의 그린워싱 관련해 금융당국 조사를 받아, 2023년 9월 미 SEC로부터 1900만달러(약 254억 원)를 부과받았다.

ESG 데이터 분석기업인 렙리스크(RepRisk)가 2023년 8월말까지 12개월간 조사한 금융기관의 그린워싱 사례수는 지난 1년간 70% 가량 증가했으며, 총 148건이었다. 이는 전년(86건) 대비 두 배 가량 늘어난 수치였다. 148건 중 106건이 유럽 금융기관에서 발생했으며, 이는 대부분 화석연료와 관련있다고 보고서는 지적했다. 또하나의 흥미로운 지점은 그린워싱 관련 회사를 조사한 결과, 해당 기업의 18%가 소셜 워싱(social washing)과도 관련됐으며, 상장 기업의 경우 31%로 관련도가 높은 것으로 나타났다. 소셜 워싱이란, 기업의 평판과 재무 성과를 홍보하기 위해 인권이나 근무 환경, 다양성 등 사회적인 이슈를 숨기거나 포장하는 것을 말한다.

세 번째 그린워싱의 쟁점으로 전망되는 것은 '기업의 넷제로 선언'에 관한 그린워싱 모니터링이다. 지난 2020~2021년 사이 글로벌 대기업들은 대부분 넷제로 목표를 발표하고 이를 대외적으로 선언했지만, 최근 이러한 넷제로 목표와 이행을 모니터링하는 조사 보고서가 늘면서, 그린워싱 노출 리스크도 높아졌다.

실제로 영국의 기후싱크탱크인 인플루언서맵은 포브스 글로벌 2000 목록의 293개 기업의 넷제로 목표와 기후행동 반대로비의 격차(gap)을 조사해 '넷제로 그린워싱'에 대한 리스크가 높다고 발표했다. 이 보고서에 따르면 중대한 그린워싱 리스크(D~F)의 기업은 21.5%, 적당한 리스크(C~D)의 기업은 36.5%였으며, 79%의 기업이 넷제로를 약속했지만 SBT(과학기반감축목표)가 없는 것으로 나타났다.

출처: IMPACT ON(임팩트온). http://www.impacton.net

생각해 볼 문제

01. 그린마케팅을 위해 시장을 세분화하여 타깃을 선택하고 그 특성에 대해 설명해 보시오.

02. 지속가능한 포장이란 어떤 특성을 갖는가?

03. 친환경 가격정책의 한 예를 들어 설명해 보시오.

04. 친환경 유통의 판단 기준에 대해 설명해 보시오.

05. 에코라벨을 3가지 유형으로 분류하고, 유형별 특징에 대해 설명해 보시오.

06. 그린워싱의 정의와 기원에 대해 설명해 보시오.

07. 테라초이스(Terra Choice)에서 개발한 7가지의 그린워싱 유형의 특징에 대해 설명하고 유형별 사례를 찾아 논의해 보시오.

08. 우리나라의 표시 · 광고법에서는 환경과 관련된 부당한 표시 · 광고에 대한 구체적 심사기준인 「환경 관련 표시 · 광고에 관한 심사지침」 개정안을 마련하였는데, 이 개정안의 일반원칙에 나타나 있는 구체적인 심사기준에 대해 설명해 보시오.

참고문헌

1. Aaker, D. A. (1996). *Building strong brands*. Free Press.
2. Andrews, J. C., Netemeyer, R. G., & Burton, S. (1998). Consumer generalization of nutrient content claims in advertising. *Journal of Marketing*, *62*(4), 62–75.
3. Bickart, B. A., & Ruth, J. A. (2012). Green eco-seals and advertising persuasion. *Journal of Advertising*, *13*(1), 51–67.
4. Chase, D., & Smith, T. K. (1992). Consumers keen on green but marketers don't deliver. *Advertising Age*, *63*(29), 2–4.
5. Dangelico, R. M., & Vocalelli, D. (2017). "Green Marketing": An analysis of definitions, strategy steps, and tools through a systematic review of the literature. *Journal of Cleaner Production*, *165*, 1263–1279.
6. Davis, J. J. (1993). Strategies for environmental advertising. *Journal of Consumer Marketing*, *10*(2), 19–36.
7. D'Souza, C. T. (2000). Bridging the communication gap: Dolphin safe eco-labels. *Corporate Communications: An International Journal*, *5*(4), 185–190.
8. D'Souza, C. T., Taghian, M., & Lamb, P. (2006). An empirical study on the influence of environmental labels on consumers. *Corporate Communications*, *11*(2), 162–173.
9. D'Souza, C., Taghian, M., Lamb, P., & Peretiatko, R. (2007). Green decisions: Demographics and consumer understanding of environmental labels. *International Journal of Consumer Studies*, *31*(4), 371–376.
10. Finisterra do Paco, A. M., Alves, H., Shiel, C., & Filho, W. L. (2014). An analysis of the measurement of the construct "buying behaviour" in green marketing. *Journal of Integrative Environmental Sciences*, *11*(1), 55–69.
11. Grove, S. J., Fisk, R. P., Pickett, G. M., & Kangun, N. (1996). Going green in the service sector: Social responsibility issues, implications, and implementation. *European Journal of Marketing*, *30*(5), 56–66.
12. Hartmann, P., Ibanez, V. A., & Forcada Sainz, F. J. (2005). Green branding effects on attitude: Functional versus emotional positioning strategies. *Marketing Intelligence & Planning*, *23*(1), 9–29.
13. Hennion, K. E., & Kinnear, T. C. (1976). *Ecological marketing*. American Marketing Association.
14. Ottman, J. A., & Reilly, W. R. (1998). *Green marketing: Opportunity for innovation*. J. Ottman Consulting Inc.
15. Ottman, J. A., Stafford, E. R., & Hartman, C. L. (2006). Avoiding green marketing myopia: Ways

참고문헌

to improve consumer appeal for environmentally preferable products. *Environment*, *48*(5), 22-36.

16. Peattie, K. (1995). Environmental marketing management: Meeting the green challenge. Pitman Publishing.
17. Peattie, K. (2001a). Golden goose or wild goose? The hunt for the green consumer. *Business Strategy and the Environment*, *10*(4), 187-199.
18. Peattie, K. (2001b). Towards sustainability: The third age of green marketing. *Marketing Review*, *2*(2), 129-146.
19. 환경 관련 표시 · 광고에 관한 심사지침 개정안(개정 2023. 08. 31. 공정거래위원회 예규 제442호)
20. 사례뉴스 (2020. 10. 06.). Don't buy this jacket, 이 재킷을 사지 마세요. https://www.casenews.co.kr/news/articleView.html?idxno=3925
21. 이코리아 (2023. 07. 12.). 그린워싱 비판받는 코카콜라, 이유 있었네. https://www.ekoreanews.co.kr/news/articleView.html?idxno=68046
22. 임팩트온 (2024. 02. 05.). 그린워싱. https://www.impacton.net/news/articleView.html?idxno=10816
23. 친환경 비즈니스 협회(Green Business Bureau). 그린워싱의 7가지 죄. https://greenbusinessbureau.com/green-practices/the-seven-sins-of-greenwashing/#seven_sins_of_greenwashing
24. Clientearch.org. https://www.clientearth.org/latest/latest-updates/news/bp-greenwashing-complaint-sets-precedent-for-action-on-misleading-ad-campaigns

저자소개

◆ 최영균

동국대학교 광고홍보학과 교수
Michigan State University, Ph.D. (광고학)
Journal of Advertising, International Journal of Advertising, Journal of Business Research 편집위원
전) 한국광고학회 회장, 한국마케팅과학회 회장
저서: 디지털변환 속 마케팅 원리
논문: Journal of Advertising, International Journal of Advertising, Journal of Business Research, European Journal of Marketing, Journal of Association for Consumer Research 등 다수

◆ 윤태웅

인천대학교 경영대학 경영학부 교수
University of Texas at Austin, Ph.D. (광고학)
International Journal of Advertising 편집위원
한국광고학회, 한국광고홍보학회, 한국소비자광고심리학회, 국제경영학회 이사
전) 광고학연구 편집장, 광고홍보학보 편집위원
전) 대한민국광고대상 심사위원, 홍익대학교 광고홍보학부 교수, North Dakota State University 교수
논문: Journal of Marketing Communications, Journal of Consumer Affairs, Journal of Services Marketing 등 다수

◆ 성용준

고려대학교 심리학부 교수
전) University of Texas at Austin 교수, Southern Methodist University 교수
전) 광고학연구 편집위원장
전) 한국광고학회 부회장
전) 한국소비자광고심리학회 회장
현) Journal of Advertising, Journal of International Advertising, Journal of Interactive Advertising 편집위원
저서: 필립 코틀러의 스포츠팬을 잡아라(역서), 스포츠 미디어(역서) 등
논문: Journal of Consumer Psychology, Psychology & Marketing, Journal of Cross-Cultural Psychology, Journal of Advertising, International Journal of Advertising 등 다수

◆ 엄남현

홍익대학교 광고홍보학부 교수
University of Texas at Austin, Ph.D. (광고학)
한국광고홍보학회 총무이사, 광고학연구 및 광고연구 편집위원
전) University of Wisconsin, Communication 학과 교수
전) 제일기획 AE (광고주: 삼성그룹, 삼성전자, KTF 등)
전) 대한민국광고대상 심사위원(2016년, 2017년, 2018년)
논문: Journal of Advertising, International Journal of Advertising, Psychology & Marketing, Asian Journal of Communication 등 다수

광고학개론(2판)

1판발행 2019년 9월 10일 1판 1쇄 발행 | 2020년 9월 10일 1판 2쇄 발행
2022년 9월 10일 1판 3쇄 발행
2판발행 2025년 3월 10일 2판 1쇄 발행

지은이 최영균 윤태웅 성용준 엄남현
펴낸이 최용구 | **펴낸곳** 도서출판 **이프레스**
주소 (04316) 서울시 용산구 원효로 89길 19 (원효로1가)
전화 02) 537-1720(영업부), 537-1721(편집부), 537-1711(팩스)
이메일 epress01@naver.com | **홈페이지** www.epress1.com
등록 2009년 12월 10일 제16-2710호
기획마케팅 최용구 장만동 송대용 최충구 | **책임편집** 석기은 황가연

ISBN 979-11-91348-82-8 93320
정가 36,000원